西洋哲學史話 下

An Introduction to the History of
Western Philosophy

鄔昆如 著

三民書局

西洋哲學史話目次

• 下冊 •

近代哲學

Ⅱ　理性主義

Ⅲ 經驗主義

現代哲學

I 十九世紀哲學

近代哲學

緒　言

　　西方的哲學自從亞里斯多德指出了三條發展的路線之後，由希伯來民族的信仰給西方帶來「從彼岸來的信息」，因而發展了形而上學。在希伯來民族的信仰傳到羅馬之前，希臘主義的哲學只能夠發展倫理道德的思想；西方到了十六世紀，自從開始發明玻璃，把人對自然的觀察能力加強以後，就開始另一種方向的發展，也就是對自然科學和對物的體認。

　　因此從亞里斯多德發展出來的「知物、知人、知天」的三個層次，從羅馬時代的發展「知人」，從中世時期的發展「知天」，以及近代開始的發展「知物」，就形成西方很完整的一個體系。

　　近代哲學的產生，是因為人類在「知」的工具方面有了長足的進步，這種長足的進步，促使西方以前傳統的思想，無論是對物、對人、對天的認知，有了全盤的修正和補充。西洋近代哲學的發展，可以說是在這種新的制度以及這種新的方法，找到新的答案的方式之下而產生、發展的。

　　希臘時代，無論是蘇格拉底，或柏拉圖、亞里斯多德，都盡量在整體的認知方面去發展全盤的哲學體系，同時指出全部的哲學路線；不過，這種全部的路線的體系過於廣大，使得後來的思想家只能夠從中發展一種體系，從中選擇一種方向，以及站在一個立場看其他的宇宙問題。

　　因為人類理知的發展，對於人性和宇宙的各種問題也就越來越多，這也就是哲學直到今日為止，為什麼一個哲學家只能站在某一個角度設法去看人性和宇宙的問題的一個最大的理由。

　　在中世時期，特別發展信仰，發展宗教哲學的體系，在這個宗教哲學的體系中，特別是以宇宙論的架構中，找出人生的真諦，也就因此人類的思想局限在形而上的領域。關於人生的哲學方向而言，特別注重人類的理想，人類對將來的寄望；也就是說發展了人生哲學中理想的方向，對現實

的問題，多多少少地忽略或存而不論。

　　因此在西洋中世一千多年的時間，對人生「此世」的生活似乎關心得不夠，而對人生「來世」的寄望討論得特別多。到了西洋近代的思想發展之後，思想的箭頭完全地改變，指向現實世界。指向現實世界的這個思想方向，最主要的理由是人發明了自然科學，在自然科學上可以控制物質世界，可以在物質世界中找出所有物質的本質，而不需要再以神話的方式解釋事物的現象，甚至也用不到以權威的方式解釋宇宙萬象；而能夠以理知和經驗的方法，解釋每一種自然現象的發生，這也就構成了西洋近代哲學開始以來，對人性自己的自信。

　　人的自信也就相對地減低了宗教的情操，相對地減低了對倫理道德的嚮往，因此在近代哲學開始的時候，往好的一方面去看，是發展了亞里斯多德對「物」的體認；也就是說，人性生存在這個世界上，更能夠把握物質的世界，更能夠在人的生活上充實自己和發展自己，在人性的物質生活必需上更有保障生存的機會，在人的精神生活有比較解脫的看法，人開始做自己的主人。

　　可是往壞的一方面去看，近代哲學的發展，由於科學技術的發展，也就把人性對「天」、對「人」的雙重關係慢慢地冷淡下來，把以前對人性、來世的嚮往、對各種德行的嚮往慢慢地懶散下來；也就是說，把立體的、動態的宇宙觀，改變成平面的、靜止的一種宇宙，把人生價值的最高的真善美的層次，拉下到靜止的真假對錯的層面討論。

　　也就因為近代哲學的思想有了這一種危機，所以在近代思想的過程中，有道德哲學的產生，有觀念論的發展，企圖把平面化的宇宙再度立體化，把靜態的宇宙再度變成動態的，使得人生在物理的世界上開放出精神的花朵。

　　不過，在近代哲學開始以後，人性的自覺漸漸地發展自己做自己的主人的信念和信心，也就因此對傳統的許多東西冷淡了，無論是好的或壞的，甚至加以摒棄和廢除。所以近代哲學的開始，在西洋整個文化系統而言，

是一種新的開始，不只是在人生和宇宙的內容是一種創新，尤其是在思想的方法和人生哲學追求的方法上有一種創新。這種創新表現得最清楚的是法蘭西斯·培根 (Francis Bacon, 1561–1626)。他著有《新工具》(*Novum Organum*)。培根所謂的《新工具》，當然就是相對於希臘哲人亞里斯多德所著的《工具書》(*Organon*)。

在這本《新工具》中，特別指出「歸納法」的運用，很顯然的，亞里斯多德提出的「工具」，就是他的邏輯，是屬於演繹的一種邏輯。在培根所運用的方法，完全適於自然科學中所用的方法，從經驗、日常生活的體驗中，慢慢地分析宇宙的真理和人生的真理。在一千多年前，亞里斯多德所提出的「工具」的方法，適於直觀的、演繹的，適於純思考的方式，推論出宇宙和人生的課題。法蘭西斯·培根提出《新工具》以後，整個的西洋學術的方式改變了，哲學的方式亦受到很大的動搖，尤其是屬於英語體系的經驗主義、實用主義方面，到今日仍舊可以看到他們屬於歸納的、分析的方法論，可以從這些方法論中，看出它對價值體系和形而上體系的輕視，甚至是否定。

因此相對於希臘，尤其是相對於中世哲學而言，近代哲學的動向以一種完全新的面目出現，新的哲學內容，和新的哲學方法；在這些哲學的方法和內容中，我們可以看出它們並非完全是這個時期的產物，而在希臘哲學中已經提出了問題，在中世哲學中又隱喻了這些問題的答案，特別在中世哲學後期的士林哲學裡，歐坎、厄克哈、以及古撒奴士的學說中都已經有了「新」的跡象。這種「新」的精神甚至可以追溯到斯哥德和阿伯拉德的體系中。近代哲學不但忘不了傳統的東西，而且要完成他們所提出來的體系。

西洋哲學的系統思考方法，也就是在前一期的哲學家停止的地方，而新的哲學家開始工作，西洋的哲學也就因此形成一個很大的思想體系。雖然我們在「新」的方法，「新」的問題和「新」的答案中，可以看出一種創新，而創新的幕後仍然可以看到傳統的種子。可是近代哲學並不因為有了

這些傳統的陰影，就覺得它不夠偉大；我們仍然可以在近代哲學中，看這些「新」的東西，正顯示出當時人們對自己的存在、知識，有了一種「新」的、比以前更穩定的信念，有問題的時候不再去問神話，不再去問《聖經》，而是問自己的理知。

他對宇宙和人生的問題，如果有任何的不清楚，不再跟著別人或權威去找一種答案，而是設法在自己的手腦並用中，找出問題的癥結，設法解答自己的問題，這種方式慢慢地溶入了西洋所謂的學術自由。學術自由指出人類獨立思考的覺醒，指出人類可以自己決定自己的命運。因為有了這種學術的自由，同時有了獨立思考的自由，於是在近代哲學中有許多的學派，同時有許多的學說，甚至在近代哲學中，我們可以發現每一個人有每一個人的學說，幾乎在中心的思想上有獨立思考的精神。

所以這些門派、派系、學說，有如雨後春筍、欣欣向榮。近代哲學的學說之多，派系之雜，使人眼花撩亂，無所適從。這些現象在開始的時候，固然像是革命，使得所有的哲學體系大亂，可是卻啟發了一種新的思考方法，尤其是催生了每一個人對個人自己的存在以及個人在社會中所扮演的角色，甚至找到人生在宇宙當中應該如何實現自己個人的方法。個人的生活在近代思想中，慢慢地脫離集體的束縛，每一個人他只是代表個人自己，個人自己的存在固然在另一方面是為了群體大眾，可是群體大眾的整體的，抽象的普遍性東西都要落實到每一個個人的單獨存在裡面。

此期哲學綜合上面所提出的特性，可以找出其四大特徵：

1. 近代哲學因為它有新的方法、新的問題以及找出新的答案，走出了希臘哲學和中世哲學的圈子。
2. 因為它開始在自然科學中發展出一種新的思想，它不再去利用權威和神話的系統解決自身的難題，它漸漸地與自然科學拉上密切的關係。
3. 因為它開始以自己的理知，作為認知尺度的標準，以自己生活的體驗，作為解決人生問題的方案，於是漸漸地脫離教會的制度哲學，脫離了一種偉大體系的嚮往，覺得個別的事物以及具體的思考方式，才是真正的

做哲學的方法。

4.近代哲學由於在近代發展，而近代期間，民族與民族間的交往日漸頻繁，
因此開始接受其他民族，其他的信仰，甚至其他的哲學，其他國家傳統
所留下來的智慧結晶。

有了這四種的特性之後，我們最主要的要加上此期的思想有創新的精
神。在創新的精神中，仍可以看出其復古的態度，雖然是復古，但是就它
們而言，是一種創新，雖然是創新，但是可以看出其所謂的復古是什麼意
義。

西洋近代哲學的時間，是從文藝復興開始，直到黑格爾 (Hegel) 死為
止。通常如果站在精神思想的發展看來，也可以說是從宗教改革開始，直
到黑格爾死為止。即 1518 年到 1831 年。

近代哲學所謂的「復古」，是針對西洋中世哲學的信仰思想或宗教哲學
的思想，回到希臘的理知範圍。也就是說，一個人不依恃信仰的權威，而
相信自己的理性，以自己能懂得的，無論是從自然科學去懂，或是以自己
思考的方式，去界定宇宙和人生的問題，同時解答宇宙和人生的問題。

近代哲學所謂的「創新」，就是自然科學的，一方面以自然科學的方
式，針對人性的物質生活，針對人性的「知物」層次而言。自然科學的發
展，當然也就意味著工具的發明，工具的發明可以從很多方面去看，可以
由蒸汽機開始，也可以從電開始，在前面，我們曾經提及玻璃的發明；西
洋的文明有一個特別顯著的地方，在白種人的天下裡，有一個東西是他們
的發明，那就是玻璃。

玻璃的發明，可以說是開了人類的眼界，在玻璃發明以前，太過微小
的東西，我們視覺有極限，太遙遠的東西，我們視覺一樣有極限；有了玻
璃以後，可以把微小的東西放大，那就是顯微鏡。同時有了玻璃之後，可
以把遙遠的東西拉近，那就是望遠鏡。顯微鏡的發明，使得人類對小宇宙
(Microkosmos)，有了更清楚的認識，望遠鏡的發明，使得人類對大宇宙
(Macrokosmos)，有了更清楚的認識。以前的人類如果在我們今日所有精密

的儀器觀察之下，也會發現他們確實是很有智慧的。比方日曆的發明，天體運行的秩序，不管是中國人、印度人、波斯人或阿拉伯人、希臘人、埃及人，都可以觀察出宇宙四時運行的秩序，雖然不像我們今日如此準確，但是仍然找出年、月、日的規則。在玻璃發明以後，望遠鏡的出現，使得人類對宇宙的看法有了很大的改變。

在近代的思想中，自然科學的發明，對於人類的知識有了很大的幫助，尤其是人類生存在這個世界上，要慢慢地認識這個世界，知道它的偉大處和渺小處，同時也感覺出人類的生命在這個世界上究竟佔了何種位置。當然在「創新」裡，最主要的是在文藝復興時，每一個個人對自己存在的覺醒、自身的得救，已經不再依靠教會團體，而是依靠個人內心的宗教體驗，同時不只是個人注意到自身存在的價值與尊嚴的問題，並且注意到集體的存在問題，也就是國家民族的問題。比如自由主義的產生和發展，是這個時代很主要的社會哲學的特性。

在人類對國家民族的覺醒中，他們開始對羅馬帝國中央集權的統治方法感到不滿意，對羅馬帝國在文化方面的把持不滿意。原來我們都知道，西洋的白種人最早的文化發展在希臘，當時表現人類思想文化的工具是希臘文，自從雅典的政治、經濟、軍事、文化的中心轉移到羅馬之後，就慢慢地使用拉丁文，而拉丁文統治西方一千多年，直到文藝復興的時代，即近代思想開始的時候，他們覺得應該使用自己媽媽所講的話，來表達自己的思想，因此各地的方言開始出現。這種各地方言的出現，就是新的語言文字的誕生。

西洋新的語言文字的誕生，意味著每一個民族的覺醒，同時摧毀了從前亞歷山大大帝和凱撒大帝所有的夢想，想征服整個的歐洲和整個的世界，要以政治上統一的局面，散播他們自己的政治理想，這種事在近代哲學中已經出現了一種反對的潮流。雖然在近代以後，又出現了拿破崙或希特勒，或在東方出現了日本，可是人類對這方面民族意識的覺醒，畢竟在西洋近代思想的範疇裡，找到了一個註腳，而且奠定了基礎。

　　因為西洋近代的思想奠定在自然科學裡,而自然科學的劃分又非常多,因此在哲學的課題中,又可以分為很多不同的角度和內容、方法。我們在近代哲學部分當中,要把近代的思想分為五大部分:

　　首先第一部分討論文藝復興的哲學,所謂的文藝復興,就是提出西洋近代思想的兩個重點:即「復古」與「創新」。「復古」就是要跳過中世哲學的思想,脫離希伯來民族的宗教影響,回到白種人文化開創時期的思想方法和內容中。在文藝復興這段時期,有這種「創新」,同時有民族意識的因素在內,西洋這種民族意識,往壞的方面看來,導致了西洋的分裂,國家與國家,民族與民族之間,把白種人的世界變成四分五裂的狀態,這也就是今日看世界地圖之時,就可以知道為什麼歐洲國家都那麼小,卻有那麼多種的語言文字,使得他們之間有那麼多的誤會和誤解。

　　在文藝復興期間,我們要特別提到他們的「復古」不是「神本主義」,因為他們要跳過中世的思想,回到希臘去,他們要回到自己的神秘主義或自己的人本主義中。在「創新」裡,是人文社會和自然科學一齊創新,帶有濃厚的民族意識,然後要特別提出影響西洋一千多年的信仰問題和他們自己的一種知,也就是說,在希臘哲學導引出的「知物、知人、知天」三知中,希望能夠透過「知物」的體認,來概括「知天」、「知人」的一些原理原則。我們都知道希臘的哲學盡量設法透過「一切」去認識「一切」,也就是說,設法透過「一切」去「知物、知人、知天」,而羅馬的時代,卻希望透過「知人」而「知物、知天」,到了中世時期,卻希望透過對神的崇拜,也就是希望透過「知天」而「知物、知人」,到了近代,則希望透過對物理的體認,對物質世界的把握,透過玻璃的發明,對小宇宙和大宇宙的把握,進而討論人的倫理道德問題,和對於神的宗教信仰。

　　「近代哲學」的第二部分,要提及哲學中一支很大的思想派系,是復古的人本主義的一支思想派系,叫做「理性主義」。理性主義要撇開中世的信仰方式,而回到西方古典的思想方式,他們相信自己的思想,相信邏輯的法則,認為用理知的直觀就可以找到真理,而這個真理不但可以運用在

物理上，而且可以運用在人生方面，甚至可以運用到宇宙和宗教方面。

我們特別提出三位「理性主義」思想大師，即笛卡兒 (Descartes)，斯賓諾莎 (Spinoza) 和萊布尼茲 (Leibniz)。

然後我們進入第三部分，提出哲學中的另一派系，是屬於希臘所導引出來的，不是依靠神話或信仰來討論哲學的問題，那就是「經驗主義」。「經驗主義」的想法是透過實驗，透過法蘭西斯·培根所提出的歸納和分析的方法找到真理，找到人生在宇宙中究竟有什麼真諦。很顯然的，經驗主義向上追溯的根源是亞里斯多德，因為亞里斯多德開始研究物理，用邏輯的法則研究物理，希望透過對於物理的體驗，而抽象出形而上的原理原則，利用這個原理原則來建構他的倫理學。

理性主義因為注重直觀，並不重視零星的體驗，或日常生活中的經驗，而是透過自己的深思、直觀，找到宇宙的原理原則，然後用這個原則來生活，這顯然是受到柏拉圖的影響。這個柏拉圖的體系或亞里斯多德的體系，在中世士林哲學全盛期的十三世紀，已經開始了很明顯的劃分。在十三世紀，西洋思想最興盛的時代，成立了最早的大學，即巴黎大學和牛津大學，牛津大學代表英倫三島以及英語體系的整個思想方式，屬於經驗主義、自然科學的體系，屬於歸納法和分析的一種思想方式；而巴黎大學代表歐洲大陸的一種思想方法和思想內容，他們所注重的不是自然科學，而是人文和社會的，這種注重人文和社會的，後來就導引出理性主義，而注重科學和經驗的，後來就導引出英倫三島的經驗主義。

直到目前為止，我們仍然有這種深深的感受，屬於英語體系的一些殖民地或一些新興的國家，通常都注意經驗主義的哲學，受了歐洲大陸人文思想影響的，通常都保留理性主義的體系。

然後我們進入第四部分，啟蒙運動的哲學。因為西洋開始了「復古」，又開始「創新」，在「創新」當中，提出新的哲學方法和新的哲學內容，以及問題的新答案，因此他們覺得須要再教育一般的老百姓，因為在中世或中世以前，可以說知識是特殊階級的人才有，到了近代，民族主義的覺醒，

尤其是自由主義的覺醒，他們認為每一個人都是平等的，都應該有知識，所以啟蒙運動由英國開始，到了法國、德國以及其他的國家，如火如荼地進行起來。

這些思想的方式，可以說是完全站在人本的立場，設法把宗教和傳統倫理的權威推翻。在這啟蒙運動中，提出人的「自由」，提出社會的「法治」，提出人類對發展所有獨立宣言以及人權的問題，這種爭論可以說是奠定了往後西洋社會和政治的型態。

然後第五部分要提及康德與德國的觀念論，可以說是在西方一百多年的動盪中，在所有革命和革新的思想中，慢慢地痛定思痛的方式，重新拾回傳統所遺留下來的立體世界、宇宙觀以及動態人生觀。尤其從康德開始，提出倫理道德的問題，提出道德哲學，認為人生不是平面的，它是有價值的、有尊嚴的，人文世界也不可以用自然科學的法則加以規定，更不可用物理的法則來探討宗教。

康德和德國的觀念論，設法把文藝復興和啟蒙運動所輕易丟棄的價值體系重新拾回，站在一切的立場討論一切的問題，恢復到真正的希臘宇宙觀和人生觀之中。在康德和德國觀念論的探討中，我們重新看待他們之間的互補性，希望能夠透過人類整體的認知能力，和實行倫理道德的理念，以及對宗教藝術的嚮往，討論整個立體的宇宙，討論整個動態的人生。

當然，我們今日所看到的，在德國觀念論背後，他們特別發展了精神世界，特別發展了精神的文化，因而多多少少地忽略了物質生活的層次。所以當黑格爾死後，也出現了一些思想的反動，就是十九世紀後半期的所有唯物、實證、實用、功利的思想，這些思想又是另一方面的極端，把人性和整個有價值的宇宙幾乎毀於一旦。關於此種思想的末流，留待下一部分「現代哲學」中討論。

綜觀整個近代哲學思想的發展，從頌揚理知和讚嘆經驗的能力之後，又出現對倫理道德、藝術和宗教層次的認定，這種思想看來，西洋近代的思想還是屬於一個整體的。不但相信自然科學所有的能力，同時能夠指出

自然科學的極限，固然能夠提出人性對物質生活的需要，同時也忘不了人性還有精神生活的一面。

在整個啟蒙運動和文藝復興中的幾個革命性的極端思想中，西洋畢竟出現了康德和德國觀念論，把整個人性再度提出，把人性具體的層次重新以他的理想衡量，因為在人性發展中，不但要知道他的來源和他以前的情形，同時主要的是對自己生命的前瞻，他要知道自己的未來，把握自己的未來，把自己的未來帶上一個幸福康樂的境界，他自己以前的歷史，或對自己以前的不光榮事蹟，並不十分關心，所關心的還是自己的未來。

如此人性對自己的設計，對宇宙的觀察，很顯然的就會有某種的信心，這種信心也正是人性對自己價值和尊嚴的肯定，這種信心正好指出人性可以脫離物性、獸性，而漸漸地進入神性的境界。

西洋近代的思想，無論站在那一方面去看，都是從迷失到覺醒，從對物的崇拜到對精神的肯定，從對人今生的肯定到對人來世的一種寄望。

I　文藝復興哲學

在西洋近代思潮的中心，最主要的兩個口號，就是「發展」和「進步」。亞里斯多德開始的哲學有 Entelecheia「發展」，這個概念所指出的是宇宙間每一種事物都有一種「內在的目的性」，指出整個宇宙是活生生的，每一部分都是為了整體利益和整體秩序而運行、發展和變化，從法蘭西斯・培根的《新工具》出版以後，多多少少地修正和增加了亞里斯多德「發展」的概念；加上「進步」的因素，一方面使人類物質生活進步，另一方面在精神生活上也有進步。這種精神生活的進步不是獨立於肉體的生活，而是提出整個的人性生活；這也就是近代哲學很主要的一種信念，認為「發展」和「進步」兩個概念是不分的。

文藝復興的時代，是一個「生」的時代，各方面都在發展和進步。在發展和進步中，尤其是每一個民族的覺醒，伴隨著個人主義和自由主義的呼聲，使得個人認清自己和國家之間的關係，人不但注意中世所探討的修身問題，同時注意個人與國家的關係，個人在自己的環境中生存的所有條件和他們所有的責任。因為文藝復興的時代在西方是一個「生」的時代，在「生」的所有現象中，都有一種混亂和苦痛，因此在混亂中，有人欲推翻中世的生活而復古，有人則退隱到神秘，不理現世的事務。各種學術在這個時代裡，都想發展到極峰，把有限的發展成無限的，把暫時的進展為永恆的，並且最主要的是，人性要把自己的理性，從信仰的桎梏中解放出來，使哲學成為純理性的一門學問，甚至從理性走向經驗，把哲學看成自然科學一樣，可以在實驗室中得到解答的一門學問。

因為是「生」的時代，也就有「新陳代謝」的作用，因為要以「理性」來反對「信仰」，所以消極的往文藝復興壞的方面看，是他們把立體的、動

態的人生變為平面的、靜態的人生。可是，往好的方面看，就是每一種學說互相爭榮。如果站在壞的方面看，覺得文藝復興給予人類的不外乎懷疑和相對主義的話，我們應該將這種懷疑和相對主義善加利用，利用的方法當然是公開提出討論，並且把文藝復興時代的各種學說提出來與中世時代的思想作比較，看看他們所追求的，是否也是希臘和中世的思想家在追求的某種事物。

　　比如文藝復興時代所追求的「自由」，追求「人人天生來就是平等」的這種學說，是否在中世接受希伯來信仰的時候，認為每一個人都有不死不滅的靈魂，而靈魂都是上帝的肖像，每一個人與人之間都是平等的，是否在結論上都是完全相同，只是在口號的叫法上有一些表面的差異而已。「人與人之間的平等」，是個人在社會生活中的一種覺醒，在這種覺醒之後，把個人的價值和尊嚴推廣到國家和社會中，也就產生了濃厚的民族意識，民族主義。從這種民族主義和民族意識所導引出來的是歐洲每一個國家的獨立、革命，自己管理自己的內政和自己立法。

第一章

復　古

　　文藝復興的哲學，最早的一個特色就是「復古」。所謂「復古」，也就是他們民族意識另一種型態的表現，所謂民族意識的表現，是他們不再希望在思想上接受希伯來民族的信仰，在政治上不再接受羅馬中央集權的帝國政治，因此「復古」的一個特色，就是要走出中世的圈子，走出中世哲學、政治的圈子，回到西方人自己真正祖先的希臘羅馬的思想自由時代，不受宗教的束縛，不受政治的束縛。

　　文藝復興中的「復古」並不是一種口號，事實上是一種運動，站在哲學立場看來，是一種學術運動。這種學術運動起因於當時的一些動亂，在思想上的動亂，很多希臘學者逃亡到義大利，他們當然同時把希臘古典文化寶藏也帶到了羅馬，使得羅馬人在當時唯名論的學說之後，也開始直接研讀古籍，他們不再透過拉丁文去讀希臘的亞里斯多德和柏拉圖，而是直接以希臘文去研討這兩位大師的思想方法和內容。

　　在義大利，早就已經形成這種新思想。比如但丁 (Dante) 作了《神曲》(*Commedia divina*)，但丁的《神曲》是以義大利文寫成的，這是一個很大的革新，因為在中世一千多年的統治下，羅馬帝國所使用的國語都是拉丁文，而現在竟然有以土話的方言著述為一部著作，當然形成特別是百姓對自己土話的崇拜和嚮往，而且在內心上可以把握住群眾。因此固然但丁的《神曲》，絕大部分是中世神學的看法以及中世的人生觀，特別是中世宗教哲學的定論，由於他著《神曲》的語言是義大利文，在當時而言，整個義大利對於但丁《神曲》的問世十分興奮，因為他們認為自己的民族終於可以脫離那從外而來的宗教信仰（希伯來的宗教信仰），而且也能夠脫離以羅馬為中心的政治。

　　在另一方面，因為學者們直接由希臘典籍中去探討希臘哲學，因此有很多中世教父哲學時期或士林哲學時期所沒有注意到的問題又重新被發現了。中世哲學與希臘哲學最大的不同點，是希臘哲學完全以「人」為中心，用很自由的方式討論宇宙問題和人生問題，中世哲學受到希伯來民族《舊約》的影響，加上羅馬自己本身產生的以希臘文寫成的《新約》，這兩部經典可以說是界定了中世哲學的動向、思想的內容以及思想的方法。此次希臘哲學的重新研究，使得哲學的研究方向重新改變。

　　學者們開始提出「回到原始資料」的方法，因此他們在註解亞里斯多德《形上學》的時候，或者註解柏拉圖〈宇宙論〉的時候，首先讓哲學家亞里斯多德或柏拉圖先說話，然後再加入學者們自己的意見。

　　在「復古」的運動中，最主要的當然是資料的問題，我們在中世十三世紀的思想中，已經提及希臘哲學不是直接傳入羅馬，而是經過阿拉伯，然後到西班牙，才到羅馬，而且從阿拉伯已經把希臘文譯為阿拉伯文，然後再譯為拉丁文。文藝復興的初期，在他們的復古運動當中，是希臘文直接傳入羅馬，使得羅馬的學者直接研究希臘的原文。

　　所以我們在這裡，特別注意他們所謂「原始資料」的問題，首先提出的原始資料是柏拉圖的著作，早在一千四百四十年期間已經於佛羅倫斯城設立了柏拉圖的學院，它的目的本來是要統一希臘哲學和耶穌基督宗教的思想。在教父哲學中，已經有融合希臘耶穌宗教的學說，這種融合以耶穌基督的宗教做中心；文藝復興的統一工作，是要回到古希臘時代，以希臘哲學做中心，探討耶穌基督宗教的思想。在這些復古的工作中，出現很多研究「柏拉圖原典」的學者，他們設法將原典真實翻譯，並且加上註解。

　　對這種「復古」工作最大貢獻的是柏例圖 (Georgios Gemistos Plethon, +1450)。柏例圖是希臘人，在柏拉圖學院中特別提倡柏拉圖。由於他的努力，古代柏拉圖的學說重新以系統的方式在義大利發展。中世哲學對柏拉圖的知識只侷限於《蒂邁歐》(*Timaios*)、《費東》(*Phaidon*) 及《梅農》(*Menon*) 三篇對話錄中。雖然中世的伯特拉而加 (Petrarca) 提出柏拉圖，也

擁有十六篇的對話錄，但是由於他缺乏希臘文的知識，無法介紹柏拉圖的哲學。布魯尼 (Lionardo Bruni, +1444) 的翻譯也無甚大用，還是缺乏第一手的資料。

柏例圖決心使柏拉圖的學說完全復古，一方面反對亞里斯多德的學說，以為亞里斯多德的學說是反對柏拉圖的，以為亞里斯多德有很多的思想不合哲學的規定，因此柏例圖特別把柏拉圖和亞里斯多德學說中不同的地方找出，找出的目的是要承認亞里斯多德的錯誤，以為柏拉圖才是真正的哲學家。

可是，當柏例圖於 1439 年離開佛羅倫斯城之後，就有特拉皮村弟可斯 (Georgios Trapezunticos) 出來，再次比較柏拉圖和亞里斯多德的哲學著作，而慢慢地發現並非如柏例圖所提出的，他以為只有亞里斯多德哲學才能夠真正地找到智慧之路，因此他提出與柏例圖相反的一種學說，認為要真正「復古」，就得發展亞里斯多德，推翻柏拉圖。

後來希臘人柏莎里昂 (Bessarion, +1472) 再次為柏拉圖學說辯護；開始時只用拉丁文，後來才進而用第一手資料。由於這些思想家的探討，也就是在中世一千多年以後，希臘學說又重新成為學術界討論的對象，首次真正論及柏拉圖的生活、著作及其全部思想，也因此對於柏拉圖和亞里斯多德兩者作了比較，這種思想的衝突，有人主張柏拉圖，有人主張亞里斯多德，後來是柏拉圖的學說得勝了。主要的是柏莎里昂樞機主教的影響，因為他並不盲目崇拜柏拉圖的學說，也特別看重亞里斯多德的「形上學」學說，同時提出柏拉圖和亞里斯多德的兩種哲學在原則上並沒有衝突，設法把兩位大哲都看為是希臘大思想家，雖然位置不同，但是分量上卻同等的重要。

柏莎里昂樞機提出這種主張之後，可以說是把當時對於柏拉圖和亞里斯多德之爭平息了下來，兩派開始攜手合作研究這兩位大思想家的「原始資料」。收集他們的生平、著作，然後研究他們的思想體系。

從柏莎里昂後還有費機奴士 (Marsilius Ficinus, +1499)，後者是佛羅倫

斯學院的主持人，極力完成柏拉圖的拉丁文譯作，於是柏拉圖學說在近代
哲學中奠定了基礎。費機奴士又翻譯了普羅丁 (Plotinos) 的著作，使近代哲
學不但有柏拉圖的系統，而且有研究柏拉圖思想的方法，那就是「直觀」，
柏拉圖哲學在哲學史中常會與神祕主義或宗教氣氛連在一起，是由於別人
把柏拉圖的學說，用普羅丁的哲學去註解。

　　在佛羅倫斯學院中，特別出名的有米蘭多拉 (Giovani Picodella Mirandora,
+1494)，他一方面注重自然宗教的境界，一方面又強調人性的無限；所以他
開始的時候特別討論「個人」，是一個很具體的人文主義者。他在強調人性的
無限時，又強調人性的整體性。他著名的作品《論人之尊嚴》(De dignitate
hominis) 提出人的渺小，同時又提出人的偉大，人的渺小是相對於整個大
宇宙而言，他的偉大是由於他的「思想」，他可以利用自己的思想，衝破空
間走向無限，突破時間走向永恆。而且因為「思想」可以吸收新的東西，
這種本身「有限」又隱藏著「無限」的求知慾，也就是後來整個近代哲學
為學的一種本錢。

　　因為人有求知慾，所以能夠超越世界，而且同時能夠超越自己，這種
超越世界和自己，是發展和進步的最高峰。米蘭多拉在這種思想中，特別
指出人是地上的「神」(Deus in terris)。所謂在地上的「神」，就是人的渺
小固然為宇宙所局限，可是人的能力和神一樣。在這個地球上，精神在物
質當中，如此幾乎可以說他是奠定了西洋近代的人文思想，他甚至說「神
應當死亡」，好讓人在地面上發展。

　　復古運動的另一特色，就是當時羅馬不但接受希臘原典的著作，也有
學者把多瑪斯的一些哲學著作譯為希臘文，這麼一來，學者們就可以真正
懂得中世對希臘的體認，在哪些地方是足夠了，哪些地方是過於或不及。
這種翻譯的工作，使得希臘和中世的思想開始交流。這種交流所產生出來
的，是近代哲學最主要的成果。因為在羅馬所發生的復古運動中，最值得
注重的是如何使柏拉圖和亞里斯多德的思想融通，如何使一個大的哲學問
題，柏拉圖站在某一立場，而亞里斯多德站在另一立場去看，最後兩位思

想家同時都解決了一個問題的整體，只是每一個人解決了問題的某一部分。

　　當多瑪斯的思想參與進來，使我們可以發現希伯來的文化體系，在哲學思想上能夠擔任何種角色，而希伯來民族又提出何種意見。無論是宇宙或人生的問題，這種拉丁文和希臘文的著作互相對調的翻譯，使得近代思想對於古典思想有更清晰的認識，這是「復古」運動中最主要的成果。

　　最先作此種工作的是古多內斯 (Demetrios Kudones, +1400)，他翻譯了整套的《哲學大全》(*Summa Contra Gentiles*) 以及《神學大全》(*Summa Theologica*)，並且把這兩部著作設法運到雅典去，因此在雅典或羅馬，他們不但開始研究自己的哲學，而且也研究別的哲學，於是當時開始比較哲學的研究，使得新學說在統一復古運動的學說中具有更有效的作用。

　　不但在義大利，在德國也慢慢地出現了亞里斯多德主義，首先有梅蘭東 (Philipp Melanchthon, +1560)，雖然在近代哲學開始的時候有宗教改革，有馬丁路德反對亞里斯多德的形上學，梅蘭東本來是宗教改革家，不敢對亞里斯多德的形上學發表任何意見，可是轉而討論亞里斯多德哲學中的一些形式，然後以具體的生活代替抽象的形上學。

　　畢竟梅蘭東在德國開始了亞里斯多德哲學運動的道路，這種運動道路和義大利的思想慢慢地聯結起來，後來英國的學派提出經驗主義之後，經驗主義的方法大部分是利用了亞里斯多德《物理學》的研究方向，更使得西洋近代哲學更接受希臘古典的方法。盡量排除宗教信仰的因素，不但在義大利，英國和德國也有了這種思想的變遷，同時法國的亞里斯多德主義也開始進展，尤其在巴黎出版了《古撒奴士全集》(1514)，由古撒奴士，透過多瑪斯而終止在亞里斯多德學說中。如此整個歐洲的學術機構，都開始以復古方式研究古典哲學，這些古典的哲學包括柏拉圖和亞里斯多德，同時亦包括十三世紀的多瑪斯哲學。

　　當然在這些創新和復古的運動中，有部分學者反對亞里斯多德和柏拉圖、或多瑪斯，但是慢慢地這種反對也就消聲匿跡了。其他學者都站在學術的立場，研究古典以及中世的思想。

在「復古」運動中，比較傾向希臘的柏拉圖和亞里斯多德思想的就形成「人本主義」，而比較傾向中世思想、宗教哲學的就形成「神秘主義」。在「復古」此章中，分為兩節討論「復古」思想的內容。

第一節　人本主義

文藝復興啟發近代的一些思想家，使他們能夠跳過希伯來宗教信仰所影響的一千多年的中世，而回到古典希臘的原始思想。這種跳過以「神」為中心的中世思想而回到以「人」做中心的希臘思想，也就是「人」的重新發現。同時文藝復興的時代，希望透過「人」的發現，去發現「世界」，甚至透過「人」的發現，去認識「神」，對「神」有一種新的評價。

更主要的是指出發現「人」、發現「世界」、以及批判神學的方法。中世哲學當然是以「神」的意旨做中心，去研究「人」的問題，也以「神」做中心，研究世界的問題，甚至仍然以「神」做中心，研究神學的問題。在人本主義運動方面，主要是方法的不同，近代哲學走了兩條不同的哲學道路，一條是人本主義的，以「人」做根本、基礎，同時以「人」做中心而研究一切的學問；另一條路是自然科學的路，以實驗的方法證明所有的學說。人本主義是發展自我，而自然科學是征服世界。

這種「發展自我」和「征服世界」，就近代而言，是相輔相成的，不只是相輔相成，而且是兩種箭頭並進。可是，如果我們往深一層去想的話，「發展自我」和「征服世界」的工作需要個別地進行，因為自然科學的發展，不能夠代表人本主義的興起，人本主義的提倡也不表示有自然科學的發展。「人」本位的哲學思想，並不因為有自然科學的成果，而提升了人的尊嚴和價值。到目前為止，我們能夠看到很多的自然科學的發展，正是污蔑了人性，使人性走上末路。

所以這兩種方式，固然在近代哲學開始的時候，有很多學者走了錯誤的方向，以為發展自然科學就是發展「人本」，事實上這兩種學說應該分開

來討論。文藝復興中的人本主義有一個重心，就是在於認識自己，使自己得以在征服自然的工作上發展和進步。可是這種認識自己，是認識自己的能力，並非認識自然的內容，認識自然的內容方面，則必須發展物理學和數學。在當時因為人類可以利用玻璃的發明，使得人類的眼界在以前看不見的，現在都看得見。物理、數學、化學的發展，慢慢地使人不但開始在具體的實驗室中研究自然，而且也在理論上發現物質存在的原理原則，他們要知道物質的結構和天體的運行，因此有天文學的發展，也有物理學的發展。

然後在這些發展之外，慢慢地人類發現有某種程度的物質生活需求之後，覺得人性主要的還是精神生活。因此注重人本精神、人與人之間的關係、人與群體之間的關係，人與自由的關係慢慢地也提出來討論，這也就是人本精神的所在。

近代哲學的起點是「人」，很可惜的是它的終點也是「人」。這麼一來，究竟它的發展在那裡？它的進步在那裡？如果說它的發展和進步只在自然科學，那麼它的人本精神究竟在何處？是在物質生活的滿足，還是精神生活的滿足？所以當自然科學（即「手」的運用）趕不上「腦」的運用時，則近代哲學仍然走進理性主義或其他的思考法則裡，以思想為存在的法則，回到中世或希臘的思想法則中。

我們就近代哲學發展的跡象看來，可以證明實驗永遠趕不上思惟，即人的兩隻手永遠趕不上人的腦筋。因此大概亦可說明精神的活躍比起肉體的活動快得多，也就因此人性在精神上的需要比物質上的需要來得多。人本主義的優先，在近代哲學的根基上，雖然有人嘗試著使哲學科學化，但是最後還是科學成為哲學化，使得精神的價值和尊嚴高於一切物質的價值之上，這種以「人」為中心的哲學努力，構成近代哲學的整體思想。即使是從理性主義和經驗主義運用了科學方法，最後還是覺得並不能夠完全發揮人性的能力，最後還是必須回到人的思想和精神的原則上，於是有道德哲學、觀念論、宗教哲學和藝術哲學的出現。

　　不過，在人本主義的復興中，畢竟發展了一個新的可喜的東西，就是每一個個人開始討論自身的問題，每一個個人開始注意自己和世界的關係，每一個個人開始注意和他人、國家和其他民族的關係。

　　一提到以「人」為中心的問題，在西方思想中，馬上想到倫理道德的問題，倫理道德的問題在西洋哲學的演變中，最主要的當然是羅馬帝國時代的哲學，也就是斯多噶學派和伊比鳩魯學派，關於這兩派思想的復興，也有特殊的貢獻。最主要的有利普修斯 (Justus Lipsius) 著了《斯多噶哲學導論》(*Einführung in die stoische Philosophie*)，在十六、十七世紀的思想當中，斯多噶學派的倫理道德的觀念，由於人本主義的提倡而達到高峰。利普修斯在此書中特別強調斯多噶學派倫理的觀點，人要發展自己，要使自己有進步的話，就要在倫理方面發展。這種思想，影響到後來的蒙田 (Montaigne)、賈郎 (Charron)、培根 (Bacon)、笛卡兒 (Descartes)、斯賓諾莎 (Spinoza) 等人。

　　除了斯多噶學派的道德觀以外，其餘的就是伊比鳩魯學派。賈笙 (Pierre Gassend) 著述《伊比鳩魯哲學初談》(*Syntagma Philosophiae Epicuri*)。他開始的時候，雖然贊同原子論的傾向，但是這種唯物必須經過發展和進步，到人的精神價值的尊嚴的肯定，從這種精神的肯定，就能夠把握人對物的一種關係，這種精神和物質同時在人的身上發現，慢慢地導引出近代哲學的本體論。

　　在近代哲學的人本主義的發展中，還有一個有趣的事情，他們不但注意方法的問題或內容的問題，還特別注重表達這種內容的方式，那就是修辭學。認為修辭屬於人類的藝術，而人類精神的高峰，是要以文雅超凡的言詞來表示自己對大自然的欣賞、對自己的體認，以及人與人之間的交往。甚至希望在優美的詩歌中表現文化的發展和進步。關於此點，有數位思想家在努力：華拉 (Laurentius Valla, +1457)，亞吉利可拉 (Rudolf Agricola, +1485)，伊拉斯莫斯 (Erasmus v. Rotterdam, +1536)，衛武士 (Ludovicus Vives, +1540) 等人。

第二節　神秘主義

　　在文藝復興哲學的復古的潮流中，人本主義是恢復到希臘的人本，恢復到希臘的思想方法，並且企圖回復到希臘的思想內容中，也就是說，透過「知物」的體驗而「知人」和「知天」；神秘主義則是恢復到中古時代的宗教情操。如果說人本主義所注重的是人的理性，所依據的也是人的理性的話，神秘主義就是依靠人的情感和人的感受，希望透過人自己內心說不出的一些感受，用來解釋宇宙的真象以及人生的奧秘。

　　神秘主義的提出，指出西洋在近代哲學的復古運動中不但對希臘的哲學有興趣，同時對人生最古老的問題，也就是在人和宇宙背後究竟隱藏了什麼真理這問題同樣發生了興趣。這種興趣走上極端之後，就會走上神秘和宗教，這種宗教的解答或神秘的解答，也算是哲學智慧的一種，此項特徵在近代哲學初期，尤其是在近代文藝復興哲學中可以找到，列為近代哲學的一種特徵。雖然後期發展的近代哲學，慢慢地消逝了這種神秘情操，可是到最後發展到哲學高潮，用一切去衡量一切的時候，神秘的一種看法又恢復了原來的面目。

　　這種神秘主義的看法，由於不注重理知的分析，由於不能夠以一種客觀的、有系統的態度來解釋，所以在介紹神秘主義的學說時，很難分成幾個派系或宗派，而只能提出他們每一個人對自己生命的體驗以及對宇宙的看法。在這些神秘主義的學者中，提出五位比較著名的：

一、帕拉謝蘇

　　帕拉謝蘇 (Paracelsus, 1493–1541) 出生於醫生家庭，自己亦繼承父業為醫，從小喜愛觀察自然。在大學期間，深受新柏拉圖主義的影響，開始研究生物，以為大自然比所有的書本更能給予人們最真實的學問，更能解釋宇宙和人生的奧秘。生平旅遊各地，讚嘆大自然的偉大，足跡遍及亞歐各

國。其學說分別介紹如下：

(一)知識論

帕拉謝蘇完全注重「經驗」，尤其是看重感官經驗，認為自己身歷其境的一種體驗、學識，比其他任何的知識來得可靠，認為做學問的基礎，就是要依靠我們親身體驗到事物的本身，因為帕拉謝蘇認為只有經驗可以得到知識，因此認為感官的經驗、思想的經驗，甚至信仰的經驗，都可以幫助我們認識自己和世界。由於他把經驗分為三種等級：感官的經驗、思想的經驗以及信仰的經驗，因而他的知識論也有這些等級的劃分。

他認為常人的經驗，都是由於人的感官知識，這是最低的知識，它必須受到物質的限制，沒有物質，沒有感官作用，也就沒有知識，因此知識的標準，只是停留在感官知識的範圍。比這個感官知識高一層的，就是思想的知識，這種思想的經驗，可以用數學的法則、物理的法則來做學問，也就是說以數理的原理原則做學問，這種知識的領域，帕拉謝蘇稱他們為地上的哲學家。更高的一種知識，就是天上的哲學家，可以完全脫離物質的束縛，甚至可以超越理性，達到神的啟示。所以在知識論中最高的知識，還是神的啟示的知識。

一般人只達到經驗的常識，地上的哲學家達到思想知識的層面，唯有天上的哲學家生長在信仰的氣氛中，因此在每一層的經驗世界，需要每一個人自己親身去體驗，無法以任何的理論去言談，所以一般人只有感官的經驗，無法和他們討論信仰的問題，也不可能討論哲學的問題，甚至和地上的哲學家，因為他們只有理性的經驗，也不可能談論信仰的問題，要談論信仰的問題，只能和天上的哲學家去談論，因為他們對於啟示有密切的體驗。

(二)宇宙論

帕拉謝蘇受到初期機械論的影響，讚嘆恩培多列斯 (Empedokles)，認

為萬物由四種元素所構成，那就是水、火、氣、土。這四元素不是物質，帕拉謝蘇認為是一種力量的描述。四元素本身是物質，但這物質不是本質，其本質是精神，物質只是表象而已。如此很顯然的，帕拉謝蘇又受了亞那薩哥拉斯 (Anaxagoras) 的影響，他把這兩種學說，即希臘早期唯心唯物之爭的兩種學說，帕拉謝蘇把它們統合起來而加以討論宇宙，認為宇宙所有的是由於物質構成的，但是使得它所以構成的秩序卻是精神的。

如此，帕拉謝蘇統合心和物，幾乎可以說抵達心物合一的一種想法。帕拉謝蘇又發現人和宇宙相等，人是一個小宇宙，在這個小宇宙中包含了所有大宇宙的元素。我們如果要認識人，也可以先認識宇宙，如果要認識宇宙的話，也可以先去認識人。

㈢本體論

帕拉謝蘇跟隨新柏拉圖主義的學說，提出「全體先於部分」一說。他的本體論專門注意全體與部分的關係。柏拉圖提出「全體大於各部分之總和」的理論是屬於質量的問題，後來亞里斯多德提出「全體先於部分」，而帕拉謝蘇跟隨此種學說，提出物質的時空的問題，提出生命在整個物質中的地位，提出所有物質到最後的現象都是生生不息的生成變化，都是屬於一種有生命的現象，帕拉謝蘇認為宇宙不是死的，而是活的，這種活的東西可以在我們的人生裡面看得十分清楚。

二、萊希林

萊希林 (Johannes Reuchlin, 1455–1522) 是德國的哲學家，而且是著名的神秘主義學者。他為學的方向，是盡量把自然科學與數學統合起來討論，並且把每一個字母和語言的象徵，用來比較整體的學問，可是在這種比較之間，他仍然相信《聖經》的啟示是最高的真理。因為他特別相信《聖經》，所以刻意研究《聖經》的文字，尤其是《舊約》的希伯來文，萊希林最大的貢獻是：把希伯來文帶進西方，使得後來西方在研究《舊約》方面，

有一個很方便的工具。

三、內德斯坎

內德斯坎 (Agrippa v. Nettesheim, 1486–1535) 也是德國的神秘主義哲學家，也是醫生、神學家；為學的方法跟隨了新柏拉圖主義神秘的學說，認為如果能夠認識自然，同時也可以認識神秘，所以他研究醫學和生物學有很大的成就。內德斯坎認為宇宙的存在，就是奧秘的存在，我們最理性的理性，也屬於最神秘的部分。

四、弗郎克

弗郎克 (Sebastian Frank, +1542) 否定一切語言可以表達出真理的說法，歷史、宗教、甚至《聖經》內的字句都無法表達真正的實在，所以他認為真正的宗教信仰是在於人內心的宗教情操，並非在於外面的言辭，一切的禱告和儀式，弗郎克認為那都是外表，真正的是在於人的內心，所以信仰是由人的內心的情操出發，從自己內在的與神交往的經驗中，講明宗教的意義。弗郎克是神秘主義中絕對「重內輕外」的典型。

五、波　姆

德國哲學家，波姆 (Jacob Böhme, 1575–1624) 原為鞋匠，但是經過長期的思考，著述了有名的神秘主義的作品，當然他的哲學思想在開始的時候，受到帕拉謝蘇的影響，以自己內心的感受作為基礎。在他的著作中，他提出了四種原則，以為人的心靈，才是真正認清世界真象、人生真象的一種指點：

1. 光照之路，以為每個人的內心都能直接與神交往，神的智慧直接照射人心的時候，人的心靈才能夠真正地稱為智者，才能夠真正地認識自己和世界，同時更能夠接受上帝的啟示，成為一個信徒。

2. 外在的一切只是象徵，思維的內容應該以「內在的」意義，不應該以外

在的語言或繁文縟節所表示。

3. 一切的一切都是渾然成為一體的，甚至一切的對立和矛盾都能夠在高一層的領域中統合。波姆利用了帕拉謝蘇的大宇宙和小宇宙學說，認為「人」就是「宇宙」，「宇宙」同時也是「人」，在人的心中就可以發現全宇宙的奇蹟，在研究宇宙的每一個小問題中，也可以發現人生的真諦。

4. 外在的宇宙，其實根本上也等於內在的宇宙，而且一切都充滿了智慧。

哲學史稱波姆的學說為「萬物有智說」(Pansophie)。

波姆的學說提出以後，和基督宗教的教義有很大的衝突，因為教會主張善惡二元永遠無法調和，是極端的二元論，但是波姆主張善惡二元終有一天殊途同歸，善惡本來就是一物之兩面，如此就形成宗教和波姆的一個大衝突。

可是站在另一個立場去看，波姆提出了德國唯心論的最大問題：即相同的和相異的本來就是一體。以中國哲學的說法是，以「道」觀之，所有的都成為一體。此種學說，追求一切象徵背後最後的原因，在這個最終的原因中，一切所謂的是非善惡、真假對錯，都只是事物的表象，所有的對立和矛盾也只是事物的表象，而波姆能夠找出事物最終的真象，在這個真象中，沒有所謂的真假對錯、是非善惡，也無所謂美醜的劃分，這也就是神學主義在哲學上最大的貢獻，稱為「矛盾統一」或「對立解消」的學說。

在神秘主義所有的學說中，最主要的是設法把整個的宇宙視為一個動態有生命的世界，而人生存在這個動態、立體的宇宙中，只是一分子，而這一分子應該過一個屬於統一的生命，或屬於心靈的一個最高境界，能夠解脫物質的束縛，或解脫功名利祿的束縛，同時更可以解脫知識論上的是非之辯或對錯之辯。

第二章

創　新

　　「創新」在西洋近代思想中，佔有主要的地位。所有的哲學思想，在一個新的時代開始的時候，都有「創新」的表現，可是在西洋近代的「創新」中，有一個特殊的意義，就是發展在民族意識、個人主義、自由主義以及自然科學的分析和歸納的方法上。這些「創新」的意見，使得個人對自己的覺醒，使得個人對於自己的尊嚴和價值，有一種新的反省和認定，尤其是在人對物的觀察方面，人和團體的生活，意見上有很大的不同。相對於西方的希臘和羅馬或中世的時候，個人的存在價值和個人與社會之間的關係，在近代的革新聲中，有一個特殊的轉變，也就是個人獨立存在、思考、獨立決定事情的一種革新。

　　在這種革新中，我們可以看出西方對一種新的人文社會的嘗試，對自然科學的一種新方法的運用。以下分為兩節討論近代哲學中「創新」的思想，首先討論人文社會的問題，進而討論自然科學的方法。

第一節　人文社會

　　在西洋近代以「人本主義」的革新聲中，最先出現的是民族主義的意識。原來在羅馬帝國時代，也就是中世基督宗教政教合一的時代中，中央集權的政治社會制度，已經統治西洋一千多年之久，在這一千多年中，百姓習慣與整個的團體過一種共同信仰的生活，有共同的人生觀；文藝復興時期，他們開始覺得個人存在的重要性，這種個人存在的重要性，不是由中央集權馬上到個人的存在，而是先透過民族意識的建立。所謂的民族意識，是指羅馬帝國的統治下，不是屬於羅馬民族的民族，尤其是德國、法

國、英國、西班牙的民族，甚至義大利的，除了羅馬之外的一些民族，這些民族意識的覺醒，首先在宗教上表現出來，宗教上的表現，第一個就是德國的馬丁路德 (Martin Luther, 1483–1546)。

馬丁路德首先提出為什麼我們禱告、我們與神的交往、我們看《聖經》都得用羅馬文，為什麼我們不能以媽媽的話的方式向上帝禱告，因此他在宗教的改革上，率先以德文翻譯《聖經》，從德文譯《聖經》，站在宗教方面而言，是宗教的改革，但是站在文化、哲學的立場看來，則是民族意識的高漲，是脫離羅馬帝國中央集權的一種方向，一種革命性的行動。跟隨著馬丁路德而來的是歌德 (Goethe, 1749–1832)。

歌德用德文寫他的詩歌，在英國方面也有莎士比亞 (Shakespeare, 1564–1616)，用英文寫他的戲劇，還有在西班牙的《唐吉訶德傳》，也用西班牙文寫成，甚至在義大利的但丁 (Dante, 1265–1321)，也以義大利文寫了《神曲》。這種民族意識的產生，使得西洋的中世帝國慢慢地沒落，這種沒落站在中國文化的立場看的話，它們是文化的一種沒落，因為嚴格說來，西洋沒有文字、只有語言。因此當西洋的這些語言以它們拼音的表現方式，以母語的運動分裂了西洋的整體性之後，呈現出一種分裂的現象。義大利人到德國去，不但語言不通，就是寫出來的，德國人也看不懂。不像我們中國有一種文字，雖然以前的南方人到北方去語言不通，但是寫在紙上的文字，仍舊可以溝通一種思想。

西洋這種民族主義的興起，可以說，在他們的人文社會上是最根本的一點，從這一點上使得他們的民族開始慢慢地分裂，而這種民族的慢慢分裂，由於語文的特性，使得他們的文化漸漸地向著不同的方向發展，造成了今日西洋很小的國家，也使得他們相互之間有一些文化上的不同、語言的不同，所以宇宙觀、人生觀的意見也隨之不同，這也就是哲學發展不同的所以然。

從民族主義再發展下去的，就是個人主義。因為相對於中央集權的羅馬大帝國而言，民族意識是一種中央集權的分裂，但是談到民族的一種國

家運動，相對於個人的覺醒而言，就成了個人主義。一個個人跟隨著民族、國家的獨立，就會意識到自己個人和別人之間的關係，國家無法決定他個人的命運，他自己要選擇自己未來的生活，這種個人主義的發生，對獨立思考而言，是很有益處的，但是對於整個國家社會、民族文化的生命卻有很大的阻礙。相對於西洋一千多年來的統治，都是屬於中央集權的方法，現在這種個人主義的誕生，使得他們在每一種學術上的討論有長足的進步。從個人主義直接導引出來的就是自由主義。

自由主義的方式，由於西洋在文化的根本是屬於奧林匹克的精神，屬於競爭的精神，在競爭中失敗的，在個人方面就變成了奴隸，在國家民族而言，就成為殖民地；因此無論是奴隸或殖民地的人們有民族意識者，慢慢地開始講求自由。這種自由主義的誕生，不只是由個人出發，也影響到民族，就個人而言，要使自己奴隸的階層成為主人的階層，要自由、解放。就整個民族而言，是要脫離帝國主義的侵略，脫離屬地的情況，而進入自由自主的政治社會狀態。

所以，在西洋近代哲學開始之後，從文藝復興起，所有的國家和民族紛紛脫離中央集團而獨立，紛紛脫離帝國的統治。在個人方面，慢慢地爭取到自由，尤其是一些工人或奴隸，慢慢地學習如何講求自己生存的權利，如何在人的尊嚴和價值上，爭取個人生存的模式。從這個自由主義出發，就論及個人與國家的關係，此種個人和國家的關係，許多學者在這方面提出許多寶貴的意見，在理論上，他們要尋找宇宙和人生的奧秘，這種奧秘固然由神秘主義替他們解決了，但是在具體生活上，仍然需要作一種解釋。

在神秘主義的探討中，我們都知道個人是屬於宇宙中的一分子，可是在「創新」的人文社會的思想中，個人有其獨立性，雖然屬於整體，但是無法減弱其獨立存在的資格。因此，在具體生活中，要提出究竟國家社會和個人之間有那一種關係。

西洋的哲學從柏拉圖的理想國開始，一直到羅馬大帝國，甚至到中世的政教合一，都在發展群體的生活，個人的存在，在社會國家中幾乎並非

十分主要，國家法律才是至上的權威，這種權威性加上封建的信條，致使中古建立一個十分龐大的封建社會。文藝復興興起，在近代哲學開始之時，即個人思想、民族意識的覺醒，一些先知先覺之士，慢慢地發現個人的價值和尊嚴，就從個人的價值和尊嚴的肯定以後，再去肯定國家民族意識的重要性，再肯定整個宇宙的統一性。

因為這種個人地位的發現，就產生了個人主義和自由主義，同樣地也產生了另一種型態的國家主義，即民主與法治。這種民主和法治，可以說是代替了以前的群體主義和封建的社會，這種個人存在的認定，並非指出人可以脫離國家社會而存在，相反地，國家社會的存在是為了個人。此種哲學的特徵，可以說是由個人的價值和尊嚴的認定開始，從這種認定，再去肯定國家社會，並非反過來，先去肯定國家社會，再去肯定個人。此期的代表有好幾位重要的思想家必須特別提出：

一、馬基維利

馬基維利 (Niccolo Macchiavelli, 1469–1527) 是義大利人，曾任佛羅倫斯城市府秘書，對政治很有興趣和心得。在個人與國家的意見上，否定了傳統的倫理，也就是否定了傳統認為個人屬於國家民族的倫理規範。以為以前所謂的家族的教育，或國家民族的意見都不是正確的，真正確定的是談論個人成為國家民族社會的一分子，而在這一分子與另一分子之間的共同合約，才形成一個國家或社會。所以馬基維利非常反對柏拉圖的理想國，而特別重視當時社會所主張的民主與自由的生活。

他認為人與人之間的實際生活的環境，才能夠真正地陶冶出善良的人性，認為「家貧出孝子，國亂顯忠臣」的原則，可以真正地作為人與社會之間關係的借鏡。覺得亂世必須用重典，因為在亂世中，忠烈之士有表現自己的機會，如施行重典，受害的只是一些壞人，善人仍然不犯法，可以得到法律的保障。本來所謂的善惡，馬基維利認為那只是相對的事情，所謂的好與壞，也只是在社會中當時的情景，大家都以為是這種情形的，那

就是好，大家都反對的，那就是壞的。可是這種原則，社會可以經過「事過境遷」而變動的，政治不是哲學，它只是要把握目前的情形，把握住當時以為的善就可以了，哲學要追求永恆的善和永恆的真。

所以馬基維利認為在政治生活上，應該與哲學分開，因為政治就是人生在社會中所有的表象，因此他認為在談論社會的時候，不必枉費心機去追求哲學的原因，只要把握住現實，只要能夠改造現實。

馬基維利在人性論中，認為人性是惡的，因此當政者自身必須兇惡，不能夠有仁愛的思想，不只是要兇惡，而且要殘忍，致使百姓害怕而守法；以仁愛治天下的學說只是理想，不是現實。此外還以為，政治上最壞的是不善不惡，沒有敢於做惡的決心。宗教的「愛」、「恕」，政治上並不適用。宗教是否應被消滅，馬基維利對它存而不論，可是總是認為宗教所提出的仁愛，對社會沒有裨益。

所以他的結論：國家就是權力。在這種國家觀中，個人的權力變成了統治者利用的對象，個人的存在雖然不是直接說是為了國家，但他的生存卻是為了統治。馬基維利這種政治的主張，影響西洋的政治思想相當嚴重，因為強權就是公理的原則，使得西洋原本有的奧林匹克競爭精神的政治思想，更形囂張。

二、波　登

波登 (Jean Bodin, 1530–1596) 是法國人。學說跟隨著馬基維利，以為國家的權力就是最高的權力。所以每一個個人的存在，只能為了國家，可是國家中的個人權力，即當政者，就是國家最高的權力，他有個人的尊嚴和自由，其他國家內所屬的百姓，都是屬於國家，他們的存在都是在國家社會之下，他也主張以強權代替公理，以權力來統治，用法治、嚴刑峻法使得人民順服。

三、摩　爾

　　摩爾 (Thomas More, 1480–1535) 是英國人，著有《烏托邦》(*Utopia*) 一書。摩爾曾任英國皇家最高法官，因信仰與教會間，政治與教會間衝突而犧牲了性命。他最主要的學說，是主張財富均等，人與人之間應和平共處，反對戰爭。同時在經濟學上，看清了國家的財源都是來自百姓，所以認為當政者不可為了強國而奴役平民，不應該為了國家的富強，而使人民生活無著，所以站在人性的立場，認為人工作的時間，應該越少越好，其餘的時間可以過精神生活的享受，首先主張每一個人每天工作六小時，只工作六天，第七天應該有星期天的休息。

　　摩爾甚至主張廢除死刑。但是重犯必須施行勞役，因為勞役不但可以懲罰罪犯，同時對國家的建設有很大的幫助，在宗教信仰上，他提倡信仰自由，但是國家應該以納稅人的錢為國家建立教堂、會所，給予人民集會之地。

　　因此摩爾在政治的理想上，崇拜柏拉圖的「理想國」，他反對馬基維利的思想，以為應該以「善」的觀念來統治國家，統治者應該以仁愛的行為統治，應該以德服人，不應該以強權、嚴刑峻法來治理國家。

四、康帕內拉

　　康帕內拉 (Thomas Campanella, 1568–1639) 是義大利人，依照柏拉圖的理想著述了《太陽之城》(*Civitas Solis*)，主張人與人之間應該完全過一種共同的生活，不許有私有財產制度。在整個的太陽之城中，一切都向著永恆的觀念，因此主張回到古代的君主政治制度，由一位非常賢明的君主，可以代替「至善」，出來領導百姓和國家。

　　因為康帕內拉有這種政治的理想，不符合現實的政治思想，因此只停留在思想的階段，在近代的思想中無法發生作用。

五、古　律

　　古律 (Huig de Groot, 1583–1645) 是荷蘭人，著有《論戰爭與和平之權利》(*De Jure belli ac pacis*)，在此書中指出戰爭有四個類型：個人與個人，個人反對國家，國家反對個人，國與國之間的戰爭。雖然有這麼些戰爭，古律仍然認為人性性善，因為人「肖似天主」(Similitudo Dei) 的緣故，他是「上帝的肖像」(Imago Dei)。國法的基礎應該在「理性」和「善觀念」指導下訂立和實行。人與人之間的關係，應該是耶穌基督的仁愛。

六、霍布斯

　　霍布斯 (Thomas Hobbes, 1588–1679) 是英國教會的一位牧師之子。在牛津大學讀了士林哲學，後來成為一位貴族的教師。他在求學期間，常遊法國，自己攻讀了很多古典的哲學書籍，對權利與詭辯的學問很有興趣，在巴黎之時，曾經結識笛卡兒 (Descartes)，辯論甚久，並且一同校對了笛卡兒著的《沈思錄》(*Meditationes*)。1636 年脫稿名著《哲學元素》(*Elementa Philosophiae*)，在此書中，很顯然的是唯名論思想的信徒，同時特別關心唯物論的動向，自己也成為唯物論者，後來他用這些唯名論、唯物論以及權力至上和詭辯的學說，在政治漩渦中打轉，最後仍無收穫。

　　霍布斯學說中最主要的，是提出「經驗」為各種學說中唯一的基礎。他要用「經驗」來解釋一切哲學的問題，他要把整個世界存在中的精神除去，只承認物質的存在。他認為唯有如此，才可以解決心物間的衝突。一切的能力和表象，都是肉體的和物質的力量，人除了物質以外，根本沒有東西存在。一切的東西都可以用機械的原理來解說，以為人就是肉體，因而根本無所謂自由和善、惡的問題。

　　宗教也不是哲學，它只是國家的法律，甚至強調人根本上就等於禽獸，所以提到人與人之間的平等，並非由於人有什麼尊嚴和價值，人與人之間的平等那是因為大家都等於禽獸，人與人之間的關係，於是成了互相欺騙、

互相利用和詐取，所以霍布斯說：「人與人之間的關係，好像豺狼一樣。」(Homo homini Lupus)。

就霍布斯看來，一切的存在都是物質，一切的表象都是物質的運動和變化，因此一切的一切都有同樣的價值，無所謂精神的價值或物質的價值的分別。在他的知識論中，他提出思想和外在事物的關係，也就是主體的思想和外在的客體存在有什麼關係。他認為我們所提出的名字只是符號，而不是事實。如果單單靠思想，無法認識事物，因為思想只能抵達觀念，而觀念並不是事物，如此他認為主體和客體之間有了一道鴻溝，永不相通。

因此他為了挽救知識的成立問題，就否定心靈的存在，而只承認客體的存在，否定了精神的存在，只肯定外在事物的存在。人類是透過一個名目去認識外在事物，所以他回復到中世時代的唯名論立場，認為所有的思想和精神作用，只不過是物質的運動而已。因此就霍布斯而言，客觀的外在世界有伸展性，有大小、運動等，都是物質性的東西；主觀性的，其實只是物質的神經系統，運動變化而已。因為自然的現象運動變化是機械的，是數學的，是沒有目的性的，因此所有的心靈作用，因為它的起源是物質作用，所以就沒有目的性可言，只有機械性、唯物性。

思想的來源經由感官，感官帶來的是感覺，感覺只有「快樂」與「不快樂」之別，沒有真假之分。所以我們如果提到真的知識的時候，只能夠說是快樂的知識，那麼如果是假的知識的話，那就是使我們感到不愉快的知識。如此霍布斯把知識完全看成主觀的，而這種主觀又完全是唯物的。

正因為他的知識論中，強調心靈的物質性，所以他的倫理道德很自然的會採取自然主義的見解。認為覺得快樂的就是善的、覺得痛苦的就是惡的；因此人生根本上無所謂自由可言，只要和禽獸一樣去追求快感，去追求幸福，那就是人類人生的目的。所以他覺得人的本性和自然界的禽獸相同，完全是弱肉強食，人性和獸性同相，是性惡的，是利己主義的，是自私的。人和人之間的關係是豺狼，互相吞食，互相陷害。

由這些人和人之間所組織的社會也是如此情形，認為國家集合了所有

的人與人之間的關係，所有用「巨獸」(Leviathan) 來表示國家的存在，表示國家的權力奇大無比，可以吞食其他的一切禽獸，因此國家根本是一個最大權力的機構，無所謂「許可」或「不許可」的倫理觀念，它只有權力，權力就是一切。

霍布斯的學說，他也就是先否定了精神的價值，必然會走上弱肉強食的社會觀感。這種觀感漸漸地導引出「強權就是公理」，這麼一來，人與人之間的互助真理，或是涉及為人的道德觀念都被否定了。霍布斯這種思想，慢慢地導引出英國的進化論，同時也補足了後來德國的唯物論和共產主義，形成對人性的一種污蔑和諷刺。

第二節　自然科學

文藝復興的內容，內在的是發展個人的意識，脫離群眾的信仰，脫離系統的信仰，而用個人內在的自由以及個人主義的方式去過一種生活；在外在的文藝復興的內容上，就是發展了自然科學。這種自然科學，不再以神話或幻想去征服自然，而是以物質針對物質的方法，即以製造工具的過程去征服世界。

自然科學當然以物理學開始，也就是說西洋開始發明玻璃，玻璃的發明使得人的眼睛擴大與拉長，以前看不見的遠距離的事物，現在可以用望遠鏡把距離拉近而看清，以前太微小的事物看不見，現在也可以用顯微鏡把它放大而看清；因此這種物理學的發明，推動了每一個個人的思考。

如果我們說希臘哲學或中世哲學所討論的問題，都是用思考的方式，去探討質料的問題，用抽象的方法去思想，到了近代，所有思考的問題都到了具體的問題，尤其是到了量的問題，這個量的問題的方法，就是近代自然科學所發展的方法。這種方法最早是由法蘭西斯·培根寫了《新工具》一書，《新工具》的意思是針對亞里斯多德的《工具書》而言，亞里斯多德的方法是用「演繹法」，以抽象的方法演繹到其他更抽象的地方去；而培根

的方法是「歸納法」分析，而分析出來的，再以歸納得到一種知識。

用這種具體的實驗方法，用這種看得見、摸得到的具體資料當做是思考的對象，也因此漸漸地發現「人在宇宙中」有特別的、以前沒有發現到的新的意義。

自然科學最先發展的是自然科學家的推動，發源地是義大利，有卡達努斯 (Hierorymus Cardanus, +1576)，德萊西武 (Bernhardinus Telesius, +1588)，帕特里修斯 (Franciscus Patricius, +1597) 等，他們都在新柏拉圖主義中打轉，以柏拉圖的宇宙論作為自然科學的藍本。他們的學說，通常是觀察自然，尤其是觀察天文所得到的。在這些自然科學家裡面，我們可以舉出很多思想家，其中有關於宇宙內容的觀察，亦有關於宇宙運動變化原則的探討，更有關於物理、天文或自然的法則，我們把握它們的一種探討。

在自然科學的革新中，最主要的是科學的方法與科學的內容兩個問題。科學的方法，就是從以前的演繹法到現在的歸納法，從以前抽象的方法到現在分析的方法。在內容上，則有天體的革命，以及物理的革命。我們現在分門別類地個別介紹每一位自然科學家在當時的貢獻：

一、哥白尼

哥白尼 (Nicolaus Kopernicus, 1473–1543) 是天文學家，於 1506 年著《天體革命》(*De revolutionibus orbium caelestium*)，此書在哥氏死後才出版，主張「地動說」和「太陽中心說」，把以前所認為的地球不動，而太陽繞著地球走的學說推翻。

二、布魯諾

布魯諾 (Giordano Bruno, 1548–1600) 是義大利人，先入道明會，以後還俗。周遊各地，因學說與教會衝突，1593 年被解至羅馬，七年監禁，不屈、終於被焚死。

以哥白尼的「太陽中心說」為出發點，同時提出太陽為中心與別的太

陽系構成一個無限的宇宙。布魯諾的無限觀念指出物體的無限，不再是神的影像，而宇宙本身的無限，就是神。因此他所提的學說，雖然只在天文方面，但是涉及宗教裡的泛神論，因為他提到宇宙無限，因此宇宙仍是一體的、最大的和最小的宇宙仍然是一樣的，大宇宙的一切與小宇宙有同一的原理，他以為宇宙的特性就是「唯一」的。

本來在中世哲學最後的一位哲學家古撒奴士 (Cusanus) 已經指出宇宙的無限，因為宇宙的無限，所以宇宙中的每一個天體、每一點都可以做中心，以其半徑去畫那無邊無際的宇宙，可是古撒奴士所謂的無限，只是神的影像，並不是真實的。布魯諾的無限卻是指出物體的無限，物體本身就是神。這個問題本來哲學上，是一與多、異與同，有限與無限、內存與超越的對立問題，可是布魯諾又考慮了一種新的意義，是以精神與物質一體，神和世界是唯一的新的觀點。

所以布魯諾的學說，直接催生了自然科學，哥白尼的《天體革命》也提供了自然科學革新的一條路。

三、克卜勒

上面提及的哥白尼和布魯諾都停留在理論階段，從克卜勒 (Jahannes Kepler, 1571–1630) 之後，正式地開始了自然科學的實驗。克卜勒發現行星三大運行律：

1. 以橢圓形軌道繞日而行。
2. 同時間、等距離的行星繞日運行有同樣的軸距。
3. 行星運行時間的平方等於自身與太陽距離半數之三次冪。也就是說，一個行星週期為二十七年。

克卜勒在哲學上的貢獻，是把數字中調和的現象應用到思想中，以物質的感官對象性和思想律中定理作一比較；使思想與對象間關係的建立有新的發展。也就是說，使思想與存在間有新的意義和關係。因此，就這種情形看來，克卜勒雖然是一個科學家，但是他的科學有哲學的基礎。

四、伽利略

伽利略 (Galileo Galilei, 1564–1642) 在米蘭教堂中發現聖體燈之擺動規則，因而闡明了擺動律。在天文上則用望遠鏡發現木星之衛星運動。除了擺動律之外，說明了慣性定律，除非有外力的加入，所有的物體，或者是靜止不動的，或者是直線運行。伽利略的這種發現，使得自然科學站在哲學的立場，提出了很多的定律，尤其是關於方位運動方面的定律。

五、賈　笙

賈笙 (Pierre Gassend, 1592–1655) 主張機械原子論，宇宙的一切發展靠原子的變化、機械式的變化，也就是說，每一種物質的東西，自身有一種生成變化的能力。而這些變化的能力，和物質的本質有關，用不到外來的能力，即每一種物體的運動和變化，都是由自身的能力出發，不是靠外在的能力去指使。因此他反對目的觀的宇宙論，主張機械式的命定論。

六、波以耳

波以耳 (Robert Boyle, 1627–1691) 注重化學研究，以為「法則」才是自然的根本，因此波以耳所注重的問題，是從自然科學「質料」的研究，回歸到「形式」的研究。如此，在波以耳的學說中，特別注重公式，但是這種公式並非由亞里斯多德以來的演繹的法則所得出來的，而是以歸納的方式所得出來的形式。

七、牛　頓

牛頓 (Isaac Newton, 1643–1727) 由蘋果墜地的現象的觀察，發現萬有引力定律。因為這種「引力」的發現，「運動」現象自亞里斯多德以來，透過聖多瑪斯之運動說都成了疑問，不但改觀了以前的物理學，而且在哲學上討論運動的定律也就慢慢地改變。運動的因果關係，不再是「動」與「被

動」之間的單純關係，而是物體與物體間本身就有引力，這引力足以使物體運動或靜止。因此討論物理的現象，討論物與物之間的關係的時候，首先必需先要注意到的，不是物的本質，而是物與物之間的關係，它們相互之間的吸引或排斥。

八、法蘭西斯・培根

　　法蘭西斯・培根 (Francis Bacon, 1561–1626) 是發展歸納法的一位大師，他在自然科學的方法上，就理論方面而言，首先提出歸納法，就是我們的腦筋以分析的方式，在感官經驗的資料上，把它們分析得很細微，然後想辦法以歸類的方式把它們歸類出來。他同時認為學問以實效為目的，一切的知識都是為了達到目的的手段。因此他提出「知識即權力」(Knowledge is power)。培根以為我們不應該以別人的或傳統的作為我們的知識，而應該以自己的經驗作為起點。

　　在 1620 年，他著了《新工具》(*Novum Organum*) 一書，此書表示從亞里斯多德《工具書》著作以來，他提出了一個完全新的方法；亞里斯多德提出的是演繹法，是抽象的方法，而培根所提出的是歸納法，是分析法。

　　培根指出古代傳統的方法不夠，不但是不夠，而且還會有錯誤，認為新的方法、科學的方法，可以找到真的知識。培根指出過去應用演繹法的錯誤有四種，也就是有名的「四偶像」說：

1. 種族偶像 (Idola Tribus)：人人共同的錯誤。
2. 洞穴偶像 (Idola Specus)：個人專有的錯誤。
3. 市場偶像 (Idola Fori)：人與人之間傳言的錯誤。
4. 劇場偶像 (Idola Theatri)：學說推論的錯誤。

　　這四偶像，都是我們以演繹的方法而得到知識的那個時代，所遭遇到的錯誤，我們自己在錯誤當中，尚不自知。但是，培根認為我們應用歸納法，直接去觀察宇宙的生成變化，從歸納法當中直接去找出因果律的話，我們就可以避免上述的四種錯誤。用歸納法找出因果律的步驟，首先是「收

集」(Collectio)，次而「排棄」(Exclusio)，收集所有的材料，排棄那些和主體沒有關係的部分，然後是「總括」(Vindeminatio)，把與主體有關的，而收集到的一些東西，把它們歸納起來，成為真的知識。

　　法蘭西斯・培根除了提出《新工具》，提出歸納的方法以外，也在整體的哲學工作上做了一種分類；以為學術的工作不能夠越界，其分類表如下：

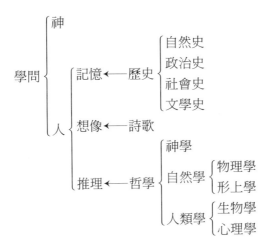

　　西洋近代哲學的自然科學的「創新」，使得做學問的方法以及做學問的內容都特別地發展了「知物」這個層次，使得人類能夠理解物理和數理的法則，使得人類能夠利用這個原則去發展物質世界和各種的物質文明。

第三章

信與知

在文藝復興的哲學中，雖然有反對或懷疑傳統的一種傾向，因為他們對自然科學的信賴，以為人擁有了這個世界，就可以不要上帝，以為人開始用人本的精神，就可以把人性中的神性除去；可是事實上，「信」與「知」這兩種人性的方法，仍然在社會間存在著。

往壞的一方面去看，當時開始了一些懷疑主義，懷疑主義主要是針對傳統的哲學懷疑，對傳統倫理道德的懷疑，尤其是對信仰的懷疑，可是這些懷疑本身並非目的，它們只是方法，以為人透過懷疑，才可以真正地得到知識。

雖然在文藝復興的時代，一方面有懷疑，但是就另一方面而言，也有屬於傳統信仰的一面。屬於傳統信仰的一面，就是新士林哲學。這些哲學大部分是肯定人性的尊嚴和價值，在倫理、藝術、宗教的層次上，固然人有把握世界、認識物理、把握數理的一種能力，但是最主要的，不是要把握世界，而是要提升自己到倫理、藝術、宗教的層次上。

因此在文藝復興時代，關於人的信仰和理知的對立方面而言，我們要提出的，至少有兩種學派，一個是懷疑主義，一個是新士林哲學。

第一節　懷疑主義

就在「新」和「生」的動盪時代中，大家都相信自然科學的發展，可是對人性本身，對人文社會的看法，特別是針對人的尊嚴和價值的看法，以及人生存在這個宇宙中的目的和動機，起了很大的懷疑，這也就是所謂的懷疑主義。

懷疑主義有不少位代表，在此舉出較有名的三位：

一、蒙　田

蒙田 (Michel de Montaigne, 1533–1592) 是法國的大作家。以為人類最大的「瘟疫」，就是「以為能夠得到可靠的知識」。這種想法是對於人的「認識作用」的懷疑，對認識能力的否定，並且徹底的削減了人的理性「極限」。蒙田以為不但感官作用會欺騙我們，就連理性的推理也可能欺騙我們；因此在蒙田的學說中，人性無論肯定那種學說，總是可能會出錯，所以知識成為相對的，沒有絕對的知識，我們生存在這個世界上，所有的知識所導引出來的，也就可以存而不論，因此也就會遭受懷疑。

二、查　郎

查郎 (Pierre Charron, 1541–1603) 否定感官及思想的認識作用，和蒙田一樣，認為我們的知識總有一個極限，可是查郎比蒙田更進一步，雖然他提出感官和思想的作用有極限，可是他提出了彌補的方式，人的意志可以補理知之不足，主張在人的認識作用中，意志先於理知，因為理知的作用是認知，而意志使得人去認知。在知識論上，查郎以為人才是主體，而認識作用只是工具，以人做主體，應該以意志的能力去推動理知去認知。在這方面去探討人性的話，結論出個人內修的德行先於宗教的存在。

三、笙　謝

笙謝 (Franz Sanchez, 1562–1632) 是葡萄牙人，但是生長在法國。他的懷疑論分為兩方面，一方面是對中世哲學內容的不滿，另一方面以為「懷疑」才是自然科學的動力。對中世哲學的不滿，以為中世哲學首先由定義，再經過三段論法的證明就以為可以得到真實的知識，笙謝認為我們一開始所得到的定義就有了難題，就這個有問題的定義，再導引出一種屬於理知的三段論法，屬於推理的三段論法，那可能和真正的事實有很大的距離。

他認為「懷疑」才是自然科學的動力，因為他認為人觀察自然世界，覺得好奇、不懂的時候，才會加以研究，希望透過自己的研究而得到知識去認識世界。

懷疑主義在近代自然科學一開始的時候，他們因為一方面留戀過去傳統的一些比較倚賴性的學說，對新的一種東西又不肯放棄，就困於懷疑的地步。把「懷疑」當做方法，可以說是哲學的一個很好的方向，不過把「懷疑」作為一種目的，為懷疑而懷疑的話，我們就永遠得不到真理了。

第二節　新士林哲學

近代哲學主要的闡明人本主義以及自然科學，中世哲學雖然把信仰提升到最高，把信仰之下所提出的理知，作為哲學的範疇，可是這種以理性生活的想法，並沒有在人本主義和自然科學的考驗下消聲匿跡，它也以一種新的姿態出現。最顯著的是在當時的所有修院和各大學中，他們把哲學的方法改變了。首先在西班牙和葡萄牙的各大學中，開始慢慢地註解多瑪斯的著作。

其中最有名的兩位道明會士是：卡耶堂 (Thomas de Vio Cajetanus, 1468–1534)，以及費拉那 (Franciscus de Sylvestris van Ferrara, 1468–1528)。這兩位思想家對聖多瑪斯的因果學說以及聖多瑪斯的「分受」和「類比」的方法，特別有研究，而提出中世哲學最主要的方法，是從知識論走上形而上，再從形而上下來，走向人生哲學。

後來新士林哲學中又有人偏向人文主義的解釋方法，特別是在西班牙創立新士林哲學的衛他利亞 (Franz von Vitaria, +1546)。在道明會士中還出現了一位聖多瑪若望 (Johannes a S. Thoma, 1589–1644)，後者可以說是西方近代註多瑪斯哲學最著名的一位。

新士林哲學期中，最負盛名的是耶穌會士蘇亞萊 (Franz Suarez, 1548–1617)，蘇亞萊是西班牙人，他的哲學著作中，有五點特殊的主張：

1.所有的存在都是一體的、真實的和完善的，並且也有一個原因。

2.所有認識作用都透過心靈和外物的綜合。

3.人類無論單獨或和人共處都應有一倫理標準。

4.本質與存在一致性。

5.在創造過程中，神的觀念是世界存在的基礎。

　　新士林哲學既然要在近代「革新」聲中繼續存在，不但要受到近代哲學的考驗，而且還要走進近代哲學中，在近代哲學的洪流中一起生長，使得自己原本封閉的系統走進開放的近代哲學的探討中，所以它是以新的姿態出現，它設法把信仰和知識的界限，宗教和哲學的界限分得很清楚。但是有一點要注意的是，士林哲學的本質，知道人類的理性有極限，但是當人類瀕臨極限的時候，在神學裡就會去請教啟示，近代的新士林哲學卻不是去請教啟示，而是轉問理性，使得人再次重新反省以前的知識，不但是人自身的反省，甚至去請教自然科學，以觀察自然的結果，作為對人性、神性的一種觀察。

　　新士林哲學在此期的表現雖然有所附會，但並不牽強，就如初世紀時，希伯來宗教信仰接觸到希臘哲學和羅馬精神以後，由護教者出來，中和信仰和理性間的衝突一樣。近代的新士林哲學，有了自然科學和人本主義兩者的幫助，使得他們更能在「分受」和「類比」的方法中，找出所有運動變化的原因，而把人類的心靈和理知帶到更高的，屬於神的境界。

II 理性主義

西洋文藝復興時代的哲學，首先發難的是以十三世紀初期成立的兩個哲學派系所推動的，一個屬於歐洲大陸，以巴黎大學做中心的人文和理性主義，另一個是英倫三島，以牛津大學為中心的經驗主義。理性主義的遠祖，可以追溯到古代的柏拉圖思想，經驗主義則可追溯到古希臘的亞里斯多德思想；柏拉圖的思想是先以清晰明瞭的腦筋，訂出一種思想的原理原則，以這種思想的原理原則適用於具體的事物，用理想超度現實。可是，在這個理性主義的想法中，他們固然設法超越希伯來的信仰，但是他們並不反對經驗，所以我們討論理性主義的時候，需要澄清的一個問題，就是人們對「理性主義」這個名稱的誤解，以為理性主義就是反對經驗，以為理性主義就是要求先天、超越，完全是講求理想的一種主義；其實不然，理性主義所強調的，固然有數學一般的原理原則，但是這些原理原則，也是靠思想的經驗。

如果說理性主義超越了感官經驗，那倒是講得通，如果說理性主義反對經驗，就講不通了；理性主義甚至不反對感官的經驗，縱使它不用感官的經驗，而只用理性的思想經驗，去建構思想的體系。

當然，理性主義所模仿的學說，不是柏拉圖的宇宙論，而是柏拉圖的思想方法。因為在柏拉圖的宇宙論中，先分清觀念界和感官界的宇宙二元，可是文藝復興時代的理性主義，不是先著眼於宇宙論，而是先著眼於思想的法則，因此他們先注意知識的問題，然後在知識論上安置了柏拉圖宇宙二元的說法，把知識論中的心和物徹底地二元化。以為人類的知識，最主要的是要分清主體和客體之間的關係，以為主體如果能夠把握住客體的話，那就有知識；客體的把握，即存在的把握，在理性主義的原則上，先要把

握住思想的法則；思想的法則，最清晰明瞭的，莫過於數學和物理，於是在文藝復興時代的思想，理性主義的部分，幾乎同時承認數理的法則可以應用在哲學方面。

上述為一方面，另一方面是，文藝復興的時代，是人性理知的覺醒，他們設法跳躍過希伯來民族的信仰，他們所用的方法，不再是強調「信」，而是強調「懷疑」。文藝復興時代的思想，以為信仰的對立不是「不信」，不是否定上帝的存在，相反地，卻強調「懷疑」，懷疑我們知識的能力，所以理性主義開始的時候，是用「懷疑」的方法，以為對每一樣事情，無論是感官的或理知的知識，都應該先加以懷疑，然後再慢慢地證實，證實以後，才可以應用此種知識。

理性主義的三位大師，尤其是開始發展以「懷疑」為方法的笛卡兒開始，經過斯賓諾莎的經營，直到萊布尼茲，形成西洋近代思想的高峰。而在這個思想的高峰中，因為他們能夠應用數理的法則，所以很顯然的，也多多少少地和自然科學的信念繫聯起來，因為自然科學所奠定的基礎，也是以數理的原理原則為優先。

理性主義從笛卡兒開始，就應用了「懷疑」的方法，可是這「懷疑」只是一種方法，而不是目的。因為「懷疑」只是一種方法，所以從「懷疑」最後必然會走上肯定或獨斷的境界，理性主義的發展，到後來就成為一種獨斷的形式，它能夠斷定什麼存在，什麼又不存在，甚至更可以斷定什麼是靜止不動的，什麼會生成變化的。

我們現在就按序介紹理性主義的三位大師。

第四章

笛卡兒

關於笛卡兒 (René Descartes, 1596–1650)，我們最熟悉的就是他那句名言：「我思，故我在」(Cogito, ergo sum)，這「我思，故我在」的方式，致使笛卡兒成為西洋近代哲學之父，因為在這句「我思，故我在」的語句中，笛卡兒發現了「主體我」的存在。從笛卡兒這種「懷疑」方法所導引出來的結論，就是「我思，故我在」，哲學就奠定了知識主體的存在，再也沒有人能夠去懷疑了。

因此我們說笛卡兒之所以成為近代哲學之父，因為他找到了知識論中的主體。

第一節　生　平

笛卡兒生於法國的杜爾省 (Touraine)，貴族家世，拉丁名字是 Cartesius，幼時在耶穌會學院受教育，以後就讀於巴黎大學，得到法律碩士學位。從軍至荷蘭，輾轉到德國南部，開始領悟哲學的新方法，發現了「我思，故我在」的初步工作。退伍之後，回到巴黎，繼續哲學思考的工作，1629 至 1630 年期間，草成了《沈思錄》，是為笛卡兒的代表作。代表作出現，聲名大噪，受當時學術界的尊重，甚至受到巴黎傳統學說的攻擊，因此笛卡兒要在巴黎大學為自己的學說辯護。1649 年受聘於瑞典女王克莉斯汀 (Christine)，於是笛卡兒前往斯德哥爾摩 (Stockholm)，因水土不服，1650 年病死。

第二節　著　作

　　笛卡兒的著作，主要的是注重方法論，在方法論中當然就注重知識論的問題，笛卡兒的中心思想，在文藝復興時代，由於他不肯接受基督教信仰的內容，也不肯利用基督宗教的方法，即以信仰的方式獲取真的知識；笛卡兒要用理知的方式，但是又不肯用完全是希臘的一種辯證方式，所以他追求了一種方式，這種方式和自然科學很有關係，也就是和數學一樣的清晰明瞭的觀念。

　　笛卡兒的著作在這一方面的進展，首先是在 1629 至 1630 年寫成的《沈思錄》，原文為《第一哲學沈思》(*Meditationes de prima philosophia*)，在這《沈思錄》中，笛卡兒所想出的方法，是利用「懷疑」，然後去肯定一種不能夠懷疑的存在主體，再從這個不能夠懷疑的存在主體中，找出邏輯的原理原則，以後再應用邏輯的原理原則去包含思想的內容。

　　這種方法在七年之後，發展成一種有系統的《方法論》，（這《方法論》的原名是 *Discours de la Methode*, 1637），《方法論》指出笛卡兒如何覺得凡是真理，就應該是清晰明瞭的，是我們頭腦想得通的東西。如果腦筋想不通的，在我們思想界有互相矛盾或對立的存在，就不能夠存在，也因此我們稱笛卡兒開始的學派為理性主義。

　　在《方法論》之後，笛卡兒還寫了《哲學原理》(*Principia Philosophiae*, 1644)，此書不外乎提出哲學主要的是在知識論上尋找真理，而這真理不但在知識論上有效，而且真正地能夠建立一個本體論，真的東西本身一方面是知識的，一方面是屬於本體的。

　　後來笛卡兒轉變到個人內心的情操中，寫了《心靈感受》(*Les passions de l'ame*, 1649)，在《心靈感受》中，他開始注意到每一個人倫理生活的基礎，以及在倫理生活中如何擇善避惡，如何完成人性。因此在這方面的著作，致使笛卡兒開始跳躍，超越自己的知識，走上一個心靈的境界。

第三節　著作導讀

　　笛卡兒的哲學最主要的是講「方法」，指出我們如何可以得到知識，然後再從知識走上本體，走上形上學，從形上學下來，走進具體的生活中；因此我們讀笛卡兒的著作之時，不必先讀他的《沈思錄》，雖然此書是他的代表作，而讀者最好先讀他有系統的《方法論》，知道笛卡兒如何利用「懷疑」，慢慢地再以數理的清晰明瞭的原理原則，當做方法的架構之後，再跟著《沈思錄》的方式，隨著他的思路去思考真理的問題、知識的問題和宇宙的問題。

　　有了《方法論》與《沈思錄》的思想架構以後，可以去看看他的哲學內容，那就是《哲學原理》，《哲學原理》既然提到哲學的內容，當然也是從他的知識論開始，指出從知識論得到真理的本身，也就是說，我們在知識論的主體和客體二分中，客體的真實性，同時是存在，同時也是本體，這個本體中，它有實體的存在，我們的感官無法接觸到實體，所以實體還有一種屬性表現出來。屬性比較接近於客觀的客體東西，屬性還有一種樣態能夠完全表現出來，使得我們的感官經驗都可以接觸到。因此在《哲學原理》中，笛卡兒提出「實體」、「屬性」、「樣態」等概念。我們的主體，也同樣地有實體、屬性、樣態，主體的實體，當然就是心靈，心靈的屬性就是它的思想，思想所能表現出來的樣態，就是情感的喜怒哀樂。相對於心而言，客體的對象就是物，是屬於時空之間的東西，它有伸展性，它在時空裡面，物也有實體，那就是物的本身，而這個物亦有屬性，它佔有某一時空，物的樣態就是方向的變動。每一種物都會變動，而且有屬性：聲、色、香、味、觸、長、高等等。

　　我們知道了笛卡兒的形上學架構以後，再回頭走向他的人生哲學部分，看他的《心靈感受》，可以感覺到一個大思想家，儘管他的思想，思考的方法，或在哲學上的造詣，希望逃離希伯來的信仰，但是在笛卡兒的心靈中，

宗教的生活仍然佔有重要的地位；他提到心靈的時候，不得不提到人生活在這個世界上，如何追求平安與神聖。

第四節　學　說

笛卡兒的學說，起點是以知識論開始，找出形上學的原理原則，再回到具體的倫理學方面；也就是說，他要先追求真理，然後再以這個真理導引到本體論上，從思想的法則肯定存在的法則，然後再以這些法則落實到具體的生活中。

我們先討論他的知識論：

一、知識論

在知識論中，笛卡兒運用了自然科學裡面的原理，也就是數理的原理，他以為在我們的思想當中，最可靠的，還是數學的法則，數學的法則是絕對的，是超時空的，因此他把數學的原理法則引渡到哲學上來，所以笛卡兒認為真理的尺度應該是清晰明瞭的觀念 (Idea clara et distincta)。

這裡所謂的 Idea clara 就是清晰的觀念，清晰的觀念是針對此一樣東西的自身而言，它本身是清晰的，本身是夠清楚的，好像二加二等於四，它自身是很清楚的。

distincta 是很明瞭的觀念，明瞭的意思是相對於其他的東西而言，即每一種東西存在的背景和這種東西的存在比較起來很清楚，比如鶴立雞群，鶴本身並不是很清楚的，可是由於牠的背景，即所有的雞顯出了這隻鶴的出眾；比如一滴墨水落在白襯衣上面，那是清晰明瞭的，墨水本身是清晰的，它的背景白襯衣又是明瞭的。這種清晰明瞭的觀念，笛卡兒把它作為一種尺度，認為所有的知識都得以這種觀念去衡量。

有了這個尺度之後，笛卡兒就提出方法，這個方法就是「悟性的直觀」(Intuitus animi)，即我們不需要利用經驗，而是我們天生來的邏輯法則，就

可知道什麼東西是合理的，什麼東西是不合理的。在這個「悟性的直觀」中，笛卡兒最先想出來的，就是「我思，故我在」(Cogito, ergo sum)，「我思，故我在」的意思，就證明了主體的存在。

笛卡兒因為是理性主義的始祖，而更因為他找到了自我的存在，他被稱為近代哲學之父，他的知識論當然就以「理性」(Ratio) 為中心。這個以理性為中心的方法，提到悟性的直觀，同時提出自然科學中也得應用的清晰明瞭的觀念。這種清晰明瞭的觀念，就笛卡兒而言，開始的時候，還是要退一步說，認為以前我們所得到的知識，還得加以「懷疑」或「存而不論」，然後以「悟性的直觀」，以清晰明瞭的尺度去衡量。在這種方法和尺度中，笛卡兒想出有一種東西是知識的起點，而不能夠再加以懷疑的，就是他的主體，所謂的「我思，故我在」，也就是所謂的「我懷疑，所以我存在」，"dubito, ergo sum" 和 "Cogito, ergo sum" 成為同一的意義。

這種方法，笛卡兒稱之為「懷疑的方法」，直接應譯為「有方法的懷疑」，即 "Dubitatio methodica"。笛卡兒在這裡，是以自己的「理知」做出發點，用自己天生的邏輯法則做出發點，去尋找認知的作用，以及尋找認識的對象；笛卡兒懷疑的目的，是要尋找那絕對不可懷疑的、絕對可靠的真理。

所以，在理性主義開始的時候，懷疑只是一種方法，不是一個目的，「懷疑」的目的，是尋找一個絕對的真理。

在笛卡兒的思想中，於 1628 年完成了《思想的導引》(*Regulae ad directionem ingenii*)，在 1637 年出版了《方法論》，就能夠指出做哲學的方法，首先要問及人的理知能力，問及人的理知的認識能力，當笛卡兒發現人的理知並非有無限的能力，人的理性是有極限，人類「理性的極限」，使得笛卡兒開始以「懷疑」作為方法，用數理一般的法則，清晰明瞭的觀念作為尺度，去尋求真理。可是在這一方面，笛卡兒尋來尋去，最後他固然能夠肯定自我的存在，可是還是發現這個自我是怎樣的自我呢？是在「我思，故我在」的這個「存」的問題；當笛卡兒發現這個存在，仍然不是一

個有肉體的存在，不是整體的我的存在，而是一個「主體我」的存在，只是一個「思維我」的存在。因此他在找到主體以後，立刻誠惶誠恐地要尋找思想的客體，因為他要找尋思想的客體，所以問及外在世界存在的東西。

　　結果他發現外在世界所有存在的東西都有伸展性，都佔有時空，那麼相對於外在世界的時空性與伸展性而言，我們只能夠用感官去接觸，可是笛卡兒屬於理性主義的典型，他退一步想，認為感官有時候會有錯誤，有時會欺騙我們，笛卡兒說「只要感官欺騙我們一次，我們就有理由不再去信任它」。因此笛卡兒不相信感官，因為感官所得出來的，不能夠適應於清晰明瞭的觀念，而且也不能夠適應於悟性的直觀，所以笛卡兒到了這個地步，當他已經發現了主體的存在，可是這個主體的存在，只是「思維我」的存在，而沒有得到外在世界的一種存在，甚至可以說，根本就得不到我們肉體的存在的時候，笛卡兒的方法論只有到此為止，再也不能向前推展了。

　　笛卡兒從這個極限上，他設法再往前推展的時候，又想出了另一個問題，他問「究竟為什麼我們的感官會出錯？究竟為什麼我們的感官會受騙？」笛卡兒把這個責任，以類似於希伯來民族的方式，把它歸罪於魔鬼，認為我們的感官世界中，有很多魔鬼的存在，即 Spiritus malignus 的存在，這惡魔要欺騙我們，使得我們的感官不能夠接觸到外在世界的真實，只能夠接觸到外在世界的幻像，因此有了惡魔以後，我們的感官就會受騙、出錯。

　　可是，笛卡兒在此，立刻引用到中世的一些名詞，認為既然有魔鬼的存在，也更應該有上帝的存在，上帝本身就可以征服惡魔，使得惡魔不能也不敢再以感官來欺騙我們；可是提到上帝的存在，笛卡兒用什麼來證明祂呢？他仍然以清晰明瞭的觀念，笛卡兒在此引用了安瑟倫的學說，利用安瑟倫的本體論證的學說，認為上帝是不能夠想得比祂更大的一種東西，所以祂是最清晰、最明瞭的觀念 (Idea clarissima et distinctissima)。

　　如果說我們的存在已經是清晰明瞭的觀念，也就是說，清晰明瞭的觀

念已經存在的話，那麼最清晰、最明瞭的觀念也更應該存在了，如此在笛
卡兒的思想中，主體我的存在已經毫無疑問，而上帝更是存在的，因為祂
在主體我的悟性直觀當中，確是最清晰的、最明瞭的觀念，其他的東西可
以不存在，但是上帝卻必須存在，既然上帝存在，祂是全善、全能、全知
的，因為祂是全善，上帝不會欺騙我們，惡魔欺騙我們，才會出面指正惡
魔，因為祂是全能的，惡魔不是祂的對手。笛卡兒最後結論：我們的感官
還是可以把握外在世界的真實。

　　這麼一來，笛卡兒就想在我們的心靈方面，以清晰明瞭的觀念，證明
主體我的存在，在客體的存在方面，笛卡兒是借用上帝的全能、全善去保
證客體的存在。因此，在笛卡兒心、物二元的學說中，這個主體的思維我
(Res cogitans)，就可以達到客體的存在，達到有伸展性的事物 (Res
extensa) 存在。有這種解釋的方式，當然我們就可以知道近代哲學的思想，
縱使想跳過希伯來的外來信仰，回復到古希臘的情形，已經是不可能的。
因為笛卡兒必須在他的學說中，引用安瑟倫的本體論證的方式，同時引用
中世時期的「上帝」名詞，證明自己理性極限以後不可以抵達的領域。

　　笛卡兒在這方面，統一了中世和希臘兩方面的學說，也應用了從理知
走向信仰的一條道路。

　　笛卡兒在知識論上的學說，主要的是以清晰明瞭的理性，作為存在的
尺度，作為思維的尺度，這種尺度的延伸，使得知識主體的確定性，即主
體我的存在，變成不可懷疑的，而且支持這主體之所以不可懷疑的最後基
礎，就是上帝。上帝的觀念是最清晰、最明瞭的東西，這個最清晰、最明
瞭的觀念，不但使得主體有認識的能力，也能夠使得客體有被認知的可能；
因此在最清晰、最明瞭的觀念──上帝的指導之下，笛卡兒以為解決了知
識的問題。

　　可是，問題並不因此得到解決，因為從知識論所追求到的真理問題，
還有後面的一個基礎的問題，也就是說，知識論的「真」是否就是本體論
的「真」？即我們能夠認知，主體能夠認識客體，是否同時又可以證明出主

體是真正存在的東西，客體也是真正存在的東西？這個問題是要走向形而
上學。

二、形上學

　　形上學的問題，本來是要追求事物存在的最後原因，在笛卡兒的思想
看來，是要問及認識的最終原因，認識的最終原因，一方面是最清晰、最
明瞭的上帝的觀念，另一方面是問及主體最終的存在是什麼？也同時問及
客體最終存在的依據又是什麼？用這種方式，笛卡兒設法談論「實體因」
的問題，此就是他的形上學，也就是他的本體論，同時也是他的實體論。

　　笛卡兒這個「實體」問題的提出，西洋近代哲學，也就是從文藝復興
的哲學開始，因此而展開了「實體之爭」的問題。「實體之爭」是提出什麼
東西是真正的存在，什麼東西有它自己存在的基礎。很顯然的，在笛卡兒
的知識論中，真正存在的東西有三種，一個是心，一個是物，心物之間的
聯繫造成了我們的知識論，心與物又如何聯繫呢？還是要依靠上帝的存在。
心、物、神，成為知識論中的三元，這三元最主要的基礎，還是要回到心
物的二元。

　　所謂的心物二元，心是屬於清晰明瞭的觀念，是屬於觀念的東西，而
物是屬於有伸展性的、在時空限制之下的東西。於是心與物的對立，形成
了實體的二元；心就是 Res cogitans，是思維我，而物是 Res extensa，是有
伸展的事物。

　　雖然在實體的問題方面，笛卡兒已經提出心與物的二元，意思是指宇
宙間的存在有兩種實體，一種是屬於心的，另一種是屬於物的；可是，近
代哲學的特性，是站在知識論的問題去問存在，它的出發點永遠是停留在
知識的範圍以內；笛卡兒在這裡要問的是：我們如何知道心與物這兩種實
體？當然大家都知道，我們的感官所接觸到的，只是一種現象，我們的理
知所想出來的原理原則，只是一種公式，而真正對心與物的體認，並不是
知道一個心或一個物，而是心與物都要以一種表象的方式表現出來，使得

我們的理知，可以去把握它，使得我們的感官，能夠去體認它。

所以心的實體和物的實體下面都有屬性，從這個「實體」(Substantia)下面有「屬性」(Attributum)。所謂的「屬性」，是緊跟著實體而存在的東西，每一種實體，它都必須有一種屬性，可是這屬性，有時離物體那麼近，使得我們的感官、理知，還是沒有辦法直接到達屬性，所以在屬性與我們的認知之間，又會有一種表象，比屬性更能夠表現出來的，這種表象稱為樣態 (Modes)。心靈是實體，而心靈的屬性是思想；可是，我們如何看到一個人的思想呢？那是在他的樣態所表現出來的情意、喜怒哀樂。

在物體方面，物是一個實體，可是物的屬性是伸展性 (extensio)，我們如何看出它的伸展性呢？那就是它在空間的運動變化，在空間的運動變化成為物體的樣態。如此，心與物這兩種實體，都有它們的屬性與型態、樣態，屬性表示出實體的本質，而型態表現出實體的樣態。我們的感官所能抵達的是樣態，思想所能抵達的是屬性。而且一種事物無論它是心或物，真正的存在的基礎是實體，它的表象是屬性和樣態，我們所接觸到的是，透過樣態的體認，透過屬性的觀察，而證明出它有實體的東西。

所以，笛卡兒從他知識論的路線，到達實體的層次，從知識論走上那形而上的層面。如果我們看見有地方的運動或變化，我們知道那是物，如果我們看見某人有喜怒哀樂的表情，我們就知道他有精神。

在笛卡兒的形上學中，當然他所強調的「實體」才是真實的存在，而實體表象所顯示出來的屬性和樣態，都只是附屬的；就好像運動只是物體的表象，而物體才是主要的實體，又如顏色只是依附在物體上面，而無法單獨地存在。世界上沒有「白色」的存在，存在的是白色的東西。也就如在主體的實體中，沒有所謂的喜怒哀樂，喜怒哀樂的存在，只是主體意象的表出。

現在所留下的問題是，人性如何在他的喜怒哀樂的表象中找出他自己內心裡的真實，這也就是笛卡兒在他的「人性論」中所討論的課題，也就是他的倫理學。

三、倫理學

本來所有的理性主義者所探討的道德問題，外表上看來都是知識論，但是這種知識論卻有一個原則，使得我們能夠認識真理之後，走上形而上的原理原則，把握住形而上的原理原則後，再落實到人間世，落實到如何做人的問題中。

笛卡兒的理性主義，最後還是問及人生的倫理問題，這種理性主義的思想步驟，是要通過思想去尋找存在，可是思想的目的以及尋找存在的目的，都不是人生的目的，人生的目的是如何把這種理想、真理、實體應用到生活方面。當然，笛卡兒在知識論中以為神是最清晰、最明瞭的觀念，也是最高的實體，所以在他的倫理道德生活中，很顯然的，也是以神作為生活的最終目標。可是，這種生活的目標，並不是傳統宗教所給予的精神，而是以理知去追求的宗教情操。這種宗教情操，雖然在名詞上、名義上有理性的色彩，這種理性的色彩也就包括了意志。

笛卡兒在人的倫理道德問題方面，提及的就是自由意志的問題；他認為人是自由的，但是所謂的「自由」，是他的本性向著善，因此也就是向善才是真正的自由，可是因為人是自由的，他可以向著那相反的方向，也就是向惡，向惡表示人犯罪、作惡，也證明他是自由的。

在另一方面，因為在知識論中，笛卡兒認為人的精神是清晰明瞭的觀念，而上帝是最清晰、最明瞭的觀念；人的精神，很清楚的是「上帝的肖像」、「肖似天主」的一種存在 (Imago Dei, Similitudo Dei)。如此所謂的罪惡或過失，都是因為人抹殺了這種「上帝的肖像」和「肖似天主」的特性。而這種抹殺「上帝的肖像」和忽略「肖似天主」的事實，笛卡兒認為那是因為人太注重感情和意志，而輕視理知；也就是人的認識不清。理性主義者認為只要我們認清了是非善惡，自然就會去實行，就他們而言，是「知難行易」。

笛卡兒的學說，由於他提出了「懷疑」的方法，和傳統的信仰方式有

直接的衝突，所以笛卡兒在當時的社會上，以及學術界的思想方面遭受了很大的困難，因此他也用了一個保留自己的方式，等於說「天下無道，聖人生焉」的方法，使自己在無可奈何之時，最多是退隱，過一種與世無爭的生活方式。

綜觀笛卡兒的思想，以整體的哲學方法看來，還是走了傳統的路，從知識論走上形上學，再從形上學下來，走上倫理學，從知識走上原理原則，再落實到日常的生活層次中。因此，西洋的近代，雖然在表面上，有反對傳統哲學的口號，提出新的方法，但是在哲學的內容方面，對宇宙和人生的認識，以及對宇宙的理論和人生的實踐上，原則上並沒有改變，還是保存了西洋哲學中主要的兩個課題，即宇宙問題和人生問題。

而宇宙問題和人生問題都奠基在知識的問題上面，笛卡兒之所以稱為西洋近代哲學之父，一方面，那是由於他發明了新的方法，另一方面，他也是哲學大師，同時注意到宇宙和人生的問題，所不同的是他在知識論上有特殊的發揮。

第五章

笛卡兒學派

　　笛卡兒的理性主義，很顯然的，在知識論上導引出心與物的二元，在心與物之間，他使得精神世界與外在事物存在之間，有一道不能踰越的鴻溝。本來在開始的時候，笛卡兒用的是懷疑論的方法，透過懷疑，再去肯定知識的真理，可是後來卻使得心與物之間有一道鴻溝而無法跨越，心物之間沒有交往。

　　笛卡兒後來為了使得心與物之間有所溝通，不得不把中世的上帝請出來，現在所留下的問題是：究竟這個不是崇拜對象的上帝，只是受利用的上帝，祂會不會肯為笛卡兒的知識論所利用還是一個問題；因此，站在理性主義本身看，笛卡兒的貢獻是找到了主體我的存在，可是他所提出的問題，和在問題中所遭遇的難題並沒有獲得解答。

　　所以，笛卡兒的一些同事以及他的弟子，便設法調和心與物之間的矛盾和衝突，因此創造了偶因論 (Occasionalismus)，或稱為機緣說。這種偶因論最主要的原理，一方面承認心與物之間沒有交往，心的存在與物的存在各不相干，所以心的所有表象，無論是它的屬性或所有的型態，以及物的實體與物的表象，或它的屬性或型態，都沒有關係，這兩者之間的主要關係，是因為它們有一個共通的外在原因，這外在的原因，也就是中世所謂的上帝或神，神使得心與物兩者平行。

　　很顯然的，這機緣說在表面上是為笛卡兒的學說鋪路，事實上是修正笛卡兒學說的偏差。因為笛卡兒學說中提出的心去認識物，雖然有感官作用的錯誤，畢竟還是有上帝去修正感官，而機緣說根本完全站在理性主義的立場，不去承認感官有認識的能力，而設法把感官放在一邊，只用理知所推論出來的最清晰、最明瞭的觀念——上帝，負責導引人「悟性的直觀」

去認識事物。

因此，只要人在理知上，在思想的法則上，抓住了清晰明瞭的觀念，甚至抓住了最清晰、最明瞭的觀念——上帝之後，就可以使得心與物之間有所交往，就可以建構知識論。

在笛卡兒學派 (Cartesiani) 裡面，有三個主要人物：即求凌斯、馬萊布郎、巴斯卡，分別介紹於下。

第一節　求凌斯

求凌斯 (Arnold Geulincx, 1624–1669) 是荷蘭的哲學家，首先用「偶因論」修正笛卡兒的心物二元說，他把心物比喻為兩隻完全不同的鐘錶，本來這兩只鐘錶相互之間沒有任何的因果關係，它們只是並行的關係，但是由於這兩者並行的關係，由同一的精巧的鐘錶匠所做的，而且這鐘錶匠製作這兩只鐘錶的時候，已經使它們走得完全一樣；它們相互之間雖然沒有交往，但是走起來卻完全相同，它們之所以完全相同，那是偶然的、機緣的，是由於外在的原因所支配的。當我們的心接觸到外在的物，心去體認外在的物之時，並不是我們的心去認識外在的物，也不是外在的物被我們的心所認知，而是外在原因的上帝，因為祂是最清晰、最明瞭的觀念，使得我們的心有所知，使得物被認知。

因此心與物的關係，完全像這兩只鐘錶一樣，最主要的認知原因，是那個外在的、最清晰、最明瞭的觀念。我們的腦筋只是清晰明瞭的觀念，這清晰明瞭的觀念可以知道我們所有的認知都是由於那最清晰、最明瞭的觀念——上帝所賜予的。神對於心與物的關係，就好像鐘錶匠對於兩只鐘錶的關係一樣，因此心與物本來就互不相干，在認知的作用裡，心與物互相沒有關係；心與物的關係，也就是整個的認知作用完全是在上帝的全能，上帝在創造心與物的時候，已經使得心與物有了預定的調和，心對物的反應，不是心的作用，也不是物的作用，而是「先天」的，早就存在於心的

本體內，也存在物的本體之內。

所以心的實體與物的實體，本來是互不相干的，在知識論上是互不相干的，也就是沒有後天的知識，所有的知識都是先天的知識，都已經由上帝所安排，心與物將來會像兩只鐘錶走得完全一樣。因此就求凌斯個人而言，認為我們心靈對自己的行為也就不是當事人，而是觀眾，我的行為不在我，並非由我去支配，至多我只能在旁邊參加一點意見，不許參加行為。

求凌斯認為我們最高的德行在於「謙虛」，明明知道自己不能參與自己的行為，知道自己在這方面是不自由的，但是卻可以把自己奉獻給上帝，讓上帝支配我們的行為，這是在「無為」中最高的「有為」。這在求凌斯的哲學而言，在倫理道德的行為上是自身的「無為」，可是能夠把這種「無為」的意念完全奉獻出來，這就是屬於「有為」的最高峰。

雖然在表面上看來，我們很可能會以為求凌斯的這種思想是屬於消極的，屬於消極的無為主義者；但是，他這種「無為」卻有宗教的情操，為「宗教的奉獻」所提升、代替，所以求凌斯的學說還是屬於理性主義的一種型態。他要設法去懂得知識的來源，設法去懂得人生的真義。

第二節　馬萊布郎

馬萊布郎 (Nicolas Malebranche, 1638–1715) 是法國的哲學家。他繼承了笛卡兒求真理的方法，以為「我思，故我在」可以找到「思維我」的存在；可是另一方面，他用了中世大師奧古斯丁的方式，認為「若我墮落，我即存在」的感受存在方式，兩者並用。馬萊布郎利用奧古斯丁和笛卡兒的方式，找出自己的存在，而這個存在，不但有理知，而且有情感。因此，馬萊布郎認為理知的內容應該有情感的成分在內，而這理知和情感，是「知」和「愛」的綜合，導引人走向宗教的層次。

在宗教的層次中，我們看一切的事物都在人之內，站在神的立場看一切事物的話，則一切都會變成統一的。馬萊布郎認為如果要討論知識論，

如果要使得主客統一的話，這一個心靈的準備是需要的；也就是說，要站在神的立場，看一切的事物，如此主客的對立，就可以在神的觀點下，得到解消。

再進一步，馬萊布郎認為不只是我們一切的知識都在神之內，不只是所有事物的觀念在神之中，甚至事物本身就在神之中。一切的存在都離不開神，於是由觀念論的範圍，慢慢地走進本體論之中，使得觀念在現實之中，使得思想變成了存在。

在理性主義的思想演變中，笛卡兒以人的理知做中心，把一切都局限到理知的清晰明瞭的尺度中，甚至把神也局限在思想的法則以內；馬萊布郎則把理知的範圍縮小了，而擴大了神的範圍，認為神不是屬於理知的層次，因為馬萊布郎從奧古斯丁的情感的方式得到神是超越理知、超越情感的一種存在。

馬萊布郎因此繼承了笛卡兒的理性主義學說，可是把神從理知之中搶救出來，使得神有獨立的存在。然後更進一步，不但使神獨立，而且使得事物和人的理知，以及理知的法則都屬於神的範圍。

當然笛卡兒的理性主義導引出心物的二元，而馬萊布郎把心物都放在神之中，以神作為解消心物二元的最終基礎，心物二元解消在神的存在之中。再進一步，認為事物與事物之間，或心與物之間根本上不存在因果關係，所謂的認識，並非心靈去認識物，或物被心靈所認識，而這種心與物之間表現上相近於因果的東西，只是一種表象，不是一種真實，而真實是在表象之後才存在，即神才是一切現象的最終原因，而且也是唯一的原因。於是心物二元之說，馬萊布郎把它導向於神的一元論中，配合著中世希伯來至上神的信仰，心與物都成為神作為「因」的原則之下，變成了「結果」，心與物都是「果」，只有神才是「因」。心物間的關係，也就成為神對外工作的表象，神成為心物調和的避難所。

馬萊布郎的這種說法，相似於神秘主義的結構，所有的現象界不能夠解消的對立，都往神秘界那兒推，把一切的一切用做心物合一的原則去理

解，把世界上所有存在的事物，都以心靈的感受去解消。

第三節　巴斯卡

　　巴斯卡 (Blaise Pascal, 1623–1662) 是法國的科學家及哲學家，同時對信仰與宗教有深刻的體認。他認為科學、哲學和宗教應該是一體的，理性和心靈也應該是一體的。

　　巴斯卡延續了馬萊布郎的學說，認為一個人是一個整體，因此他所發表出來的對科學的知、對哲學的知、對宗教的信仰都應該是和諧的。巴斯卡是一個虔誠的教徒，他的虔誠，一方面是他內心的信仰，另一方面卻設法統一科學、哲學和神學。在科學的基礎上，以邏輯求「真」，用數學可以得到真理，但是在另一個層次上，數學雖然可以給予事物定義，但是對基本概念如時、空、運動、數目等等，數學則無法解釋，因為這些概念是屬於哲學的。哲學要解消一些問題，就要用清晰明瞭的觀念，可是人生在世界上，畢竟還有一些不是屬於清晰明瞭的觀念的；也就是說，人除了理知的層次之外，還有心靈的層次，這心靈的層次，也只有宗教信仰才能給它解釋，因為理知是求真，心靈才去追求幸福和平安，真理無法使人心靈得到滿足和平安，只能使人得到清晰明瞭的觀念。

　　因此巴斯卡在哲學上最大的貢獻是把哲學分為兩種：一種是「理性的邏輯」，一種是「心靈的邏輯」；「理性的邏輯」所追求的是知識，所利用的方法是數學原理，而「心靈的邏輯」所追求的是幸福，只能以信仰去追求。巴斯卡認為這兩種邏輯都是人人共有的，而且是天生來就有的，因此我們對於邏輯的運用也應該分開來，是「心靈的邏輯」還是「理性的邏輯」，因為它們的對象、出發點不同，所以我們在討論信仰的時候，以及討論哲學、科學的時候，應該抱持不同的態度。

　　巴斯卡在此也特別地批評了笛卡兒「神」的概念，認為笛卡兒只是「利用」了神，在他的思想中，「神」沒有半點權威，神不是人崇拜的對象，只

是人利用或認知的對象。巴斯卡是虔誠的信徒，所以他的神是至高無上的，需要用信仰一級級地超升，到祂面前去找祂，崇拜祂，不是為了理知的方式而把祂請下來，只是為了「外界事物」存在的認知，只利用了神而不把祂當做崇拜的對象。

巴斯卡用信仰來建立人的理性和神之間的關係，用理性建立人和世界的關係，然後用情感建立人與人之間的關係。因此，他的所有的關係都變成雙線的，人和神之間的關係，固然神會降恩寵於人，可是人也必須去崇拜祂，人到神的一條路是崇拜，神到人的一條路是有利的，不是因為神對人有利，人才去崇拜祂，而是人去崇拜祂，這崇拜的行動，就對人有利。提到人與人之間的關係則是仁愛，一個人去愛別人，是因為他的本性去愛，並非由於人家愛他，他才去報答人家的愛，而是由於他自己的人性去愛別人。

至於對這個世界，可以說完全是認知，可以用科學的方法去把握它、利用它。因此在這裡，巴斯卡說得非常清楚，神不但是人知識的對象，也是人崇拜的對象，這點巴斯卡超過了笛卡兒。

然後提出人和世界的關係是「佔有」，但是人與人之間的關係，不是「佔有」，而是「仁愛」，此點他又超過了當時一些科學主義的想法。

巴斯卡最後深深地感覺到，人和神之間的聯繫主要的是信仰，而不是理知的探討。

綜觀「偶因論」整個的體系，最主要的是提出「機緣」或「偶然」的意義，我們通常以為「偶然」的意思是沒有原因，而事實上，「偶然」並不是沒有原因，而是我們不知道原因，在現象的後面可能有很多不同的因素在裡面，這裡所謂跟隨理性主義之後起的「偶因論」的意義，是在心與物之間本來就有原因，這個原因是上帝，可是心與物之間的關係，我們看起來好像只是機緣或偶因，事實上，在背後隱藏了一個實體的原因。

第六章

斯賓諾莎

第一節　生　平

斯賓諾莎 (Baruch Spinoza, 1632–1677) 出生於荷蘭阿姆斯特丹城，為猶太商人之後，祖先是由巴勒斯坦 (Palestrina) 到西班牙、葡萄牙經商，然後遷徙到荷蘭。因為出生於商家，家庭富有，但是斯賓諾莎從小不喜歡經商，喜歡深思冥想，年輕時受了希伯來民族的嚴格教育，是屬於神學的教育，從《舊約》希伯來的經典中學得哲學和神學的思考，但是當他慢慢地接觸到理性主義笛卡兒的著作之後，漸漸地與《舊約》的宗教脫節，有泛神論的主張，當時的教會開始迫害他，於 1654 年，斯賓諾莎只有二十二歲之時被開除教籍，趕出阿姆斯特丹城，斯賓諾莎因此開始過流浪的生活，甚至最後窮得連吃飯都成問題，以磨玻璃而糊口。

可是斯賓諾莎雖然生活清貧，卻喜讀書、思想，斯賓諾莎不愛名利，雖然當時有斯特拉斯堡 (Strassburg) 大學，以及海德堡 (Heidelberg) 大學於 1676 年聘他為教授，但是他愛清靜，不喜世上的功名利祿而拒絕。由於一段時期的生活困難，終於染上肺病，年僅四十四歲即長辭人世。一人獨身，獻身於學術的工作。他主修的，一方面是神學，另一方面是數學，特別是幾何學的思考，一心希望以泛神論的架構，能夠幫助笛卡兒理性主義的體系。

第二節　著　作

斯賓諾莎的著作，絕大部分注重方法論的問題，也就是從數學的幾何

學方式來建立一種方法論，他在這個方法論的後面，卻要提出宇宙的架構，然後在宇宙整體架構中，把人安置於其間，使人得以頂天立地、安身立命，因此他的代表作直接稱為《倫理學》。

這《倫理學》的著作，其實於 1665 年已經脫稿，直到死時才真正地出版。他前期的作品中，已經開始提及笛卡兒哲學思想的方法，所以最先出版的是《笛卡兒的哲學原理》(*Renati Des Cartes Principia Philosophica*, 1663)。第二部著作是他所關心的神學思想的問題以及神學思想能夠落實到這個世界上來的問題，就是《神學政治論》(*Tractatus Theologico-Politicus*, 1670)。斯賓諾莎的代表作是《以幾何次序證明的倫理學》(*Ethica ordine geometrico demonstrata*, 1677)。

第三節　著作導讀

由於斯賓諾莎是愛神的人，所以特用感情去發展他的宗教情操，因此他學說的重心也就在於 1670 年所著的《神學政治論》，他設法把人與神之間的關係，應用到社會政治上。所以，在我們閱讀斯賓諾莎的著作之時，應該以這本書作為重心。可是，由於斯賓諾莎要把宗教的情操應用到政治社會方面，就必須先有知識論的鋪路工作，這種知識論的工作，也就是斯賓諾莎被稱為理性主義者的理由，即 1663 年出版的《笛卡兒的哲學原理》。

從《笛卡兒的哲學原理》，指出知識的方法以及知識的對象，而指出知識的方法和對象的方式，就斯賓諾莎的觀點而言，應該和自然科學聯結，因此，也就是他在 1677 年所寫的《以幾何次序證明的倫理學》。

所以為了瞭解斯賓諾莎的學說，最好的方法是先讀《笛卡兒的哲學原理》，懂得他在知識論上的論點，然後再看他透過幾何學，知識論而奠定的《倫理學》，最後是提到神學的問題。

第四節　學　說

　　斯賓諾莎是猶太人，他整個的哲學思想，和神學有極大的關聯，他理論的體系和他實踐的生活也有很大的關係。如果我們說笛卡兒的學說是從「知」出發的話，斯賓諾莎則是從「信仰」的生活出發。

　　因此，在希伯來的信仰中，整個民族的信仰所關心的，是民族生存的問題，因為希伯來民族是游牧民族，到處受人欺負，他們整體的民族意識，都在注意自己民族不被消滅而能被保存著，能夠繼續發展和進步；所以斯賓諾莎的學說也是從此處開始。他指出「保全自己」(Conservatio sui) 是一切哲學的起步和基礎。

　　這種「保全自己」的哲學思想，完全表露了猶太教等待救贖的心情，這種思想同時參雜了很多神秘主義的思想，尤其當斯賓諾莎接觸到西方的思想以後，就混合了一些柏拉圖主義的觀念，當然更清楚的還有笛卡兒的思想方法，斯賓諾莎混合了這三種思想的精華，創立了理性主義的單一神論。他是理性主義者，是因為他所採取的方法要透過幾何的次序建立一種倫理學。

　　他提及單一神論，因為他所用的是猶太教的至上神論，這種至上神的信仰，斯賓諾莎用柏拉圖的「善」觀念來表達。在斯賓諾莎的哲學中，一方面設法統一信仰和理性，他方面又設法拯救笛卡兒二元學說的危機，並且設法躲避偶因論的許多麻煩。

　　「保全自己」的意義，是要使得自己的存在基礎不被消滅，使得自己在存在的基礎上發展和進步。但是，這一切之前，必須有一種假設，這種假設就是在消極上能夠擺脫痛苦，積極方面是以理性找出自己存在的理由。可是站在神秘主義的立場看來，人性最主要的還是一種「愛」，而「愛」的最高境界，是主體、客體消融在一起。在斯賓諾莎的觀點看來，是人愛神，而人和神由於「愛」，能夠合而為一，與神合成一體，也就是能夠「保全自

己」，使得自己不被消滅。

可是，如果在這方面要與神成為一體，那麼在整個倫理學的發展中，就要消除自己一切的偏見，以神的眼光去看一切，這也就是「在永恆形相之下」(Sub specie aeternitatis) 去體認一切的事物。

笛卡兒從「知」自發，找到了「自我」，他假設這個「自我」就是實體，這個實體有思想的屬性，有情感的樣態，笛卡兒這種「知」的目的，是認識真實。斯賓諾莎不是從「知」出發，而是從「存在」出發，設法去找到實體，他這種實體因為有「存在」作為基礎，不是以知識作基礎，於是用不著分為主體、客體二元，可以用萬物一體的方式作為基礎，就用不著以認識真理為目的，而是以「保全自己」為目的。

無論「萬物一體」或是「保全自己」的觀察，都屬於一種樣態的觀察，這種樣態必然有屬性，甚至必然有實體。這個實體在斯賓諾莎的心目中，由於信仰的導引，內心感到與存在的底層一起存在，內心的安寧和平靜就是一種安全感，這種安全感致使斯賓諾莎被稱為愛神的哲學家，因為他的宇宙觀和人生觀都是「在永恆形相之下」作為基礎，作為一個出發點。

斯賓諾莎這種思想體系，很清楚地可以追溯到希伯來民族的心境，希伯來民族的整個心境，可以由「諾亞方舟」以後窺出；依據《舊約》的記載，「諾亞方舟」是因為上帝降下洪水，毀滅這個罪惡的世界，只保留了諾亞一家人，在洪水過後，諾亞的三個孩子和他們的媳婦，又開始繁生人類，在這些後代當中，有不少屬於敗類之輩，和洪水以前的時代相同，都在為非作歹，這些人雖然為非作歹，但是總是設法不要再受上帝的懲罰，所以有一次地球上的人類要建立一座高塔，塔的高度高到可以伸手摘到天上的星星，和上帝的寶座一樣高，如果上帝要再降洪水毀滅世界、人類的話，只要人的塔高到和上帝住的地方一樣高，上帝要淹沒人類，也必須淹沒祂自己，如此就可以迫使上帝不再降罰人類。

但是這個故事所要導引出來的一個問題，是使得上帝用別的一種方法，使人類不能夠合作，這也就是希伯來民族解答人類為什麼有那麼多語言，

《聖經》這段記載中說，上帝開始使人類以各種不同的言語來交談，使得人類無法繼續蓋成這樣的一座高塔。

可是在另一方面，我們在斯賓諾莎的心目中可以看出，斯賓諾莎要求能夠保全自己，在保全自己的最保險的一條道路，就是使得自己的存在，在根本上就能夠和上帝的存在聯在一起，如果上帝要罰人類、遺棄人類，使得人類無法存在，也就會殃及上帝，等於那個分音塔，如果上帝要降洪水淹沒人類的話，也會淹到上帝本身一樣的原理。

斯賓諾莎以這種知識的、宗教的方式，提出了人和上帝應該要統一的一個存在，從這種知識的方式出發，就走上了形而上學的考據。

在形上學的探討中，笛卡兒將心物分為二元以後，卻無法把它們再次統一，到了笛卡兒學派以後，這種統一的機會又更難了，斯賓諾莎一開始，就希望不要透過知識的二元，只是透過本體的單元，用來處理心與物的問題，以及處理知識的問題，並且最好用來解釋存在的問題。

所以斯賓諾莎不是從知識的對象、樣態出發，而是從存在的本身出發，因為他從存在的本身出發，所以他一開始就可以提出實體的問題，以為實體的存在才是真實的，他所表現出來的，無論是屬性、樣態，都不是存在本身，都不是實體；如果能夠從實體出發而討論問題的話，我們就必須先承認這個實體應該是絕對的，應該是無限的，應該是可以包容萬物的，因為它可以包容萬物，又是絕對的、無限的，所以它本身就是上帝。

如此上帝本身包含了一切，那麼我們存在的基礎自然就在上帝身上，萬物存在的基礎自然也就在上帝以內，神既然是一個，萬物也就因此成為一體，萬物之所以能夠成為一體，那是因為萬物在神之內。

並且斯賓諾莎還繼續導引下去，認為我們的知識論如果能夠做到「在永恆形相之下」的話，那麼就連知識也可以找出萬物是一體的，不但是萬物的本體是一體，而且站在我們的知識論去看，萬物也是一體的。這種「萬物一體」的學說，最後當然是屬於形而上的，當然是屬於實體的，所以斯賓諾莎有「神即實體即自然」(Deus sive substantia sive natura) 的學說。

　　當然這種說法，是斯賓諾莎為了「保全自己」，為了徹底解決存在的基礎，要使得自己存在的基礎本身是上帝，這樣一來，上帝由於為了保全自己的實體，也順便保存了人類。

　　從這種哲學的觀點，我們可以從多方面來研究斯賓諾莎的哲學。

一、知識論

　　笛卡兒的知識論，起自對數學的清晰明瞭的觀念的假設，笛卡兒的假設因為是數學的，所以他的清晰明瞭的觀念也是平面的；可是斯賓諾莎的假設則是幾何學，用幾何的圖形，以平面的方式代替那立體重疊的東西。因此，斯賓諾莎的知識論從我們的日常生活開始，使得他立體的、萬物一體的宇宙得到合理的解釋。

　　首先斯賓諾莎把知識分為四種：

㈠道聽塗說

　　這種知識是人家所講的，不可能有我的經驗，可是有別人的知識，確實有別人的經驗可以告訴我，這種「道聽塗說」的學說也是正確的，因為除了這種途徑以外，我們別無他種途徑，比如我的生日。

㈡不成文經驗

　　有一些學問不可能由我們的經驗得來的，因為人對這種事根本沒有經驗，只能從別人的身上，從觀察別人的行為和成果而得出來的結論，比如我是會死的。

㈢觸類旁通

　　這種知識是從果到因的推論知識，每一個人只要自己頭腦清楚，都可以推論出來的。比如看見一種東西會自動，有新陳代謝的作用，我們就可以結論出其為生物。

㈣幾何哲學

用幾何方法推論出來的結論，比如兩條直線和另一條直線平行的時候，則此二直線互相平行。

這四種知識中，斯賓諾莎認為只有第四種知識最可靠，至於第一種「道聽塗說」可能會有錯誤，「不成文經驗」也可能會有錯誤，甚至「觸類旁通」也可能結論出一種不合理的論點，可是幾何學的方法，既有理性的成分，又有數學的成分，不可能會出錯。

斯賓諾莎發明的幾何學的方法，就是設法把「存在」當做基礎，而以思想界的存在，「不是存在於他物」的實體觀念為原則，指出每一種存在應該有自己的實體，從實體能夠發展出屬性和樣態來。可是實體的推論到最終的一個實體之時，成為所有存在的基礎，而從這個基礎出發，就可以利用幾何學的原則，利用推論的法則，把知識論和形上學熔為一爐。

一切的現象都發自實體，而所有的樣態都歸於實體之內。在知識論中，斯賓諾莎認為事物過多，我們不可能認識每一種事物，而且更進一步，每種事物都可以用各種不同的角度去認識；因此斯賓諾莎認為如果我們可以把握住屬於幾何學的原理，就可以真正地把握住全體。

這種幾何的原理，很顯然的是站在客體的無數量面前，認為這個無數量如果算是一個圓周的話，則這個知識的圓周就成為無限大。在幾何原理中，如果圓周無限，則圓周以內的任何一點都可以當做此圓周內的圓心。如此，如果我們站在無限的知識面前，隨便任何一點都可以拿來做起點，只要這一點是屬於幾何的圓心，因此就斯賓諾莎看來，如果我們用我們的理知，站在「永恆形相之下」看永恆的東西或一切的事物，就可以認識一切事物的根本。這也就是說，斯賓諾莎在這方面總是承認理性的最高能力，承認所有的真理都是自明的，承認我們的理知能夠在無限的知識中，找出一條通路，把自己理知的「直觀」，作為從事學問的一種方法。

因為在知識論的探討中，斯賓諾莎認為要以一種幾何的法則去認知，

也就是說，在理性的自明原則上，找出一條通路，而能夠在立體的宇宙架構中，用平面的方式表現出來，而這個平面的方式，就是笛卡兒所謂的清晰明瞭的觀念，在這種觀念的後面，是屬於神的光照，可是這神並不是和人的理知脫節而自個地高高在上，而是同一個存在，同一個實體。

在斯賓諾莎的形上學結構中，大自然、神和人是三位一體的，因為三位一體，所以最清晰明瞭的觀念，在笛卡兒哲學中是上帝的話，那麼在斯賓諾莎的哲學中則變成了人、世界、上帝三者所共有的一種特性，因為這三者，在斯賓諾莎的原則下是三位一體的東西。

因此，在知識的最終結論，以斯賓諾莎看來，是找到了最終的存在，這個最終的存在，本身就是一個實體，而這實體卻包容了上帝、世界、人。

二、形上學

斯賓諾莎的形上學，因為特別提出了實體的唯一性，同時提出了萬物一體性，在這個實體唯一和萬物一體的原則之下，實體很顯然地就分成兩種不同的表象：

一種表象是「能產的自然」（Natura naturans），也就是指出實體向外的創造能力，「能產的自然」就是神或上帝。在另一方面，整個實體所表現的是「所產的自然」（Natura naturata），「所產的自然」就是自然界或世界。斯賓諾莎提出「所產的自然」和「能產的自然」兩者的劃分，他的理由是由於我們對自然界和自身反省的觀察，對自然的觀察，可以看出「所產的自然」，即世界所有的表象，所有位置的運動與所有的變化，這些運動變化都在時空之中進行，而時空中的伸展性也就是「所產的自然」的一種屬性和樣態。

相反地，當我們反省自己的思想之時，覺得我們自己的樣態所表現出來的，有時快樂，有時痛苦，這種情緒是屬於心靈的狀態。這種心靈的狀態，主要的屬性是思想，思想後面的實體，就是「能產的自然」，就是一種創造的能力。

　　在斯賓諾莎的形上學探討中，總是認為實體唯一，而實體所表現出來的屬性有兩種，一種是思想，一種是伸展性；表現出來的樣態也有兩種，從思想出來的樣態是我們的情緒，從伸展性出來的就是世界上各種的運動與變化。

　　就在斯賓諾莎這種形上學的考據裡，實體與思想之間的關係，或實體與伸展性之間的關係，或思想與情緒之間的關係，或伸展性與運動變化之間的關係，其中有一種思想的法則，也有存在的法則；而在思想的法則中，特別提出了「同一律」，在存在的法則中，提出了「因果律」：

　　「同一律」是指出存在等於存在，不存在等於不存在。這種學說早在伊利亞學派已經得到初步的解釋，而到了亞里斯多德的邏輯，已經把它完全系統化，這種系統化以後的結論，就是一個實體只能夠變為實體，它不可能變為虛無，存在與虛無之間有一條不可踰越的鴻溝，這種存在等於存在的方式，就是指出實體本身的存在，同時也指出思想性質的把握。

　　關於存在的法則，斯賓諾莎提出「因果律」，他認為世界上所有的現象都是果，這些果必須有因，宇宙在他的形上學探究中，是成為萬物一體的，萬物一體雖然有變化，有分與合，可是分與合只是一種現象，它的本體仍是一體的。這種本體是一體，現象有分與合，必須有一個原因，這個原因是使得宇宙間形成萬物，又使萬物歸為一體的原因；這些原因中，斯賓諾莎特別重視形成因與目的因。

　　所謂的「形成因」，就是在整個存在的系列中，由情緒出發，透過思想，而後到達實體；或由運動變化通過伸展性，再回歸實體；所以無論從那一種的現象界出發，從任何的系列出發，都可以回歸實體那裡。因此實體才是存在的最後原因，其他的一切，無論是樣態或屬性，無論是思想或伸展性，都是實體的結果，從這些結果就應該推論到實體的原因。可是實體本身，斯賓諾莎認為它是自己本身的原因，是「自因」(Causa sui)，即它本身不是依靠任何外在事物的存在，相反地，外在的一切事物都是依靠實體而存在。

提到「目的因」，即所有人性的情緒或物性的運動變化，只有一個目的，就是使得我們的理性能夠透過這些觀察，回復到實體裡面，追蹤到實體裡面而設法體驗萬物一體的學說。

三、倫理學

斯賓諾莎在知識論與形上學的探討中，得出人生的原理原則，以為人只是實體分受下來的特性與樣態，因此這種樣態應該如何生存在這個世界上，就是斯賓諾莎哲學落實到塵世間的一個問題。他的哲學動機，開始的時候我們已經提及是「保全自己」，由於他的生活背景和宗教背景，以及民族的背景，致使他對自己的存在與對自己瀕臨民族毀滅的焦慮和不安所導引出來的學說。

這種學說，斯賓諾莎又可以用知識論和形上學的方法，給予一種最終的基礎，因此他以為只要一個人有了知識或形上學的立場，就等於是保全了自己，因為他已經把自己的存在消融在萬物一體中，消融於大自然與上帝的一體裡。

因為實體唯一，因為人與自然、上帝是三位一體，所以斯賓諾莎認為人再也不需要害怕或擔心，他認為倫理學最主要要提出的是，人在心靈中應該常常喜樂，對生命抱持樂觀的態度，這種樂觀的態度，使得人生存在這個世界上，能夠利用人的理知，利用世界上的一切財富，以愛心待人，以尊敬的心對待上帝。

第七章

萊布尼茲

　　萊布尼茲 (Gottfried Wilhelm Leibniz, 1646–1716) 是西方近代對於中國文化最嚮往的一個人，他曾經由於聽到當時傳教士在中國發展的情形，看到那些傳教士把中國古代的經典翻譯為拉丁文，到了他手裡之後，他覺得中國文化偉大，尤其是發現了《河圖》、《洛書》，在根本上，是他發明對數表的原理，卻覺得中國在幾千年以前，已經有了那麼大的成就，所以萊布尼茲曾經託他的朋友，向中國的康熙皇帝申請入中國籍，當時的中國當然不容許一個西夷成為華夏的子孫，因而萊布尼茲的申請不獲批准。在萊布尼茲的日記中，常常記取這回事，引為終生遺憾。

第一節　生　平

　　萊布尼茲於 1646 年生於德國的萊比錫。十五歲就開始讀形上學課本，而且在耶拿 (Jena) 大學學習自然科學的方法，十七歲開始寫作，寫作的對象中，尤其是「個別的人」、「單獨的存在」特具興趣。萊布尼茲是位天才，二十歲即獲博士學位，並開始講習生涯，曾經在美茵茲城 (Mainz) 侯爵門下做家庭教師，涉足政治，1672 年開始遊歷，前往巴黎，後去英國，旅途中認識許多當時有名人物，尤其是一些當時的思想家。

　　四年後回德國，隨即北遊荷蘭，訪問斯賓諾莎。在巴黎曾經發明對數表，為數學上一大貢獻。後來在漢諾威城 (Hannover) 侯爵擔任圖書館職。萊布尼茲交遊甚廣，直到 1716 年逝世為止。

　　傳說萊布尼茲發明了對數表之後，個性非常驕傲，自以為了不得，當他得到中國的《河圖》、《洛書》的拉丁文譯本之後，把自己的對數表丟到

垃圾筒中，認為自己雖然偉大，也不及中國人的腦筋，因此萊布尼茲後期的思想專門注重東方的哲學，曾經以法文寫了一部中國哲學的大作，後來也收集在萊布尼茲的全集中。尤其是後來的書信中，與當時在中國的傳教士的書信，完全表現出他嚮往中國文化的心情。

第二節　著　作

除了上文提及萊布尼茲嚮往中國的哲學而寫的《中國哲學》一書外，他對知識論特別有興趣，尤其是對於理性主義開始的笛卡兒或斯賓諾莎以後所討論的一些問題頗具興趣，所以他著了一部《人類悟性的新探討》(*Neuen Abhandlungen über der menschlichen Verstand*, 1704)，在此書中，他特別反對英國經驗論者洛克 (John Locke) 的後天學說，以為人性天生來就有一種的知識能力以及先天的知識內容。

《單子論》(*Manadologie*, 1714)，此書所言即萊布尼茲設法融通笛卡兒、笛卡兒學派以及斯賓諾莎在理性主義的立場所無法解決的形而上的問題和實體的問題。

《神學》(*Theodizee*, 1710)，萊布尼茲在此書中特別以理性證明上帝的存在和特性，因此也從上帝的存在中分受了人類的理性，在我們的知識論中，透過這種與上帝的交往而認識世界的事物。此書表面看來是神學的產品，事實上是要完成他單子論的整體系統，因為在單子論中萊布尼茲認為知識的獲得，是人與中心單子的聯繫，並非由於人感官知識的作用或其他的直觀作用，那麼人和上帝的聯繫，就成為上帝存在和上帝特性的一些問題，所以他寫了《神學》這部著作。

第三節　著作導讀

因為萊布尼茲是理性主義的最後一個代表，他集理性主義的大成，因

此我們在研究他的思想之時，最好也照著理性主義的方向去讀他的著作，首先讀《人類悟性的新探討》，在此書中，我們可以知道萊布尼茲對於整個知識論的看法，可以完全看出他對思想法則的注重，在思想律中他提出了幾條思想的道路，而這些思想的道路分成幾個層次，某一種思想的法則，只能針對某一種存在的層次，不可越界。

有了這麼些思想的法則來建立知識論以後，才能夠進入討論真正的實體，什麼才是真正的存在。有了萊布尼茲的知識論以後，有了他在《人類悟性的新探討》提出新的方法與思想法則之後，我們才能夠進而討論萊布尼茲的代表作，即萊布尼茲的本體論，討論整個宇宙本體問題，討論實體的最終存在原因的問題，那就是《單子論》。在這《單子論》書中，萊布尼茲把自己學說的內容編成一個體系，從這個體系中，一方面有斯賓諾莎統一的宇宙觀，另一方面也同時包括了笛卡兒與笛卡兒學派所提出的二元或多元的分立學說。很顯然的，在《單子論》一書中，萊布尼茲設法統一整個理性主義的學說，尤其是統一整個理性主義對於本體或實體的意見，能夠使得整個的理性主義有一個統一的說法，以人性天生來的知識能力，以及天生來的一些觀念，能夠貫通宇宙論與人生哲學。

在認清了萊布尼茲的知識論與本體論（形上學）之後，我們就要讀萊布尼茲的具體哲學，即屬於人生哲學的部分，在此部分中，由於他的形上學的基礎，也就是他的《單子論》的設計，使得人在整個宇宙中所佔的角色，所以他特別討論「神學」的問題，「神學」就是「自然神學」。「神學」中特別要從知識論開始去證明宇宙間有一個上帝的存在，然後提出人和上帝存在的關係，提出世界和上帝的關係，最後要結論出世界和人的關係，也就是提出人如何生存在這個世界上要頂天立地，在倫理學上從人性發展到人格。

從人性發展到人格的這條通路，也是理性主義所強調的一點，這一點後來對康德的影響非常大，使得我們人生存在這個世界上，不但要知道它是什麼，而且特別討論到它應該是什麼，應該變成什麼，所以人性和獸性、

物性，在萊布尼茲的想法中，有很大的差別，因為物性或獸性，每一種東西只要完滿了它的本性也就夠了，可是要完成人性，就不只是要完成它的性，甚至超越它的性而成為人格。

當然我們幾乎可以說萊布尼茲的這種想法，多少是受到當時西方傳教士在中國接受儒家思想而傳到西方去的思潮，不只是討論人性，而且要討論人格的問題，同時認為對於人的認識遠不如以人的行為去超越自己的這一方面的常識。所以在讀萊布尼茲的著作時，最後讀《神學》，使人生存在宇宙中，知道自己在宇宙間的定位，自己如何在倫理道德上把持自己，從人性超度自己成為有人格的人，從本性的人變成超性的人，從人變成超人。

第四節　學　說

一、知識論

關於萊布尼茲的學說，如同前節「著作導讀」中提及的方向，我們先探討他的知識論。整個理性所發展的方法，也是在他們的思想方面首先著手，設法在思想上找到整個存在的基礎；而在思想的法則中，萊布尼茲最主要的是提出傳統哲學中討論知識論的方式，柏拉圖或笛卡兒的想法，甚至可以遠溯到先蘇格拉底時期的伊利亞學派的方法，都在注重思想的法則，然後希望從思想的法則過渡到存在的法則中，希望把存在變成思想，而思想能夠把握存在，這種由思想到存在之路，萊布尼茲把它分為四個層次，這四個層次也就是提出我們的思想如何把握住存在的東西：

㈠充足理由律

萊布尼茲認為所謂的「充足理由律」，比如是凡有果必有因的這種原則，是為所有的存在階層和思想的法則都有效的，物理學和形上學上同樣有效，連倫理學上也有效，有如因緣的法則，所有的因都可以導出果，從

所有果的觀察都可以追溯到因，這種法則稱為充足理由律。

㈡矛盾律

萊布尼茲特別指出從亞里斯多德以來的矛盾律，不但在思想上有效，而且在實際上亦有效，意思是指矛盾的一個法則，不只是指出思想的矛盾不能夠成為邏輯，就是在實際上也不可能有任何矛盾事物的存在。

㈢連續律

這連續律是萊布尼茲思想特殊之處，認為整個的宇宙，從最小的單位到最大的體系，都有一種聯繫，都是休戚相關，互相聯繫，不能有任何的東西去間斷它，不能夠有東西去剪斷它，也不可能有跳躍的現象，就是說每一種思想都應該有一種邏輯的順序，每一種存在也應該有一種邏輯的順序。

㈣單一律

由思想到存在之路只呈現一次，每一種思想的法則，只能夠從思想導引到存在那兒，並非相反地，先有存在後有思想，這一種想法指出了所有存在的目的性。這種目的性當然可以追溯到亞里斯多德的四因說，所謂每一種存在，從因果的原則上看的話，最後的原因是目的因，而目的因才是真正地決定了形成因，形式因、質料因，都由目的因來決定，所以整個思想和存在的法則方向，都是由最高的目的走向最後的果，也就是從最終的因走向最後的果，也不能夠有倒流的現象。

從這種思想的法則看來，萊布尼茲是要使得思想有一個整體的架構，而存在在這思想的整體架構中定位，沒有任何的存在能夠脫離思想的範圍，也沒有任何一種思想它不是實有其事地落實到每一種存在的規則中。因為思想的法則，所有的思想律，都是由一個整體所啟發出來的小節，因此所

有的存在是屬於一體，從這個一體的存在當中，劃分出許多個別不同的存在，這點可以說是萊布尼茲繼承了理性主義大師笛卡兒，尤其是笛卡兒學派的「和諧」觀念，另外加上斯賓諾莎統一的宇宙觀，此種思想的法則，就是為萊布尼茲的形上學或實體學說鋪路。

二、單子論

在理性主義的形上探討中，我們已經提及笛卡兒或笛卡兒學派所提出的宇宙二元方式，他們無法自圓其說，無法解釋宇宙自然的現象，斯賓諾莎設法以至上神的單一方式去解決整體的宇宙，這種思想也落了空，於是在數學的原理上主張多元或二元的笛卡兒或笛卡兒學派不能夠解決問題，同時主張單元的斯賓諾莎對於問題又無法有所交待，萊布尼茲是理性主義的第三代，很顯然的，他要綜合前面兩家之長，把他們整個的學說拉在一起討論。

這種綜合的方式以及綜合的成果，是萊布尼茲所發明的《單子論》(*Monadologie*)，《單子論》開始的時候，消極方面是要拯救斯賓諾莎忽略個體的危機，因為在斯賓諾莎的哲學中，只有一個實體，而這個實體具有精神和物質兩個屬性，這麼一來，每一個個別存在的東西，都沒有一個自己個別的存在，而所有的存在都在這個唯一的實體當中，萊布尼茲設法把這種忽略個體的方式以「單子」來表明，可是在另一方面，萊布尼茲認為不應該陷於笛卡兒與笛卡兒學派的知識桎梏中，不想在知識論主客對立之上而阻礙了宇宙的唯一性，他認為《單子論》內的學說，一方面應該擁有斯賓諾莎的統一性，另一方面又應該擁有笛卡兒與笛卡兒學派的多樣性。

他的《單子論》，是有一個中心單子，然後有很多很多圍繞著這中心單子的許多單子而構成宇宙，因為由此種方式構成宇宙的話，一方面可以解釋為什麼單子與單子之間沒有交往，也就是說我們不能夠站在以感官世界中的方式去認識另一個感官世界，而應該透過中心單子，在中心單子中看到我們旁邊的一些單子。知識的保障是在中心單子，此點和笛卡兒或笛卡

兒學派有同樣的長處；另一方面，有了中心單子後，中心單子下面的或圍繞中心單子的所有存在的東西，又屬於一個系統，它又有斯賓諾莎哲學的長處。

　　萊布尼茲即採取兩者之長而發展了第三種學說，究竟單子是什麼呢？萊布尼茲認為單子是一種力量，一種能，同時又是一種存在，這種存在，不只是感官世界的存在，而且是觀念界中屬於宇宙萬物的最終元素，因為它是宇宙萬物的最終元素，所以它有無限的數目，因為它的數目無限，所以它可以構成全世界各種形形色色的東西。因為它有無限的數目，又因為它是構成世界形形色色的東西，而東西與東西之間，物與物之間，甚至人與人之間不可能有交往，如果有交往的話是透過感官，但是感官是不可靠的，這在笛卡兒或笛卡兒學派已經提出來的。

　　如此單子與單子之間沒有交往，萊布尼茲以「單子無窗戶」這句話來闡明，「單子無窗戶」的意思，是一個單子自己無法在知識論上走出自己去體驗別的單子存在的東西，也無法進入自己內部觀察自己的動向，「單子無窗戶」指出單子與單子之間無交往，尤其是沒有知識論上的交往，就更沒有本體論的交往，如此每一個單子都是獨立存在的東西，好像我們的感官世界每一樣東西都是獨立存在的。

　　雖然每一個單子都是完全獨立的，但是知識還是有辦法發生，知識的發生全靠中心單子，因為每一個單子本身獨立，所以每一個單子是一個小宇宙，這個小宇宙只要它是完美的，它就是整個大宇宙的一種影像，我們只要回歸內心，在自己的內心裡認識自己的話，同時也就是看到整個宇宙的影像，所以這表示出單子與單子之間雖然沒有交往，但是單子與單子間在先天上有「預定和諧」(Harmonia praestabilita)，這「預定和諧」和亞里斯多德的「內在目的性」(Entelecheia) 有同樣的意義，這種「預定和諧」表示每一個單子有獨立的存在，但是它存在的根源在中心單子，這中心單子不但是它存在的根源，而且是它知識的來源。

　　這種說法有點像柏拉圖的先天說，柏拉圖的知識論認為我們的靈魂以

前在觀念界住過，和所有的觀念混得很熟，所以當靈魂降凡到世界上來的時候，透過感官仍然可以看到其他觀念的影像而認識每一種事物。

這「預定和諧」或「內在目的性」的學說中所強調的亦如前文所述，認為每一個單子如果要認識別的單子之時，也只能透過中心單子，這種說法好像我們住在一個大旅館中，一個房間要和另一個房間通話的時候，必須經過總機，總機直接和每一個房間通話，房間與房間之間沒有直接撥號的方式。那麼萊布尼茲的學說就是這種架構，每一個單子都必須透過中心，而後才可以打聽到別個單子存在的方式。

單子本身的運動變化，就萊布尼茲而言，是機械性的，把所有的單子當做一個整體看的話，以中心單子作為指揮、聯絡站，作為整個存在的基礎的話，它是屬於一個目的性，所有的單子都在「預定和諧」或「內在目的性」的情形下，受到保護與控制；在這種保護與控制中，使得單子與單子間透過中心單子而認識、存在，所以每一個單子表面看來是機械性的，但是就整體單子論看來都是目的性的。

萊布尼茲之所以採取「單子論」，有一種說法，他反對笛卡兒以「物體」就是「實體」的說法，因為萊布尼茲認為物體有伸展性，在數學上就是有「積」和「度」，因為有「積」和「度」所以成為可分的，如果是可分的話，就不是終極，就不是實體，因為它不可能是最終的元素，最終的元素是可以分了再分以後的不可分的東西，那麼在萊布尼茲看來，他把這種不能再分的東西稱為「單子」。而這「單子」就是「實體」，最終的一個單子，也就是唯一的、單獨的、最終的，而不可能是物質體卻是精神的，所以萊布尼茲認為物體的存在最終的根本是「精神」，「精神」是屬於單子的東西，所以萊布尼茲在《單子論》中，自己曾經提過這種說法，他說：「當初我從機械的考據開始，所謂機械的考據，是暫時放下目的觀，而以個別的事物本身的動向、運動變化做研究」，他說：「我從機械的考據開始，滿以為可以從物質的世界中找出存在的原理原則，可是後來大失所望，使得我從數學的方式中回到形上學，從質料回到形式中」。

　　這種對於物與物，心與心的關係體認，可以說是漸漸地知道整個宇宙存在的原理原則，因為在整個宇宙的原理原則中，物與物之間、心與心之間，或心與物之間的關係，都應該有很明顯的規定。物質因為有伸展性、可分性，所以不可能成為最終的元素，最終的只能是心靈，所以在整個存在的階層上，物質是表層，而心靈屬於內層。因此萊布尼茲認為笛卡兒把心與物分為兩種不同的實體就是很大的問題。

　　在萊布尼茲的《單子論》中，很顯然的把所有的單子分為兩種，一種是必需的，所謂必需的單子，就是在知識論上常常清晰明瞭，因此它代表了永恆的真理，這種真理要透過人的理知去體認，因為它可以透過自動自發的理知而能夠體認出來，所以它是必需的。另一種單子是偶有的，是我們日常生活中的事實，而且大部分屬於感官的，因為屬於感官，所以它不太清晰也不很明瞭，是可有可無的。

　　這種單子的二分法，本來萊布尼茲是要取代笛卡兒的二元論，也可以使得斯賓諾莎的單元論有一個理性的解釋，因為必需的加上偶有的才是我們日常生活的真象，就在這種單子的二分法中，必需的單子只有一個，即所謂的中心單子，這個清晰明瞭的中心單子，不但是知識論的對象，同時也是本體論的終極，所以它才是真正的實體，因為它是純精神的，這個純精神的中心單子可以把所有其他的單子聯繫起來，其他的單子不但是有物質性、伸展性的單子，就是連其他的分受了精神性的單子，也能夠在中心單子中成為一體。

　　所有其他的偶有的單子，則在整體的宇宙論中屬於普通單子，屬於小宇宙，每一個單子與單子之間沒有窗戶，因此沒有交往，要交往的話，都是向著中心單子，以中心單子的預定調和指引每一個單子的動向，所以所有單子的動向、行為都是受中心單子的控制。在萊布尼茲的宇宙論中，是有一個目的性，這目的性由中心單子來決定，如果每一個單子以隔離的方式看來是機械的，可是以整體看來是目的性的。

　　這種預定和諧是先天的，就是每一個單子在存在的時候就已經得到這

個本質，從這種本質中，它是獨立的，自己獨特地成為一個小宇宙，沒有窗戶，於是和其他的單子沒有來往，甚至沒有關係；但是在另一方面，它有預定的和諧，使每一個單子不會完全被隔離，因為能夠在中心單子中找到與其他單子的關係，如此萊布尼茲的「單子論」，主要的是統一斯賓諾莎的「一」與笛卡兒學派的「多」，使「一」與「多」得以貫通，有一種和諧，這種和諧以精神的中心單子作為聯繫。

三、神　學

在《神學》中指出一切的單子都是預定的、和諧的，而這預定與和諧都是向著中心單子。如果我們說所有普通的單子，都可能分受一些物質性的話，這中心單子完全是精神體，只能夠用理知的清晰明瞭去把握，因此每一個單子在自己的運動變化中，屬於機械的，因為它是早已預定的，但是就全體的單子站在全體的宇宙動向看來，卻是目的的，這個目的由中心單子所決定。

㈠論證

可是如何知道有一個中心單子的宇宙呢？顯然的，萊布尼茲在這裡利用了神學的方式，利用以前證明上帝存在的論證來證明這個純精神的單子存在，也因此指出整個的宇宙是由他的「單子論」的結構而構成的。萊布尼茲提出四種論證：

1. 實體論論證：所謂的實體論，以萊布尼茲看來，是從知識論的基礎開始，他指出如果在邏輯上，神可能存在的話，則在本體論上神是一定存在的；因為在邏輯上的可能性，指出因果的必然性，因為神在存在的階層上，祂是基礎，而在思想的階層上，祂也是基礎，不過在本體論方面，神是最先存在的，在知識論上，神是最後被發現的。萊布尼茲繼續提出，只要世上有存在，則必須有最終的存在，因此他結論：我們的世界有很多東西存在，所以證明出有最終的存在，即中心單子的存在，也就是神的

存在。

2.萊布尼茲在第二種證明中，指出我們在知識論上追求永恆的真理，而真理必須有基礎，因為我們如果要獲得永恆的真理的話，必須依靠清晰明瞭的觀念，而清晰明瞭的觀念必須以清晰明瞭的理知才可以得到，而在理知的最後邏輯推論中，理性的本身如果它自己能夠自滿自足，它本身就已經是神。這個論證，是萊布尼茲取自柏拉圖的觀念論。

3.世界，尤其是感官世界的存在必須有一個存在的本質，也就是說應該有一個存在的實體，必須自身存在的，不是由於其他的東西使它存在的，因此在所有的可能性或偶有的事物後面，都能夠找到一個必然存在的東西，這就是神。

4.萊布尼茲在第四個論證中，說明了他的「單子論」的最後基礎，也就是「預定和諧」，「預定和諧」所要求的是最後的一個目的因，也就是我們在觀察整個宇宙現象中所提出的一個哲學的最後問題，為什麼有事物存在；這「為什麼」的要求，使得每一種存在，無論是質料因、形式因或形成因，都要追溯到最後的目的因，萊布尼茲稱之為神。

㈡惡

在萊布尼茲的哲學中，當然最早的一個假設，是神創造了世界，而且是一個非常完美的世界，萊布尼茲以為神在創造世界中，早就已經考慮到許多可能的世界，已經作了一個選擇，尋找一個十全十美的世界，而在所有可能的宇宙中，我們現在的這個世界，萊布尼茲認為是最美好，最有次序，最能夠滿足我們理知生活的一個世界。也就由於在這種預設中，萊布尼茲碰到一個倫理學上最大的問題，即「惡」的問題，為什麼上帝是善的，又讓一些罪惡停留在這個世界上？

也就是說，上帝創造了一個最完美的世界，為什麼又會有一些罪惡的事情發生呢？萊布尼茲提出瞭解決的方式，他把「惡」分為三種：形上的「惡」、物理的「惡」、倫理的「惡」。

1. 萊布尼茲認為形上的「惡」是必須的，所謂形上的「惡」，表示雖然這個
   世界本身是十全十美的，但是由於它是偶有的存在，這偶有的存在和那
   必須存在的上帝比較之時，覺得世界本身並非十全十美的，有很多的缺
   陷，所以形上的「惡」是必須的，否則會與那十全十美的上帝有所矛盾。
2. 物理的「惡」，有如自然界中的疾病、痛苦、天災等等，由於物自身的有
   限性與不完美性，因為事物不完美與有限，剛好可以襯托出「善」來，
   所以萊布尼茲以為為了「善」，物理的「惡」也是必須的，使人可以透過
   物理的「惡」，知道「善」的完美，使人因此可以在有缺陷的物理世界
   中，去追求「善」。
3. 倫理的「惡」的問題，萊布尼茲認為有人作惡或作壞事，目的根本不是
   為了作惡或作壞事，而是為善人有一個立功的機會，使善人能夠更發奮
   圖強、更趨向善。萊布尼茲認為如果世界上沒有惡人，怎麼會有善人呢？
   世界上沒有罪惡，如何證明出一個人是善人呢？

因此在這三種論證之後，萊布尼茲結論出：惡的存在是為了善，使善
更清晰明瞭，使人更去追求它。

在倫理學中，剩下的一個問題就是宗教信仰，萊布尼茲是理性主義的
一個學者，總是脫離不了理性主義的本色，以為我們應該先認識，然後才
相信；在哲學與神學的比較中，以為恩寵與理性，超然與本然，都是兩者
互相補足的，兩者互相調和，他不相信超然與本然的絕對劃分，也沒有恩
寵與理性的絕對劃分。

很顯然的，理性主義發展到萊布尼茲以後，就無法再發展了，因為從
笛卡兒懷疑論開始到肯定心物的二元，到笛卡兒學派肯定心、物、神的三
元之後，由斯賓諾莎出來，把多元統一在他的單一神論中，整個宇宙只有
一個實體，萊布尼茲把前面的學說統合起來，創立「單子論」，使得一元論
與多元論，能夠在「單子論」中得到調和，這種調和畢竟還是理性主義的
一個結果；因為理性主義在開始的時候，提到做學問的方法應該是懷疑，
可是一步步地發展之後，使得理性主義走入獨斷的境界中，認為一切的東

西都是一體，能夠以「預定調和」的方式，使得單子與單子間沒有交往，而與中心單子則有一種先天的「預定調和」，獨斷的方式，使得理性主義的哲學走向了末路。

　　如果理性主義再要往前走一步的話，就必須從萊布尼茲的《單子論》中，再設計出一種宇宙的架構，我們說無論誰再提出另一種架構的話，這種架構不可能超過萊布尼茲的「單子論」，因為他不然就得承認宇宙的二元或多元，不然就得承認單元，無論笛卡兒或笛卡兒學派的二元或多元，或斯賓諾莎的單元，都統合在萊布尼茲的「單子論」中，既包括了單元，又統合了二元的學說，在這種新的學說中，我們無法加上其他任何一種可能性；因為在理知的清晰明瞭的原則之下，每一種存在物，不然是單一，不然就是眾多，不然就是單一和眾多的混合體，不會再有其他的存在的可能性。

　　理性主義發展到萊布尼茲之後，已經走上末路。

III　經驗主義

　　近代哲學的起源，固然有理性主義相對於中世而提出懷疑作為方法；可是在另一方面，近代思想的一大特徵，是自然科學的發展，就是人類對於感官世界的興趣，人類對於掌握世界財富的一種信心，人要征服世界，當然首先得認識世界，而認識物質世界中，首先要討論的還是知識論的問題，經驗主義的誕生，早在十三世紀時，牛津與劍橋大學負責用感官的方式，利用實驗的方式，去追求知識的內容。

　　如果我們說十三世紀初期，巴黎大學在學問的分工合作上，代表了理性主義的話，則劍橋與牛津等英國大學就孕育了以後的經驗主義。經驗主義所注重的，不再是理性的直觀，不再是清晰明瞭的觀念，特別注重感官經驗，以為我們的感官耳、目、口、鼻、手足所直接感受到的聲、色、香、味、觸這些東西才是真實的，因此經驗主義最主要的信念是知識的被動性與受動性，因為我們的感官，相對於外在世界而言，多多少少是被動性；理性主義所強調的理知直觀，強調知識的主動性。

　　這種強調知識的被動性的方式，以做學問的方法而言，它注重經驗、觀察與歸納。哲學的方法自從法蘭西斯·培根發明歸納法之後，可以說是一反以往傳統演繹的方式，希望哲學的初步工作——知識論，也能夠配合自然科學的研究，在觀察、實驗當中，歸納出原理原則，再應用到人文科學方面。

　　歸納法的應用，首先要提出知識的來源問題，而這知識的來源卻強調感官經驗，以為唯有透過感官經驗才有知識，凡是不透過感官經驗，只是理性的清晰明瞭的觀念所得出的東西，都不是真實的。經驗主義學者所提出的最主要論證是，一個天生而盲的人，不可能有顏色的觀念，如此證明

所有的知識非要通過感官不可，凡是在感官中沒有的東西，在腦裡也不會有，因此在知識的內容和知識的來源，經驗主義和理性主義就分道揚鑣。

因為理性主義認為人不但生來就有認識能力，而且有認識的內容，認識的內容是清晰明瞭的觀念，尤其是所有的數理形式；可是經驗主義學者認為沒有任何的先天觀念，所有人類的知識都是後天的，而且它的起步都是經過感官經驗。因此在西方近代的思想中，在知識論的探討，英倫三島成為經驗主義的溫床，歐洲大陸成為理性主義的地盤。

因為從文藝復興開始，西洋脫離了拉丁文的控制，各民族發展了母語運動，用自己媽媽的話寫書，因此經驗主義首先以英文著作，相對於經驗主義的歐洲大陸的理性主義，一部分用法文，另一部分用德文。也就從此之後，凡是屬於英語體系的，無論是英國、美國、英國殖民地或與美國友好的國家，都受到經驗主義的影響，凡是受到歐洲大陸影響的，如法國、德國比較注重直觀的知識，比較不很相信經驗主義所提出的意見。

經驗主義的發展，就整個哲學史演變而言，從古羅馬開始，尤其是斯多噶學派、伊比鳩魯學派已經開始對「經驗」有很大的興趣，甚至我們可以這麼說，如果理性主義最早的始祖是柏拉圖的話，那麼經驗主義的始祖該是亞里斯多德了。亞里斯多德的知識論，從他整個邏輯的思維體系之外，都是要透過感官的經驗得到概念，再得到判斷、推理。

在中世以後，有唯名論的出現，這唯名論也可以說是完全站在感官經驗的立場，對於中世的信仰抱持了懷疑的態度，近代的哲學思想，當然從法蘭西斯・培根開始，在自然科學的運用上，利用歸納的方法，直到霍布斯和洛克兩人，才開始真正地提出歸納法的原理原則和運用，從洛克以後的柏克萊、休謨兩人，成為經驗主義的三鉅子，與理性主義三鉅子：笛卡兒、斯賓諾莎、萊布尼茲相對立。

經驗主義所提出的哲學對象，當然在起初的時候，根本上與理性主義相同，總是想找出什麼是真正存在的，在近代哲學的主要問題，是實體之爭。在實體之爭中，理性主義當然佔了很主要的角色，而經驗主義也分擔

了很大的責任，因為經驗主義所討論的是，我們的主體如何能夠認識外在世界的客體，換言之，外在世界的客體如何呈現在我們的腦裡呢？即外在事物如何利用它們的聲、色、香、味、觸來對應我們的耳、目、口、鼻、手足，我們的五官如何接受外在世界的感官與料，在我們的內心，如何透過這些感官與料，成為我們的概念，如何以反省的方式，使我們得到知識。

經驗主義最主要的這種方法，可以說是從開始就肯定我們的感官有認識外在世界的能力，而外在世界的感官與料也真正地可以呈現在我們的感官面前，呈現在我們的心靈裡面成為概念，然後人類的心靈可以把這些概念加以加工而成為知識。

由經驗主義所導引出來的，很顯然的是有十九世紀的實證主義，甚至有唯物的傾向，因為理性主義導引了唯心論，而經驗主義多多少少地導引了唯物論。這種現象本來就指出系統的哲學有其演變的一貫性，也指出哲學發展途中，有一種必然的情形。在一個人特別注重感官的能力與感官的作用之後，自然就會冷落了精神的價值，在一種學說特別地注重精神作用，也會漸漸地忽視感官世界，這也就是西洋近代理性主義與經驗主義兩方面都走向極端以後，所得出的必然結果。

理性主義的結果是從懷疑到獨斷，而經驗主義則是由獨斷漸漸地走上懷疑。我們現在分章介紹經驗主義三鉅子：洛克、柏克萊與休謨。

第八章

洛　克

洛克是英國近代經驗主義大師，主張一切知識都來自感官。

第一節　生　平

　　洛克 (John Locke, 1632–1704) 是一位律師之子，生於 1632 年，他的父親由於職務上的關係，與達官貴人相交甚好，所以利用關係送他的兒子洛克到西敏寺附屬學校讀書，在此校中，洛克學得拉丁文與希臘文，也學得一點代數，可是洛克並不滿意學校生活，對於這些古老的東西沒有多大興趣，中學畢業以後，進入牛津大學，在牛津學習西方傳統哲學，有古典語文及少數數學課程，可是他在大學中，不滿於傳統的士林哲學，所以私下讀唯名論者歐坎的著作，歐坎此時在牛津大學相當著名，洛克在牛津大學中，也接觸到笛卡兒的著作，尤其是笛卡兒的《沈思錄》，可是十分不滿於笛卡兒的先天學說，因此決定在哲學上提出另一種系統來反對先天的學說，反對傳統的學問方法。

　　他在牛津大學獲得學士、碩士學位，並且也教授希臘文與倫理學的課程，可是當他開始做講師以後，卻關心物理、化學的課程，也對醫學有興趣。在醫學院畢業之後，也有一段短時期行醫，在 1665 年他與英國的一位大師到了瑞士，回來之後，曾經長期行醫，並且做了教學的工作，在 1670 年，開始出版他的著作，《人類悟性論》出版後，受到各方面良好的反應，而且此書在當時的西方，幾乎是除了基督宗教的《聖經》之外，最暢銷的一本書。

　　因為他在此書中，開始以歸納的方法，講出人類的悟性如何需要透過

感官而得到知識，因此頗受英國各大學的注意，大家設法研究他的學說，然後洛克周遊其他各地，到過巴黎，遇見笛卡兒學派的人，因為當時巴黎是哲學家之城，各地所有哲學家都要往巴黎，與其他各派系接觸與辯論，而發展個人自己的系統。1675 年到 1679 年，他幾乎全部的時間都在法國渡過，和所有理性主義學者討論知識的問題，然後 1683 年到 1689 年到荷蘭，後來返回英國，1704 年死於家庭遺傳的肺病。

　　洛克一生致力於知識的研究，可是在另一方面，也特別注重教育，並且討論在政治上的倫理道德的問題或政治的問題，所以洛克幾乎可以說在經驗主義大師當中，是一個很開放的人，能夠在社會中討論各種的問題，雖然他本身在知識論或哲學上是一個經驗論者，但是在社會的工作上，卻是一個非常有理想的人。他的教育與政治，幾乎都是站在柏拉圖理想國的立場而做討論。

第二節　著　作

　　洛克的著作很多，所涉及的範圍也很廣，依照年代早晚，試舉出他六部主要的著作：

1. 《論寬容》(*Epistola de tolerantia*, 1689)
2. 《政府二論》(*Two Treatises on Civil Government*, 1690)
3. 《教育叢談》(*Some Thoughts Concerning Education*, 1693)
4. 《人類悟性論》(*An Essay Concerning Human Understanding*, 1693) 是洛克的代表作。
5. 《理性與宗教》(*Reason and Religion*, 1694)
6. 《基督宗教探微》(*The Reasonableness of Christianity*, 1695)

　　單看洛克這些著作的名稱，就可知道他涉及很廣，其中有哲學的知識論，有宗教哲學，有教育哲學，有政治哲學，也有倫理哲學；而且很顯然的，他的思想路線，首先探討倫理的問題，那就是首先出版的一部著作《論

寬容》，然後由倫理走進政治，即《政府二論》，再從政治走向教育，即《教育叢談》，同時也開始建構他的哲學體系，即《人類悟性論》，在哲學的體系建立以後，走向宗教的探討，即《理性與宗教》，從哲學走向宗教信仰，而在宗教信仰中，特別探討西洋宗教，即《基督宗教探微》。

第三節　著作導讀

　　我們要全盤瞭解洛克的哲學體系或思想體系，也可以依照年代的先後去讀他的著作，可是所有的著作所討論的，可以在他的代表作《人類悟性論》找到最主要的大綱，以及他的學說內容。因此研究洛克的哲學或洛克的思想，通常好好地研究《人類悟性論》也就夠了。

　　《人類悟性論》一書分為四卷，卷一特別提出理性主義的學說，理性主義以為有先天的觀念，洛克在卷一中分為四章討論，認為人生不可能有天生的觀念，人天生的悟性好像一塊白板，上面沒有任何東西，有東西的話都是透過感官經驗而印上去的，在卷二中，洛克特別好好地研究理性主義對先天觀念的看法，無論是用觀察的方式或實踐的方式所提出的原理原則究竟是什麼；卷一是洛克此書的重心，內容非常豐富，分為三十三章，在此卷中，洛克開始提出觀念的問題，提出我們如何在我們的知識探討中得到一種觀念，如何透過感官經驗，然後經由理性的反省，慢慢地得出概念、慢慢地由概念得出推理與判斷，而獲得知識，在此卷論觀念的一章中，特別以分析的方式，藉著歸納的方法，舉出認知的主體有那些本質和特性，同時也提出認知的客體有那些本質和特性。

　　而在這種探討中，洛克的分析方法發揮了最大的效用，以為主體是有主體的實體，可是除了實體之外，主體還有感官，耳、目、口、鼻、手足，就是我們認識世界的本錢和基本的條件。而在客體方面，除了客體本身的實體之外，還可以分為第一物性與第二物性；所謂第一物性是我們不能直接碰到的東西，而第二物性是我們的感官：耳、目、口、鼻、手足所得到

的聲、色、香、味、觸。

　　所有客體的存在，除了實體之外，都有它的第一物性和第二物性當做屬性，我們的知識是透過我們的感官去把握客體的第二物性，然後再推論到第一物性，最後才回到實體的存在。

　　每一種外在世界的存在，除了實體以外還有屬性、樣態，而樣態所表現出來的，是我們的感官可以直接接觸到的東西，而感官得到的一切，都需要經過我們的悟性加以消化和加工，然後得到概念；可是人性的認知能力，不只是依靠感官作用，而且有時也會有幻想，有一些不正常的推論，有一些錯誤的想法，這些東西洛克在卷二中有清楚的交待。

　　卷三特別討論語言的問題，討論人類如何利用概念、語言而代表我們的思想，所利用的所有概念與所利用的字究竟是什麼意思，在卷三中都已提出，卷三是早期的語言學方面的書，共分為十一章，它不但討論出人類語言正當的用途，同時提出一些誤用的語言或誤用的字源，我們如何以經驗主義的方式去避免。

　　卷四就是《人類悟性論》的整個結論，因為是此書的結論，所討論的問題是整體知識的問題，討論的是可靠的知識和一些可能的知識問題，可是一提到這些知識在西方的學說中，就不能不提到人類的知識、以及人類知識的等級，甚至在人類的知識中，討論到知識的對象，不能不把上帝的存在也囊括於內，因此在洛克的探討中，總會提到從知識論走上形而上的問題，從知識走上形而上，洛克在此書中也有清楚的交待，卷四分為二十一章，二十一章所討論的都是人性在天生的知識能力中，如何建構後來的知識。

　　當然在洛克書中的最後一卷，必然會涉及西方傳統很主要的問題，就是知識與啟示的問題，洛克在這裡，也得想辦法解釋我們的悟性對於啟示究竟採取那一種態度，因為如果他的最根本的知識原則，是要透過感官的話，需要透過檢證的話，那麼所有屬於理知以外的知識，他都不能夠接受，這麼一來，可以說洛克自己本身站在哲學立場的知識所無法達到的信仰層

次，就得利用其他宗教的著作來彌補。我們幾乎可以說，洛克的《人類悟性論》所沒有提到的東西，就要在他後期的作品《理性與宗教》或《基督宗教探微》這兩部著作中找到註解，使得他的知識從感官透過理知，還會達到信仰的層次，除了我們的感官得出的知識之外，還有一些透過想像或信仰得出的知識，也就是說，除了知識之外，還有信仰的層次，而人本身除了感官以外，還有理性、信仰的層次，屬於一個多多少少是立體的架構，不是完全數理平面，更不是完全數理知識的東西。

第四節　學　說

洛克的學說，我們可分為三方面去看，分為三種層次討論。

一、知識論

近代哲學的特性，無論是理性主義或經驗主義，在開始之時，都對知識論有特別的興趣，洛克和笛卡兒一樣，首先提出知識的問題，在知識的問題中，又提到知識的起源、分類以及獲得知識的過程。

(一)知識的起源

洛克與笛卡兒學派的學者接觸以後，對於天生的觀念有很大的反感，他以為所有的知識都應該透過感官才可以獲得，所以他反對先天觀念之說，以為所有的知識都是後天獲得的，天生來沒有帶來一點先天的知識，就連思想中的邏輯的原理原則，都是由歸納所得出的，比如同一律、排中律、矛盾律，洛克以為這些都不是天生的，他指出最主要的理由，是小孩子或白癡，都不會有這些邏輯的概念。

他以為天生只有一種東西，那就是人類的悟性能力，如此這種悟性的能力，在經驗主義開始的時候是被動的，它需要由感官從外界認識一些東西進來，外面的東西變成主要的，而人類的悟性成為被動的東西，所以他

說人類的悟性或人類的心靈好像一塊白板 (Tabula rasa)，在這塊白板上，根本沒有人類知識的影子，這塊白板只是一塊知識的可能性，而且是接受知識的可能性，它是消極的、被動的。

因而就洛克看來，知識的起源問題，人類的悟性等於一塊白板，可是人天生來還有另外一種能力，那就是感官，感官等於窗戶，外面的感官世界的影象，可以透過這個窗戶到我們的心靈裡面，在心靈印上一些印像和觀念。這樣透過感官，我們心靈的白板就會寫上一些東西，而這些東西成為原始的資料，我們的心靈除了感官的這種作用之外，馬上就有一種「反省」(Reflection) 的作用，由記憶作用把這些觀念保留下來，然後以反省的方式去加工，而形成知識。

㈡知識的過程

洛克在解釋我們知識的起源問題的同時，提出了究竟人類天生來如果沒有任何知識，那麼知識是怎麼來的呢？在洛克的解釋，是利用分析的方法，分析以後又用歸納的方式把整個知識發展的過程說出。

他的分析方式，就是一方面把認識的主體，分為感官和心靈兩部分，而把知識的對象，即知識客體的物性也細分下去。以為主體除了心靈之外，還有對外的一些感官，即耳、目、口、鼻、手足，而外在存在的客體，物除了實體以外，還有第一物性與第二物性，或者稱之為物之初性與次性。

洛克在分析物性之時，以為第一物性有五：伸展性、型態、動與靜、數量、獨立性，他以為第二物性很多，比如聲、色、香、味、觸、冷、暖等；洛克又說明他把物性分為第一與第二的理由，他指出第一物性是由於可以直接以記憶想到的理知作用，而第二物性則需要反省才可以得到，因此在洛克的意向中，物的存在最根本的是實體，再而是附屬在實體上面的第一物性，再後是第二物性。

那麼究竟在認識的過程中，人性如何去認識物性呢？洛克的解釋方式，是人的心靈（實體）有如一塊白板，可是它有接受知識的可能性。然後人

又有感官，可以透過感官和外在世界接觸，能透過感官和外在世界的什麼接觸呢？洛克在此指出是和物的第二物性（次性）接觸，也就是說，我們利用耳、目、口、鼻、手足去接觸外界的聲、色、香、味、觸等的事物次性。

從這種對應中，我們的心靈中就有聲、色、香、味、觸的觀念，這些觀念我們以記憶的方式保留下來，變成知識的材料，而把知識的材料加以加工，心靈的加工，就是反省作用，由於反省作用，慢慢地澄清觀念或觀念與觀念之間的關係，加以連結或分離，成為我們的判斷、知識。

可是在獲得知識以前，洛克依照經驗主義的方式和態度，還要先把那些觀念澄清，說明在我們白板的心靈上所得到的觀念有多少種。

㈢觀念的分類

經過感覺 (Sensation) 和反省 (Reflection) 所得出來的觀念，洛克把它們分為兩種：一種是單純的，另一種是複合的。單純的觀念有四種來源：

1. 經由單一的感官而來的：如顏色，直接由視覺所得來。
2. 經由幾種感官而獲得的：如伸展性，可由視覺、觸覺而合得。
3. 經由反省得來的：如思想、意願、外界事物的延續等等。
4. 同時由感官與反省得來的：如能力、存在、快樂、痛苦等等。

這些單純的觀念，在我們的心靈中，人類還可以把它們變為複合的觀念，好像由單字可以構成語句一般，所有的複合觀念因此都不是直接由感官經驗而來的，而是由內在的經驗所得到，所有的複合觀念都是抽象的、普遍的。

在複合觀念中，有樣態 (Modes)，實體 (Substantia)，關係 (Relationes) 三種。樣態自己無法獨立，要存在就得依賴他物，比如伸展性、運動、空間、時間，自己本身沒有任何一種存在，要存在的話，就得依附他物而存在。樣態無法自己獨立存在，可是實體可以自己存在，實體的意義是自己本身可以自己存在，自己有自己存在的基礎，而樣態只是實體所顯出的特

性而已。所以由感覺所得出的實物，是透過它的樣態、屬性而找到它的物體，由反省得來的卻是精神體，沒有伸展的實體。可是，這物體和精神體都不是我們所知道的，我們所接觸到的只是樣態或思想。關係概念起源於比較，因果關係、時空觀念以及同異觀念都由之而生，也就是說，我們得到觀念以後，通常都會研究觀念與觀念之間的關係。

　　由於知識的起源、知識的過程與觀念分類的探討，洛克以為利用這種經驗主義的方法就可以找到可靠的知識，這種可靠的知識究竟有多少種類，就是我們下面要討論的問題。

㈣知識的分類

　　雖然我們上面提及洛克肯定知識要來自經驗，而且是感官經驗，可是從感官經驗得到知識以後，感官作用就失去效用，人就可以不再利用感官作用，僅憑心靈的記憶和心靈的反省能力，創造更高一層的知識。洛克在知識的分類上分為三種：

1. 直觀 (Intuition)：洛克贊成或以為感官的知識才是知識的來源，可是人類最高的知識，還是直觀的知識；直觀的知識是自明的，用不著任何證明或解說的認識，比如說笛卡兒的「我思，故我在」，洛克認為那是自明的，用不著證明，而且也不能夠證明；比如黑色不是白色，圓形不是三角形，二等於二等等，都是自明的真理。

2. 論證的知識：就是我們在反省作用中，把兩種或兩種以上的觀念聯起來或拆散，這種證明需要論證，比如說「上帝存在」，就是要把「上帝」和「存在」兩個觀念聯起來，這是需要提出證明的，要證明最好是利用直觀的知識，否則就要利用感官的知識。

3. 感官的知識：是最低層的，也是最底層的知識，屬於單獨的、個別的、具體的事物；雖然如此，我們在感官的知識還是無法得到實體和第一物性，只能得到第二物性。

㈤知識的可靠性

　　正因為洛克利用分析的方式，把主體分為心靈與感官兩部分，把客體分為實體和物性兩部分，在分析我們的知識過程的時候，把物性分為第一物性和第二物性，最後發現知識的起源是感官和第二物性的接觸，也就是說，主體的實體（心靈）與物體的實體，甚至與物體的第一物性根本上沒有聯繫；我們以別的語言來表達的話，這是指主體與客體互不出面，主體派感官出來，而客體提出第二物性作為代表，這兩個代表來交談知識的問題，所以洛克分析到這種地步之時，知識的可靠性頗值得懷疑。

　　在這種懷疑的情形下，洛克對知識論無法加以肯定，也因此從知識的獨斷走向懷疑。當然洛克的知識論，有了這一個絕對的預設之後，以為主體和客體之間不可能有直接的交往，如此他非得回到理性主義的邏輯關係中不可，以為主體和客體在天生來就有某種相同的因素，所以他才能夠獲得知識，在分析和歸納的方法之外，還能夠利用一種天生來的直觀，使得心靈畢竟多多少少地可以默觀到客體的實體存在。

　　所以在主體透過感官而把握住外在世界的第二物性之後，主體還有一種直觀的能力，可以接觸到物體的客體，可以接觸到客體的實體，因而創造一些名詞、概念，而代表客體。

二、形上學

　　本來經驗主義的出發點與基礎，是反對形上學的，可是我們在這裡所謂的形上學的意義，並非亞里斯多德所提出的形上學的通盤意義，只是提出每一種存在的根本，存在之所以為存在的探討。洛克跟著笛卡兒的想法，也把實體分為兩類，也就是說有心靈的實體存在與客體的實體存在。

　　這兩種實體有不同的屬性，並且展示出不同的樣態，心靈的實體的屬性是思想，樣態是喜怒哀樂的情感；客體的實體是物，物的特性是伸展性，特性所顯示出的樣態是運動。因此在洛克的本體論或形上學裡，所提出的根本上和笛卡兒所提出的一樣，所不同的是我們如何把握住這些不同的實

體，用那一種知識的方式去把握它，就是洛克和笛卡兒分道揚鑣之處。

三、倫理學

洛克在知識論、形上學之後，同時討論倫理道德的問題，這倫理道德的問題，當然是依照經驗主義的原則而討論的，以為感受到的快樂和痛苦，是分別善惡的尺度，同時也是倫理的標準。

不過洛克在此，主要的並非討論個人的快樂或痛苦的感受，而是提到人與人之間的關係，提到一個人心靈痛苦時，可以用教育或交往的方式，從別人那裡得到一些安慰，所以他特別重視政治社會，特別注重人與人之間的關係，而因此特別重視教育的問題。

教育需要國家的支持，國家有權利也有義務教育自己的國民，使得國民在某一方面有責任，在另一方面有權利。他特別討論自由的問題，以為人可以利用自己的自由，去建立一個富強康樂的國家，建立一個正確的人生觀。

洛克在他的倫理學上，發展的最深刻的，還是他的宗教哲學，利用信仰與理性對立，以為理性的目的是找尋真理，而宗教由啟示來幫忙，如果啟示把真理先闡揚出來，則理性的工作就可減輕。所以他提出理性和信仰有時可以互相補足，他認為宗教是必需的，人不但有理知生活的一面，而且有情感生活的一面，不但有感官作用的一面，而且有直觀的一面。

第九章

柏克萊

柏克萊是在英國的經驗主義系統中，唯一創造出形上學體系，從感官世界的感受，透過理性的思考，而仍然找到存在本體的一個哲學家。

第一節　生　平

柏克萊 (George Berkeley, 1685–1753) 出生於愛爾蘭望族，在他父親的一代，已經遷徙英國居住，首先他在都柏林的神學院讀神學，也修習數學，在這個神學院他考取大學的學位，畢業後留校任講師，同時也做過七個大學的訓導工作，他在求學時期，讀過笛卡兒的作品，甚至閱覽過馬萊布郎、洛克、牛頓等人的作品。

他在所有的辯論會以及演講中十分成功，由於他許多著作與當時英倫三島的學說有很大的衝突，可是他的口才與雄辯，使得當時的學者不得不折服。後來他遊歷巴黎、義大利各大城，發表了他主要的經驗主義思想，本來他有意用思想解救美國的自由主義，可是這種政治性的嘗試並沒有成功。1734 年就職南愛爾蘭的主教，於是學術寫作的工作因而中斷，1753 年死於牛津。

第二節　著　作

柏克萊的著作，屬於經驗主義而又承認形上學，同時也為形上學辯護的學說，因此他的著作在這方面也很特殊，依著年代，其著作為：

1. 《視覺新論》(*Essay Toward a New Theory of Vision*, 1709)

在此書中，柏克萊提出與馬萊布郎等人不同的學說，他的意思是指我們的視覺對外在世界的體認，開始的時候都是零星的，沒有整體的架構，整體的體認是由我們的理知，也就是說，從我們的心靈才可以得到外在世界存在的整體，我們對任何知識的對象的名詞或符號，都是一個整體的東西，而這整體不是透過視覺而得來的。

所以我們提到視覺的時候，不應該只提到感官經驗問題，而是要把時空、運動、存在拉在一起討論，尤其是在我們心靈裡面對這些東西的心理狀態更為主要，這《視覺新論》奠定了柏克萊以後的唯心思想體系，以為外在世界所給予我們的視覺是零星的、瑣碎的，而沒有整體，更沒有系統的東西，可是我們的知識屬於有系統和有體系，這些系統和體系都是我們心靈的作用，是我們心靈天生來就有的方式，因此柏克萊在此書中，已經反對洛克的方式，因為洛克以為所有的知識都是由感官經驗而來，天生來的只是一塊白板，但是柏克萊以為知識是屬於被動的，從感官得出的零星的、沒有系統的東西如何編成體系，這種能編成體系的東西，表示我們的心靈不但有模仿的作用，而且有創造的作用，人是由於自身整體的創造能力，而統合外面零星瑣碎的一些感官經驗。

2. 《人類知識原理論》(*A Treatise Concerning the Principles of Human Knowledge*, 1710)

在這本關於原理的書中，柏克萊提出在知識論的對象中，不但是我們所以為的客觀的東西，而主要的是在這些客觀的東西旁邊還有一些東西，這些東西就是我們的主觀能夠達到客觀東西的媒介，這媒介究竟是什麼呢？那是存在的一種法則，事實上，這存在的法則就等於我們思想的法則，因為唯有它可以兩面作為一個媒介，使得主體接受客體，客體接受主體。

如此在客體旁邊存在的東西，與在主體旁邊存在的東西應該是一個，在這點上柏克萊是修正了洛克的說法，因為洛克認為在主體的旁邊是感官，在客體旁邊是第二物性，感官和第二物性根本就不是一回事，因此洛克

的學說到後來走向了懷疑，而柏克萊的想法，總是設法使主體和客體如何合一。

3. 《心物三談》(*Three Dialogues between Hylas and Philonous*, 1713)

在此部對話式的著作中，柏克萊提出精神和物質兩種存在的辯證，他認為無論站在亞里斯多德的四因說，或站在人文世界創造的東西看，精神都比物質優先，所有的物質所能表現出來的，都是物質在精神當中的表象，誠然在所有人文世界中，所有的東西都不是單純的物質，雖然它們不是單純的精神，但卻是精神居在物質中，精神臨在物質之中，沒有任何一種人文世界的東西，不是由精神和物質的統合；也就是說，這種物質所呈現出來的，都是受到精神控制的物質，不可能有純物質東西的存在。

4. 《阿奇勿郎》(*Alciphron*, 1732)

在此書中，柏克萊特別提出西方傳統的上帝存在的問題，柏克萊不相信上帝的存在是在物質世界之外，總是認為神性和物性有某種程度的統合，而相信所有物質的最高顯現，也就有了神性的東西，因為神性、精神才是決定物質如此這般的存在，或只有用精神、神性才可以解釋為什麼物質的存在。

5. 《西利士》(*Siris*, 1744)

柏克萊特別提到數理原則和我們思想的問題，而提出思想的原則在透過感官世界的把握之後，就會走上數理的階層，在數理的階層中，人的精神就會慢慢地顯現出來，因為在數理的法則中，人性可以超度感官世界的東西，在這所有超度的最高峰中，就會從人性走向神性。

第三節　著作導讀

在研究柏克萊的學說，最主要的而且最好是先唸他的《視覺新論》，因為在《視覺新論》中，是把整個英倫三島經驗主義的原則，利用直觀的思

維法則去探討它，能夠把所謂的客觀世界存在的東西，以主觀的主體去把握。在此書中，幾乎可以說是包容了柏克萊的整個思想體系，那麼在他知識的探討中，再看《人類知識原理論》，看完此書，就可知道柏克萊所注重的唯心論是什麼意義，心和物有什麼分別，要知道心物之別，就得讀他的《心物三談》。然後再一步步地進入思想的最高峰，也就是要讀他的《阿奇勿郎》和《西利士》兩部著作。

第四節　學　說

柏克萊的學說，相對於洛克而言，幾乎等於理性主義中斯賓諾莎和笛卡兒學說的比較，笛卡兒的二元，到了斯賓諾莎時卻成了單元，而在經驗主義方面，洛克也是心物二元，到了柏克萊的時候，成為心的單元，斯賓諾莎修正笛卡兒與笛卡兒學派的方法，是利用了直觀與存在的追求，而柏克萊則停留在知識論的方面而討論世界屬於單元的問題。

我們把柏克萊的哲學思想，分為三部分，介紹如下：

一、知識論

洛克的心物二元，把心與物看成兩種獨立存在的東西，以為感覺事物有實體，是存在，是自身的存在，實體後而有第一物性和第二物性，第一物性和第二物性是主觀的，是主觀加給物質實體的一種東西，物質的實體本身才是客觀的；因此在知識開始的時候，總是有主觀的知識，把主觀所得出的第二物性和第一物性，應用到物的實體當中。柏克萊並不如此認為，他不問實體的來源，他認為物體本來就是實體，它本身原本就有第一物性或第二物性表現出來，柏克萊總是設法解釋物性的起源，也就是物體實體的起源。

在洛克的學說中，物質的實體是有獨立存在的，而柏克萊以為物的實體是不存在的，它仍然是附屬在心靈的感受當中；也就是說，連實體也是

主觀的，因此經驗論用分析的方法，把洛克截然的二分法，到了柏克萊卻成了單元。洛克的二分法，把主體分為二分，也把客體分為二分，主體的二分是主體的實體與感官，客體的二分是客體的實體和第一物性、第二物性，這種四分法，使得原本知識論主客的分立，成為更多的細分；而柏克萊只用二分法，這二分法是主體唯一，附屬在主體裡面的是客體。

因此柏克萊的哲學，反對徹底唯物論式的經驗主義，因為唯物論承認物體是實體，而柏克萊不承認物體的實體，他以為精神才是主要的東西，認為我們在感官作用所看到的是光和色，再加上觸覺的時候，才能夠知道物體的伸展性，可是如果哲學要再進一步地發展，就得發展到最後的問題，也就是跳越感官，以精神來代替，以精神的作用代替物質的作用。

強調這種主觀的經驗，也就是強調觀念的存在，而否定了外在世界的精神性，也就是說柏克萊是承認主觀的經驗，可是不肯承認有客觀的存在。這種想法在整個的主體而言，當然它的「存在即知覺」(Esse est Percipere)，對於客體而言，就成為「存在就是被知覺」(Esse est Percipi)，這種「存在就是被知覺」的原則，指出事物本身並不存在，要存在的話，就得依附觀念。（也就是一個人存在的最高峰，由於他可以沐浴到上帝的恩寵，到上天享福的時候，才可以得到的。）

物質本身不存在，如果要存在的話，就得依附觀念，依附在精神當中，好像第二物性，聲、色、香、味、觸本身不可能存在，如果要存在的話，就得附屬在某個實體上面。因此柏克萊結論說：物體是消極的，沒有實體的性質，本身是依附體，依附在精神觀念中。在西方的哲學中，精神為主，是實體、是自存的，而且自滿自足，物體是副，是依附體，自己本身不單獨存在，而存在精神主體中，而且不以物體的形式，而以觀念的形式依附在主體內，如同影子之依附物體一般。

柏克萊固然解釋了人的理知就等於知覺，人的認識等於把握，柏克萊對於認識過程的解釋是如此的：我們的觀念只是對感覺與料的一種印象，而這印象最多也不過是外在事物的名稱，一個抽象出來的共相而已，認識

的只是名目，甚至反過來，外界事物之存在只是精神的觀念而已。

　　在史的發展中，我們知道洛克否定了先天的觀念，而柏克萊在這方面也跟隨了洛克，但無法解釋這觀念來源的問題，所以只好把事物當做觀念來討論。

　　雖然柏克萊否定了物質為實體存在的學說，可是並不因此他就跟隨了柏拉圖，以為觀念都是先天的，在柏克萊的知識論中，所有的觀念都是後天的，可是這後天的觀念是心靈的一種發明，是心靈的一種知覺，它不是依靠外在世界的感官與料所得來的，是他自己有一種創造的能力。在柏克萊知識論的絕對預設中，他認為人天生來有兩種能力，一種是模仿，另一種是創造。模仿是感官與料所給予的一些概念，人再用這些概念加工而得出知識；另一種是不需要透過感官經驗，甚至在開始的時候，透過感官經驗對外在世界的一點點體驗，因而「聞一知十」的方式，把簡單的、複雜的世界觀察，而結論出一種有系統的結論。

　　柏克萊在方法論上，認為自然科學的歸納方式或分析的方法，忽略了思想的方法，柏克萊特別提出歐幾里德幾何學上點、線、面的問題，以為由點構成線，由線構成面，由面構成體的理論本身不合思想的法則，雖然幾何學上是如此說，可是在思想的運用上、邏輯的法則上是不合理的，因為點是無長、無闊、無高的，在「積」的價值上等於零，這零無論如何增加或重疊，都不會成為有長度的線，同樣的理由，線只是長，重疊無數也無法構成面，面也不可能構成體，點、線、面、體都是獨立存在的，它不能夠從一級跳躍到另一個層次上去。

　　所以柏克萊以為所有感官世界所給予的資料，非要由主體的主觀性去統合不可，因此他在經驗主義中創造了一種觀念論。他固然否定先天的觀念，但是同時肯定了觀念論，而否定全部知識的後天性。

二、形上學

　　柏克萊從知識作用得出來的觀念，雖然是屬於經驗主義的，但是在另

一方面也有形而上的觀念的價值。在知識論中，以為物性和實體都是主觀的，但是在形上學的原則上，物性無論是第一或第二物性都得依存於實體，而這實體就不可能是物的實體，而是心靈的實體。如此柏克萊的形上學體系，只有一個實體，那就是心靈的實體，這心靈的實體，有兩種不同的屬性的存在，一種是他的創造能力，是他的思考，是他的直觀，用不著外在的感官條件就可以得到知識；另一種是提出感官的被動性，就是提出心靈的被動性，是屬於模仿的，需要外在的感官條件才可以得到知識。

　　因此在「存在」這種探討中，以為主體的存在就是「存在即知覺」(Esse est Percipere)，所有的客觀存在就屬於「存在即是被知覺」(Esse est Percipi)。這種實體的兩重表現，構成了他的知識論，同時構成了他的本體論。

三、神　學

　　柏克萊建立了形上學以後，以為心靈的最主要的作用是創造，是積極作用的，不是像經驗主義開始時所說的那麼消極，認為心靈只是一塊白板而已，在柏克萊的知識論當中，心靈有創造的能力，而在他的形上學探討中，心靈才是最終的實體，因此他哲學的目的是建立唯心論，建立觀念論，但是他所用的方法是經驗主義的，所以他整個哲學重心是反對唯物論，反對懷疑論或無神論，在這些反對或「破」的後面，還有「立」，「立」精神或「立」觀念的存在，因為它的存在就是知覺，「存在即知覺」的一個主體就足以否定存在被知覺的主動性，而肯定了主體的能力、行動以及肯定主體的意義。

　　因為人的精神無法想到一切，關於這個難題，如果深山中有一朵百合花，沒有人的精神去想到它的時候，它是否還存在呢？在柏克萊的回答中認為，即使無人想到這朵百合花，但是在上帝的心目中它仍然存在，因此在最終的探討中，上帝的心靈成為最終的實體，人類的心靈屬於有被動性，能夠受感官世界所影響的一個實體，上帝的心靈則不是完全受物質性、時

空影響的一個實體，祂是純精神的。

如此精神所領導的整個精神世界和物質世界，都是有秩序的，能夠永恆和諧地生活下去。

因為柏克萊把全部的外在世界都收進主觀的觀念中，所以否定了感官世界的真實性，柏克萊只承認感官世界中的物的第一物性或第二物性，真正的實體存在都在心靈當中，這種說法導引了經驗主義的第三代休謨走上了極端。休謨不但是否定物的次性存在，同時否定心靈的存在，所以在經驗主義的系統思想中，洛克有心、物不同的獨立存在的實體，而柏克萊則只有心靈才是實體，物的實體已經被消融在主體的心靈當中。經驗主義發展到休謨的時候，竟然把主體的實體也除去，只提出主客之間有一種印象，而這個印象是游離的，是野鬼遊魂沒有地方依附，因此變成世界上沒有存在的東西。

第十章

休　謨

休謨是英國經驗主義的最後一位思想家，也是當代所有屬於經驗主義學說的系統中的一位始祖。

第一節　生　平

休謨 (David Hume, 1711–1776) 在 1711 年生於蘇格蘭與英格蘭交界的地方，父母兩方的血統都屬於貴族，他在自己的自傳中，對於自己的出身與祖先引以為傲，由於父親早逝，親友希望他學習法律，可惜沒有成功而轉修商科，然後到法國，在耶穌會的一個學校唸書，同時刻苦修身，歷時四年，可是在這期間，常常在圖書館博覽群籍，於 1741 年首次著書，小有名氣，到了 1747 年，跟隨政府所派的大使到達維也納等地，參與政治，兩年以後謀職於圖書館，因此有機會閱讀各種書籍，收集資料，寫出了有名的英國史。

後來到了五十二歲之時，再度從政，做駐法大使，退休以後，以著作為生。休謨的學說屬於懷疑論，也就因此以懷疑論的經驗作為學說的主流，把英國的經驗論導引到懷疑論的體系。

第二節　著　作

休謨的著作很多，我們只提出三部在經驗主義中有代表性的作品。

1. 《人類悟性探微》(*Enquiry Concerning Human Understanding*, 1748)

在此書中，休謨首先把「印象」和「觀念」分為二元，以為「印象」在

先，「觀念」在後，「觀念」是由「印象」所得出來的東西，這「觀念」仍然是一種主觀的作用，「印象」也是一種主觀的作用，而這二種主觀的作用互相不符合，所以產生了所有的錯誤。在知識論上的錯誤，就是因和果之間的關係不協調，在我們日常生活中，總以為因和果是先後的問題，而事實上我們無法知道是否凡是後來的都是果，在前的就是因。

因此休謨認為所謂因果繼起的關係，或先後的關係，都是我們心靈作用的觀念，而這觀念是由「印象」所產生，「印象」來自不正確的感官作用，所以他從一開始討論人類悟性的時候，就認為我們對任何的知識，都不應該認為是絕對的，應該以相對的眼光去看，因此導引出懷疑論。

2. 《倫理規範探微》(*Enquiry Concerning the Principles of Morals*, 1751)

此書為休謨繼英國經驗主義之後，導引出後世，凡是經驗、唯物、實證所走的一條道路，就是從知識論不經過形而上的探討，直接走入倫理道德的層次；以為所有倫理道德的知識，是從我們前面的知識所推動，因此在休謨看來，他既然在第一部《人類悟性探微》中，否定人類知識的可靠性，因此也在此書中，把所有倫理道德的問題相對化，致使沒有絕對的善與惡，善與惡和倫理的規範，沒有絕對的價值。

3. 《自然宗教對話錄》(*Dialogues Concerning Natural Religion*, 1779)

因為倫理道德的相對性，所以整個宗教的問題，也就成了存疑的問題。休謨認為所有的宗教都應該變成自然宗教，應該由人的「印象」的好壞或由人的「觀念」去衡量，而不是由外在的啟示所得來的東西。

第三節　著作導讀

休謨的學說和其他的經驗主義的學說走了同一的路線，就是奠基在知識論中，因此他的《人類悟性探微》成為一部最主要的著作。如果我們懂得此書，大概就可以把握住休謨學說的重點，然後由這種知識的發展，而到達倫理、道德、藝術的層次，那就是讀《倫理規範探微》、《自然宗教對

話錄》。

第四節　學　說

休謨的學說繼承英國經驗主義的主要潮流，可是加上了他自己內心對於知識的一種感受，因此我們在討論他的學說之時，分成四種不同的角度討論，先談他的知識論，然後提到知識和本體之間的關係，是為因果關係，再而為倫理學，最後談他對宗教的看法。

一、知識論

休謨是以心理主義的懷疑論出發，在根本上不承認有所謂實體的存在，尤其是直接否定柏克萊把心的實體，當做「存在即知覺」的能力，他否定實體存在的方式，一方面把多元的學說存而不論，一方面否定單一實體的說法，使得所謂的知識只是一種游離東西。

他否定實體的存在，等於否定形上學，沒有形上學的知識論，使得所有的知識的能力與內容，都成為感官論者。

也就是在休謨整個的感覺世界內，他以為所有的東西最清楚的莫過於「印象」(Impressions)，「印象」之外的，是笛卡兒的主體也好，洛克以為的感官世界也好，都是不清晰明瞭的，「印象」才是最清楚的。因為休謨以為「印象」的來源有兩種：一者是由外界的感覺聲、色、香、味、觸來的，一者是內部的反省，如喜、怒、哀、樂等等的感情，這兩者都是我們十分清楚的，使我們有很深的印象，常常在「記憶」當中無法磨滅的。

「印象」由我們的「記憶」保留下來以後，成為「觀念」或「思想」。「觀念」或「思想」因為經過「記憶」的加工，它的情形就可以一天天地壯大或一日日地磨損，這也就是解釋為什麼我們某些部分記得很深，某些部分記得很淺，甚至很快地淡忘。

這裡所謂的「記憶」，就是印象的複印 (Copies)，我們把印象保留在我

們的內心裡，然後要用的時候，把它複印出來，因此提到「印象」和知識的問題，中途經過「記憶」，有了三種知識的法則，這三種法則如下：

㈠「類似」(Resemblance)

「類似」適用於數學。因為我們通過直觀或論證，可以看到幾何和數學上的所有原理，這些原理是純思想的，無法運用到外在的事物，而且也用不到還原到印象裡面，所以屬於類似的東西，是可信度最高，同時是最真實的觀念。

㈡「延續」(Continuity)

這裡所謂的「延續」，是時空的延續，適用於自然科學。這種延續的印象，需要事實的支持，只要有事實的支持，至於思想上矛盾與否和邏輯上的法則並不重要。

休謨提出一個比喻「明天出太陽」，它是可能成為事實，也可能成為假的，那麼它的可信度，在真實的範疇中比較次要，不像前面所適用於數學的那樣清晰明瞭。

㈢因果關係 (Causality)

適用於形上學。形上學的架構是從經驗出發，以習慣做尺度，完成於信念之中，所謂的形上學的因果關係，休謨認為只有蓋然性，可信度最低。

如此我們可以看出休謨整體的知識論，首先要切斷通往形上學的一條路，加重感官作用的一條通路的分量，可是最後有意無意間，竟然又把感官作用的這條通路又重新切斷，成為懷疑論。他要反對形上學，當然首先得切斷因果關係，所以我們進入休謨討論的因果關係。

二、因果關係

這是休謨對後世影響最大的一種學說，也就成為我們今日甚至二十世

紀的許多英美學派反對形上學的最主要根據，休謨的因果關係絕不同於亞里斯多德或聖多瑪斯的因果原則，亞里斯多德和多瑪斯都是設法由果推到因，而果到因的推論，可以有時空的關係，可是畢竟是超乎時空的，他們由果推到因的一個原理原則，就是在果的整體本質裡面，不可能找到存在的必然性，只能夠找到存在的蓋然性，那麼既然存在了就成為必然的存在，一種東西如何從蓋然走上必然，必須有外在的原因，這是傳統因果律的解釋。

可是在休謨的解釋中，他以為因果是一對相對的名詞，他認為看到一種因，想到一種果，才是真正的在知識論上的東西，那麼這種所謂的因果關係，休謨把它分為兩種，即在時間的先後上分為兩種：

他認為我們以為的因果，通常是「在此之後」(Post hoc) 的意義，而在運用上，我們卻把它當做「因此之故」(Propter hoc) 來運用，休謨指出比如我們說黑夜過去了就是白天，雖然白天在後面出現，黑夜在前面出現，但是我們總不可以說黑夜是白天的因，而白天是黑夜的果。在其他的事件上，休謨認為完全是我們主觀的期待，因為我們每一次看到一種東西，而又習慣性地來了另一種東西的時候，我們就會以為前面的東西是後面東西的原因，這種「在此之後」的想法過渡到「因此之故」的結論，休謨認為這是傳統因果律所犯的最大錯誤，休謨現在要改進因果的關係，指出我們所以為的因果，事實上我們根本無法分辨「在此之後」或「因此之故」。

關於因果的關係，後來羅素提出一種解釋，補足休謨所不清楚的部分，羅素指出如果一群雞被飼養了，每一次當牠們看見穿白衣服的進來，都會餵牠們飼料和水，這樣一天天地過去，習慣成了自然，這一群雞每一次看到穿白衣服的進來之後，就會想到有飼料吃，有水喝，可是羅素認為畢竟會有一天，同樣地穿白衣服的進來，但是不給雞飼料吃或水喝，卻把牠們抓去宰了。

所以這是指出看到因而期待果的一種心靈會有例外，這就是說因果沒有必然性，僅是一種蓋然性。如果因果只有蓋然性的話，如何建構形上學

的必然性呢？這也就是休謨之所以把傳統的因果法則，從果推至因的方式掉轉過來，希望從因推到果，結果發現因果關係並不一定是「因此之故」，而可能是「在此之後」的一種現象，所以他否定了因果律的絕對性。

三、倫理學

因為因果關係的不可靠，所以我們無法預知我們將來的事情，因此我們討論到倫理學的時候，也就不可能有一個絕對的倫理規範，而因此走進快樂主義或功利主義的思想當中。以為凡是覺得舒服的、快樂的、幸福的都是善的，凡是覺得痛苦的、憂傷的都是惡的，因此休謨以為我們要講善惡的話，就要看我們的心靈是否覺得快樂、舒服，是的話就是善，否則是惡。

這種善惡的標準，以快樂幸福作為尺度，休謨把德行分為四種不同的類型：

1.為己舒適：如高興、勇氣，都在自己獨處時應當修成的。

2.為人舒適：如禮讓、客氣，是在與他人交往時應當有的禮貌。

3.為己有利：如勤勞、節省，對完成自己人格有幫助的。

4.為人有利：如正義、互相尊重別人，是在社會中應當具備的。「正義」概念後來也就成為休謨政治學的中心，正義是群體生活所必需的，正義是所有仁愛或競爭的最後基礎，正義不只是人天生來的觀念，也是後來法律訂定的倫理道德的公準。休謨在倫理道德的問題中，承認「正義」是天生的觀念，是人與生俱來的，是人的天性；雖然在知識論或形上學上，休謨不承認有本體實體的存在，但是在倫理學上不得不承認有這種存在的基礎——「正義」。

四、宗　教

休謨承認有宗教的情操，但是不承認有制度宗教，更不承認神學的基礎，他以為神學或宗教的情操，其實都是人的心靈所需求、追求的，絕對

不是有一個客觀的上帝存在，或者是宗教信仰本身有什麼價值，人類信仰宗教是滿足自己的情緒，只是為了滿足自己心靈的慾望，因此宗教是主觀的，沒有客觀的價值。可是休謨在此還是採取了功利主義與實用主義的想法，他認為宗教的問題不是真或假的問題，而是有沒有用，對人類有沒有影響，對社會有沒有好處的問題；如果對人類、社會有好處的話，我們可以利用宗教信仰。

第十一章
其他經驗主義者

經驗主義除了洛克、柏克萊、休謨三位大師之外，還有不少在自然科學方面有貢獻的人，也對哲學有很大的興趣，至少在他們的自然科學的發展上，也影響了哲學的動向，在此舉出四位比較主要的學者：

第一節　波以耳

波以耳 (Robert Boyle, 1627–1691) 特別研究物質的元素問題，以為先蘇格拉底時期的原子論才是真正地能夠適應自然科學的哲學理論，因此他認為宇宙所有的事物都由原子構成，甚至人也是化學元素所構成的，所以當人死後，也就還原為元素，而沒有所謂的靈魂不滅的理論。

波以耳列舉很多的理由，可是都是從分析、經驗、歸納所得出來的，他以為感官經驗是唯一可以接觸的學說，而感官經驗所接觸到的，其實只是物質，並且只是物質的部分而已，因此他反對一切形上學的假設，尤其反對亞里斯多德的「形式」。波以耳只承認感官世界所接觸到的，以為感官經驗所接觸到的才是真實，除了感官經驗之外的一切精神的思想都是空談。

第二節　牛　頓

牛頓 (Isaac Newton, 1643–1727) 是自然科學中的數學大師，可是他能夠在數學的基礎上，發展哲學的思想，他二十七歲的時候，已經是數學教授，並且在 1682 年發現萬有引力定律，尤其後來在數學上發現微分法，可以說與萊布尼茲的微積分不謀而合。

在科學上他也研究光線，是光學之祖，牛頓在開始哲學思想的時候，剛好是歐洲大陸笛卡兒學說盛行的時期，牛頓不主張笛卡兒的先天觀念的學說，以為感覺經驗所觀察到的個別的、具體的現象，才是真正思想的材料，我們的思想除非來自感官經驗，否則就沒有基礎。他以為除了經驗所得到的知識之外，其他的一切都是假設的。

雖然如此，牛頓卻不完全是經驗主義者，因為他沒有絕對反對形上學，他也沒有反對感官以外的事物，只是把感官經驗以外的東西存而不論，不把它們作為知識的出發點。

第三節　夏特利

夏特利 (David Hartly, 1705–1757) 是英國著名的心理學家，開始的時候希望自己獻身給教會，可是後來學醫，二十五歲開始研究心理學，發明聯想心理學 (Associations-Psychology) 的學說，以為人類的知識，一切的感受與知覺都是由人的生理構成，因此夏特利比休謨更進一步，用生理結構解釋所有的知識，因此他以為一切的知識都來自機械，而一切的生理構造，機械式的運動與變化，就成為我們的思想。

當然夏特利在這方面，並沒有走入純粹的唯物論之中，至少在他的聯想心理學後面，還隱藏著倫理道德的規範與宗教信仰。夏特利的宗教信仰，致使他一方面要相信絕對的東西，精神的存在，另一方面使他認為還是有物質的、肉體的存在東西又必須是屬於機械的。也就因此夏特利的聯想心理學的方式，最後還是無法找出和諧的或心物合一的學說。

第四節　柏利斯里

柏利斯里 (Joseph Priestley, 1733–1804) 是英國的神學家，也是自然科學家。他最主要的科學上的貢獻，是發現了氧氣。雖然是神學家，卻反對

教義中三位一體的學說，而傾向唯一神論，至上神論。柏利斯里以物質為
基礎，說明所有的心理作用，連他的倫理學上的著作都採取功利主義。在
本體論中他主張唯物論，以為知識的基礎是物質的運動，連意志的決定都
是腦神經的運動，因此他整個的心理學也就等於物理學的一部分。可是柏
利斯里與夏特利相同，由於信仰的關係，又不得不承認有絕對精神的存在，
以及靈魂不死，致使他的學說最後無法自圓其說，和夏特利一樣地陷入自
相矛盾之中而無法自拔。

IV 啟蒙運動哲學

　　西方緊接著文藝復興運動而來的是啟蒙運動，如果我們說文藝復興，一方面是復古，一方面是創新，則啟蒙運動幾乎完全是在創新的原則下進行，這種啟蒙運動的時間是在十七、十八世紀時期，而運動的地點發源自英國，然後波及法國，再後德國，以至於發展到整個的歐洲。

　　啟蒙運動的思想起點是人性以及人的知識能力，向來都受到傳統的束縛，可是人性的底層，人的心靈的根本仍然存有光明，啟蒙運動的意思，是要把人性本身的智慧再次導引出來，使得人能夠按照自己的理知去認識和生活。

　　啟蒙的意思，也就是使人類用自己內心原來就有的力量，去度過一個此世的生活，此期的思想家都有如此的信念，以為人性的愚昧並非天生而有的，是後世的人沒有好好地利用思想，因此啟蒙運動的思想家，都在設法指出這些愚昧，設法指出人類透過學習和教育，可以消除愚笨而走上智慧。

　　啟蒙運動的整個內容，是站在人性與人道的立場，談人性的尊嚴及人性的價值問題。在啟蒙運動的整個文化動向中，宇宙論的問題通常是存而不論，啟蒙運動的特徵總是針對具體的人。在當時整個歐洲的啟蒙運動中，有兩個特徵：一個是「信念」，一個是「實行」；在「信念」方面，以為能夠用新的方法找到人生問題的終極，在找到終極以後，希望能夠找到一點解決的方法。在這種「信念」中，啟蒙運動的所有思想家，設法不去否定人性的任何一種能力，盡量設法不去否定過去的一些哲學思想，所以他們針對傳統理性主義與經驗主義的問題，盡量利用兩家之長。

　　他們以為理性能夠解決問題，經驗則是一切知識的來源，以為理性不但能夠解決問題，而且能夠徹底地解決問題，因此啟蒙運動的時候，把宗

教信仰也放在理性之下，他們對教會、宗教與信仰有了一種新的認識和評價。他們不但以為經驗是一切知識的來源，而且也特別發展了自然科學，並且在宗教上反對啟示的部分。

在「實行」方面，他們要以新的、大眾化的語言討論大家共同的問題，而且為大家的切身問題設法找尋答案。原來西方在文藝復興開始之期，已經有各地方的方言、土話，而且也已經用母語著作，只是哲學並沒有在文藝復興時期把這種新的觀念導入文藝界。

在啟蒙運動的哲學探討中，我們可以看到一些思想家，漸漸地由抽象的象牙塔中走出來，走進具體的廣大群眾中，可以稱為「大眾哲學」。雖然整個啟蒙運動的特徵有如上述，每一個國家也有他們特殊的貢獻和特殊的意義。

我們順序談談各國的特徵：

英國：英國由於經驗論的發展，對於心與物的對立問題頗感興趣，而且就從心物的關係中，他們特別從經驗著手；此外他們在啟蒙運動時期，對於宗教改革也有興趣，尤其是利用新教的一些神學體系，對付舊教的一些教條式的東西。

法國：法國注重全面的發展，無論政治、教會、社會、教育各方面都有論述，而且每一位大的思想家，都跟隨風尚，寫他自己的百科全書，此期在法國算是豐收期，因為他們在很短的時間內，已經編出了很多的百科全書。

德國：德國特別注重個人的自覺；啟蒙運動由英國發源之後，到了法國就發生很多的問題，在德國的情形可以分為兩方面討論，一方面是主張啟蒙運動的一些代表，而另一方面也有復古，反對啟蒙運動的思想家，我們在後文中詳細介紹。

總而言之，所有啟蒙運動的特徵固然是想用一種新的方法，可是在心態上，對於老的或傳統的經驗或體系，不太注意，甚至有的人對於傳統的加以輕蔑，英國、法國如此，直到發展至德國，才有別的一種潮流出來維護傳統、倫理道德，以下分為三章討論啟蒙運動的哲學。

第十二章

英國啟蒙運動

　　啟蒙運動首先發源於英國,此點和英國所發展的經驗論有很大的關係,同時和英國的宗教改革也有關係。英國啟蒙運動有兩個特色:一個是自然神論 (Deism),一個是自由主義 (Liberalism)。分別介紹於下。

第一節　自然神論（或譯為理神論）

　　此種思想的代表很多,而且也著述了不少關於基督宗教或宗教情操的問題,甚至有人用理知的方式寫出基督宗教的種種。

　　自然神論所特別強調的,就是認為上帝也是自然的,他們反對有一個超越的、高高在上的上帝,他們以為上帝如果存在的話,祂就應該在大自然之中,祂可以為人們所理解,而且內存在自然、物質之中,很顯然的,自然神論或理神論所主張的是和宗教裡的神秘主義對立;因為在神秘主義的學說裡,神是不可知的,祂是隱秘的上帝,是不可言傳的,對於物質世界而言,上帝是超越的。可是如果我們繼續談下去,因為神是可以理喻的,因而可以用機械的方式去認識、瞭解。

　　在英國啟蒙運動的學說中,以為上帝也可以透過經驗而被認識,所以總是覺得神不是很特殊的,不是高高在上的,更不是一天到晚行奇蹟的人,而是在我們的理性之下、良知之內找到祂的遺跡的人;因此在理神論的學說中,以為宗教可以在我們的理性之下成立,凡是不合理的東西都屬於迷信,信仰應該完全合乎理性,此種方式發自英國的學說,當然和經驗主義有很大的關係。因為經驗主義所提出的是屬於機械的,應該用理知的分析和歸納去得到一種真的知識,從知識論跳到形而上或宗教哲學的時候,認

為宗教應該等於自然宗教，以為所謂的「啟示」，只是自然的再一次顯現自己，而這再一次顯現自己的方式，很可能等於我們還沒有反省以前就存在著一樣。

因為宗教是自然的，所以在實行上特別著重理性，有的時候也會著重感情，完全在於人的變化和環境的變化而定，他們總以為沒有客觀的標準，也沒有客觀的真理。

第二節　自由主義

西洋文化的發展，在一開始的時候，就在希臘的奴隸之中，人類已經漸漸地覺醒到自由的重要，及至殖民主義發展以後，在殖民地的先知先覺之士，為了爭取國家民族的自由，寧願拋棄個人的生命和財產，到了啟蒙運動時代，英國首先發展這自由主義的思想。

自由主義的思想原理，並非由於個人內在的自由所引起，而是每一個個人在追求自己外在的自由，追求自己的生命、財產以及幸福的權利等等。這種自由主義的誕生，充分表現了西洋民族性中積極向外追求自身權利的一種形態。自由主義往好處去想，是站在人性及人道主義的立場，使得每一個人能夠過一種合乎人性的生活，但是從另一方面去看，自由主義給社會帶來的，也可能是放任主義。

自由主義在英國的發展，哲學方面以洛克 (John Locke) 首先提倡，這種提倡的方式，是透過教育，使人明瞭個人的價值和尊嚴，以為國家民族的建立，是由個人所構成的，個人與個人之間有共同的合約而成為一個社會，因此社會的存在是為了個人，個人的價值或尊嚴如果得到保障的話，社會和國家才有存在的理由。

因此這種自由主義，大多數是應用到社會與政治的改革上，雖然它的基層是屬於哲學，但是所奉行的這種自由，是人對外權利的爭取。真正的自由主義產生之後，可以說一方面注重自由，一方面又注重自己的責任，

責任和權利並重的時候，就是正確的自由主義。當一個人只顧自己的自由，只談自己的權利，而忘記了自己的義務，就成了放任主義。

很顯然的，此種自由主義的發展有利也有弊，從英國發展到法國之後，尤其在法國的大革命中，不知多少人由於自由的口號被送上斷頭臺，所以羅蘭夫人在上斷頭臺以前，曾經很感嘆地說了下列的話：「自由、自由，多少人假你的名做了壞事」。

第十三章
法國啟蒙運動

英國的啟蒙運動，最主要的不是宗教問題，而是個人的權利問題，因此在英國開始創導個人的權利，用這種對個人權利的追求方式，促使其他的民族，特別是英國的殖民地開始獨立運動。英國本島的影響並不大，可是法國卻升起了運動的高潮。

在法國的啟蒙運動，主要的是反對宗教和傳統的倫理，希望能夠以物質的生活、今生的生活代替宗教對未來的嚮往。因此法國的啟蒙運動，主要的是倡導理性，高倡自由，它雖然有很多百科全書式的洋洋大觀的著作，而事實上，思想的底子完全是以人性、人可以懂得的和當時人嚮往的生活方式去搞革命運動。

在法國啟蒙運動中，出現了很多思想家，我們在此舉出四位作為代表：

第一節　狄德羅

狄德羅 (Denis Diderot, 1713–1784) 受了休謨的影響，主張唯物論和無神論，是法國唯物論的領袖。以為人類的思想是腦神經在動，以為思想也是物質運動的結果。可是在另一方面，雖然狄德羅覺得世界上一切都是物質，但在物質之上，也承認一個超越的上帝，只不過是上帝和世界沒有關係，上帝對世界也沒有興趣，因此也不掌管這個宇宙。

在方法論上，狄德羅以實驗的方法研究哲學和科學，一切都會變動，而在變動中，我們無法得到一個絕對且確定不變的法則來把握每一種東西。

第二節　伏爾泰

伏爾泰 (François-Marie Arouet, 1694–1778) 是法國的大文學家及哲學家，他終生為理性、人權而努力，他的著作中沒有很深的哲學思想，著作中的條理也沒有很深的哲學方法，伏爾泰非常懂得群眾心理，用文學的情感表現他的思想，以文學代替哲學，以文章的修飾補理知和內容的不足。

伏爾泰本身不是一個無神論者，他認為神的存在與宗教的存在，只不過是有利用的價值，宗教是感情的東西，哲學才是理性的東西，宗教唯一能夠存在的理由，就是它能夠滿足人的情感。

第三節　孟德斯鳩

孟德斯鳩 (Joseph-François Montesquieu, 1689–1755) 是法國啟蒙運動時的大思想家，尤其他的政治思想特別注重法治的精神，以為國家存在的目的，是為了好讓民眾過一種舒適而幸福的生活，因此百姓的自由，尤其是思想、集會結社、著作的自由，國家應該加以保障。就在這種保障民權的政治理想中，孟德斯鳩主張君主政體，主張君主集權制，他以為君主才真正有權保障人民的權益。

第四節　盧　梭

盧梭 (Jean-Jacques Rousseau, 1712–1778) 是法國啟蒙運動中最偉大、影響最深的思想家，他不但反對傳統的宗教與倫理的思想，而且反對所有百科全書的作者，他的主張現在已經成為世界各地的口號，即進步、自由、平等與幸福。

盧梭是法國真正革命的前導，因為他的口號是「回歸自然」，他以為人

類應該過一個自然的生活，所謂的集會結社也只不過是人與人之間訂立的合同，而人遵守自己和他人訂立的合約就是自由，同時可以完滿人性，主張人與人之間應該是平等的，「人人皆兄弟」，所以人與人之間應該互愛。

　　當然這種思想，盧梭無法以很實際的方法去實行，可是他還是設計了教育，以為教育是發展每一個人的本性，所以不可以宗教和倫理道德的教條去束縛，應該每一個人照著自己的性向去發展自己的本能。

　　由於盧梭愛世界、愛人類的這種熱情，所以雖然在理性上是反對宗教的，但是在感情上卻有宗教的狂熱與情操。

第十四章

德國啟蒙運動

　　法國的啟蒙運動，是把改革的箭頭指向社會，啟蒙運動到了德國，又回到以個人為中心，以改造個人的思想為中心，自我的改造比社會的改造，甚至比宇宙的改造更為主要，所以啟蒙運動一到德國以後，就是注重個人的自覺。在這方面，舉出三位代表：

第一節　華而富

　　華而富 (Christian Wolff, 1679–1754) 的口號類似盧梭的口號，是「德行、幸福、進步」。他以為人性不但有物質的層次，而且有精神的層次，因此所有的宗教，形而上及理性都可以互相補足；華而富反對唯物論和無神論，以為人應該有超越的能力，而且應該善用這超越的能力走上形而上，甚至可以走到柏拉圖的理想國之中。

　　華而富在德國的影響相當大，後來的康德所提到的整個形上學的體系，是受華而富哲學的影響。可以說華而富是近代哲學與上古、中古哲學聯繫的橋樑。

第二節　孟德遜

　　孟德遜 (Moses Mendelssohn, 1729–1786) 是德國一位屬於很具體的哲學家，就是他提出以實行來補足理論的不足，所以使得康德哲學得以從純理性批判走向實踐理性批判的康莊大道。

　　孟德遜以為人的理性不但是要解決人的形式問題，而且要解決人生的

內容問題，其實我們的每一種理想如果不能夠實現到現實生活來的話，就是空想。因此他認為我們的理想應該付諸實行，按步就班地從理想走向現實。

第三節　萊　興

　　萊興 (Gotthold Ephraim Lessing, 1729–1781) 是德國啟蒙運動中的大文學家，他雖然比較緩和，但是也認為要以理性解決宗教的教義問題，以為理性可以辨別出真假的宗教以及宗教中的真假教義。

　　萊興在批判《聖經》的工作上，做了許多不客氣的結論，他以為信仰的對象和思想的對象應該是一樣的，所有的信條都應該以哲學去衡量，宗教雖然是善，但是哲學上追求的真、善、美，根本上還是屬於神聖的，因此主張回到人的本性，向上追求的一種能力，安息在真善美中，獲得精神不死的境界。

第十五章

反啟蒙運動諸子

在德國固然有一大部分人主張啟蒙運動，主張以理性解決宗教和倫理道德的問題，但是也有一部分反對這種學說的，以為人的理性和人存在的本身就有一種極限，人的理性有極限的時候，就應該走向宗教信仰，我們在此舉出三位大思想家。

第一節　哈　曼

哈曼 (Johann Georg Hamann, 1730–1788) 的思想中心，是回到中世的《聖經》，希望用自然和歷史的兩條路線，回到宗教的教義中。他整個的自然是指出人的良心，以為人天生來就有一種良知，而這良知不受任何環境的束縛，它有一個最原始的原則，就是行善避惡，以為行善避惡的天生思想，是宗教最原始的東西，這原始的東西不是我們的理性所發明的，更不是我們的理性所可以控制的。以為用哲學的方式去討論信仰的話，總是低了一層。

哈曼的歷史，指出人的語言和悟性，指出對這些語言的敘述，十足表示人性在整個生活中有很多的層次，不是屬於理知的層次，而是超乎理知，達到一個超自然、超歷史的境界。哈曼的思想，以為歷史所表現的，最主要的不是歷史本身，而是一些超乎歷史的心靈狀態。

第二節　赫而德

赫而德 (Johann Gottfried von Herder, 1744–1803) 是第一位討論「存在」

和「語言」之間的問題的思想家，以為「存在」是一切真理的中心，而「語言」是尋找這中心的工具，所以他在人類記載的歷史當中，找出人性如何追求真理的事實，他以為唯有人運用思想，把思想表現出來成為語言，寫出來成為文字，世界上除了人之外，沒有其他任何一種禽獸、生物能夠運用語言去代表真理的表出，所以赫而德在這一方面，提出人性高於禽獸，因為人高於禽獸，所以所有的物質、生命、意識層次的東西，都應該站在人性、精神的立場去看，而不是反過來以物理的、生理的、心理的方式來解釋人類。

第三節　雅可比

雅可比 (Friedrich Heinrich Jacobi, 1743–1819) 屬於具體的類型，他不但看清人善良的一面，同時揭發人性惡的一面，因此在他的著作中，善與惡，美與醜，成功與失敗，幸福與痛苦都在探討之列。

雅可比指出形上學固然主要，可是主要的還是我們能夠從形上學的原理原則中，找出可以供給我們具體生活的模範。以為人類的信仰是站在知識之上，但是知識卻需要透過信仰而使它完美，因為信仰是站在形而上的立場，而整個的知識可以從形而下開始，從形而下開始的知識，唯有從形而上下來的信仰才可以補足，人性是這上下二元才可以滿足的心靈。

V 康德與德國觀念論

西方從啟蒙運動之後，整個的哲學思想就落入德語區的地域，從康德統一理性主義與經驗主義的思想，統一文藝復興與啟蒙運動的思想之後，發展了一個從西洋希臘以來沒有出現過的大的思想體系，也就是康德所走的路線，不再是希臘的純「知」，或中世的「信」，而是設法在「實行」這一方面著手，類似東方儒家系統的方式。

從康德提出「實踐」的哲學以後，在法語區或英語區就無法提出一個一流的思想家，甚至二流的思想家也無法提出，所以從近代哲學這第五部分開始，哲學的園地完全由德國的思想家所獨霸。這種獨霸的現象，漸漸地發展德文特有的人生觀，此種人生觀主要的是在思想上，要建立一個大的體系，所以無論是康德或康德以後的德國觀念論，每一位思想家都設法先從整個宇宙的體系中，站在知識論的立場去把握住宇宙的架構，然後再設法把人安置在所創立的宇宙架構中，把人生定位在宇宙中，使人得以頂天立地，使人存在這個世界上找到存在的價值，找到人和世界之間的關係。

雖然在文藝復興和啟蒙運動中，西方白種人大部分都注意自然科學的方面，把自身德行的問題，自身生存於世界上的意義問題拋諸腦後，尤其是以啟蒙運動為甚，可是德國觀念論，特別是康德開始，就把這個趨勢稍微扭轉過來，以為要討論哲學，是要討論全體的人生問題。

所以德國觀念論主要的並非要把哲學孤立起來討論，而是設法把整體的學問，甚至宗教、藝術都在內，都放在哲學的天秤上面衡量，這是近代哲學第五部分的一大特色。我們並不能說在這個偉大的體系之內，確實為人類解決了什麼問題，他們不是解決了問題，而是重新提出人性以前沒有提到的問題，並且也設法提出一些解答的方案，這解答的方案不一定解決

了問題，可是至少給後者有一種感覺，就是我們從事思想的工作時，體系的建立是如何重要，不是像百科全書式時代的思想家零零星星地找到某一觀點而大發言論。

康德或德國觀念論的學者，都是先考慮到每一項的問題，考慮到實際與理論，形而上和形而下，同時考慮到人存在的思想和存在的問題之後，設法找出一個能夠統一一切又能夠適應一切的大哲學體系，這也就是康德和德國觀念論的哲學為什麼能夠在德國掀起那麼大的高潮，不只是德國本土，也影響到整個的世界，目前世界上沒有任何一個哲學體系或思想家不唸康德和德國觀念論；也就是說，如果我們要懂得西洋的思想，從古代到當代，中間必然要經過的一個過程，就是康德和德國觀念論。

我們在第五部分內，分為四章討論康德和德國觀念論，第一章討論康德，後三章討論德國觀念論的代表：費希特、謝林和黑格爾。

第十六章

康　德

　　康德 (Immanuel Kant, 1724–1804) 是西方近代的道德哲學家，同時是西方關於道德實踐討論得最有體系的思想家，他剛好介於傳統哲學與當代哲學的中間，而在啟蒙運動與文藝復興的反對宗教與倫理的潮流中，成為中流砥柱。因此康德曾經被尼采譏諷為「科尼斯堡的偉大中國人」，在當時的西方，對中國人的印象不太好，以為他是屬於東亞病夫的方式，以為他是只注重倫理道德的實行，而沒有哲學與科學頭腦的一個民族，尼采諷刺康德為「科尼斯堡的中國人」，表示尼采本身反對倫理道德，而康德則是提倡倫理不遺餘力的大思想家。

　　康德統一並且超越理性主義與經驗主義，統一且超越了文藝復興、啟蒙運動的所有思想家。同時開導德國的觀念論，康德是西洋近代哲學的中心人物。他的實踐道德命令和中國傳統的倫理實踐思想有很多雷同之處，不過在康德而言，是賦予一種形而上的意義，並且賦予一種知識的啟發。從啟蒙運動的一條路線看來，康德確實能夠以當時理性的方式說服當時的所有思想家，依照他的思路，從理性的推敲、理性的批判走上倫理道德的層次，甚至走上藝術、宗教的層次。

第一節　生　平

　　康德於 1724 年生於德國科尼斯堡 (Königsberg) 的一個新教的家庭，他的父親以做馬鞍為業，雙親都是虔誠的新教徒，雖然康德後來不滿意於制度宗教的束縛，漸漸離開教會，但是幼年時代的虔誠畢竟後來使他發展了偉大的體系。

　　1740 年入本城大學，1755 年通過博士學位考試，同時通過講師資格，此後康德開始執起教鞭，雖為大學講師及家庭教師，但是所得僅足糊口，自從 1770 年，已四十五歲之時，才被母校聘為專任教授，講授邏輯與形上學，生活才開始好轉。

　　康德終身未出遠門，一生都守在科尼斯堡，其學問的獲得，都在於他勤奮閱讀與精於思考，雖然未出遠門，卻公然在大學中講授「地文地理學」(Physische Geographie)，此門功課在德國是創舉。1781 年出版《純理性批判》之後，聲名大揚，到 1793 年在歐洲已有兩百種刊物討論他的哲學，甚至在 1790 年之時，他書中的用語已經可以在市場賣菜婦人口中或理髮店內聽到，為當時人廣為應用，當時在德國，康德於生前已成為風雲人物。

　　雖然當時反對派的力量很大，甚至有的大學禁止講授他的學說，但是他批判的精神和批判的方法，在當時啟蒙運動高潮之時已發揮了很大的潛力，整個的德國幾乎無法不受他的學說的影響。

　　康德死於 1804 年，享壽八十歲。康德的一生完全獻身於學術，終身未娶，因此能夠以很清晰、明瞭的頭腦思考所有哲學的問題，縱使後來聲名洋溢也不驕傲。

第二節　著　作

　　康德的著作大體上可以分為兩期，而這兩期的劃分，是以 1770 年作為分界線，因為這一年中康德開始成名，開始受聘為教授。我們把康德的著作分為兩期的話，第一期算是批判前期，第二期算是批判期。在批判前期中，問題的重心安置在上帝存在這一個論證上，這個論證很顯然的在康德的心目中，是形上學成立的一個基礎，上帝存在的問題就是存在本身的存在問題，就是最終原因的追求的問題，而人性如果依照天生的理知能力，能夠透過看得見的形而下的東西，去推論出看不見的形而上的東西的話，表示形而上學可以成立的一個理由。因此在批判前期中，康德說明如何在

傳統的哲學中，以不同的角度從知識論走上形上學的一條通路，從我們的知識的抽象的、歸類的能力，能夠得到一種超感官的、超理知的存在。

　　在康德的思想上，人的理知有一個特性，就是它能夠懂得理知可以懂得的東西，同時可以知道理知所不能夠懂得的東西。

一、批判前期

　　批判前期中主要的有六部著作：

1. 《自然通史與天文學說》(*Allgemeinen Naturgeschichte und Theorie des Himmels*, 1755)
2. 《形上知識之第一原理》(*Neue Beleuchtung der ersten Prinzipien der metaphysischen Erkenntnis*, 1755)
3. 《物理單子論》(*Physische Monadologie*, 1756)
4. 《神存在證明之唯一可能基礎》(*Der einzig mögliche Beweisgrund zu einer Demonstration des Deseins Gottes*, 1763)
5. 《美感與高尚感的觀察》(*Beobachtung über das Gefühl des Schönen und Erhabenen*, 1764)
6. 《一位巫師之夢》(*Träume eines Geistersehers, erläutert durch Träume der Metaphysik*, 1766)

二、批判期

　　在此期中，志在檢討以往哲學在知識論上的偏失，尤其是傳統哲學中以「知」為中心，而忽略了人性的另一層次；也就是說，我們不是為「知」而追求「知」，而是為「行」而追求「知」。我們在這個宇宙上能夠有一席之地，能夠安置我們在宇宙中，人在世界上得以頂天立地，人才去追求知識，所以康德以為「行」是我們「知」的目的，「行」也是完滿「知」的方法，因此在批判期中，康德提出德行的「行」去實踐知識中的「知」，以「行」完滿「知」算是此期中最主要的作品。

㈠三批判

此期最具聲名的著作，也是康德有名的代表作，即三批判：

1. 《純理性批判》(*Kritik der Reinen Vernunft*, 1781)
2. 《實踐理性批判》(*Kritik der Praktischen Vernunft*, 1788)
3. 《判斷力批判》(*Kritik der Urteils-Kraft*, 1790)

㈡其他作品

除了這三批判大著有系統的著作之外，還有其他六部著作，這六部著作通常是指出形而上學的可能性以及建構這種新的形上學的方法與基礎：

1. 《未來形上學導言》(*Prolegomena zu einer jeden Kunftigen Metaphysik*, 1783)
2. 《道德形上學基礎》(*Grundlegung zur Metaphysik der Sitten*, 1785)
3. 《純理性領域內之宗教》(*Religion inerhalb der Grenzen der bloßen Venunft*, 1793)
4. 《論永久和平》(*Vom ewigen Frieden*, 1795)
5. 《道德形上學》(*Metaphsik der Sitten*, 1797)
6. 《實踐觀之人類學》(*Anthropologie in Pragmatischer Hinsicht*, 1798)

第三節　著作導讀

康德哲學的出發點，主要的是在傳統哲學的主客對立的知識論中，以主體更上一層樓的方式，先去成就主體對感官的信賴，本來主體對感官的信賴，是近代經驗主義的極端，康德首先批判經驗主義，覺得經驗主義太過於相信感官，以為看得見的東西才是真實的，看不見的東西是虛幻的，如果這樣的話，我們對於所有形而上的東西都無法把握，而成為感官主義。

康德除了對於經驗主義的批判以外，同時對於理性主義，理性主義的偏狹，在康德的心目中，是主體對於理性的崇拜，認為無論什麼東西都要

放在理性的天平上去秤，康德就在批判理性主義的偏狹中，使得主體本身能夠完全脫離「知」的束縛，而走上「行」的道德層次，主體的提升就意味著道德層次的提升，不管是「知」或「不知」，而是在於「知」多少能夠去「行」，這種「知」和「行」的合一方式，不但應驗了古代蘇格拉底就開始的哲學途徑，也使得東方所有哲學的系統都有了基礎。

康德的哲學中，主體的超升，從「知」走向「行」，並不因此停止，它甚至還要從「行」超升到「感」的主體整體的體驗中，康德哲學的最大貢獻是能把「人」這個主體拿到整體來討論，不忽略他的知，更不忽略他的行，同時注意到他的「感」的方面，所以在「知、情、意」三面兼顧。

因此我們在閱讀康德作品之時，就很不適宜一開始就進入他的批判中，尤其是不適宜先讀那部非常嚴謹、書頁頗多的《純理性批判》，對我們東方人而言，特別是我們東方對於倫理道德已有相當的基礎、相當的認識，並且常常催促自己去實行的人們而言，我們不妨先讀他的《道德形上學基礎》。因為在此書中，很清楚的是康德從「知」跳到「行」的思想重心，並且也特別提出為什麼要跳躍，為什麼人有超升的理由。

我們讀了他的《道德形上學基礎》以後，再讀他的《道德形上學》一書，在此書中，我們可以看出康德對於人性倫理的看法。然後再讀《未來形上學導言》及《實踐觀之人類學》，因為這兩部書可以看出康德如何以客觀的態度對人性未來的期待。我們可以這麼說，康德的哲學主要是人性的前瞻，不是人性的過去，究竟人性的過去是否與獸性相同，或者根本上就是獸性，他並个太重視，所重視的是現在我們是否有這種超升的能力，以及在人類的未來，是否能夠透過自己這種超升的能力，而提升自身的整個存在，從存在的層次提升到道德的層次。

有了這些客觀的條件之後，有了這些認識以後，我們就可以慢慢地進入康德的批判哲學領域，用非常的耐力與嚴謹的思辨去讀三批判。順序先讀他的《純理性批判》，因為在此批判中，可以看到哲學整個的發展歷史，康德對於過去的哲學史，以及過去人類對人性超升的努力和看法所做的工

作，以及康德對於這些工作的批判，這些工作如何做得不夠而不加以信任，那些地步根本就走錯了路，不但沒有使人超越，反而沈淪下去等等。

如果時間允許的話，我們可以讀他早期的作品，如《自然通史與天文學說》、《物理單子論》等等，明瞭康德對於感性世界所採取的立場，甚至可以繼續讀他的《形上知識之第一原理》，以及《神存在證明之唯一可能基礎》等等，藉以明瞭康德對於傳統哲學如何從知識論走上形上學的努力，和努力的結果，以及康德對於這些努力和努力的結果的批判。

從《純理性批判》批判了傳統學說之後，就是康德自己建構道德哲學的時期，這是最主要的一個轉捩點，因為康德在這裡開始不主張傳統的、思辨的一種從知識論跳至形上學的道途，他主張一個人要超升的話，要以自己的道德實踐。也就是說，不是靠自己的理知，要靠自己的道德實行，不是靠自己的「理」，而是靠自己的「心」，不是以單純的自己理性去思考就可以超升，而是一個人依照自己心靈的努力，使得自己整體的存在超升。

我們已經有了他這種由「知」到「行」的思想基礎，因此也就可以直接讀他的《實踐理性批判》，探討他的道德哲學在整個學說中的地位。跟隨著道德哲學而來的是「知」和「行」之後的「感」，這是人生的一種境界，也是康德所以為的整體人性的最終一點，也就是康德的《判斷力批判》。

《判斷力批判》所討論到「感」的問題，不能不提到人生的歸宿，不能不提到人在現世的各種精神享受和物質享受之後，能到達的一種境界，所以我們可以讀他的《美感與高尚感的觀察》，尤其是後面屬於宗教的，人生來世的寄望：《純理性領域內之宗教》、《論永久和平》。這些康德都在指出人性的高峰，可以藉助於道德的實踐去抵達，而抵達之後，人性是在永恆的安息之中，得到自己人性和神性結合的最高境界。

康德在這方面雖然寫得不很清楚，因為他沒有時間了，但是我們跟隨他的從「知」到「行」的這條路線和方向，畢竟可以從形而下走向形而上，而形而上的最高峰是倫理道德、藝術宗教的最高峰。依照上面的順序讀康德的著作，不但可以完全把握住康德的整個思想體系，而且也可以以康德

為中心，往前往後地去把握西洋哲學的整個過去與未來，過去宗教哲學中所忽略的人性積極部分，可以由實踐理性去補足，未來哲學中缺乏的倫理道德哲學部分，康德哲學亦可作為指南。

比如在中世的宗教思想裡，特別注重信仰和啟示，而把人內心所需求的一種對幸福的慾望，對自己意識的東西多多少少地忽略了，康德用他的實踐理性可以闡明人性的偉大，可以說明他的尊嚴，闡明人天生來就是為倫理道德而生活的。對未來的，則是關於目前的科學主義、自然主義、實證主義等，這些把人性的道德層次抹殺了，而只停留在知識，尤其是感官知識的層次，康德的道德哲學也可以加以矯正。所以我們說康德哲學在西洋方面，是一個十分主要的中心點，往前往後都有他特殊的貢獻。

第四節　學　說

在思想運動上，啟蒙運動在哲學發展方面，有系統的是理性主義與經驗主義，而且這兩種主義都已經走上末路，理性主義從懷疑走上獨斷，經驗主義則從獨斷走上了懷疑，這種走上末路的哲學系統，由啟蒙運動的思想家提出了意見，而啟蒙運動由英國、到法國、德國，甚至從德國又出現了反潮流，反對啟蒙運動的學說而恢復到古典，也就是站在人道的立場重新探討人性的問題，沒有自由主義的那種方式，這種方式首先由孟德遜提出，以為理性不足的時候，可以用實踐的問題，孟德遜所提出的這種說法，表示人性除了理知以外，還有實踐的部分，而人生所面臨的問題，除了理性能解決的一部分之外，還有部分無法以理知去解決的問題，因此孟德遜的這種提案，使得康德有了一種很大的思想轉機，也就是以追求，實踐去補理性的不足。

還有一點就是休謨的體系，休謨的體系是把所有客觀的事物拉到主觀的尺度去衡量，這種否定純客觀的存在價值，也確實驚醒了康德的美夢，在當時除了理性主義陷入獨斷，經驗主義陷入懷疑之外，第三派的就是中

立主義，中立主義不太注重真假對錯，是非善惡的哲學問題，而只困守在課本內，討論以前人的一些問題和以前的哲學家所解決的方法，這三方面哲學的墮落使得康德在哲學的園地中另謀出路，康德所提出的哲學問題，在 1793 年 5 月 4 日寫給朋友的書信中已經提得很清楚，他認為哲學應該討論四個大問題：

1. 我能夠知道什麼？
2. 我應該做什麼？
3. 我可以希望什麼？
4. 人是什麼？

這些問題的提出很簡單，可是不只概括了康德哲學的全部，也是指出康德哲學研究的方向。「我能夠知道什麼？」劃定了知識的極限，直接問及人的智能問題，在知識論中，康德希望能夠界定人類究竟能夠知道什麼。「我應該做什麼？」是超越知識的層次而進入倫理道德的層次，人唯有在倫理道德的意識上，能夠使自己超升，在康德的看法，知識不一定能夠使得個人的本體能夠超升，而是要在倫理道德的實踐上，超越才有可能。

「我可以希望什麼？」指出人在超越「知」和「行」的極限之後，進入宗教的層面，是一個非經驗的境界，人在這個境界中可以完成自己的人性，而且可以把自己根本不能夠體驗的來世問題，把這個自己根本不能夠知道的，甚至不能夠實行的來世生命的問題，在這裡得到一種完美的答案，可以說在這種宗教情操中，人不但完美了自己的知識和倫理道德，而且也滿足自己全部的情感生活。

從這三個問題的提出，最後就是「人是什麼？」的問題，「人是什麼？」要看前面的知識問題、倫理道德問題和宗教問題，是否為人自我提升的方向，是的話，「人是什麼？」的問題就得到解答。原來在康德的思想上，人是活動的，變化的，他不是一個靜止的東西，我們無法以一種靜止的方式去界定人的定義，人從開始意識到自己的存在之後，就要一步步地超升，一步步地超越自己，人的存在就在這種超越中，倫理道德的實踐中

慢慢地完美自己的人性。

　　康德提出這些問題之後，設法尋找一些能夠滿足人心的答案，因此他首先以思辨的方法寫了他的三批判，並且在批判的前後闡明整個思想體系的方向和內容，首先提出人性可以超升，而這種人性可以超升的命題，不是由於人的體驗，而是由於先天來的一種能力，當然也可以用自己超升的體驗證明人性可以超升，可是主要的是人天生來就有這種能力，這種冀望。人能夠超升以後，也就可以談到能夠知道什麼，能夠做什麼，能夠希望什麼的問題，這也就是康德批判的中心。

　　談到批判，當然是把批判的重心放在主體、理性之上，這個批判的主體，同時是認識的主體，也是超升的主體，因此對認識主體的詢問，也是認識能力以及認識能力的極限，我們先要知道人能夠認識什麼，也必須要知道認識的界限多廣，有那些部分他根本無法認識，關於這些問題，康德寫了《純理性批判》。可是理性不但有認識的能力，康德以為它還有實行的作用，實行的作用就是補足理性所無法認識的那些極限，所以「知」的不足可以由「行」來補足，是康德哲學最大的轉振點；康德因此寫下了他的《實踐理性批判》，來探討這個問題，闡明人性之中，除了可理解的部分之外，還有一部分不可理解的，而不可理解的部分之中，還有部分可以由實踐理性去貫徹。

　　進而言之，「知」的問題或「行」的問題都是由一個不可分的主體所產生，這個主體最主要的是自己存在的提升，是自身存在的完成，康德因此寫下《判斷力批判》。《判斷力批判》是站在人整體的立場，看人如何站在自身的超升立場把握自己或提升自己，並且還有隨著這判斷力而來的，是他對人生歸宿的看法，人的生命延續的問題，死亡的問題和來世的問題等等。

　　現在我們就依序探討康德學說的三部著作：

一、純理性批判

　　《純理性批判》的主題是「知」，問及如何認知的問題，康德在這個批判中，從歷史的發展開始，用平面展開的方式，一方面利用了經驗主義對感官探討的成果，以為知識都來自「後天」，也就是說，知識內容的獲得都是後天的；康德在這裡的問題，不是問及我們的知識「知道什麼」，不是問及知識的內容問題，而是問及人的認知能力問題，問及人「能知道什麼」的問題，因而知識論在康德哲學中，至少在開始的時候，不是以「內容」為中心，而是以「形式」為中心，問及主體「能否知道」的問題，也就是「如何知道」的課題。

　　因為所問的問題是知識的「形式」，也就不是感官經驗所能抵達到的領域，也因此利用主體的另一種能力才能夠達到，也就是直觀的深思冥想，即透過理知的辯證，透過理知先驗的先天形式，才能夠把握住各種存在的法則。如果說我們的知識是針對著外界的存在的話，這個存在最主要的是由於它們的形式，而不是由於它們的內容，那麼因此透過我們天生來就有的認識能力，才能夠把握住它們，關於這點，在希臘亞里斯多德的時代已經考慮過這種問題，也就是說把我們認知的能力化成邏輯，把外在世界的存在化為範疇，而範疇事實上是我們腦筋對外在世界的分類，把它們所有存在的形式分門別類，好使得我們的理知去接受它們。

　　因此《純理性批判》也就成了康德的知識論上對歷史傳統的批判，康德將這對於傳統的批判分為三部分，消極方面是針對過去知識論各種學說的偏差，積極方面是提出補救的方法以及修正的幅度。

　　第一部分康德提出〈先驗感性論〉(Transzendentale Aesthetik)，討論人天生來就有的感官作用以及感官的能力，也就是討論感性的先天形式的可能性；康德在消極上就否定了經驗主義在後天知識上的設定，因為經驗主義以為我們所有的知識都是透過感官經驗，沒有感官就沒有知識，康德否定這種學說，因為康德以為知識的獲得，主要的不是知識對象的內容，而

是知識對象的存在形式，我們去認識某種東西，那是因為我們在內心中有一種事物存在的形式。

在消極上否定經驗主義，尤其是否定經驗主義的分析方法，因為經驗主義的知識論，是把主體和客體分開來，而且使它們對立，最後把主體和客體看成完全平面的東西，而且在這個平面之上，主體和客體有同等的價值，換言之，主體和客體根本就失掉了價值的批判，好像主體和客體在知識論上站在平等的地位。

在這裡，康德提出「時間」和「空間」的形式，以之作為一切感官世界的存在都在時空的座標上存在，我們能夠知道時空座標的理論，就可以把握時間、空間內的事物。我們的主體所有的感官經驗，和客體一樣地都出現在時空之中，因此康德認為只要我們的主體能夠把握時空間的形式，就可以把握住所有的感官世界，尤其是感官世界存在的形式。

當然這裡所謂的時空形式，毋寧說是「永恆」和「無限」，因為在康德的時空概念中，時間中的過去、現在、未來，與空間中的上、下、左、右、前、後，以及被時間的永恆性和空間的無限性所把握，空間的上、下、左、右、前、後的無限延續下去就變成無限，時間把過去、現在、未來無限地往後伸展就成為永恆。因此人性只要站在永恆之中看時間，站在無限之中看空間，就能夠把握住時空中諸事物。

現在的問題是一個人如何能夠站在永恆和無限的立場看時間和空間的問題，這個問題我們留待康德的第三批判中再探討。

可是依照這種範疇的方式所獲取的知識，仍然停留在形式的層面，而未涉及內容，也就是說背了一個數理的公式，而這則數學的公式並未落實到感官世界中，換言之，我們在感官經驗中，雖然把握住時空，但是仍然只停留在「現象」界，而無法觸及「物自體」；因為時空畢竟不是真實的東西，而只是觀念的存在，這種觀念的存在如果不落實到感官世界中的話，仍然是虛幻的。

康德在此指出經驗主義無法把握住時空的形式，要把握時空的話，還

需要「永恆」與「無限」，這永恆與無限還需要透過理知的直觀。

於是康德從第一部分〈先驗感性論〉進入第二部分的〈先驗分析論〉(Transzendentale Analytik)。

〈先驗分析論〉主要的是要站在「永恆」和「無限」的立場看時空，康德在此馬上就給理知找到了極限，以為我們的理知根本無法把握住「永恆」與「無限」，因此康德否定理性主義的學說；在這裡康德提出的理由是，經驗主義無法得到時空的形式，最多只是把握了「現象」，而無法在知識論上抵達「物自體」內部；因而康德進一步提議，回到悟性，希望在理性之中尋求認識的思想形式，但是理性所得到的命運和感官並無多大差別，在理性能力的探討中，傳統的抽象以及歸類能力，最多也不過是把握了人性的綜合能力，而在「分量」、「性質」、「關係」、「狀態」的四分之下，用十二種不同的判斷，去把握十二種範疇，康德以為這判斷和範疇才是真的思想形式。但是，這形式的獲得卻並不靠單純的先驗分析，而是由整體人性的形式綜合作用而得到的，康德稱這種整體人性的形式綜合作用為「先驗統覺」(Transzendentale Apperzeption)。

提到「先驗統覺」以前，我們先提康德整個範疇的劃分情形：

康德的範疇指出外在世界作為我們思想的對象有十二種範疇，這十二種分為四個項目：「分量」、「性質」、「關係」、「狀態」。這四種範疇在「分量」方面分為「全體性」、「眾多性」、「單一性」，「性質」方面分為「實在性」、「否定性」、「限制性」，在「關係」方面有「實體性」、「因果性」、「相互性」，在「狀態」方面分為「可能性」、「存在性」、「必然性」。

可是康德在他的邏輯探討中，以為相對於這十二個範疇的有我們主體的判斷，判斷的種類恰好可以適應於外在的範疇，正如同經驗主義所提倡的耳、目、口、鼻、手足等感官所對應的外在世界有聲、色、香、味、觸等為對應，而耳朵對著聲音，眼睛對著顏色等等。那麼在這個範疇的概念裡，康德認為範疇是存在的層次，而判斷也有思想的層次，這思想的層次，無論在「分量」、「性質」、「關係」、「狀態」方面相對於外在存在的事物做

一種判斷，所以判斷的種類，在「分量」方面有「普遍」、「特殊」、「單獨」，在「性質」方面有「肯定」、「否定」、「無限」，在「關係」方面有「斷言」、「假言」、「選言」，在「狀態」方面分為「或然」、「信然」、「必然」。

　　這種十二範疇分為四大類的方式，康德以為我們可以在「先驗統覺」內找出它們分類的基礎，「先驗統覺」能提升感官經驗，而變成抽象的概念，去形容範疇，範疇才是從形式走向內容的根本通路。我們的判斷在先天上已經符合外在的存在形式，而反過來，外在的存在形式也早已經適應我們判斷的種類，所以無論在認知的存在階層裡，或在我們認知能力的分類上都能夠適宜，這點是康德超過了經驗主義的想法，同時糾正了理性主義的想法。

　　於是，時空中的範疇就成為思想最根本的元素，而由於範疇與時空都成為主體思維的客體和對象，因而都仍然停留在「我思」之中，是「我思」的內容。這個「我思」當然是笛卡兒學說的重心，也是笛卡兒對哲學的最大貢獻，如果康德能夠從「我思」走向「所思」的話，這也就是康德為理性主義解決困難的主要一條道路。果然康德從「我思」走上了「所思」，因此也把知識帶上本體的境界，康德哲學在開始的時候，就是設法從笛卡兒的「我思」走上「所思」，而在康德的〈先驗分析論〉提到這些問題以後，現在所留下的問題是，這個主觀的「我思」如何走出自身，走上客體，成為知識論走上本體論的一條通路？也就是說，康德如何建構一個先驗的本體世界，同時又能使我們的知識能夠從感官世界通往這個本體界。

　　康德哲學中，尤其是《純理性批判》中，最有貢獻的一點，也是最困難的一點，是許多研究康德哲學的人感覺到最容易錯誤的一點就在此。因為他要把「觀念」變成「存在」，正如同希臘哲學家柏拉圖一樣，以為凡是理念的，就是真實的。因此一切在「先驗統覺」所綜合的，都同時是理念的，也是真實的。希臘哲學所提出的「思想就是存在」的說法，康德在這裡又加上了一個註解，這個註腳說明康德在理性探討中的一個信念。

　　我們直至今日還不能夠理解，為什麼我們不同的感官作用，到了我們理

知的領域來以後，也就是說當我們已經閉上眼睛，停止所有感官作用，而利用反省的行動去思考知識的時候，會有這麼一種統一的想法，這種統一的想法在康德稱為「先驗統覺」，認為這統一的能力在我們天生來就已經有了，而這種天生來的能力，康德稱之為一種「公準」或「要求」(Postulat)。

這「思想的規範」或「道德的規範」或「要求」是我們與生俱來的，不只在知識論上發生作用，而且也在本體論上發生作用，因此在康德的哲學中，這種希望或使得我們心靈的追求能夠成為一種本體的存在，是康德哲學最高明之處，也就指出哲學在思想上，不單只是以感官作用，在消極方面呈現一些感官事物，呈現一些事實，而是要在我們主體的創造思想中發現一些外在世界還沒有的形式，能夠利用這種創造的能力，把這些形式落實到感官世界中。

《純理性批判》的第三部分是〈先驗辯證論〉(Transzendentale Dialeklik)，在這部分中，是康德再次反省前兩部分的成果，以為由理性通過時空以及範疇的先天形式，所得到的並不是內容，而只是內心的思想形式，至多也不過是一種希望，內心道德的一種要求，並沒有真正地從「我思」走上「所思」的境地，也就是說，不但感官作用，就連理知作用也只不過抵達了「現象」，而沒有把握住「物自體」。

那麼這整個的探討豈不又白費了，所以康德在〈先驗辯證論〉中，要提出理性的極限，指出在時空中知識的「二律背反」(Antinomie)，也就是說，理性在探討知識形式的極限之時，都會走向自相矛盾的死路。康德提出傳統哲學中，用理性所推論出來的三大概念：靈魂、世界、神；但是康德卻以為，這三大概念的探討，都會使我們陷入「二律背反」之中。

首先康德提出靈魂的概念，以為所謂的靈魂，在經驗主義的解釋說來，它是人類思言行為現象的綜合，康德認為這種看法是對的，以為靈魂是我們精神作用的總名，是綜合各種理性現象的「共名」而已，而共名通常只存在於理念界，只是一種概念、觀念，不能夠落實到感官世界，在現實世界上並沒有所謂靈魂的東西，只是我們精神作用的綜合名詞而已，因而站

在內容本體的探討上看來，我們根本無法知道靈魂是什麼，就等於我們在知識論上探討一個總名的概念一樣。

　　同樣地，關於世界的問題，整個的感官世界都存在於時空的座標之中，那麼首先要問的是，它是有始或是無始的？它是由簡單的部分構成或是由複雜的部分構成？這是必然存在的或偶然存在的呢？這些問題在康德看來，利用我們已知的深度去探討的話，又會走上「二律背反」的自相矛盾之中，因為都可有兩種對立相反的答案，說世界有始，或認定世界無始，都同樣可以提出理由，亦都可以同樣提出反對的理由。因為如果我們認為世界是有開始的，馬上聯想到的一個問題是誰使它開始的呢？如果說它沒有開始，那麼就我們對於物質的一種想法又會自相矛盾，它怎會沒有開始呢？

　　同樣地問這個時空中的世界是有限或無限的，也會得到一種「二律背反」的答案，如果我們認為這整個的感官世界是有限的，那麼我們馬上問這個世界的邊在那裡？而且這個邊以外的又是什麼？如果我們認為這個感官世界是無限的，那麼我們根本無法理解，以為這個世界是沒有邊的，這個世界過去之後又是另一個世界，一直無限地延續下去的話，這樣對於科學或運動變化的理解也無法想像。所以無論我們想那一邊的極端答案，都無法解決現實的問題，康德總是認為關於世界的問題，同樣會使我們的理知走向自相矛盾之中。

　　至於神的問題，康德首先認為就是神存在與否的論證，康德在這裡舉出傳統中關於上帝存在證明的論證，目的論證、宇宙論證、本體論證等等；可是後來康德總是把它們的可靠性排除，而指出論證的不合理以及無法理解。康德在這方面所用的方法是：把本體論證歸類到宇宙論證中，再把宇宙論證歸向目的論證延伸，而最後證明目的論證的不合理；因為目的論證的依據在原則上是因果關係，而因果關係在休謨的時候已經提出了它的困難，指出它的死結，用柏拉圖的方式，以為宇宙的良好次序，應有一個至善的神來設計及導引，我們如果說宇宙間善的體系，可以證明出至善的神的話，那麼我們能不能提出人世間的罪惡和不公的存在，是否也提出一個

同樣理由的反證以證明上帝的不存在呢？

　　因此康德到此為止用了三種不同的角度，用了三種不同深度的論證，提出《純理性批判》所探討的問題以及用盡了所有的思想方法，其目的只在於否定理性的能力，指出純理性的極限，以為純理性根本不能抵達物自體，也就是說以純理性的知識論方式，根本無法到達本體論，所以結論出：物自體是不可知的。即在純理性的導引下，形上學是不可能存在的，同時說明人性不可依憑感官經驗或理性思考而從知識論走上本體論。

　　可是康德並不因此洩氣，他依照孟德遜的指示，不可知的事物，有時是可追求的，以為純理性抵達不到的，實踐理性就有抵達的可能；知的極限可由行的實踐來補足，原來在康德的心目中，人性除了知性以外還有實行的能力，人性除了理性認知以外，還有更高的倫理道德層次，這也就是促使康德從《純理性批判》走上《實踐理性批判》的最主要通道。

二、實踐理性批判

　　《實踐理性批判》的課題是「行」，是在探討感官和理性對知識的無能為力之後，所導引出來補救之途，此處所謂的感官和理性對知識的無能為力，並非表示經驗主義和理性主義在知識論上有什麼弊病，而是說理性和感官所抵達的只是「現象」，而不是「物自體」，所以在康德哲學中並不否認理性主義和經驗主義能夠認識世界與人生的現象，而是否定理性主義和經驗主義對於宇宙與人生真象的理解。

　　康德的全面設計，是以平面展開的方式否定了經驗主義和理性主義的方法之後，現在要用立體架構的方式去處理「知識」可能性的問題，以及知識所能夠抵達本體的問題。

　　原來，康德早在《純理性批判》中，已經追隨了經驗主義的分析法，把客體分為「物自體」與「現象」兩部分，而以為人類的知性只能把握住現象，而無法抵達物自體。這種想法當然就已經隱含了客體方面的立體架構，現在面對著立體的客體，主體的提升就成了必然的嘗試。

　　主體本身的提升，當然就不只是單純的感官、理性、心靈的層次方面，而是整體的人的「知」走向另一層次的「行」。「知」是理知的層次，「行」是心靈的層次，「行」是心靈的先驗追求，也是人性超越自身的公準。在康德來說，外界的「物自體」既不可知，也不可理解，那麼只好回歸內心，反求諸己，在自己內心中尋找生命的原理原則。康德在此要提出「追求」的事實，以及「追求」的內容。

　　「追求」的事實表現在知識層次的頂端，是心靈的意向，幾乎運用了柏拉圖「愛」的概念與亞里斯多德的「內在目的性」兩種哲學的高峰，這種「追求」的天性說明了「現實我」與「理想我」的差距，可是同時卻指出了它們之間發展的可能性；一個人總會為自己的未來設計，意識到自己的責任，意識到自己的自由，意識到自己在倫理道德的責任。

　　因此「追求」的內容，康德提出三件事實是我們天生來就會追求的：一個是自由，一個是神的存在，另一個是靈魂不死。康德以為唯有在知識論中肯定這三點，然後在道德層次上實現對於這三點的追求，人性才能夠完成自己，也唯有人性完成自己以後，才算真正地把握了「物自體」。

　　「自由」的肯定是「責任」和「倫理道德」的先決條件；如果一個人沒有自由，根本就談不上其社會性，更無法實踐賞罰制度，一個人如果沒有自由的話，他所做的行為都不是他要負責，不要他負責又如何得到賞報或受罰呢？因為人有了自由，天生來就可以去做某事或不做某事，以及做這事、做那事的自由，才使一個人超越感性層面，而走進倫理道德層次之中，能夠對自己的行為負起責任，也因此社會對他的行為採取賞罰制度。

　　「神」的存在是「正義」的保證，因為人世間「福」與「德」不一致，有德行的人不一定幸福，作惡的人並不一定受苦，因此站在「善惡到頭終有報」的良知追求而言，康德以為唯有承認上帝是公義的神，祂應當出來做最終的判決；這樣因為人性心靈的需要，宇宙間總得有一位公正的最後判官，是全能的、能夠認清善惡，而且又是全善的，祂會賞善罰惡，所謂的「天網恢恢、疏而不漏」。

　　若是人有了自由，對自己的行為要負責，而又有神作為判官，會賞善罰惡；但是人若一死都完了，人死如湮滅的話，什麼都過去了，還是無法解答人生的問題。因此，康德提出第三個公準，即「靈魂不死」，人應當在永恆的存在中，對自己的行為負責。

　　因而在《實踐理性批判》中，倫理道德的公準，最基層的，就是人性靈魂的不死不滅；從靈魂的永恆性歸結到神的存在，再從神的存在討論人的自由意志。

　　這三個「公準」是天生的，也就是我們良知的呼聲，是天生的「道德命令」；這道德命令使人從「存在」超度到「應該」的階層，然後在這理想的層次中，再去探討「知」的問題時，發現自己已經是「更上一層樓」的「人」，已經不再斤斤計較外界事物的現象，而所追求的，已是自身的完美，超乎了真假對錯，而進入是非善惡的分辨中。

　　這種道德哲學的基準，康德特別指出了它的四種特性：形式主義、嚴格主義、先天主義、獨立性。

　　形式主義 (Formalismus) 的意思是：良知只給予形式，並不給予內容，所謂的形式，在倫理道德上是「行善避惡」，至於內容，何者為善，何者為惡的問題良知並不涉及。這些善惡分辨的問題，通常由人類歷史或社會的環境來教育我們，使我們以為這些行為是善的，那些是惡的，可是最後的公準就是我們的良知應該遵循這個先天的形式──「行善避惡」的道德命令，如果一個人以為某樣事情是善的，他又做了，這就是行善，如果以為某樣事是惡的，他又做了，這就是作惡，雖然客觀上那件事不一定是善的，也不一定是惡的。

　　如此我們認為倫理道德的規範固然有它客觀的形式，但是做起來卻又是人主觀的一種抉擇。這種形式主義所提出的理由是：人以理知作為公準，他以為是善的，就應該去做，以為是惡的就應躲避。

　　嚴格主義 (Rigorismus) 的意義是：道德命令是絕對的，絲毫沒有商討的餘地，沒有條件也沒有例外，它是永恆不變的，因而命令直接導引出責

任。每一個人天生來有的「行善避惡」，沒有討論的餘地，可以討論的只是下面的什麼是善、什麼是惡。

先天主義 (Apriorismus)：指出道德命令不是來自經驗，而是與生俱來的，它不是來自我們的教育或社會環境，而是人天生來就有的道德公準「行善避惡」，和人性不可分。

獨立性 (Autonomie)：指出道德命令來自自己本性，它和人性一樣長久，不受外來因素的影響，而且外來的因素也不能夠影響它；因為由道德命令而來的責任也唯有由當事人才能夠解答，才能夠盡好，沒有第三者可以取代，也沒有第三者可以解釋。這獨立性到最後所展示的，就是主體的「絕對我」的發現，以及「為善而行善」的原理原則。

「為善而行善」的「絕對我」所預設的公準，就是前面提及的意志自由、靈魂不死、上帝存在三件事。

實踐理性有了意志自由、靈魂不死、上帝存在而導引出道德命令，合理性與準確性。康德的純理性的缺陷，由實踐理性所補足了，命令代替了事實，要求代替了理想，看不見的代替了看得見的東西。道德哲學的建立，一方面喚醒沈睡中的人性，一方面又建構起哲學的體系，康德的哲學以此為最高峰。他既然把人提升到絕對的領域中，又使人體認到這絕對的形成不是外來的賜與，而是自身的高貴，在哲學中發展人的尊嚴的，沒有人超過康德的貢獻，在哲學中也唯有康德才敢把「絕對」和「超越」獻給人類，敢於把神的問題也放置於人的問題中討論，這一點幾乎有希伯來民族的發明。

希伯來民族最主要的是以為人的靈魂是上帝的肖像，在康德的哲學中，上帝變成為人類講求正義的最終判官，即祂是人性尊嚴的最終基礎。

三、判斷力批判

在「知」和「行」的主體問題提升到獨立性之後，隨著的問題就是主體如何透過實踐道德命令而完成自身的人性，《判斷力批判》的主體也就在

於發現「人」本身就是「現象」和「物自體」的綜合，而這統一性的「人」的綜合，也正好用他的「知」、「行」、「感」來針對外在世界的「自然」、「道德」、「藝術」。「知」針對於自然世界，「行」針對於道德命令，「感」針對於外在世界的再造、美化。《純理性批判》處理了「知」對「自然」的認識問題，《實踐理性批判》則處理了「行」對「道德」的把握，而《判斷力批判》則在於設法探討「感」對「藝術」境界的體認。

對「感」的體認，康德提出了超辯證的理論，以為人性天生就能從現實超度到理想境界，以為人性天生來就可以從看得見的東西推論出看不見的，而這種最高的境界不但純理性不可知，就連實踐理性亦不可求，只能用整個的人性去感受。

於是康德提出人性兩種天生的判斷能力，即美與目的。

㈠美的判斷力 (Aesthetische Urteilskraft)

〈美的判斷力〉是針對藝術的純形式而發的，對於美的純形式又可以分為「美」與「卓越」；「美」的體認只能夠用「我中意」三個字，是無條件的，沒有實用的動機滲雜在裡面，是完全主觀的東西；在這裡康德早就把實用或功利主義的想法在形而上的哲學中除去。對於美的純形式用「卓越」的方式去體認的，指出人性在嚮往某件事情的一種狀態，比如看見某人很有風度，而心嚮往之，希望自己也有這種風度。這種「卓越」或「高尚」本身並不是屬於時間以內的概念，而是無限的概念，是超過時間走上永恆，通過空間走上無限，也就是脫離一切的束縛，真正能夠找到自己，而這自己又是一切倫理道德認識的主體，同時又是超越時空的目的因，從自己出發走進永恆與無限中，然後再從永恆和無限回到自己裡面。

「美」是一種境界，使主體我得以在「美」中悠然自得，「卓越」則是一種狀態，是主體存在的一種情況，在這種情況中，主體成為所以為主體的各種條件。

㈡目的的判斷力 (Teleologische Urteilskraft)

所謂的「目的」是針對人的自由意志而發的，可以分為整體與觀念兩方面去討論，用整體的方式去談論的話，就是指出人性生來就會自己選擇目的，為自己的未來設計，不管他做何事，都是向著一個目的；他不但希望看見自己的存在目的性，而且還可以透過整體宇宙，把整體宇宙當做一個有機體來討論，然後從它所有的現象後面，找出一個統一的目標。提到觀念的方式，就是指出這個目的性的選擇不在於內容，而在於形式，這形式就是觀念，直指事物的本質，因而也就是「物自體」的體認。

整體的觀念是一種有機體，有機體是一種生命體，生命體有一個特殊的性質，就是它的部分和全體之間的存在關係有很特殊的變化。在物體之中，全體等於各部分的總和，而有機體卻是全體大於各部分的總和。並且還有特殊的一點，在有機體中全體先於部分，不像物體的部分先於全體。因為全體先於部分，所以每一部分的存在都是為了全體，所以在康德哲學中，屬於人性的美的判斷的話，都是屬於目的的，不是屬於偶然的，所有的生命，生命中的所有動作，尤其是人性中的自由，都是在選擇一種目的。

因此由目的導引出來的，不是屬於機械的因果，而是屬於自由的選擇，因為他有自由的選擇，於是不必經過經驗，只需要理性的觀念就可以把它指出來。

當然除了三批判之外，康德還有其他的著作，其他的著作主要的還是從形而下的知識達到形而上的境界，然後從形而上的境界走下來，實踐他整體哲學的設計。康德的哲學很清楚的是希望感官的世界都由精神去統治，而對人的態度則是用良心的絕對命令，這種絕對命令不是在自己以外，不是別的人或別的法則，甚至不是宗教所給予的一種東西，而是天生來就有的絕對命令，由於每一個人自己本身與生俱來有這道德命令，於是在康德形而上的設計中，每一個個人是一個整體，每一個個人是獨立的，整體的宇宙在康德看來，它的問題卻不是那麼主要，主要的是要體認出人是什麼的問題。

四、結　論

　　康德哲學在於用「人性」的天生道德意識，來衡量自身以及宇宙的存在，這種「行」之中有「知」的哲學探討，在西洋整個哲學發展史看來，是一大發明。昔日羅馬時代亦曾經有過倫理學的探討，而且曾經有了某一程度的成果，但是，當時的「行」固然有宇宙論學說作為基礎，但仍未免缺少知識論的支持。羅馬的「行」的哲學，與其說是哲學，毋寧說是宗教。康德在西方近代哲學中，首先用知識的批判，在知識論上給人性的倫理道德奠定一個基礎，然後以「人性」的「獨立性」以及「不假外求」的預設，建立了道德哲學體系。而在這獨立性之中，暫時把西方宗教「假外求」的學說存而不論，卻在個人內心的良知上，刻劃出「人性向上」的原則，而且在個人「行善避惡」的動機後面，放上上帝存在的事實。

　　究竟這「人性向上」的預設，以及人性在內心已經預料出上帝必然存在的傳統，會不會把人帶上傳統的宗教之中？抑是應當用「超人」的名字來形容康德的哲學呢？則是日後康德學派中爭論的主題之一。

　　和柏拉圖一樣，康德固然強調先驗世界的真實性，但卻絲毫不忽略現世的一切，柏拉圖雖然不承認感官世界的真實性，但是畢竟柏拉圖得在感官世界中建立他的理想國；康德也是如此，他的批判、他的藝術學說、他的宗教觀點，在在都使他在「成己成人」的事工上努力，使他在這個具體的社會上過一種頂天立地的生活。

　　康德是西方道德哲學家，究竟他的學說是否受到萊布尼茲很大的影響，而後者則必然受了儒家「行」的哲學所薰陶，則是今後研究康德哲學的學者們應該注意的事，尤其是中國人研究康德哲學的最主要任務。

　　翻開康德的十二範疇表，再去對一對萊布尼茲講解《易經》的原理，如何以「主觀」的「能知」去把握「客觀」的「所知」，十二判斷種類以及十二範疇，尤其在分量、性質、關係、狀態四分的架構上，無論是站在任何一個角度，都和《易經》的八卦相似，即康德十二範疇的設計，是否即

為我國八卦的翻版？這是一個很大的問題。

　　本來《周易》所探討的問題也是屬於本體論的，《易經》所引發出來的哲學竟然是「行」的哲學，康德的哲學本來也是屬於知識論的，竟也導引出「行」的學說，這種共通點也許可以說明中國哲學的「行」由形而上做基礎，而西方哲學的「行」則奠基在知識論上，有我國的《周易》與康德的道德哲學可以引為佐證。

　　要研究西洋哲學，康德是承先啟後的哲學家，學者不可忽視，針對中國哲學的探討（如何建立一個有體系的知識論），康德哲學更是一種指針；因為他不是從形上學去建構他的道德哲學，而是以知識論的批判，走向了「行」的層次，然後在「行」的層次中說明它的形上基礎。

　　隨著康德而來的，除了德國觀念論外，尚有許多新康德學派的誕生，有毀有譽；所相同的，就是探討人性「知」和「行」的問題，以及兩者之間的關係的問題，所不同的，是要討論康德這種「行」的道德哲學要如何實行，並且在如何實行中，能夠在社會、政治、倫理道德這些方向，尤其在宗教的形而上的探討中，如何把康德的哲學，特別是把他以知識論做基礎的形而上的方式講出來，也就是今後研究康德哲學的一個大的方向以及大的課題。

第五節　康德之後的德國哲學

　　康德的《實踐理性批判》，確實使得西洋的哲學有了一個新的局面，至少在他的批判哲學中，於《純理性批判》著作裡指出傳統哲學的不足，而他在積極方面是提出人性中的道德規範、道德實踐的問題，這個問題的提出在德國引起很大的風暴，有的人讚美康德，也有人反對康德，可是無論是讚美或反對，最後都得針對康德所提出的問題繼續探討下去，這也就形成德國的觀念論。

　　在此節中，分為三種角度看康德以後的德國哲學的發展：

一、反康德派

　　反康德的學者以為康德所提出的問題走離了哲學的界限，尤其是他把「實踐」與「感受」兩個問題放在哲學裡討論，而西洋的傳統總以為以「知」為中心的哲學才是真正的哲學，因此所有反對康德的學者都在這一點上攻擊康德。

　　我們在此可以提出三位思想家的意見：

㈠克拉威 (Christine Grave, +1798)

　　以為康德的觀念論雖然外表上用了「批判」一辭，可是其真面目與柏克萊並無差別，因為兩者都強調主觀的「感受」，除了主觀之外，什麼都不存在。如此真正批判康德的理由是，說出他的二元論，而忽略了感官世界的真實性。

　　對此難題，康德曾經親自答覆克拉威，康德以為「物」有兩種：一種是真實的，另一種是觀念的，而我們的理性對於真實的事物只能夠在「現象」中打轉，到不了「物自體」，但是對於觀念界的事物，是在我們理性的範疇之內。因而就康德而言，觀念界的東西我們可以把握，但是感官界的東西只可以把握部分，只把握住理念界的那一部分，屬於現象界的那一部分，而無法得到「物自體」的體認，所以康德以為還是可以提出「實踐理性批判」的路線。

㈡雅可比 (Fr. H. Jacobi, 1743–1819)

　　雅可比以為康德在學說上，本身就有矛盾，他以為康德的矛盾是，康德把「感受」列為感官世界的成果，而同時又把因果的原則歸於「物自體」的領域，可是事實上，我們的「感受」和「物自體」是沒有關係的，雅可比以為我們應該把「感受」和「現象」聯結起來，「物自體」不可知，所以也不可以把它當做因果的關係。

㈢赫而德 (Gottfried Herder, 1744–1803)

　　赫而德所關心的是生命的問題，以為康德的著作太理性化，太硬了，而沒有情感在內，是一片沙漠，沒有生命，可以滋潤人的理性，能夠使得人在思想上有推敲作用，但是不若甘露滋潤人的心靈，所以赫而德反對康德的哲學。

二、親康德派

　　反對康德的人，提出康德學說的矛盾以及二元的說法，而親康德派的人認為康德提出人性的整體，而能夠站在整體的人性上，以分階層的方式，以主體超升的方式，更能夠體認世界。在此亦提出三位學者：

㈠保羅真 (Jean Paul, +1825)

　　保羅真讚美康德：不是世界之光，而是前所未有的，完整的、燦爛的太陽系。他給人類指出除了認知的悟性之外，還有一個能夠實行的，追求的生命。

㈡蘭荷德 (Karl Leonhard Reinhold, +1823)

　　蘭荷德極力推崇康德的學說，以為康德能夠把人性提高，而在人性倫理道德的層次上回首看知識的層次，如此知識的功用完全在於實行，以為我們的認知完全在於做人的基礎上。

㈢梅滿 (Salomon Maimon, +1800)

　　特別指出康德的學說能夠替整個德國的學說找到一條出路，以為在「物自體」的學說中，雖然否定了純理性的能力，可是卻提出實踐理性的可能性，而這種實踐的哲學也正是人們所需要的。

　　除了以上的哲學家贊成康德的學派之外，還有德國大部分著名的作家，都採取了康德的思想，如歌德 (Goethe)、希勒 (Schiller) 等等。

三、德國觀念論

　　康德以後，無論是反對或贊成康德學說的學者，他們都得研究康德的
哲學，有些學者不是站在讚美康德的立場，也不是站在反對康德的立場，
而是設法把德國的哲學生命繼續下去，本身也構成一個偉大的體系，這就
是德國觀念論 (Deutscher Idealismus) 的誕生。德國觀念論的誕生，最主要
的是繼承了康德的體系，而在知識論以外，特別以整體的思想體系，以整
體宇宙的問題來解決哲學的問題，希望除了康德的理性批判之外，還能找
到一條通往整個宇宙的大道，然後再把人性安置在整個的宇宙中，而完成
討論宇宙、人生的終極問題的哲學。

　　傳統哲學中，通常對於知識論或宇宙論都有一種新的觀察，尤其是從
近代哲學的理性主義與經驗主義之後，主客的關係，主客之間的探討都站
在「靜」的立場去看，康德則在主體和客體之間，設法使客體仍然「靜止」
在那個地方，可是主體卻是「動」的，能夠透過實踐理性批判去實踐道德
的命令，使得自己超升。

　　這種道德命令是屬於一個「動」的世界，到了德國觀念論，認為康德
把主體當做「動」的，而讓客體「靜止」在外面，尤其使得客體的「物自
體」與「現象」兩者同時存在，認為這種方法似乎不太妥當，因此德國觀
念論所注重的是要把整體的宇宙恢復到古希臘時代的宇宙觀，使得整個宇
宙都在運動變化之中，所以在知識論上，主體在動，客體也在變動中，而
在本體論上，整個的宇宙都在運動變化，用中國哲學的一句話來形容，德
國觀念論的主旨是要討論宇宙和人生的生生不息的原理。

　　在傳統哲學中，主體的宇宙從希臘或到中世時期，都是一個屬於立體
的方式，整個的知識論走上形而上，再走上倫理學的時候，都是一個屬於
動的，變化多端的世界。到了近代的經驗主義與理性主義竟然把整個的世
界變成平面的來討論，用分析、直觀的方法，整個的知識論無論是主體或
客體都靜止在那裡，讓人去觀察。

康德重新把這個立體的宇宙架構，從人的「知」和「行」，即從人的知識和道德建立整個宇宙觀，成為一個有價值的世界，德國觀念論又重新回復到古典的哲學去，把宇宙變成一個立體的架構，從知識論能夠到達形而上，再從形而上下來，到達實踐哲學的地步。

在傳統哲學的爭論中，主要的是唯心論與唯物論之爭。唯心論主張目的的宇宙，主張這個目的在宇宙以外，而唯物論認為機械的運動，所有的動因都內存於物質之內。德國觀念論出來，使得外在的目的因變成內存的目的，使得內存的東西也變成了目的，所以完成了亞里斯多德的內在目的性的學說。

在德國觀念論的學者中，特別提出三位大的思想家：費希特 (Fichte)、謝林 (Schelling)、黑格爾 (Hegel)。費希特是主觀的觀念論者，謝林是客觀的觀念論者，而黑格爾則是絕對的觀念論者。

近代哲學從理性主義、經驗主義開始，一直發展到觀念論之後，可以說是到達了頂峰，不能再發展下去了，尤其到了德國觀念論，因為他們把思想和存在劃為一體，已經把思想的法則——辯證法，以「正、反、合」的過程解釋一切生生不息的現象，把知識和思想過渡到存在宇宙當中。哲學到了這個地步以後，由於「正、反、合」的天羅地網罩住了整個的宇宙和人生，在宇宙和人生的各種問題中，就不能夠再有任何的問題產生，因此哲學發展到黑格爾之後，就必需有另外一種路線出來，西洋的哲學也就從黑格爾結束以後，發展到另外一個階段，也就是當代哲學的階段。

第十七章

費希特

費希特是德國觀念論的第一位思想家,因為他首先在思想的法則上發明了辯證法,可是我們今天研究費希特的哲學,尤其是對於今天的中國人,費希特特別注重民族意識的問題,他在德國民族意識衰微期間,透過他的演講,使得德國士大夫階級重新出來救國,所以費希特的哲學,最主要的不是他的理論層次,而是實踐的層次,他能夠在理論上發明觀念論、辯證法,可是同時能在實踐層次上發展了教育哲學。

第一節　生　平

費希特 (Johann Gottlieb Fichte, 1762–1814) 生於德國奧柏勞息 (Oberlausitz) 城,家境清寒,出身低微,少年時工讀出身,直至 1794 年任教於耶拿大學,可是五年之後犯了「無神論」的嫌疑遭受免職,然後他往柏林做研究工作,在法國拿破崙侵佔德國之時,特別利用民族意識的精神振奮德國民心,同時創立了柏林大學,用理論與實際兩方面發展了他的教育哲學,而他的教育哲學最主要的基礎則在於民族意識,費希特對於德國的意義,尤其是希特勒以後的德國,所以能夠由於艾登諾總理的領導而復興起來,是依靠他們的教育,這種教育的原理都起自於費希特。1814 年死於文特班 (Wendbrand)。

第二節　著　作

1. 《一切啟示的批判嘗試》(*Versuch einer Kritik aller Offenbarung*, 1792)

2. 《總體科學之基礎》(*Grundlage der gesammten Wissenschaftslehre*, 1794)。
   此部為費希特的代表作，因為在此書中，他提出辯證法。

3. 《依科學原理之自然權利基礎》(*Grundlage des Naturrechts nach den Prinzipien der Wissenschaftslehre*, 1796)

4. 《依科學原理之倫理學體系》(*Das System der Sittenlehre nach den Prinzipien der Wissenschaftslehre*, 1798)

5. 《封閉之貿易國》(*Der geschlossene Handelstaat*, 1800)

6. 《論人的使命》(*Über die Bestimmung des Menschen*, 1800)

7. 《真福生活勸言》(*Anweisung zum seligen Leben*, 1806)

8. 《告德意志國民書》(*Die Reden an die deutsche Nation*, 1807)

第三節　著作導讀

　　費希特的思想，可以在他的著作先後秩序中看出，他要先找出知識的基礎，找到知識的基礎以後，還要找尋具體的個人權利以及倫理道德的體系，從這種形而上的原理體系之後，再談人與人之間的關係，國與國之間的關係，以及人類最後的命運，而提到人類死亡以後的生活，當然這涉及了西方宗教的問題，可是就在費希特的思想討論到形而上的時候，恰好碰到法國入侵德國，於是費希特由理論的哲學生活過渡到具體的、教育的演講生涯。

　　所以我們讀費希特的著作，可以依照著作出版的年代，先讀《一切啟示的批判嘗試》，費希特在此要把西方傳統的哲學和神學分開來討論，他以為神學有神學的知識來源，哲學有哲學的知識來源。哲學的知識來源要提出人的思想的根本，也就是邏輯的問題，主體有那些思想的法則，客體有那些存在的法則，這也就是他的代表作《總體科學之基礎》的主題。

　　在這個基礎中，他開始提出人類思想的法則屬於辯證，是「正、反、合」的辯證，在這種辯證之下，我們就可以得到真理，有了真理，我們就

可以遵照它，過一種適宜人性意義及尊嚴的生活，這樣我們就可以讀他的
《依科學原理之自然權利基礎》以及《依科學原理之倫理學體系》。

　　然後再讀《封閉之貿易國》，可以說是由此而建構了他的形而上體系，
當問及具體的生活層次的時候，那就是他那部有名的《告德意志國民書》，
然後是個人內在生命的指引，即《論人的使命》與《真福生活勸言》。

　　讀完費希特的著作以後，我們會發現費希特一方面有清晰的思想頭腦，
另一方面又有愛世界、愛人類的熱情，不但在理論上建構了一種足以影響
後世的辯證法，而另一方面又利用具體的民族意識解救德國的民族。

第四節　學　說

　　費希特的學說，我們可以分為四方面來討論：

一、學　問

　　「學問」(Wissenschaftslehre) 或直接譯為「科學」。費希特開始的問
題，當然是康德停下來的地方，他以為康德只把主體提升了，成為動態的
東西，而客體仍然是靜態的，即康德所注重的是主體的實踐理性，而不注
重外在世界的存在，也不重視整個宇宙存在的問題；也就是說費希特要設
法加強康德對主體的體認，而設法把客觀世界存在的法則也拉到主體的思
想法則裡來，這也就是他為什麼要發明辯證法，用思想的法則涵蓋所有存
在的法則，使得整體的宇宙在人的內心中可以看出它的整體。

　　康德哲學的結論：以為人有絕對的價值，康德哲學中仍然容許「別的
事物」的獨立存在，「人」「物」仍然為二元；費希特設法溝通康德的人與
物之間的鴻溝，並且設法填滿。所以費希特在開始的時候，認為人不應該
有極限，因為他的思想在無論正和反的思想方向，就在數理的法則中，也
可以從有限跳到無限，從空間跳到無限，從時間跳到永恆，如此，「物」的
存在法則豈不都在人的思想法則之中，存在是由思想而產生，放眼去看整

個的人文世界確實是如此，所有的成品莫不是由於人的精神作用所產生，因此每一個東西都可以說是不是物質，而是精神控制下的物質。

有了這種體驗之後，費希特提出兩條哲學的路，一條是獨斷，用「物自體」來界定「我」及「自由」，另外一條就是用觀念去界定一切。這本來都是很老的哲學方法。用「物自體」來界定「我」及「自由」，表示客觀的態度勝過主觀，可是用觀念去規定一切的話，則是把宇宙萬物都歸類到內心裡。

費希特提出這個問題的目的，是要設法把康德沒有走完的道路繼續下去，重新用一種新的批判方式，能夠在思想當中，使得所有存在的法則都能夠適應。

二、辯證法

費希特在德國觀念論中最大的貢獻，就是發展了邏輯的辯證法，這種辯證法雖然屬於邏輯思考的法則，可是卻是把整個宇宙存在的問題包括進去。目前我們由於對唯物辯證的批判，有很多人研究辯證法，都知道它是用思想的正、反、合構成，而事實上又把這種正、反、合的方式應用到社會階級的對立與鬥爭中，站在純思考的立場去瞭解的話，我們必需先瞭解費希特的辯證，然後明白黑格爾的辯證是如何來的，也才能夠把握住馬克斯或費爾巴哈的辯證。

我們可以在這裡用最簡單的比喻去瞭解辯證的來龍去脈，先假設這整個的宇宙，無論是思想或存在，人類或其他的物質，當沒有一種意識，或思想去界定它，沒有自我意識自覺到自己和別的東西不同，又是屬於一個個別的存在之時，這整個宇宙就成一個混沌的大統一，以佛學的名詞而言，是一個「真如」的世界，在這個虛無縹緲，而又混沌的宇宙中，你我是不分的，也無所謂善、惡的對立，更沒有是非的觀念，一切的一切都融合在一個大統一之中。

可是費希特指出在這整個的大統一裡面，忽然間就有了自我意識的自

覺，只要裡面有一種自覺的產生，這種自覺馬上意識到自我的存在，當意識到自我的存在時，很顯然的，把自我和別的事物隔離開來，因此這個自我就變成「我」的存在，其他所有一切的東西都成為「非我」的存在。這是很容易明瞭的由數學而來的公式——「A 加上非 A 一定是等於零」，這個「零」代表了一個沒有意識、沒有差別的「真如」世界，我們所有的邏輯思想也就從這裡開始。

我們舉例說我這支鋼筆，如果要思考它的時候，只需要用這種辯證的法則，就可以想到全宇宙的東西沒有一點是遺漏的。比如我說我想到這支鋼筆以及「非」這支鋼筆，這一定是網羅了整個宇宙的存在。所以辯證法一開始的目的，就是要用肯定以及肯定本身的否定方式，去籠罩全宇宙的東西，控制全世界的存在。

因此在「真如」的世界中，有了意識的存在，馬上就呈現出兩種不同的世界，一個是有意識所控制的自我存在，另一個是意識並不去管它而思想又必需想到的「非我」世界的存在，因此在費希特的辯證中，「我」與「非我」變成一種對立，而這種對立「非我」是「自我」的否定，「自我」是在整個「真如」世界裡的「自我」肯定。

現在費希特還要更深一層地問：「為什麼會有『非我』的存在？」問得更深一層的話，那就是「為什麼會有『自我』的存在？」也就是說，在這整個大的統一「真如」世界中，為什麼會發生分裂的現狀？為什麼會有「我」及「非我」的對立呢？為什麼會有「我」的肯定和否定的存在呢？到了最後很清楚的是由於「自我意識」的產生，如果我沒有意識，不能夠意識到「自我」的存在，就不會有「非我」的存在，所以整個「真如」世界的分裂，事實上起自「意識」。

因此整個辯證的問題以及整個存在的問題又回到自我的意識中，「意識」是使得整個的存在之所以統一或分裂的最終原因；也就是說，「思想」是所有「存在」的原因，這麼一來，當我們發現到思想的法則與存在的法則都在「自我意識」中的時候，就成為一個「合」；因為所謂的「正」與

「反」，「我」與「非我」都是由於自我的意識所產生的，「自我意識」以外，根本沒有「正」與「反」的事物。

這是一種用最簡單的方式去懂得費希特的辯證，用「正、反、合」解釋我們的思想以及整個宇宙的存在。如果世界上宇宙萬物中有殊相、差別相、有個別的東西，那是因為我們有思想，在沒有思想或意識的宇宙當中，一切都是混沌，沒有所謂的「正」，也沒有「反」，更沒有所謂的「合」；在有思想的世界中，一切都會從「正」開始，而從「正」的否定導引出「反」，從「反」的立場找出否定的否定而成為「合」，這「合」已經不是原始時代的意識，它已經升高了一層，因為它已經經過思想的辯證，已經經過肯定，以及肯定本身的否定。

費希特的這種思想，最主要的淵源是來自《約翰福音》的第一章「道成肉身」的學說，「道成肉身」的學說很顯然的是希伯來民族的二元論的結晶，在希伯來民族中，認為上帝創造了人類之後，因為人類犯了罪與上帝決裂，所以上帝只好自己降凡，使得耶穌基督一方面有神性，另一方面又有人性，這又是人又是神的耶穌基督，能夠把上帝和人聯繫起來，能夠填滿人、神之間決裂的鴻溝。費希特辯證法的來源就在於此，能夠使得矛盾統一，使得對立統一的動機做出發點。

所以如果我們要瞭解西洋的辯證，必須先懂得西洋的二元，而西洋的二元又必須在中世整個神學與哲學的體系中去尋找，尤其是在西洋信仰中的上帝與人之間的關係，以及人與上帝之間的關係。

三、倫理學

費希特因為在知識論中有辯證法的發明，因此他認為整個的宇宙，無論是存在或思想，無論是物質或意識，都在動態的情況之下，這個動態在人性方面而言就變成了倫理道德的實踐，所以他認為倫理才是真正的存在的根本。因為人的思想，費希特認為它只不過是使得人能夠在宇宙當中，脫離物質或其他的一切東西而獨立存在，也就是說人應該在這個宇宙當中

頂天立地，而人之所以能夠成為萬物之靈，那就全靠他的倫理道德的實踐。

　　這個倫理道德的實踐，當然費希特是受了康德的影響，所以費希特用了《約翰福音》中的第一句話「太初有道」的法則，說明「太初有實行」，這個「實行」就是他的辯證法中，人類有意識，意識到自我的存在，這種「實行」的思想，是費希特哲學的重心。

　　他以為所有的存在，尤其是人的意識存在，就是「實行」，他不是一個靜止的東西，不只是人的主體不是靜止的，就是思想的客體也不是靜止的。德國觀念論發展了整體的宇宙體系都在運動變化之中，而這運動變化就是費希特所謂的「實行」，所以他的存在是「實行」。

　　在他的整個倫理學說中，「做」才是理想的根本，在「做」之中，開始的時候會發生矛盾和對立，但是終究會成為和諧和統一。因為在「做」之中，一開始的時候是控制自我；在控制自我之中，才能表現出一個人實現自我的決心，因為他要實現自我，所以他要把自己以往的狀況超越過去，就成為超越的自我，在超越自我中，總是設法超脫所有物質的束縛，甚至超脫精神的束縛，而到達自由自主的境界。

　　這個自由自主的境界，很顯然的又成為一個「絕對我」的情形，這個所謂的絕對，是指在「真如」的世界中無你、我之分，沒有任何的矛盾或對立的可能性，這種自由自主就等於他的辯證法中的「真如」世界。

　　費希特的倫理學所標榜的，是人生的目的就是「做」或「實行」，這「做」或「實行」，不只是就個人而言要征服生、老、病、死諸現象，使得現世變成天堂，而且使得人的實踐要在群體當中，因此費希特真是有國家民族的意識，他認為全體共同努力創造的社會才是人類最後幸福的保障。

　　人和人之間的關係，費希特認為不應視為對立的，而應該看為同路人，互相幫忙，互相鼓勵，有同舟共濟的精神。

　　「實踐」應該為了群體，因為這群體才是真正「合」的現象，「合」是超越了「正」和「反」，到達了宇宙的「真如」世界，而「自我」也變成「絕對我」，也在整個宇宙之中，形成所有的人都成為一體，不但是人，而

所有的存在也成為一體，變成「真如」的世界。

四、「存在」與「實踐」的關係

費希特在 1806 年之後出版了《真福生活勸言》，在此書出版之後，費希特修改了他自己學說的方向；他認為「實踐」的後面應該有一種「存在」，也就是在所有的運動變化後面，應該有一個不動不變的原理原則，這種主張改變了他以前「實行先於存在」的初衷，而變成「存在先於實行」。因為費希特在這時候所想到的，不只是人的今生問題，而是把今生延長到來世的真福生活，這個真福生活中任何事物都是不變的，他意識到他的辯證法只適應於我們的這個世界，而不適用於超時空的永恆境界中。

一提到「存在先於實行」，表示了形上學的可能性，也必然推論出「神」的存在問題，也就是說，費希特的後期思想中，總是設法從運動變化推論到不動不變，從「實行」推論到「存在」，而且從一般的存在推論到絕對的、必然的存在。這種絕對的、必然的存在才是一切「實踐」的方向與目標。

一切的「實踐」都由這必然的、絕對的存在所吸引，所有的「實踐」也只能安息在這必然的、絕對的存在中，因此費希特在這裡用宗教的學說闡明人類的思想分期，費希特把它分為五個時期：

第一期是整個的宇宙在他的辯證法之前，所存在的一種混沌時期，在那時候人類的理性和本能根本不分，事實上是有完全自由的境界來統治一切的時期，是為「無罪期」。在此期中，「物」、「我」根本不分，也沒有意識的產生，因而也談不上是非善惡、真假對錯的問題，是萬物完全自由的時期。費希特提出希臘時期的詩歌，根本是「人為」與「自然」不分的狀態。

第二期是人性的本能受到外物的動搖，漸漸地失去自由，而理性去統治一切，把一切都放在遙遠的未來裡，是為「誘惑期」。在此期中，人類的意識漸漸覺醒，覺醒到自我的存在，物我之間已經慢慢地呈現出不穩定的

現象，因為他的本能失去了控制，這段時期等於希臘開始沒落，羅馬帝國興起，東方的基督教信仰又傳入的一段混亂時期。

　　第三期是理性和本能都完全失去了互相控制的能力，是為「犯罪期」。因為意識的覺醒和運用，使得物與我截然地分開，在此期中，「絕對我」已經完全消失，而呈現出來的只是對立和矛盾。

　　第四期是理性和本能又再度尋找真理，是為「救贖期」。此期的救贖有「實行」，有「實踐」去促成，從各種的對立與矛盾中設法再回到「統一」的境界，這也就是費希特的教育哲學的最大功能。

　　第五期是理性慢慢地超越以往所有痛苦的經驗，而超升到藝術的境界，是為「成聖期」。由實行到統一，再由於統一的超升，回復到比未分化以前的情況更良好的境界。在此期中，「絕對我」又回復了自由，能統合一切，又能使一切成為渾然一體。

　　費希特把這五期象徵著人完成自我的途徑，從「絕對我」開始又回到「絕對我」之中，經過了「實行」的過程。

第十八章

謝　林

謝林是德國觀念論中的一員大將，我們今日所知道的，他在柏林曾經一度非常風靡，使得存在主義的始祖——齊克果為了內心的平安，曾經到柏林去，希望能在哲學中尋找自己內心的出路，而不幸的是齊克果聽了謝林的課，覺得謝林的整個體系，好像建築方面是建構一座大廈，而工人本身造了大廈，卻不能夠住在大廈中，而應該住在大廈旁邊的一些工寮裡面，齊克果認為謝林的體系非常完美；但是卻不是人所能夠住的。

第一節　生　平

謝林 (Friedrich Wilhelm Joseph Schelling, 1775–1854) 生於牧師家庭，大學時代在杜賓根 (Tübingen) 唸書，與黑格爾 (Hegel) 和賀德齡 (Hölderlin) 同學，1798 年任教於耶拿大學，然後再執教於很多大學，於 1827 年升為教授在慕尼黑大學教書，直到 1841 年講學於柏林大學。謝林先前聲望很高，但是因為整個思想體系不很為人重視，所以死時已無甚聲望。

第二節　著　作

1. 《對自然哲學之觀念》(*Ideen zu einer Philosophie der Natur*, 1797)
2. 《論世界靈魂》(*Von der Weltseele*, 1798)
3. 《自然哲學體系初稿》(*Erster Entwurf eines Systems der Natur-philosophie*, 1799)
4. 《超越觀念論之體系》(*System der transzendentalen Idealismus*, 1800)

5.《大學方法講義》(*Vorlesung über die Methode des akademischen Studiums,* 1803)

6.《對於人類自由之哲學探討》(*Philosophischen Untersuchungen über die menschliche Freiheit,* 1809)

第三節　著作導讀

謝林的哲學以他的著作時期看來，可以分為四期：

1. 較早的一期是自然哲學 (Naturphilosophie) 時期：在此期中以為一切都在生成變化中，無論是《對自然哲學之觀念》或《論世界靈魂》、《自然哲學體系初稿》都在這個體系中，以為一切都是屬於機械物理的變化。

2. 可是在 1800 年以後就開始發展超越哲學 (Transzendentalphilosophie)：出版《超越觀念論之體系》，又提出《大學方法講義》，把自然的世界漸漸地由人性的精神提升起來，整個宇宙的機械性變化成為目的性的變化。

3.《大學方法講義》一書發表之後，開始成名，設法把他的學說慢慢地提起來，使自然和精神成為同一哲學 (Identitätsphilosophie)。

4. 1809 年出版《對於人類自由之哲學探討》一書，注意倫理道德的問題，繼而走向神秘，討論宗教信仰問題。

因此我們研究謝林的學說，可以按著他著作的先後順序去唸，讀者可以唸他的《自然哲學體系初稿》，看出他對整個自然哲學的看法，相似於亞里斯多德的物理哲學；然後再讀《超越觀念論之體系》，看他如何把人類的精神貫注到物質裡面，把目的的體系改變了機械的體系；以後再讀《對於人類自由之哲學探討》，明瞭他的倫理哲學與宗教哲學的體系。

第四節　學　說

謝林的學說，很顯然的可以分為四部分，從自然哲學、經過超越哲學

到同一哲學，最後回復到個人自身的倫理道德問題中。我們順序介紹如下：

一、自然哲學

　　自然哲學 (Naturphilosophie) 是謝林的第一期思想，以為知識完全是由於主體和客體的對立而獲得的。所謂的「自然」，就是提出在我們的知識範圍內能夠生成變化的現象，這些生成變化的現象，就謝林看來，都是屬於機械式的變化，每一種事物在他最單純的一種元素看來，都是在運動變化中，都在「分」和「合」當中。

　　人類的知識在開始的時候，就注意到主體與客體之間的關係，本來在康德之後，哲學界存留了一個極待解決的問題，那就是除了主觀以外，外在的客觀世界還很大，那些不屬於主觀的存在究竟是什麼？還有在費希特的「正、反、合」的辯證之後，固然知道「我」與「非我」加起來是等於整個的世界，可是現在的問題不是問這個意識的「自我」是什麼，而是要問那個「非我」包括了那麼大的範圍，我們如何去把握它。

　　謝林在這裡，一方面是為康德的問題找尋一種答案，另一方面是更要為費希特的思想找尋一條通路，所以他說我們研究學問，首先要討論自然，那麼這種討論又是怎麼一種方式呢?如果我們的知識本來就起自意識的話，這種討論豈不等於創造，因此謝林認為討論自然，就是創造自然，在「討論」和「創造」之間劃上一個等號。

　　就是因為「討論」和「創造」一樣，所以在物質的自然世界中，很顯然的可以找出「精神」的存在，謝林在哲學的貢獻，即他在一切的存在中賦予「精神」的意義。在把握整個自然世界的存在基礎後面，找到了「精神」的存在。

　　所以謝林認為一切的東西都在運動變化中，這變化的情形總是在一個精神的辯證當中，因此他能夠結論：所有的東西都充滿了精神。他說死物比如是一塊石頭，也有精神，只是它的精神還未成熟，到了人類精神才完全成熟，能夠意識到自己的存在，能夠分辨「我」與「非我」。

　　這麼一來，謝林以為物質與精神原是一體，在最低等的物質中，精神不夠明朗，在高等的動物中，精神就可以清楚地表現出它獨立的性格。由他這種方式的推論上去，最高的存在，必然是一個純精神的東西。

　　因此從自然的哲學，謝林可以提出由於精神表象的等級，可以看出整個宇宙存在的層次，所以他就走進了超越哲學的範圍。

二、超越哲學

　　在自然哲學中，認識的道路是由客體到主體，即先在事物當中漸漸地看到精神，在超越哲學 (Transzendentalphilosophie) 中的認識途徑卻相反之，是由精神來支配物質，因為精神臨在於物質，所以物質才變成有存在的層次。在謝林的哲學裡，精神是優於物質的，也就是說，思想應該先於存在，我們在人文世界的所有事物的探討中，精神的存在，也就是說目的的定律是所有物質存在的最後原因。

　　謝林在超越哲學中分為三個階段進行：

　　首先是理論哲學 (Theoretische Philosophie)、第二是實踐哲學 (Praktische Philosophie)、第三是藝術哲學 (Philosophie der Kunst)。理論哲學作為開始，是邏輯的法則和我們辯證法的運用，到了實踐哲學的時候，就是抵達倫理道德的境界，藝術哲學則是「絕對我」的境界。

　　在理論哲學中，謝林設法從精神推論到自然的物質存在，以為存在的階層，主要的是人性自覺的階層，人性的自覺，因為他同時有物質、生命、意識又有精神，所以他可以感受出這四個階層單獨存在的情況，他能夠提出人的物質性和物理的形式相同，提出人的生命性和植物的方式相同，提出人類的意識和動物相同，可是人還有精神，他能夠有邏輯的思考，能夠把主體當做客體來討論，使得人適應於世界上。

　　在實踐哲學的部分，謝林認為人不同於其他由物質、生命、意識所構成的東西，因為人可以使得自己超升，這也就是倫理道德的觀念。

　　在藝術哲學中，不論知識論的真假對錯，或倫理學上的是非善惡，只

是注意到個人存在的境界，這種境界可以說是完全把個人消融在境界當中，變成同一的宇宙。

三、同一哲學

本來在辯證法中，最主要的起因是「正」，然後由「正」的否定成為「反」，可是辯證的目的，也就是最終要達到「合」，即透過一切的矛盾或對立，而成為統一或統一的境界，在謝林而言，他要透過自然的體驗，然後個人的超越而到達統一的境界。

謝林以為理性的作用是認識，而實踐理性的作用是實行，那麼這種實行可以把人性本身提升到與物同一體的境界中，這種同一哲學(Identitätsphilosophie) 的境界，好似中國莊子哲學中的「天地與我並生、萬物與我為一」的體認。

同一哲學的最主要概念是「絕對中立」(Absolute Indifferenz)，這「絕對中立」是沒有邏輯的真假對錯、甚至沒有倫理的是非善惡，而是高於所有的知識與倫理層次的神秘境界。這種神秘的境界是延續了柏拉圖與普羅丁的哲學，把所有的分殊東西，都能夠以更高的概念把它們統一起來，「絕對中立」的方式聯結所有的矛盾與對立。

四、倫理學

謝林到了老年，因為所有的功名利祿漸漸地消失，也就特別重視本身的修成問題，這種修成問題的討論，也就成為他的生活方式，因為在統一哲學的最高峰，人性已經走上了神性，已經不再斤斤計較塵世間的得失，他的倫理的最高峰，是要把人追求至善的心情完全表露出來，使得整個動態的宇宙與動態的人的心靈能夠變為同一的法則，從所有的束縛中解脫出來，成為自由自在的精神體，而且是絕對精神的東西。

第十九章

黑格爾

黑格爾是西洋集大成的思想家，他將西方 2000 多年來的哲學統一在他的辯證法之中，同時又把西方的唯心論推至極峰，使整個宇宙都向著「絕對精神」發展和進步。

第一節　生　平

黑格爾 (Georg Wilhelm Friedrich Hegel, 1770–1831) 於 1770 年出生於德國司徒加 (Stuttgart) 城，1788 年中學畢業以後，進入杜賓根大學修道院就讀；當時同窗中有名詩人賀德齡與德國觀念論哲學大師謝林。大學畢業後，於 1793 年到瑞士做家庭教師，四年後回法蘭克福 (Frankfurt)。1800 年到耶拿大學執教，時值謝林繼費希特教席，接掌耶拿大學哲學系，開始建構德國觀念論體系，尤其在自然哲學以及形上學兩方面，頗有成就。

黑格爾進入耶拿以後，於 1801 年提出博士論文，並且獲得「特優等」通過。論文題目為「論行星軌道」(De Orbitis Planetarum)，此時漸露頭角，又與謝林合辦《哲學評論雜誌》(*Kritisches Journal der Philosophie*)。後來法國拿破崙入侵德國，隱居巴姆堡 (Baumberg)，並為一日報做社長，此時出版《精神現象學》，為後來德國觀念論極重要之著作。

1808 年之後去紐倫堡 (Nürnberg) 做中學校長，其間出版了代表作《邏輯學》，終為海德堡大學聘為教授，時為 1816 年，兩年後，應柏林大學之聘，聲名洋溢至極點，直至 1831 年逝世時，已經成為整個德國學術界的偶像。後來黑格爾的著作終於被德國文化部（相當於我國教育部）定為哲學必修課程。

第二節　著　作

　　黑格爾著述頗多，最通常的有兩種分類法：一種是依著時間先後的分類，另一種是依照作品內容的分類。

　　依照時間先後的分類是：

一、第一期

　　1800 年以前的作品：大多屬於神學作品，較著名的有：

1. 《耶穌傳》(*Das Leben Jesu*, 1795)
2. 《基督宗教之積極面》(*Die Positivität der Christlichen Religion*, 1796)
3. 《基督主義之精神及其命運》(*Der Geist des Christentums und sein Schicksal*, 1799)

二、第二期

　　自 1801 年至 1831 年，也就是從黑格爾得到哲學博士學位開始，一直到他死之時，其間所出版的作品。此期間是豐收期，整個哲學都在這個時期建立，但是在開始時仍然未脫離神學的範圍。此期主要作品如下：

1. 《費希特與謝林哲學體系之差異》(*Differenz des Fichteschen und Schellingschen Systems der Philosophie*, 1801)
2. 《信與知》(*Glauben und Wissen*, 1802)
3. 《自然律之科學探討》(*Über die Wissenschaftlichen Behandlungsarten des Naturrechts*, 1802–1803)
4. 《精神現象學》(*Phänomenolgie des Geistes*, 1807)。此書開始了黑格爾體系的建立，由「意識」的探討開始，經過「自我意識」到「精神」的肯定；在「精神」的深度中，又尋出「理性」「精神」超度到「宗教」，超度到「絕對知識」。唯心體系終於圓滿達成。

5. 《邏輯學》(*Wissenschaft der Logik*, 1812–1816)。此書為黑格爾的代表作，全書分為三大部分：第一與第二部分探討「客觀邏輯」，先從「存有」開始，以質和量的根本形式，走向事物的「本質」，再以本質與現象的對立，發展出「概念」；於是進入第三部分，探討「主觀邏輯」，亦即「概念論」，透過對「自然」的觀察和體認，而逐步走向「精神」，終至走向「絕對精神」。黑格爾在此部代表作中，完全利用了「正、反、合」的辯證形式。

6. 《哲學百科全書》(*Enzyklopädie der philosophischen Wissenschaft*, 1817)。此書集邏輯、自然哲學、精神哲學之大成。

7. 《哲學大綱百科全書》(*Enzyklopädie der philosophischen Wissenschaften im Grundrisse*, 1817)

8. 《自然律與政論大綱》(*Naturrecht und Staatswissenschaft im Grundrisse*, 1821)

三、第三期

1831 年之後，即黑格爾死後，由其弟子整理出版者，計有如下各書：

1. 《宗教哲學講義》(*Vorlesung über die Philosophie der Religion*, 1832)

2. 《法律哲學概論》(*Grundlinien der Philosophie der Rechts*, 1833)。此書乃《自然律與政論大綱》之再版。

3. 《哲學史講義》(*Vorlesung über die Geschichte der Philosophie*, 1833–1836)

4. 《美學講義》(*Vorlesung über die Aesthetik*, 1835–1838)

5. 《歷史哲學講義》(*Vorlesung über die Philosophie der Geschichte*, 1837)

第三節　著作導讀

　　面對著黑格爾這許多作品，有早期的宗教著作，有中期及後期的政治哲學作品，以及體系龐大的哲學大著；對一個初學哲學的人，真是無所適從，不知道應該先讀那一本。

　　因為黑格爾生長在西方文化體系中，而且早年讀神學，故其作品的先後，無法給東方作為先後閱讀的次序指南。讀黑格爾的作品，最好先有一點西方神學的基礎，如果一點神學基礎都沒有的話，要懂透黑格爾的思想，恐怕就要成為不可能的事。

　　因為黑格爾的哲學體系是從神學走向哲學，因而其思想重心也就在於Onto-theo-logie「本體神學」或稱「存有神學」；黑格爾的意思是把「存有」、「神」、「邏輯」看成三位一體。由於「存有」、「神」、「邏輯」的三位一體的學說體系，入門者最好先讀黑格爾的一篇文章〈信與知〉，然後就進而讀他的《自然律與政論大綱》，藉以明瞭黑格爾對於自然以及具體人生的看法。有了「信」與「知」以及具體看法的自然律與政論之後，進而就讀黑格爾的代表作《邏輯學》，窺探黑格爾思想的全貌。在閱讀《邏輯學》的同時，或緊接著之後，不妨翻閱他的《哲學大綱百科全書》以及《哲學百科全書》。

　　明瞭黑格爾整體思想大綱之後，可以進而針對每一部分學說，加以深入探討研究。首先必讀的是《精神現象學》，此書可以說明黑格爾對於物質與精神的二元看法，同時可以改正時下所誤認的「絕對精神」的極端。此後就在「史」的發展中，看黑格爾對於「發展」和「進步」概念的看法，而讀他的《歷史哲學講義》以及《哲學史講義》。再後就是哲學出路的「美學」和「宗教」的《美學講義》及《宗教哲學講義》。最後，再回歸到黑格爾信仰的神學著作，讀他的《耶穌傳》等，藉以瞭解黑格爾的心靈生活。

第四節　學　說

　　黑格爾哲學的目的，一方面希望走完康德尚未走完的哲學道路，設法指出「物自體」本身既是「存有」，同時又是「思想」。這種說法顯然地又走回古希臘的伊利亞學派所主張的「思想和存有的一致性」。

　　要在「思想」和「存有」之間劃上一個等號，最重要的，當然要找出兩者之間的相同處，以及相通處，這是屬於積極的方面。在消極方面，要把兩者所不同之處存而不論。依照這條線索，黑格爾應用了他年輕時代所學的神學知識，在中世哲學高峰上，採取了《約翰福音》首章的意義，以「道成肉身」的奧秘，對於天人之間的關係加以解說，以為上帝與世界的關係，本來是「對立的」，上帝是創造者，而世界是受造物，在本體上就有不同的存在層次；但是，當「人」以上帝的肖像以及肉體出現之後，天地之間就有「人」作中保。可是在天人之間的關係中，由於人類所犯的原罪，致使上帝之子「降凡」，因而「道」成為天人之間的媒介。

　　在黑格爾看來，《聖經》中的這些「對立」與「和諧」，正如費希特所提出的思想法則中的「正、反、合」辯證。費希特以「自我意識」開始，以為整體存有在沒有「意識」存在之前，那是混沌而渾然成為一體的東西。但是這種渾然一體的東西本身就是一種「肯定」，當這肯定受到某一存在物的「自我意識」，而取代了「自我肯定」的位置後，就自行退隱；這「自我意識」與「自我肯定」就是辯證中的「正」，是「自我」存在的保證。

　　可是，如果這個有了意識的「自我」發現「自我的肯定」，同時也就是對其他「不是自我」的否定；換言之，誰肯定「我」，同時也就無形中肯定了「非我」。「我」與「非我」本來在原始的渾然一體的存在中，根本沒有區分，如今又如何會劃分出「我」與「非我」呢？主要的是由於這個「自我」的意識和自覺。由於「我」的自覺，使得自我脫離混沌，而變成一種肯定，這麼一來，「我」與「非我」最重要的，還是存留在觀念中，存留在

「我」之中。這個「我」同時是「正」（相對於「非我」而言），同時又是「合」（如果是把「我」與「非我」的起源拿出來研究的話）。

　　黑格爾把這種正、反、合的辯證法，應用於各種學問上，以為無論是那一種命題的設立，都是「正」(Thesis)，但是如果問為什麼要設立命題呢？那還不是說相反方面的意見也可能被提出。因而命題的提出，事實上又說明「正」之對立，即是「反」(Antithesis)。可是這「反」本身也就是一種命題，它要去反「正」命題，但同樣地，「正」命題也在「反」它，於是成了「反反命題」，亦即是「否定之否定」(Negation der Negation)。

　　黑格爾思想的西洋淵源，很清晰地，以為雙重否定就等於肯定，否定了「否定」之後，就是「肯定」，「反」了「反命題」之後，就是「正」。但是這「正」已不再是開始時的「正」(Thesis)，而是經過了「反」(Antithesis)之後的「合」(Synthesis)。

　　這「合」的地位是一種存在的境界，同時又是思想的境界；在這境界中，所有的「對立」或「矛盾」都被超越和超度，而且超度至「整體」或超度到「絕對」之中。這整體和絕對即是事物之完美地步，黑格爾稱之為「旁己」(An-sich)。但是這「旁己」本身就是一種肯定，這肯定多少含有一點自私的成分，因而有了違反整體和絕對的原義，於是又有「為己」(für sich)。「旁己」是正，則「為己」是反；正和反又將在思想法則中出現「合」，也就是「本然」(An-und-für-sich)，集「旁己」及「為己」之大成。

　　這「本然」本身又是一種肯定，這肯定引導出那些不屬於「本然」的存在，即「他存」(Anders-sein)；「本然」是正，「他存」是反，兩者合起就是「合」，而到達「存己」(Bei-sich-sein)。黑格爾以為「本然」是思想，「他存」是自然，「存己」則是精神。

　　黑格爾哲學體系，就是要把「思想」、「自然」、「精神」鑄造成一個體系；這體系是活動的，從下到上循環回歸式的，不是直線進行的「正」、「反」、「合」。有了這種方法的體認之後，我們就可著手進入黑格爾體系之中。今就依序講解其思路。

一、倫理學

黑格爾稱之為「邏輯的學問」(Wissenschaft der Logik) 或是「論觀念之學」(Lehre von de Ideen)。

黑格爾思想之出發點，依《約翰福音》第一章，以及先蘇格拉底期諸子的方法，詢及「宇宙太初」和「思想太初」的情形。黑格爾以為「太初」無論在「存有」方面，或是在「思想」方面，都是「旁己」(An-sich)，意即雖然有了存在，雖然有了思想，但是仍然是混沌的、抽象的，尚沒有具體化的情形。

倫理學分成兩大部分去研究：客觀邏輯與主觀邏輯，前者又分為存有論與本質論：

㈠存有論 (Lehre vom Sein)

黑格爾以為所有的「存有」根本是「質」，這「質」才是存有之所以為存有的理由和基礎，因而在辯證法則中是「正」；可是「質」可能只是觀念上的東西，尚未具體化的東西，要真正的存在，就必須有「量」的加入，於是相對於抽象的「質」來說，具體的「量」就成了「反」；可是若深一層去想，「量」的存在並不是獨立的，它也不可能獨立；它的存在純粹是為了「質」，這麼一來，這「反」其實又回到「正」之中，可是，這後面的「正」就再也不再是原先的「質」，而是加上了「量」的「質」；這在辯證法中，就是「合」。

在另一方面，「質」本身的「存有」特性，如果看成「正」，則「質」的否定就必然是「存有」的對立，也就是「無」，而在「有」和「無」之間原有一條通路，那就是「成」，生成變化或者是生滅現象，就是「合」；因為它確實能夠從「有」變「無」，也可以從「無」生「有」。

每一種「成」都表示「存有」已經具體化，而從「存有」走向「存在」。而只要有了具體的「存在」，馬上就呈現出「有限性」和「無限性」；

若把「有限性」當做是具體事物的正常狀態，則在辯證法中稱之為「正」，這「正」的肯定，也就是「無限性」的否定，於是「無限性」成為思維法則中的「反」。這「正」和「反」的綜合工作，就是有思想的個別存在的「為己」(Für-sich-sein)。

這「為己」的個別存在，可以是「一」，也可以是「多」，「一」與「多」在思維法則中成了「正」和「反」，但總綜合在「量」之中。

從「質」發展到「量」，一方面是事物從抽象的「存有」，走向了具體的「存在」；另一方面則是從質的「正」演變出量的「反」。

可是，這「量」相對於「質」來說是「反」，而其本身的「旁己」則亦是「正」。

這當作「正」的「量」需要「延續」作為具體存在的保證，於是有「延續」作為「反」；而正和反的結合則產生了「限制」，而成為「量」的具體化，具體的「量」不可能是一個，而應是散漫的，因而需要統一的「總和」；散漫的具體的量為事物的真實面是「正」，而「總和」則是一種理想，是「反」。然而這正和反都可由更高一層的「數」表現出來。這「數」就是「合」。

「數」本身雖然是「合」，但其統一性之中，卻有著「等級」之分，有多寡之別。於是「等級」成了「數」的正面；至於「數」的反面則是否定「數」的有限性，即是「無限」。等級為「正」，無限則是「反」，需要由「質量」去統「合」。

當然對「質」和「量」而言，「質量」是「合」，但是這種「合」卻也是事物的具體化；具體化的東西無論如何都是特殊的，這特殊的東西必須由更根本的「實質」來支持，於是造成了「本質」問題的綜合研究。這研究就引導著「存在」的體驗，走向「本質」的討論。

㈡本質論 (Lehre vom Wesem)

提出本質，就使人想起與本質相對的現象，黑格爾以「本質」為正，

因為它才是事物的真象；而以「現象」為反，由這正和反得出來的「合」則是事物的「真象」。

但是在本質本身，又出現另一系列的辯證，「本質」的根本是「本質性」，這「本質性」的對立是「表象」，可是正因為有「本質性」和「表象」，才真正造成事物的「基礎」；由這基礎出發，而形成具體的「存在」。

這「存在」也就是「現象」與「本質」的「合」，但其本身還是依靠兩者之間的「關係」而形成；這「關係」才是使事物變成「真象」。

這種從「本質」和「現象」所綜合的「真象」本身，又成了辯證中的「正」，而其反面則是超越真象的「絕對」；兩者之合，就成了「絕對真象」。這「絕對真象」就是「概念」，就是超越了真假對錯的思想最根本元素。

由此黑格爾就進入「觀念論」，也就是所謂的「主觀邏輯」。

二、觀念論

黑格爾觀念論 (Lehre vom Begriff) 的開始，與亞里斯多德的邏輯相彷彿，以「概念」為最基本的因素。可是，概念在根本上是「主觀的」，是主體意識內的東西；而宇宙的真實面，除了主觀的東西之外，尚有「客觀的」東西與之對立，如此，若以「主觀性」為「正」，則在辯證法中，「客觀性」就是「反」，而最後必須由主客統一的「觀念」來統「合」。

就在「主觀性」單獨地討論時，在整個的傳統三段論法中，「概念」為最基本，也是最先的單元，可視之為「正」；而「判斷」則是把概念的獨立性破除，而把零星的概念，甚至將概念與概念之間的關係，用「分」或「合」的方式，重新組合；因而可視為「概念」的「反」。可是若深思下去，為何在一個人的主觀內，要分合概念，還是由於主體想透過判斷得到結論，因而「結論」的出現，事實上就是「概念」與「判斷」的「合」。

同樣地，「客觀性」的地方，無論站在那一種研究自然科學的方法，都可看出「機械」的特性，一切客觀存在都有機械的必然；可是這種物理的

機械的必然，又成了對自然「正」的觀察；自然亦有其「反」面，那就是所有生命現象所呈現的「化學」變化；機械式的變化，只是物理變化，只是「量」的變化；而生命現象所表現的，則是「質」變，屬於化學變化的範疇。

集合物理的以及化學的變化法則，尤其在生命體中所觀察出來的事情，就可歸結出「目的」的結論。「目的」是綜合了所有物理變化以及化學變化的「合」。

更在「觀念」的大結「合」中，呈現出「生命」的活躍現象，它不再是「死」的，不再是純機械的，它的結論總是向著「生命」的高度發展；「生命」層次再往上升，就是「意識」的層次，「意識」的整體存在法則都「超越」了「生命」現象。因而把「生命」看成「正」，則「意識」就成了「反」。這種正反的交互作用，到最後就演成「存在」與「思想」的大綜「合」，就是「絕對觀念」。

從「質」與「量」的探討，透過無數的「正、反、合」辯證法，終至結論出「絕對觀念」。

三、自然哲學

黑格爾站在思想的立場，先解答了理念的課題，從對事物的概念開始，發展到絕對觀念。在另一方面，他又要走出主觀，而設法討論外在世界。黑格爾稱外在世界為「他存」(Anders-sein)，意即觀念之外的，與觀念不一樣的存在。

如果我們用笛卡兒的術語來說，黑格爾的「觀念」好比「心」，好比「思維」，而其「自然」則似「物」，好比「廣袤性事物」。如果把「觀念」作為「正」，則在辯證法中，「他存」就是「反」；而能統一這正和反的「合」就是「精神」。

這種以「精神」作為統一的原動力的想法，意即承認「精神」的永恆性和絕對性；而這永恆和絕對的「精神」曾經因了本身的動力，而走出自

己，進入觀念的階層；然後再從觀念降凡到自然界。最重要的是，精神在自然界中，竟能超度自然，帶進觀念界，然後再將之偕同觀念，引進到精神自身之內。

　　如此，黑格爾哲學所要提出來的自然哲學，最主要的仍然不是對「自然」的認識，而是對自然的「把握」，對自然的「提升」，而這超升的目標是精神界，而且是進入到「絕對精神」的高峰。

　　在「自然哲學」(Naturphilosophie) 中，黑格爾仍然用其全能的「正、反、合」辯證法，以「質」和「量」的二元，當做是對立的存在，而後來質和量的合併，當做是「合」。

　　屬於「量」的，總擁有機械物質，都可以是無意識的存在，都是屬於精神世界中「自己以外」(Ausser-sich-sein) 的存在。這就說明物與物之間的關係，是沒有意識的，是沒有交往的，只是純客觀的東西。它們相互之間要發生關係的話，就必須經由意識的啟發，透過概念及觀念，而最後引進精神境界的，才能成為存在以及思想系列中的真實。這麼一來，時空中所發生的一切方位運動，一切重力原理，甚至物理變化，都屬於「量」的課題。

　　「量」固然重要，它不可能是「零」，因為如果量的數字是零，則再好的「質」亦沒有用。但是，「質」仍然比「量」重要，因為「質」才使得一種東西變為有價值；因此，「質」是「量」的基礎，「量」是「質」的條件。

　　可是，質與量縱使都到了高峰，若沒有生命的臨在，仍然是死物，因而「生命」的目的性，才是真正支持事物存在的最終理由。「生命體」就包含了質和量在內，可是並非質和量的相加或總和，而是「大於各部分的總和」，這生命體最起碼的層次，就是植物，也稱為「有機體」，最後是人，都是有機體，亦都一步步地超越了有機體。

　　黑格爾對於自然的解釋，都是為了精神，以精神的發展和進步為目的；因此，就在生物的層面中，黑格爾以為生命體的現象是新陳代謝，新陳代謝就是消滅自己原有的一部分，好接受別的、新的東西。物質自己消滅自

己一部分，好讓精神來工作，讓精神來超越。

四、精神哲學

　　精神哲學 (Philosophie des Geites) 是討論「存己」(Bei-sich-sein) 之學。在最終的抉擇中，黑格爾以為精神的表現，最根本就是「觀念」，這觀念由於非物質性，它的否定就成了物質的「自然」。「觀念」與「自然」的對立是正和反；可是「自然」的再否定，就又回到「觀念」之中，這後面的觀念，因為經過「自然」的否定，是經過雙重否定之後產生的，因而是「精神」。

　　「精神」的本來面目即是「正」，因為它總是「主觀的」；但是「客觀精神」的出現和強調，就成了「反」，要統一這主觀精神和客觀精神的，唯有「絕對精神」。

　　在「主觀精神」中，有「旁己」，是為「正」，有「為己」，是為「反」；然後就是「旁己」與「為己」的「自己」，是為「合」。「旁己」是靈魂，但是靈魂在存在的範疇中，是「體」，尚有「用」的產生；所以是討論理論的「人類學」。「為己」則是「意識」，是靈魂開始發揮其「用」的明證，亦即開始討論具體的人生：法律、倫理、道德，都是討論的範疇。到了「合」的「自己」，則顯然進入精神的境界，是靈魂「體」、「用」皆到達最高峰的時候，此時人性已經進入「藝術」和「宗教」的層次；到最後，在黑格爾看來，歸結在「哲學」之中，成為「用一切去衡量一切」的學問總匯。

　　在「旁己」中，最原始的是「自然」，從自然演進到生命，再進而為「感覺」；這「自然」與「感覺」之對立消融在「靈魂」的真實中。

　　在「為己」中，相對於自然的就是「感性」，這原始的感性漸漸地發展到「知覺」；至於再進一步就是超越「感性」和「知覺」的「悟性」。「感性」是「正」，「知覺」是「反」，則「悟性」是「合」。

　　可是，當這本身是「合」的「悟性」，一旦獨立存在起來，自身又變成為「正」的，「意識」又會以「反」的立場與之對立。這種對立，唯有「精

神」可以消解；因而「精神」的合，才到達了一個段落。

　　然而，就在這「自己」的「精神」中，也無法脫離正、反、合的發展法則；至少是，先有正的「理論」，後有反的「實踐」；而「自由精神」就是統一這理論與實踐的動力。

　　「理論」本身，又充滿著辯證；因為精神的「直觀」是正，而「表象」是反；而「思想」就可以把直觀和表象連結起來。

　　「精神」表現出來的最低層次是「感性」，但亦有「衝動」與之對立，唯有「幸福」才能止息感性和衝動。

　　提到「客觀精神」，雖然相對於「主觀精神」時是「反」，但其本身仍是「正」的地位，在辯證法中，「存在」是最原始的，但這原始的存在，則需要「倫理」的覺醒，「存在」與「倫理」發展成「道德規範」；但是，「道德」可以是「家族」的，或是「城市」的，而其「合」的更高一層，則是「國家」。

　　再進一步，「絕對精神」所表現的，是感性直觀所直接接觸的「美」，是「藝術」；但這「美」卻被另外一種宗教的「神聖」所涵蓋；到後來唯有「哲學」出來，用一切去衡量一切的方法，引導藝術和宗教，走向「絕對」的階層。

　　在「宗教」的意見中，黑格爾完全站在西方人的立場，以啟示宗教，尤其以羅馬為中心的制度宗教為最高，而其他自然宗教，則成為過渡時期的東西。

　　黑格爾哲學，主要的就是要兌現西洋早期的哲學定義：「用一切去衡量一切」；因而他亦把「哲學」當做是高於一切的學問總匯，因而說明其為「知識的知識」、「藝術的藝術」、「宗教的宗教」(Scientia scientiarum, ars artium, religio religionum)。

結　語

　　西洋近代哲學，開始於「科學哲學」的探討，經「道德哲學」的提升，終結在宗教情操的「觀念論」中。

　　「科學哲學」的特性，無論在理性主義或經驗主義，都可以表現出來，那就是先預設了「主客二元」的分立；這種分立所含意的，就是主觀世界和客觀世界，各有各的存在，而哲學在當時的任務，是要用「知識論」的方法，使這種二元的對立，能夠在科學方法的「真」之中，完全把握。

　　因為要用「科學方法」，因而，無論主體或客體，在認知的過程中，都應當化作「平面的」、「靜止的」，好使兩者間有同一的思想法則，以及存在法則；而這兩種法則又必需重疊在認識作用之中。因此，無論理性主義的直觀，或是經驗主義的歸納，其實都在「平面化」以及「靜止化」宇宙的嘗試中進行。「科學哲學」的方法，一直到理性主義淪為獨斷主義，經驗主義淪為懷疑主義之後，才知難而退。適時有康德出來，把哲學導向了「道德哲學」的層次。

　　「道德哲學」所要探討的，是要把「靜」的主體「動化」，是要把平面的存在「立體化」。因而，在人生哲學中，道德哲學家把「人性」從自然中抽離出來，賦予道德價值；以為宇宙物質固可以是平面的，屬數理層面的；但是，人類卻會因為倫理道德的良知，而變成立體的、動態的。

　　「人會超度自己」是道德哲學的根本信念。人性會由於自身的努力和修練，而達到成聖成賢的階段。人性在完美自身的工作上，漸漸修成人格。可是，哲學並不單單研究「人生問題」，「宇宙問題」也是哲學所不可忽略的，這就是促使德國觀念論，繼康德之後，興起與發展的原因。

　　「觀念論」的根本信念，在於用一個「動」字，來形容宇宙萬象。這「動」字極似中國的「易」概念，都在說明宇宙的真象，不是靜止不動的，

而是常在運動變化的；都在指出宇宙不是平面展開的，而是立體架構的。

　　就在立體重疊，與生生不息的宇宙中，觀念論者設法把人安置在其中；這就形成宇宙和人生的合一。宇宙和人生，在哲學開始時，總設法使其合一，觀念論用所有的方法，設計出「辯證法」，使其邏輯的體系，和存在的架構，能在同一的法則下存在並發展。

　　西洋近代哲學，在史的發展上，從很具體的思想對象開始，漸漸進入了倫理道德的理想層次；復由倫理規範的確立，再次提升自己，走向藝術和宗教的境界。因此，在觀念論的設計下，整個宇宙的變化規程，依照著辯證的法則，由物質而生命，由生命而意識，由意識而精神；就在精神境界中，人性開始從荒蠻的「自然世界」中，創造出文明的「人文世界」；也就在人文世界的發展和進步中，不但發揚了科學，在自然中找出了數理法則，使人生統御著物性，而且利於人與物之間，人可以「用」物，但是人必需「愛」人，這就是倫理規範最基本的原則。

　　而在「愛人」的設計中，先要「修己」；「修己」就是康德「道德命令」的最終實行。但是，「人與物」、「人與人」之外，還有「人與天」的關係，這也就是整體人性在發展過程的最終階段，必需注意的問題；同時也是問及「人生在世」的意識和價值的問題。

　　黑格爾的「絕對精神」，不但表現了西方宗教情操的「上帝」概念，而且在整體思想看，也是中國「天人合一」理想最終的實現。「絕對精神」是人性在經過道德、藝術、宗教之後，完成了人格之後的境界，同時亦是「精神」在「精神臨在物質」之後的最高發展。那麼，整體宇宙，以及整個人生，在進步和發展過程的終極，都是走向「絕對精神」，變成「絕對精神」。在這個境界中，「物質」和「精神」是合一的。

　　近代哲學發展到觀念論時，兌現了「用一切去衡量一切」的哲學界說，可惜黑格爾「左派」學者，誤用了辯證法的邏輯，更調包了辯證的內容，而產生了辯證唯物論，催生了共產主義，赤化了半邊世界，陷害了無數善良的百姓，使人性蒙受了莫之能禦的空前大災。

　　西洋哲學的興盛，除了希臘早期，中世十三世紀之後，就是近代十九世紀前半期；到了十九世紀中期，興起了唯物、實證、實用、功利、進化等思想，重新陷人類於迷失中。這些情況，待「現代哲學」部分，再行探討。

現代哲學

緒　言

　　西洋現代哲學起自 1831 年，即德國觀念論者最後一位學者──黑格爾逝世的那一年開始，直到今天。

　　西洋現代哲學在這一百多年的發展中，有好有壞，有可喜的現象，也有可悲的命運；因為就在這一百多年中，自然科學有了驚人且長足的進步，工業發展到了顛頂，人類的物質文明也到達了高峰；但是在另一方面，人類的精神生活似乎總是趕不上物質的文明，甚至人類的理性用來造福社會的力量所付出的關心，很可能遠不如用來危害人類和世界的事實。

　　固然黑格爾死了以後，德國的文化部（相當於我們的教育部）明令各學校必須以黑格爾的學說為必修課，而引起許多學者的反對，並且因此種下了禍根；如此懂得黑格爾哲學的人教授黑格爾哲學，不懂得黑格爾哲學的人也教授黑格爾哲學，喜歡黑格爾的人講黑格爾的思想，不喜歡黑格爾的人也講黑格爾的思想，這樣把黑格爾的哲學思想講得亂七八糟，一般的士大夫階級對於他的思想有了很大的反感，因此也就開始不喜歡黑格爾的唯心論，而嚮往哲學的另一派系，即唯物論。

　　唯心論的沒落直接影響唯物論的產生，而唯物論的產生，在西洋哲學，尤其是在西洋的文化發展中，有它的必然性。我們在「近代哲學」部分中提過，西洋的文藝復興與啟蒙運動，給西洋所帶來的，固然發展了人文主義的高峰；因為當時的學者具有濃厚的民族意識，他們不再贊成羅馬的中央集權，同時也不贊成接受東方希伯來傳進來的文化體系，希望回到希臘的人本思想中。可是在另一方面，關於人生哲學方面，我們千萬不可忘記！西洋的白種人從希臘的海島文化誕生開始，就一直是屬於競爭的文化；這種競爭的思想，以時空為中心的奧林匹克做典範，而奧林匹克所產生的文化是屬於競爭的，直接影響到白種人的人生觀。

在日常生活方面，使得他們有奴隸制度，奴隸制度最主要的思想是不把他人當成人看待，在群體生活中，他們實行殖民政策，是一個民族奴役別的整個民族；這種相反人性、違反人道的傳統，曾經有希伯來的宗教思想壓抑了一千多年，可是當西方從文藝復興與啟蒙運動中自覺以後，竟然拋卻了耶穌基督所帶來的「仁愛」思想，而又開始殖民和蓄奴。

西洋從唯物論開始以後，從進化論的假設開始以後，白種人又開始在我們這個世界上奴役與殖民，奴隸制度莫過於白種人在美洲販賣黑人為甚，殖民主義莫過於白種人侵凌黃種人的地盤和黑種人的地盤為甚；我們中國就曾經遭受過瓜分之禍，雖然沒有成功，但是卻清清楚楚地指出西洋十九世紀後半期以後的人生觀、人生哲學和政治、社會的制度確實違反人道。

因此我們在此提及，固然在自然科學的發展和經濟、工業的發展上，我們讚美西洋十九世紀與二十世紀的成就，我們也讚美文藝復興和啟蒙運動推進西洋白種人大眾化的教育以及科學技術的萌芽與發展；可是對於人性與人道方面的觀察，我們卻不敢領教西洋這一個多世紀的作為。

在另一方面，近代哲學有法語體系和德語體系佔了上風；在十九世紀後半期開始，哲學園地中沈默了好一會兒的英語體系以及法語體系又開始重振旗鼓，捲土重來。在法國興起了實證主義，在英國出現了功利主義，並且發明了進化論，補助了德國唯物論與法國實證主義的學說，甚至遠在美國也產生了實用主義以及修正實用主義的工具主義；這些新興的學說，都曾經在西洋十九世紀後半期的七十年間，影響了西洋的哲學思想，一直到二十世紀初期，這些唯物、實證、實用、功利……等等的思想，不但影響了白種人的世界，而且散播至整個世界各地，甚至每一角落都受到這些思想的影響與污染。

西洋一直等到二十世紀初年，才出現一些先知先覺之士起來，集合了傳統和當代的智慧，觀察了精神和物質的關係，才重新計劃出人性的價值與尊嚴，慢慢地從反人性與反人道的奴隸制度和殖民制度中覺醒。

可是雖然白種人的世界漸漸地覺醒了，世界上所有科技落後的國家，

由於迷惑物質生活的需要和享受，已經大部分墮落於西洋十九世紀後半期的思想桎梏中，我們中國的現狀就是一例，在大陸不用說是實行唯物共產主義，在中華民國臺灣省又何嘗不是走著唯物實證的道路呢？

目前我們好好地研究西洋現代的思想，以西方的沒落和西方的興起作為事實而研究，藉以作為西化或洋化的借鏡；雖然在科學技術方面所有的國家西化是必然的，而且在發展中的國家而言，西化是必須的，我們必須趕上西方的科學與技術；但是在精神的生活方面，尤其是在人生觀上，是否也得把自己幾千年的文化拋棄而接受西洋的人生觀呢？

因為西洋二十世紀的哲學有了覺醒的象徵，尤其是德語區與法語區，到目前為止，都已經漸漸地脫離了西洋十九世紀後半期沒落思想的影響，而能夠在唯物論與共產主義中重新估價人性的尊嚴，重新研究人性的價值；並且同時也能夠在實證主義的潮流中，挖掘出生命的奧秘與精神的崇高；甚至在英語體系中，實用主義與功利主義也已經無法定於一尊了，而是由一些大思想家挺身而出，設法把哲學超度到形而上的地位，把人性超度到神性的領域。

我們探討西洋現代哲學的時候，很顯然的就時間而論，就可以分為兩段，而且這兩段的時間可以分配得十分平均；即以黑格爾逝世的那一年——1831 年，到 1900 年之間為前半期，其間經過了七十個年頭；然後我們又可從 1901 年開始算到今天，則已追過一個世紀了。

在這兩段時間的哲學變化中，我們幾乎可以說，西洋十九世紀後半期的哲學，是迷失了，迷失於物質的世界以及物質的享受中；可是二十世紀的哲學，卻有許多的跡象，使得它在覺醒後，重新尋獲精神的價值以及人性的尊嚴。

黑格爾的哲學曾經一度把唯心論推至極峰，使哲學到達了藝術與宗教的境界，哲學與科學根本上已漸漸地分離；黑格爾的這種想法，在膚淺的人們看來，他是遠離了科學，已經不合潮流，因此在唯心論達到峰頂以後，就連黑格爾自己的學生也起來反對自己的老師，而用實際的對物質的關心

替代了對精神的嚮往，以物質的光榮取代了精神的價值。

　　在西洋當代的思想中，很顯然地唯心論到達高峰之後，哲學的發展只有一條路可走，超過黑格爾已經成為當時不可能的情形，所以再從唯心的頂端下來，回到經驗的世界，從高昇的理想再回到實事求是的現實當中；於是從 1831 年到 1860 年的三十年中，西洋的哲學走進了分裂的時代。這種分裂的時代很顯然地是針對唯心論的學說，所有新興的學說都是正面地與唯心論起了衝突；這種衝突漸漸地累積下來的就是德國的唯物論、法國的實證主義、英國的功利主義、美國的實用主義。從英國的功利主義配合了自然科學中特別是生物學的研究，慢慢地發展了進化論，然後有德國的唯物論接受了進化論的思想以後，架構了整個人生哲學的體系，因此發展了適宜於或至少可以解釋工業發展中所產生的流弊的共產主義，而共產主義固然看到了當時社會發展的一面，卻是病態的一面；可是對於真正可以解救這種人類危機的，並不如《共產宣言》所說的要在英、法起革命。

　　因為勞工與資本家之間，除了武鬥之外，還可以用和平的手段；我們到今天所見到的社會現象，真正搞工人革命的，不是法國，也不是英國，而是蘇聯與中共。不過，蘇聯和中共目前都已經放棄了「鬥爭」而向西方看齊。尤其是中國大陸的「對內改革」和「對外開放」，便是最好的例證。

　　與黑格爾哲學相對立而分裂的，也就是與純粹思維對立的，是著重經驗與實驗的泛科學主義者。這些泛科學主義者，把人性當做物性看待，而在相同的情形之下，助長了白種人征服世界的野心，使得白種人瞧不起其他的有色人種，要以殖民地與奴隸的政策，欺凌他人，圖霸天下。

　　從另一個角度而言，希臘哲學發展到最高峰的形上學之後，它問起了宇宙最終的原理原則；可是希臘哲學也發展了另外一面，即形而下的問題。這形而下曾經在人類的思想中停留了一段相當長的時間，它的最主要理由，是我們的頭腦比手腳快，已經想出來的科學技術，手腳卻跟不上。

　　西方發展了一段很長的宗教時期以後，才開始發展自然科學，而這自然科學的發展從十六世紀到十九世紀，幾乎是三百年的時間，才漸漸地有

了長足的進步；在這三百年期間，配合了西洋侵略和奴役的野心，也就發展了各種工業技術的峰頂。

近代自從自然科學萌芽以來，哲學提出來的所有形而下問題，似乎都應該得到解答了，可是事實上卻不然，哲學的思考總比科學的發展來得快；因此在理想與現實之間，在自然科學與形而上學之間，常常出現了不和諧的現象。所以唯心論可以藉著這種空隙直線上升，到達絕對唯心論的地步，可是一旦自然科學與技術發展到某一程度以後，人性就開始覺得思想的法則固然重要，而現實的生活卻更重要；因此從西方十九世紀之後，一直發展下來的哲學思想，帶有濃厚的唯物氣氛。

它們針對人的問題或神的問題的討論，都以物理的法則去衡量，雖然以物的法則，可是表面上還是以人做中心，而且設法把整體的人當做研究的對象；因此在最初的三十年分裂的期間，一方面有自然主義的興起，但是另一方面有傳統的形而上學以及道德主義的學派主張價值與目的，與主張唯物的、盲目的、機械的宇宙論相對抗。

當然我們雖然在表面上看到的，是唯物論與唯心論的對立，而事實上，卻是人的心靈與頭腦的對立；因為如果要發展奴隸制度與殖民制度的話，需要依恃一個人靈活的頭腦，可是如果要在科學技術發展到峰頂的時候，仍然主張人與人之間要仁愛，仍然是主張人與大自然之間要和諧的話，這種動力必然是來自豐富的心靈而不是來自靈活的腦筋；而人生存於天地之間，生存於人與人之間，總是設法做人，總不希望把人與人之間的關係看成物與物之間的關係，不希望把人際關係看成人與動物或動物與動物之間的關係。

十九世紀哲學雖然可以說是一種過渡時期的哲學思想，屬於混亂的局面，但是這個亂的局面對於世界的影響十分大；影響最大的，就是人生存於工業社會中，開始不能夠以精神的生活為中心去適應現世的生存，尤其是一些落後的國家，從農業社會過渡到工業社會的時候，卻無法適應，無法把傳統的美德以當代的方式表現出來；比如是「敦親睦鄰」的美德，似

乎只能適用於鄉村間的人際關係，而不適宜於都市裡高樓大廈的居民。事
實上卻不然；住在公寓式的房子中，人與人之間的關係同樣可以藉著各種
的交際與活動，雖然沒有鄉村的淳樸，至少不會像過路的陌生人。

　　西洋現代哲學，特別是在前七十年的期間，也就是在十九世紀的哲學
中，很顯然的分為兩部分，前三十年是哲學分裂的時代，後四十年是哲學
對立的時代。

　　在分裂的時代中，相對於德國的觀念論，出現了一些唯實論與客觀主
義，也出現了與客觀主義相對，同時也和德國觀念論相對立的主觀主義的
思想。

　　在後期的四十年當中，即 1860 年至 1900 年期間，開始了哲學建立系
統能夠相互對立的一段時期，在這些對立的思想中，作者以三種的對立去
概括，一個是客觀主義與主觀主義的對立，一個是宗教與反宗教的對立，
一個是物質與精神的對立。在這些對立的思想中，很顯然地可以看出都是
希望擺脫觀念論或康德哲學的束縛，能夠在哲學中找到一種新的境界。

　　當然在客觀與主觀之爭中，在宗教與反宗教的學說中，或在物質與精
神的對立中，仍然可以看出反宗教與物質的學風佔了上風，而屬於宗教情
操的，能夠重視人類精神文明的一些學說，在工業社會與科技高張的時期，
難以立足。十九世紀後半期，最主要的學說是針對德國觀念論的理想，提
出現實的解答，雖然他們所謂的現實，不見得比理想的東西好，畢竟能夠
與科學技術和工業的發展的具體事實相配合。

　　因此在學說上，也有客觀主義的出現，贊成唯實論的說法，把一切的
存在都當做客觀的，而主觀的，精神的價值漸漸地被否定。就在十九世紀
後半期，有了客觀和唯實的說法出來保證哲學的方式之外，也有把「人」
作為中心，以人的精神、理想與現實配合的說法，用來討論宇宙和人生的
問題，這就是主觀主義的出發點。

　　主觀主義設法以心靈為出發，以心作為歸宿，並且也以心靈的行為作
為全部知識與本體的過程；雖然在西洋十九世紀後半期的思想中，很大的

一部分工作無法與黑格爾的偉大體系相提並論，可是他們因為有現實的生活所支持，而且還有反對黑格爾更激烈的一些學派所支持，因此在西洋十九世紀後半期的思想上，整個的哲學無論在分裂的狀態之下，或在對立的狀態之下，幾乎都是接受「科學萬能」的學說，多多少少地受到唯物實證的感染。

真正能夠與德國觀念論相對立的是自然主義，而這個自然主義包括了所有的唯物、實證、實用和功利主義在內，這種自然主義最大的傾向，就是要發展現象主義；現象主義一方面反對「超越」，另一方面又反對宗教情操，反對「超越」是反對外在的上帝的存在，反對宗教情操是反對個人內心超越的可能性。

因此如果我們以學派為主的話，觀察西洋十九世紀後半期的思想，則有唯實論、自然主義、客觀主義、精神主義和主觀主義，都是反對黑格爾的觀念論；如果我們以哲學家為主的話，則可以看到無論是贊成宗教的齊克果，或反對宗教的尼采，無論是主觀的叔本華，或唯物的馬克斯，或實證的孔德等等，也都是反對黑格爾的思想。

總而言之，西洋十九世紀後半期的哲學，真正是西洋哲學走上最大迷失的一個時代。在此期中，人性被污蔑了，人類的尊嚴，被某些野心家所控制著，哲學真正思考的方向走進了迷失的狀態當中；站在人的立場，他的精神與肉體的二分法，變成了精神隸屬於肉體的情況。

我們暫且不論西洋殖民與奴隸制度在西洋十九世紀是如何地猖狂，至少我們看到他們在哲學園地中發展的唯物、實證等等的作孽、對於人性價值與尊嚴的解釋，就可以知道西洋如何在思想上開了倒車，我們如果看到西洋主張人是猿猴進化來的，我們也就知道他們在人類歷史發展中如何污蔑人向上，向著更好的地步發展的特性，而把人的瘡疤揭出，提出人是如何從獸性那裡發展出來的，而忽略了人性縱使是由獸性那兒發展來的，畢竟向著的目標是神性與超然。

幸好西洋二十世紀的哲學有了很大的轉機，因為西方的上帝畢竟看顧

了白種人的世界，就在 1859 年這個年代裡，上帝給西方送來了三位先知、聖人，而這三位思想家恰好分給西洋當代最主要的三種語系：德文、法文和英文。在德語區誕生了胡塞爾，胡塞爾發展了現象學的方法，找出人類知識與存在的中心，是在人內心的意識當中，外在世界的一切是依靠人類的意識去想它、去創造它。自從胡塞爾的思想發展以後，德國就不再有人相信馬克斯的唯物學說。

　　也就在同一年中，法國誕生了柏克森，柏克森發明了生命哲學，用實證論的同樣方法，證明人的精神高於物質，生命哲學發展以後，在法國的學術界就再也無人相信孔德的實證主義了。

　　美國在同一年也誕生了杜威，杜威的思想是把實用主義引導到工具主義之中，把人對利害的關係引導到是非的觀念中，也就是說，杜威重新把宗教、倫理帶領到人類的平面的知識當中。

　　由此觀看二十世紀的哲學的話，就看這三種語言在哲學中的影響，十九世紀時代，德國最猖狂的是唯物論，法國最猖狂的是實證主義，英美最猖狂的是實用主義與功利主義，到了二十世紀，同年的三位哲學大師，胡塞爾足以修正唯物論的猖狂，柏克森也足以打倒實證主義的偏差，杜威足以導引實用主義的迷失。

　　當然二十世紀的哲學，最主要的並非提出一些方案，指正十九世紀思想的錯誤，二十世紀的哲學並非如此消極，也有積極的一面。在積極的方面而言，可以分為兩方面討論，一方面是針對所有自然科學的發展、針對工業社會的發展，而提出「科學哲學」的口號，希望在工業的社會中，人類仍然可以發展自己精神的生活；另一方面人類面對著自身的存在，也就發展了「存在主義」，設法在人與人之間的關係漸漸地惡化、孤立的工業社會中，尋找出個人生活的一條出路，同時也指出人與人之間應該有那種正常的關係。

　　在二十世紀末年，尤其是六〇年代之後，還出現了另外一位大的思想家，他很可能是我們世界哲學未來的一條出路，也就是在本書中最後要提

及的德日進；此位法國人所受的教育，一方面是神學的，一方面是哲學的，另一方面又是科學的，他同時是科學家、哲學家、神學家，他受教育的時期是在法國，他思想的成熟時期是在中國，而著述的時期是在美國；如此一位能夠統合世界各地各種文化、各種語言系統，而且又能統合各種學科的人，是十分難得的，因此德日進的學說，也希望能夠在科學、哲學、神學已經分離到無法互相討論問題的時候，他有此種膽識、見解，能夠把這三門學問拉到一起討論，以整體的人看整體的宇宙，以整體的人看人和宇宙之間的關係，看人與人之間的關係。

在德日進的學說中，他可以很清楚地運用科學的方法，告訴我們人與物的關係，他可以用哲學的方式，告訴我們人與人之間的正常關係，同時他也可以告訴我們如何在神學上取得人與神之間的正常關係，作為人生最後的一個歸宿。

當然我們在這本《西洋哲學史話》中，不能夠涉及到當代思想的全貌，至少我們能夠在整體的西洋當代思想發展中，看出人類的思想，看出人性如何會迷失，可是又如何會覺醒。我們在討論西洋當代思潮之時，很清楚地分為三個部分：

第一個部分是我們先站在西洋哲學之外，看它的歷史發展，也就是剛剛提及西洋人如何在人性的發展與追求過程中，走上了迷惑於物質，迷失精神之途；可是在另一方面，我們又可以看到那些先知先覺之士，如何能夠拯救危機，如何以「救世主」的身分出來，重新指引迷津，重新促使人類走上自覺的境界。

在史的發展之後，我們還可以觀察究竟西洋當代哲學的內容是什麼，在研討了它的內容，畢竟要在人性的迷失當中，替人類在宇宙之間找到一條出路，最後我們還要站穩自己的立場，觀看西洋當代的思想，特別是它從迷失走上自覺的一條道路，這樣對於我們的思想有一種啟發的作用。

在歷史的發展當中，我們很清楚地看到黑格爾死了以後，德國的哲學呈現著分裂的狀態，德國哲學的分裂，也就領導著西方其他國家的思想的

分裂，繼黑格爾的絕對觀念論而興起的，一方面是反對黑格爾的左黨，另一方面也有維護黑格爾學說的右黨，左黨諸子在一開始的時候，就攻擊黑格爾的宗教信仰，開始批判西方基督宗教的傳統，甚至批判人性在宗教情操中的地位，而把終極概念的「至善」揚棄之後，接著就提出鬥爭性質的唯物論與共產主義；黑格爾的右黨則繼續發展「仁愛」的觀念，而且以發揚「仁愛」為職志，配合著傳統基督宗教的信仰，以新士林哲學與新康德學派的宗教與倫理來維護世道人心；就在這種分裂和對立的混亂中，眾說紛紜，分裂的時間有三十年之久，直到 1860 年以後，每一種派系才漸漸地建立，而從分裂走上了對立。

這些對立，除了德國的唯物與新康德學派的對立之外，還有法國的實證主義；這實證主義崇拜科學的方法，以科學為萬能，站在科學的立場反對神學和哲學。在英語體系的國家則有功利主義。功利主義主要的學說，是把所有絕對的事物剷除，代之以相對的價值，這種相對的價值理論，很顯然的是反對傳統的絕對命題。不但在英國出現了功利主義，而在美國也出現了實用主義，實用主義懷疑傳統的宗教和倫理的價值，認為一切的一切都在相對之中。

四十年的對立，由於人們對於科學與技術的信賴，以及對生活奢侈的嚮往，終於壓低了精神的價值，尤其是壓低了倫理、藝術、宗教的情操，把科學與技術推上神壇，作為人性崇拜的對象。十九世紀後半期的思想，可以說是人性崇拜物性最顯著的時代，人性在十九世紀後半期當中，拋棄了傳統的上帝，可是重新把物質當做上帝來崇拜。

科學技術的發展，如果沒有精神生活去配合的話，當然會產生人性的沒落與人類行為的偏差，因此西方十九世紀的確是西洋最黑暗的一段時期，在這段時期中，尤其是黑格爾死了以後，即 1831 年至 1900 年間的七十年，產生了西洋有史以來最黑暗、最沒落的文化階段，這種黑暗與沒落的明證，就是表現在人與人之間，國與國之間、民族與民族之間的爭奪，人性也在戰爭中遭到殘酷的否定。在此段期間，白種人之間相互的爭奪還算客氣，

但是對待其他的有色人種，卻是侵略、奴役、殖民，配合著各種新式武器的發明，成為史無前例的人類浩劫。

二十世紀以來，雖然在哲學園地上有很多的先知先覺之士出來，找還人類的尊嚴與價值，但是軍隊與戰爭仍然在威脅人類的安全，準備著摧毀人類與世界；人類對和平本來就有一種嚮往，可是當代的人類對於這和平的寄望，常常遭到一些好戰者，喜愛鬥爭者的阻礙。

當然由於西洋十九世紀後半期的唯物、實證、實用、功利主義所導引的自然主義，對人性的浩劫，完全暴露於二十世紀的兩次世界大戰中，西方因為嘗到了戰爭的苦果，很多人能夠痛定思痛而自覺，就藉著現象學與生命哲學，而毅然地拋棄自然主義的種種謬論，企圖以人性的尊嚴來領導科技的進步。

但是世界上畢竟還有一塊很大的土地，並未為兩次世界大戰所波及，它的百姓在當代而言，是生來的暴發戶，對於哲學的派系無法做明智的抉擇，像西方已經揚棄的實證、實用主義，像奧國已經丟棄的維也納學派，仍然在這塊土地上大行其道，更不幸地還藉著富庶、進步的招牌，給其他落後的民族，尤其是那些落後的，但是又想在科學技術上急起直追的國家輸入了所謂自然主義的思想，目前一些行為主義或邏輯實證論，都是設法挖人性的根，挖人性尊嚴和價值的根，都是否定倫理和宗教的層次，在別人的優良傳統中散播「代溝」的思想，而在與自然主義的關係中，高喊運動，許多沒有根深蒂固文化的國家，或本身狂妄地丟棄固有傳統的民族，一個個相繼地迷失在追求財富，但都不斷引發戰爭，原因無它，倫理與宗教的否定或漠不關心，導引人性的人生目的模糊，手段更是不顧倫常所致。人性的自覺與民族的自覺卻是現代哲學最根本的課題，除了能夠擺脫西洋十九世紀後半期自然主義的思想，否則人類不知還要流多少眼淚以及忍受多少苦痛。

西洋十九世紀後半期的思想，多屬自然主義的哲學，雖然當時有新康德學派以及基督宗教中的士林哲學仍然在逆流中做中流砥柱，但是依舊無

法阻止邪說的橫行，就在黑格爾去世以後的三十年分裂與四十年的對立時間中，哲學的慧命幾乎全斷送在科學主義的手裡，這種自然主義的科學主義本來的意義是幫助人類認識「物」，幫助人類征服自然，幫助人類解決民生的問題，這種學說在開始的時候是十分正常的，沒有絲毫越界的現象，也更不會走上否定人性的思想途徑，也不會有否定人的精神價值與企圖，可是久而久之，由於從文藝復興與啟蒙運動的反抗心態，慢慢地導引哲學對於傳統的倫理道德與傳統的宗教情操的不滿，尤其是針對著集傳統於一身的黑格爾哲學起了反感，因而從各種的語言體系中同時發出「科學哲學」的口號；這些「科學哲學」的口號，完全是站在黑格爾哲學左黨所提出來的。

西洋當代的思想，沿襲著德國的觀念論，最先有反對黑格爾左黨的出現，這些左黨人士首先反對黑格爾哲學的「根」，即傳統的基督宗教信仰，以及「啟示」的神學。這些左黨人士所提出的思想，以「唯物」做中心，反對黑格爾的唯心論，他們開始的時候，是反對神學的思想，但是漸漸地變成哲學的體系，特別是後來變成政治的思想和社會的思想，尤其是透過馬克斯和恩格斯的作法，竟然把「唯物」帶上了「共產」，把唯物論帶上了共產主義。

唯物論的興起，是在黑格爾絕對精神的反動下進行的，由這些左黨的人士所催生，他們哲學最主要的理由，是由辯證法所促成，而以唯物辯證、唯物史觀的內容去架構哲學的宇宙觀和人生觀；也就在宇宙和人生的問題上，他們運用了由英國所輸入的進化論，而以為無論在理論上或在世界歷史的史實上，都是唯物的，人是由猿猴進化而來的，精神是由物質進化而來的，整個歷史都是在闡明唯物和進化的事實，在唯物論的哲學體系中，能夠用哲學的方法，同時也用神學的方法，辯證出唯物學說，而反對唯心的學說。

我們目前所知道的最有名的當然是馬克斯與恩格斯，而事實上，哲學學說最有深度的是費爾巴哈；無論是費爾巴哈，或者是其他黑格爾左黨的人士，其實最先反對的是黑格爾的宗教信仰，因此他們設法去唸神學，從

神學當中找出一些破綻，作為反對神學的建立，反對上帝的存在，以及物質條件的重要性，尤其是在人生的過程中，經濟的活動影響了整個的人性，在整個唯物辯證的過程中，經濟才是民生最主要的東西，經濟可以由物質的條件控制著。

除了德國的唯物論之外，在法國也產生了相信科學萬能的思想，這種在法國發展的科學主義叫做實證論。實證論最主要的學說，是在方法論上，以為科學方法，特別是在自然科學的實驗方法，才是求得真知識的最主要標準，因而從這種知識論上所導引出來的形上思想就成為反形上學的哲學。因為實證論所提出的，以為唯有透過感官或由實驗室中所提出來的才是真實的，而那些依靠思想或理想直觀所得出來的東西——倫理、藝術、宗教等等都是空想、幻想，都應該在新的哲學中遭到排除。

實證論有很多派，他們分由各種不同的角度去發展「科學萬能」的信條，有社會實證論、進化實證論、批判實證論；社會實證論是以歷史發展的方式，說明人性發展的過程，而設法把這種意見應用到政治、社會當中；進化實證論以自然科學的實驗來補足社會實證論的理論，從發展和進步的概念中，結論出進化的原則，而且用自然科學的成果來解釋進步的程序，最主要的是生物學上的發現，如達爾文所主張的「人是由猿猴變成的」這一類的思想；批判實證論是德國發展出來的一種思想，這種思想希望哲學的對象與科學的對象合而為一，他以為哲學的問題應該以事實做標準，不可以理想做標準，這些人認為物理學家就是最大的哲學家。

除了德國與法國發展了唯物論與實證論之外，在英國也產生了功利論；功利論真正的起源，可以說是人性論的一個派系，以為快樂就是幸福，而且認為人生的目的是為最大多數人謀求最大的幸福，而且進一步認為一個人感到快樂的時候，才是幸福的，所以覺得社會的一切措施，都應當以快樂為前提，不但是物質生活，精神生活也應該給予百姓快樂。

在同一時期裡，美國產生了實用主義；這種實用主義的哲學，是視實際的效果來批判理論的對錯或理論的高低，知識直接的目的，甚至行為直

接的目的，卻是實用；所以如果談及「忠誠」或「許諾」等德性，在實用主義之下就不是一種德性，而是一種愚蠢。

　　在美洲發展的這種實用主義，後來影響政治十分深，因為它漸漸地流於僅有利害關係，而沒有是非觀念的地步。

　　在德國還有另一種思想，就是反對宗教的一種潮流，它不是唯物主義，雖然它所重視的是人的精神，也帶有濃厚的人道主義色彩，可是在十九世紀後半期，對於宗教情操、倫理道德畢竟有很大的打擊作用，這就是自然主義中的學者——尼采。尼采是一個非常特殊的人物，他一方面叫喊「弟兄們！對地球要忠誠」，另一方面卻高喊著「一個人必須變為『超人』」；尼采以為人生存在世界上，最主要的是依靠個人生命的衝力，解脫一切倫理道德的束縛，特別是一切宗教的束縛，主張「上帝死亡」，並且認為「唯有上帝死了，我們人類才能享有自由」的學說。尼采所提到的哲學體系，認為人應該有權力意志去發展人性，以為唯有神性被消滅了，人性才可以變成神。

　　比尼采更早的另一位德國思想學者，影響當代哲學很大，那就是叔本華；叔本華以他直觀的理想，配合著自己生活的體驗，發展出「萬物一體」的哲學思想，使得人類能夠生活在這個世界上，可是不屬於這個世界。

　　新康德學派在十九世紀後半期而言，是屬於中流砥柱的一個派系，因為這個派系重新強調康德的道德哲學，以為人在利用所有物質世界的資源之時，最主要的是人本身不單單注意到人的現實問題，而且注意到人的理想、人的創造能力，尤其是人的倫理道德的問題。康德以為人固然是認知的主體，可是同時也是道德實行的主體，人的高貴不在於他有靈活的頭腦，而是在於他有豐饒的心靈。

　　同樣與新康德學派站在一起的，就是西方基督宗教中的士林哲學，士林哲學也在科學的沖激中以新的面貌出現，歷史稱之為新士林哲學。新士林哲學設法解釋科學無法滿足人類的心靈，解釋人追求物質的慾望，永遠無法填滿自己的心靈，而應該以一個心靈的理想境界，才足以使人安息於

真、善、美、聖的情況中。

在以最簡潔的介紹說明十九世紀後半期的思想以後，我們再進一步地探討二十世紀的思想：

西洋二十世紀的哲學思想在上文已略為提及，最主要的是針對西洋十九世紀後半期這三種新的語言所發展出來的哲學，即針對德國的唯物論、法國的實證主義、英美的實用主義與功利主義；而二十世紀的哲學，針對唯物論的有現象學，針對實證主義的有生命哲學，針對功利主義與實用主義的有工具主義；可是在這些直接針對西洋十九世紀後半期思想所發展出來的新思想之外，在這個消極地修正過去錯誤的觀念思想之外，也有新的思想，就好比存在主義專門注重個人存在的問題；又如實證主義中的一派，希望以思想的法則來界定自然科學的法則，希望科學的研究走入哲學的研究中。

現象學是由德國的胡塞爾發明的，他以「意識」做中心，繼笛卡兒之後，再度探討絕對知識論的問題，希望能夠透過知識論的研究找到本體論的重心。胡塞爾因為早年學習數學和心理學，對於自然科學的方法得心應手，因此也能夠在哲學上提出一種新的屬於科學的方法，不過他不停留在物質的層次，而把人生的問題推向心理或意識自覺的層次。

法國的生命哲學，完全是按照實證主義的方法，全部利用科學實驗的方法，指證出物質的存在上面還有生命存在的階層，甚至生命之上還有意識的階層，甚至意識之上還有精神的層次，因此人生絕對不會滿足於物質層次的享受，他還有生命、意識的情調，還有精神的宗教情操。生命哲學的全盤意義在於他會發展，在於他自己能夠選擇自己內在的目的。

在美國發展的工具主義，杜威能夠把世界上所有認為相對的東西推向一個絕對的可能性，把人世間以為是非、利害關係推向一個宗教的層次；至於存在主義發源於丹麥的基督徒——齊克果，然後由德國的兩位思想大師——雅士培和海德格發展下來，這種存在哲學的思想然後波及到法國，導引出沙特和馬色爾的文學造詣，闡明人生的意義。存在主義雖然在開始

的時候強調人性的荒謬，描寫了人性的矛盾，可是它認知自己的荒謬和矛盾的唯一目的是要導引人性擺脫這種矛盾和荒謬的感受，而能夠找到自己存在的一種歸宿。

在西洋哲學當代的發展當中，我們很清楚地看到一個問題，就是自然科學對人類的貢獻，也就因此對人類思想的沖激，人類在決定自己的人生觀與自我意識的過程中，有許多修正的地方；可是在另一方面，我們不得不承認科學技術對於人類的貢獻之外，還給人類帶來了一些迷失，特別是給人類帶來了毀滅的危機，凡是關心人類存在或人類社會文化的人，都有這種隱憂；就在這種隱憂與讚頌科學技能發展的兩種隙縫之中，我們總是希望能夠找到通往真、善、美的一條通路。

人性在它的智慧與愚蠢之間，人類在他的進步與迷失之中，總設法找出一條對未來的途徑；也就因此哲學的未來的發展，對宗教、藝術、倫理、科學都是必須設法找出一個能夠統合一切，能夠以整體的人性研究整體的宇宙問題和人生問題的哲學思想。

因此在二十世紀的哲學未來發展中，科學哲學、倫理哲學、藝術哲學和宗教哲學的發展應該齊頭並進，因為唯有透過這四種層次的體驗，才可以真正地發展出人性的尊嚴和價值，同時在另一方面，由於交通工具的發展，人與人之間的距離顯然地被拉近了，也就因此哲學的發展，應該是統合了所有的智慧，無論它是西洋人或中國人的，無論它是希伯來人或印度人的，這些智慧指導著人生，指導著宇宙中的人性已經幾千年，我們現在依靠科學技術的發展，或文字、語言的溝通，應該集合世界當代與傳統的所有智慧，共同解決人性的問題，共同解決人如何生存在宇宙當中頂天立地，如何生存在人與人之間互相仁愛，互相幫助走向真、善、美的境界，互相幫助步入大同的世界。

我們以簡略的方式說明西洋當代哲學的發展及其發展應該走的方向，我們再回過頭來看看究竟西方當代的哲學所包含的內在意義是什麼：

現代哲學自從黑格爾去世以後，眾說紛紜，所討論的問題以及所提出

來的答案更是千頭萬緒，我們大概可以針對著世界上很清楚的四種存在層次，作為討論西洋當代哲學的問題的重心，這四種層次就是「物質、生命、意識、精神」。

　　首先我們討論「物質」層次的把握：人性生存在這個世界當中，最先所發現的是自己生活的問題，而也就在自己追求生命當中，應用自己的智慧如何利用世界上的事物，作為充實和延續自己的生命，這也就是所有自然科學發展的最後原因和動力；這些自然科學的發展，顯然是人性根本的需要，從需要發展到娛樂，都需要人把握物質這一個層次，可是問題發生在人利用了物質以後，是否迷惑於物質或者仍然可以超越？能夠役物而不役於物，能不能夠在自然世界中創造出人文世界，而這個人文世界雖然要利用物質，而卻不把物質作為上帝來崇拜。

　　我們所住的這個世界以及我們的肉體都是物性構成的，擺脫不了物理的束縛，甚至我們生存的所有必須條件都與物質發生了不解之緣，對物質世界的把握，對於改善人類的生活，物質是最根本與最先決的條件。唯物論的誕生也就是站在這個現象的觀察，而且無法脫離這種觀察的現象，無法透視這些現象後面的本質；因此這種物質層次的把握，這些思想家與他們本身所反對的唯心論犯了同樣的弊病，因為他們也開始越界，他們在討論了物質的現象之後，把這種現象應用到人類社會中，以為人類的社會也應該和禽獸的世界一模一樣，如唯物論、進化論、實證論都認為人類社會間的道德、藝術、宗教都是多餘的事物。特別是人性在宗教上的發展，更是唯物論和實證論所反對的。

　　如果要修正唯物論，最主要的一點，是要把人性中的精神價值，把人文世界所有物質裡的精神存在抽離出來，歸還它們原有的尊嚴和價值。

　　在物質層次的把握之後，就是生命存在的發揮，因為為了使物理不必要取代人性，因而生命哲學就有了存在的地位，生命的把握與對生命的熱誠，使得自然主義學者無法不收回自己獨斷的偏見，生命和物理不一樣，它不是數學的公式所能夠表達的，因為它有一個內在的目的，這內在的目

的是超越了所有的機械唯物，它並非靜止不動的讓人家去觀察，而是有一種進化的法則向著未來的目標前進，它是一種活的東西，生的潛能，是生生不息的，它能夠從母體流出新的一代，綿綿不絕繼續生存下去，能夠衝破時間走向永恆，能夠突破空間走向無限。

　　生命層次的發揮，是生命哲學最主要的目的，我們無論以冷靜的頭腦觀察生命現象也好，或以狂熱的感情歌頌生命的真諦也好，都要強調人性的尊嚴，強調人生的奮鬥，指出人性要為自己創造未來，為自己、人類創造幸福。幸福和未來都是沒有來到的，可是人能夠創造它，能夠等待它。

　　在生命的層次以後，我們要談到意識的層次，在知識論中，西方哲學向來的發展，從柏拉圖開始，就已經走進了二元論當中，近代哲學的理性主義，經驗主義，甚至康德和德國觀念論，都受了二元的束縛，並且如果我們一談到意識的時候，馬上就決定了意識的主觀性。意識的主觀性才是探討知識應走的一條路，不是靠理知的理解，更不是依靠感官的經驗；現象學最大的貢獻，就是找到人類的意識與思想、存在的關係。

　　如果這種意識有如笛卡兒所謂的心的實體，不是外在於心的物，那麼意識所表現的豈不剛好反對唯物論的思想？如果意識所指的，是他所思的存在基礎，那麼豈不又變成物的創造者、發明者？人性生存在這個世界當中，不但有一種認識的作用可以抽象，可以歸類，它還有一種發明的能力，它能夠創造出世界上原來就沒有的東西，這種創造的能力，使得我們漸漸地脫離意識的層次，而走上精神的一種境界。

　　精神的境界，不單只是康德的道德哲學，也不只是西方基督宗教的哲學，而是真正地面對著人性自己要超越自己，自己要發展「人為萬物之靈」的一種體驗。站在精神的高峰看意識、生命、物質，會使得我們既不必否定進化的學說，同時也不必否定物質的存在，而是所有的存在都有精神在指導，都有精神的內在目的去領導它往前去發展，從物質可以一步步地產生一種生命，從生命可以產生意識，從意識可以產生精神，不過到最後得承認精神的最高一個層次，它是超時空的存在，它是如何使得物質進化到

生命，從生命進化到意識，從意識進化到精神。宇宙的進化早就開始了，但是沒有終結，它開始了可以從物質跳到生命的層次，從生命跳到意識的層次，從意識跳到精神的層次，它也可以由人的層次跳到神的層次。

二十世紀的哲學內容，如果我們站在這個立場看的話，是屬於樂觀的、進取的，而不是像進化論所謂的「人是猴子變的」，「猴子是前面的物質變的」如此而已，因為它要看準人性對未來的瞻望，而不是它過去的一段不光榮的歷史。

我們就以這幾句話結束西洋現代哲學的內涵意義，我們如果把這些思想陪同著整個歷史的發展來解說對於我們今天的意義的話，我們就得講幾句話：

西洋思想有它的精密之處，有其嚴謹的邏輯結構，也有它對人生的一種體驗，以一種精密清晰的頭腦，以一種豐富的心靈，面對著人生、宇宙；所以如果我們當前的中國要接受西洋的事物的話，一定不可以以膚淺的一句話去概括西洋，認為西洋只有物質的文明，因為如果西洋真的只有物質的文明，那麼我們的西化、洋化根本上就是退化，為什麼把五千年的文化揚棄而向著一種物質的文明學習呢？其實不然，中西的哲學歷史，中西的人性發展的歷史中，都充滿了精神，同時也充滿了把握物質的信念，我們在當代的思想，為了生活的必需，為了生活的娛樂，必須去發展物質與經濟的層次；而另一方面，我們也得發展精神生活的樂趣，與藝術的情調、宗教的情操。

西洋的哲學給予我們一個顯明的啟示，那就是哲學要面面顧及，要以整體的宇宙和人生去探討，要顧及人性的知、情、意三方面，同時要注意人生的前世、今生和來世的三個層次；並且在對象的選擇上，顧及物質、生命、意識、精神四個階層，而在主體認知的尺度上，包括人性的知、行、信。科學、倫理、藝術、宗教都是人文世界的產品，可是這人文世界是自然世界的模仿、再造、美化與完成，要談人性、要善度人生，就必須同時擁有科學、藝術、倫理、宗教，以科學來征服並且把握世界；以倫理道德

來修己成人，以藝術來善度生活，以宗教來超度自己和眾生。

　　為了使讀者有更清晰的思路，我們在這裡討論現代哲學的時候，很清楚地分為兩個大的部分，第一部分是西洋十九世紀的哲學，第二部分是二十世紀的哲學；十九世紀的哲學從黑格爾去世的那一年——1831 年到 1900 年，剛好有七十年的期間；二十世紀從 1900 年至今，已超過一個世紀。在十九世紀的哲學中分為三章討論，這三章根本的意義，在於提出西洋哲學十九世紀分裂和對立的兩種特性，這三章就是兩種思想分裂和對立的情形，第一章提出主觀和客觀的對立，客觀的有赫爾巴特和波查諾的學說，主觀主義我們舉出叔本華的思想；第二章提出宗教與反宗教的對立，宗教方面的提出齊克果的思想，反宗教的特別提出德國的尼采；在第三章裡，我們提出一種比較複雜的對立，即自然主義與人文主義的對立，自然主義的哲學思想，有德國的唯物論，法國的實證論，英國的功利論，美國實用主義而在人文主義方面，有新康德學派和新士林哲學的派系，甚至我們還可以舉出一些歸納形上學的學說，都是指出人的價值。

　　在第二部分二十世紀的哲學評介當中，我們提出針對十九世紀後半期末流的思想，尤其是以德文為中心的唯物，以法文為中心的實證，以及以英文為中心的功利和實用，提出德國的現象學，法國的生命哲學，以及英美的工具主義。那麼在這種修正過去的哲學，同時解消過去思想的危機，除了這種消極方面，我們還要特別介紹兩種當代的思想潮流，一個是發展在歐洲大陸的存在主義，另一則是發源於歐洲大陸，而盛行於英美地區的邏輯實證論。

　　以下開始分部、分章、分節地討論西洋現代的哲學思想。

I 十九世紀哲學

　　十九世紀後半期，從黑格爾去世以後，首先出現的哲學動向是要修正黑格爾的學說，所有思想家幾乎都是針對黑格爾的觀念論提出現實、提出另一種觀念，修正黑格爾這一個天羅地網式的觀念論架構，而且也有把理想中不切實際的部分加以刪除，使得哲學不至於淪為空中樓閣，也有針對觀念論的主觀形式，提出來的客觀主義，把一切的存在都看成客觀的，甚至連主觀的思想和語言都有一定的客觀規則來完成，有了客觀和唯實的兩種思想出來批評黑格爾哲學以後，又出現一個主觀主義的叔本華，他不再是覺得如黑格爾一般的以整個理想作為哲學的重心，而以為人才是行為的主體，才是宇宙的中心，以包羅萬象的方式，把宇宙萬物都概括於人的心靈中，以人去把握世界，以人去頂天立地，以人的內心做出發點，以人的心靈做歸宿，以人的心理嚮往作為全體哲學的過程。

　　可是一直到這裡，修正黑格爾哲學的工作事實上還沒有完成，還未十分徹底，因為整個唯心的東西唯有以一種極端對立的思想才能夠真正地對立，那就是相信「科學萬能」的自然主義的出現。

　　1860 年以後，新康德派出來反對唯物論，可是唯物主義能夠以進化的方式，以自然科學做口號，畢竟發展了相當主要的政治社會理論和實踐，影響整個世界，不只是哲學，同時在政治措施上，曾經佔有了世界地域的一半，人口也幾乎佔據了一半，給予人性有史以來最大的浩劫。可好，目前唯物思想已經逐漸式微，而精神文明開始甦醒，共產世界的極端唯物論已漸趨緩和，而代之以興的，是向西方世界文明開放。寄望透過唯物主義的自身改革，以及對外開放，有利於民生樂利，亦有利於精神文明的重建。

第一章

客觀與主觀的對立

　　西洋十九世紀的哲學，在一開始的時候就遭遇價值的問題，很顯然的，在我們的感官世界中，一切都是平面的、都是價值中立的，可是一旦人文主義從自然世界獨立之後，就發現出價值的批判，而這種價值的批判影響到我們的日常生活，客觀與主觀的對立，最主要的形式是討論這個價值究竟是由客觀去規定呢？還是由主觀去創造？客觀主義者認為只有復古的傾向才可以拯救哲學，應該從客觀去規定價值，而主觀主義者認為應該創新，應該從主觀去創造價值。

　　當然無論是客觀主義者，或是主觀主義者，在這裡都與德國觀念論的意見不同，也可以說他們都是反對從康德以來的德國觀念論的思想法則與思想的內容。德國的哲學由於黑格爾的死達到了尾聲，首先由客觀主義的哲學出來拯救危機，這個客觀主義一方面有自稱為唯實論的赫爾巴特，也有自稱為客觀主義的波查諾，他們一致地設法修正唯心論的弱點，此期思想的中心是把德國唯心論根本的問題提出來討論，把它們根本的基礎重新加以考慮，如此康德的哲學成為此期思想討論的對象。

　　在這期的思想中，認為康德否定了人的知識能力，只承認人的道德命令以及道德的實行，這也就是說，康德所注重的不是認知的主體，而是道德的主體。如此康德在考據傳統哲學之後所得到的結論，竟然是知識達不到「物自體」，而且理性也達不到「物自體」，即哲學本身無法解決人生知識的問題。

　　主觀主義與客觀主義在這裡都設法把價值的觀念放置於康德的知識與道德的哲學之中，希望藉著價值的體認，而使得知識的主體與道德的主體重新統一起來，重新在人的身上統一起來，使得人在選擇價值、決定價值

的時候，同時是認知的主體，又是道德的主體。

第一節　唯實論與客觀主義

唯實論 (Realismus) 與客觀主義 (Objektivismus) 首先討論的問題，是康德對於「物自體」的信念問題，也就是說，康德的道德主體固然可以達到「物自體」，可是在知識論上未免有了弱點，他的認知主體到達不了「物自體」，那麼如果認知主體到達不了「物自體」的話，很顯然的是否定了人的認知能力，只承認人的實行能力，這種實行的能力在西方傳統的哲學中是否會是盲目的？是否會是相反目的性的東西？

這麼一來，唯實論與客觀主義是首先出來修正康德的兩個派系：

一、唯實論

唯實論 (Realismus) 的代表是赫爾巴特 (Johann Friedrich Herbart, 1776–1841)，赫爾巴特於 1809 年接康德的教席，任教於科尼斯堡大學，然後於 1833 年任教於哥丁根大學，貢獻在於教育學及心理學，尤其是教育學，自赫爾巴特起，才開始成為專門的學問之一。其著作很多，主要的有：

1. 《形上學通論》(*Allgemeine Metaphysik*, 1828)
2. 《哲學通論》(*Allgemeine in die Philosophie*, 1813)
3. 《心理科學、奠基於經驗、形上學及數學》(*Psychologie als Wissenschaft, Neugegrundet auf Erfahrung, Metaphysik und Methematik*, 1824–1825)
4. 《教育通論》(*Allgemeine Pädagogik*, 1806)

綜合赫爾巴特的這些書，可以知道在消極上他批評康德，在積極方面是建立知識的可能性；赫爾巴特批評康德的重點在於，以為康德把假相和真相對立起來，把純理性當做是到達不了「物自體」的能力，而只能夠到達假相，而世界的真相就成為不可知的；赫爾巴特則認為我們的認知能力

可以透過假相而認識真相，真相與假相不但不是對立，而且是相輔相成的。在知識論中，假相應該是真相的前導，真相與假相應該是一體的兩面。

在赫爾巴特的哲學中，康德的學說是停留在空中，而赫氏則把它拉下來，拉回到現實的世界中，現實的認識，固然針對的現象是真相，可是它需要經過假相，需要經過我們的感官經驗。

再進一步，赫爾巴特以為康德的自我是認識的主體，是抽象的，赫爾巴特的自我則是具體的；赫爾巴特以為具體的自我發出的行為是唯一的，也就是說，這種行為是由假相到真相，而且不但主體唯一、行為唯一，對象也是唯一，對象就是假相或真相的混合物，「物自體」對物而言是真相，對於我們的認識作用而言就是假相，假相有許多顯示自己的方法，不過都是以真相作為基礎。真相與假相其實都是一個，都是為了人能夠認識事物的主要基礎。

赫爾巴特在這裡還舉了一個比喻，比如「雪」是存在物，它所顯示出來的，對視覺而言是「白」，對觸覺而言是「冷」。「白」和「冷」都是主體經由感官到達「雪」的途徑，「雪」本身雖然是不可感覺的，但是它的顯象「白」和「冷」是可以感覺的，這種可以感覺到的「白」和「冷」用不著「道德命令」去規定，也用不到意志去追求，只用感官就可以抵達的。

赫爾巴特認為康德的哲學強調道德主體，而忽略了認識主體，是有偏見的；赫氏同時認為具體的自我有內在的靈魂，從這個靈魂可以發展聯想心理學，因為在心理學的後面，我們才可以討論倫理，所以在倫理學之前，我們先得討論知識的可能性。

康德的倫理基礎停在「應該」(Sollen)，也就是停留在「應然」上，赫爾巴特繼續下去，以為「應然」的良心呼聲是以「最高的價值」作為基礎，這價值就是「美」。「美」對人的吸引而產生內在的呼聲：「應然」而推動了倫理道德的觀念。赫爾巴特把價值的觀念分為五級，最低的是「賞善罰惡」的信念，其次是「正義」，再其次是「慈悲」，第二級是「完美」，最高一級是「內在自由」。赫爾巴特提出「價值」概念，一方面指正康德太高估了人

的尊嚴，而忽略了人的極限，尤其是自由意志的極限。一方面從最具體的人生體驗中，以人生的現實，「賞善罰惡」的信念，作為行善避惡的最底層基礎和動力。人的自我超升，是一級一級地從最底層出發，發展到最上層，而不是如康德所說的，天生來就有最崇高的道德命令，而且也有足夠的能力，去實行這道德命令。

所以赫爾巴特發展的唯實論，最主要的是看清楚了人在對價值的批判中，不但有能力，而且有極限。康德以及德國觀念論，高估人性的能力，而忽略對於人極限的探討。

二、客觀主義

客觀主義 (Objektivismus) 的代表是波查諾 (Bernhard Bolzano, 1781–1848)，生於捷克，母德籍，父從義大利米蘭遷來僑居，故有捷克人之辛勤，義大利人之活潑以及德國民族之踏實。1805 年任神職，後來在布拉格教學，1819 年離神職獨居，專事哲學，成為哲學的教授。波查諾的著作很多，在此舉出兩部代表作：

1. 《宗教學讀本》(*Lehrbuch der Religions-wissenschaft*, 1834) 四冊。
2. 《科學理論》(*Wissenschaftslehre*, 1837) 四冊。

波查諾的學說，直接反對主觀主義，他以為康德以及德國觀念論者費希特、謝林、黑格爾都是屬於主觀主義的學者，波查諾以為他們無法在形上學的架構上拿出證據，因此他特別創立客觀主義的學說，以「自體」(An sich) 為哲學的重心，認為哲學的方法，不可再利用康德或康德以後的德國觀念論的綜合方法，應當回復到古代的分析方法中，波查諾以為數學的方法是分析的，而分析得出來的公式才是絕對的、不變的，這種方法在西方從亞里斯多德開始就已經運用了，整個的中世也採取了這種方式，因此波查諾對於傳統哲學的方法有很大的信心。

在他的「自體」哲學中，他認為首先可以分析出來的是人的「語言」，而「語言」是人主觀發出來的東西，它整個的形式是主觀的，可以用分析

邏輯的方式解釋清楚的,但是「語言」所表示的內容卻是客觀的,主觀的人對客觀的世界有什麼意見呢?就用語言文字表達出來。因此也就是,語言本身是由主體主觀所發的,但是它的內容卻是客觀的;語言的存在是屬於主觀的,但是語言的內容卻是客觀的,在語言存在以前,使得它存在的最後一個理由,是主體的主觀性,但是當語言存在以後,它本身就變成客觀的,它所指示的也是客觀的,因此波查諾結論出:開始的時候,語言是主觀的,但是一當語言存在了,它就成為客觀的、獨立的,這種獨立的存在和我們外在世界的桌子、樹等其他一切具體的東西,都有同樣的資格。

從「語言」再進一步分析的時候,是人的「想像」,在想像當中,並不是問到真或假的問題,想像既非真亦非假,因為它是構成語言的因素,即它本身只是一個概念,波查諾以為我們的想像有四種進程:先是具體的想像,如走獸,從具體的想像,後有抽象想像,如獸類,再後有直觀的名詞,如此獸,最後我們才在我們的腦裡得出概念,如獸概念。

在邏輯學上,以為有概念與概念之間集合或分離,就成為判斷,可是概念的集合或分離是有法則的,因此判斷有規則可守,所以是客觀的,並非由主觀的隨心所欲,主觀並不可以把兩個或兩個以上的概念隨便把它們聯起或分開。

在「自體」哲學中最後有「真理本身」。這真理不是邏輯的真理,也就是說,它不但只是我們在分析語言、文化、或分析概念與概念之間的一種內容,而它自己應該是本體論的真;本體論的真,是它有具體的事物作對應,它經得起科學的檢證,邏輯的真是主觀的,用不到客觀去對應,因為它可以發展出幾種概念,如無限、永恆,都不是客觀世界所能夠找出來對應的東西,可是本體論的真,就一定得在客觀的世界上找出檢證才可以,因而這種真理的本身,才是真正存在的最高峰,一切的存在和思想,都在它之下存在,分受了它的存在,就連神也要想它。

波查諾在他的哲學中最大的貢獻,是因為真理本身是真的,所以神和人都想它,而不是因為人和神去想它,它才是真的;很顯然的,此種思想

完全是繼承了柏拉圖的辯證法和觀念論，以為真理是最高的存在，所有的存在都是分受了它的餘蔭。

就站在真理的立場，波查諾終於發展了自己的形上學，他以為所有的真理都是客觀的，甚至主觀真理的內容也是客觀的；甚至更進一步，我們主體所探討的主觀真理，這種探討的內容，也是屬於客觀的。

雖然在十九世紀期間，科學的精神影響到哲學的發展，同時真的可以發展出一種「客觀」的趨勢，可是我們並不能完全停留在本體論上，我們的哲學工作，根本的方向還是從知識論開始，並且在哲學的探討上，尤其是在知識論和本體論相遇的時候，主觀的價值很顯然地又會再一次地重現，就在客觀主義的同時，在西方又出現了一派主觀主義，主觀主義當然涉及價值批判的問題，當然可以指出世界上所有的存在階層中，除了客觀之外，還有主觀的存在，而主觀存在的天地比客觀主義更大。

第二節　主觀主義

在西洋十九世紀發展的主觀主義 (Subjektivismus)，首先由叔本華開始提倡，叔本華繼承了德國的神秘主義以及德國的觀念論，把人的意識看成宇宙的中心，大有我國宋明理學所提出的「心外無物」的想法；可是叔本華更進一步，他後來把人的心靈又消融入整個的宇宙之中，叔本華對主觀的探討，最重要的貢獻，是把精神和物質貫通起來，而且把整個的宇宙看成生生不息的，充滿整體觀的動力存在。現在分段敘述叔本華主觀主義的思想：

一、生　平

叔本華 (Arthur Schopenhauer, 1788–1860) 通常被我們認為是一位悲觀的哲學家，他生於西德，為一富商之子，他的父親非常崇拜伏爾泰 (Voltaire)，母親是一位成名的小說作家，因而她有機會讓自己的兒子接觸

各種文豪的作品，尤其歌德的詩對於叔本華的影響非常地大；因為經商的關係，叔本華幼年即追隨父親到處奔走，並且曾經在法國求學，以後又留學英國、瑞士、奧地利等國，中學的時候修習當時歐洲各種實用的語文，至 1811 年才在德國定居，開始修習古典的文學，但是在大學入學之時，又改變了主意，欲學醫，在學期間，對於物理、化學、生理也感到興趣，最後又對哲學發生興趣，曾經好好地研究柏拉圖以及康德等人的著作。

就在叔本華唸了柏拉圖與康德的著作之後，一心一意地專攻哲學，尤其在柏林大學唸書的時候，專門攻讀費希特 (Fichte) 的作品，也開始準備博士論文。可惜由於當時的柏林反對拿破崙的入侵，大學被關閉了，因此叔本華自己深居簡出，開始著述，後來因為著作成名，柏林大學聘之為講師，但是由於叔本華口才太差，而且也直接反對當時最有名的教授——黑格爾的學說，無論在學術地位上或選課學生的數目上，都受到非常大的打擊，因此叔本華退出講堂，而專心著述，至死為止。

二、著　作

叔本華的著書，大都站在個人意識的立場看世界和事物，他最主要的作品有：

1. 《世界就是意志和想像》(*Die Welt als Wille und Vorstellung*, 1819)
2. 《倫理學的兩個基本問題》(*Die beiden Grundprobleme der Ethik*, 1841)
3. 《附錄與補遺》(*Parerga und Paralipomena*, 1851)

叔本華的代表作是《世界就是意志和想像》，書中特別強調知識對象的主觀性，因而奠定了主觀主義的基礎，而且在代表作開始的第一句話就說：「世界是我的想像。」顯然地是超過了唯心論，而進入主觀主義的領域之中。

三、學　說

要研究叔本華的學說，最重要的是他在生活中的心態，這種心靈狀態

直接影響了他的人生觀和他整個的哲學體系，因而我們要研究叔本華的學說之時，要注意他的生平以及他生平中的一些遭遇。因為叔本華的出身是貴族家庭，所以使他在追求舒適的生活上，帶有濃厚的患得患失的心情，而且常常幻覺到有人向他攻擊，謀財害命，因此他經常配戴手槍，理論上說是防身，事實上是滿足自身的安全感。

關於這種安全感，叔本華最主要的表現，是他在日常生活中對於疾病的防範，身體的任何不適，都會趕緊去找醫生，非要醫生承認自己的確是在患病之中，否則不肯罷手。在對他人的看法方面，叔本華總是認為別人有惡意，別人在每一種事情上都比自己運氣好，因此他常常懷疑別人，不諒解別人，這種性格造成叔本華極端悲觀的人生觀，凡事都往壞處看，都往壞處想，對自己的前途採取悲觀的命運。

但是在另一方面，他非常努力，希望改善命運，因此叔本華的內心是非常矛盾的、荒謬的、不可理解的，整天在內心裡受著痛苦的煎熬，可是卻不肯面對著自己的情況，去尋找悲觀思想的來源，所以他也不敢證實痛苦，更不曉得自己未來會變成如何；可是在另一方面，叔本華在各種痛苦的煎熬之中，他也表現出自己堅強的地方，他希望能夠在很清楚的思想當中找尋出路，因此他也建構了主觀主義的哲學，設法替自己的宇宙觀和人生觀辯護，這種想法，我們稱之為主觀主義，因為他希望在學理上，找到自我超越的途徑。

當然，在具體的生活中，叔本華也在尋找一種解脫，他很容易消磨時間在藝術上，尤其是聽音樂、吃館子、喝酒，皆有濃厚的興趣，我們現在所知道的，叔本華除了吃喝之外，最有興趣的就是女人，在叔本華的生活中，女人、酒、音樂成為不可或缺的三位一體。

也就在飲食與嫖的生活中，叔本華養成非常自私與殘酷的個性，不但對他人失去了信心，甚至對於自己也不信任。

叔本華自己分析自己的哲學，以為「良心」有五種成分構成：「習慣、先見、空虛、怕神、怕人」，而且以為這五種成分完全是主觀的，剛好構成

了他主觀的哲學，還認為對應這五種思想的成分，比如說對應於「習慣」的是柏拉圖的哲學；對應於「先見」的，叔本華以為是經驗主義的想法，尤其是英國經驗主義的大師——休謨的主張；對應於「空虛」的，他以為是來自東方的印度哲學，因為印度哲學主張世界是虛幻的，一切都是空的；對應於「怕神」，就是德國觀念論大師——謝林的「統一哲學」；對應於「怕人」，叔本華以之為康德哲學的特性。

這樣依照叔本華的自我思想的分析，他思想的來源有五種成分，而這些成分有東方哲學和西方哲學，有傳統的思想，也有當代的思潮，如此在理想的層次上，他接受了柏拉圖的思想，在實行的層次上，他採取了康德的先驗意見，在主觀的考察上，他繼承了謝林的哲學，在客觀的體驗中，他接受了休謨的見解，在神秘的人生體驗中，他向印度哲學學習宗教的情操。

叔本華的思想，很清楚地分為兩部分，即分為前期與後期；他的前期充滿了苦難、憂傷、失敗、悲觀的思想，在他自身豪奢的生活中，以酗酒和美人來平衡自己內心的不安，是一個思想墮落、人生灰色的時期；但是就在他著作的思想中，也可以看到叔本華在絕望中對真、善、美的呼喚，對希望的追求和努力，因而從第一期開始設法擺脫絕望的束縛，而種下了後期思想的原因。

第二期的思想，完全是雨過天晴的喜樂，從絕望走上希望，從悲觀走上樂觀，從個人的極限走上宇宙的偉大，叔本華的後期思想，最主要的成就，是個人覺悟出自身的極限和渺小，可是他也能夠好似佛學的精神，自己有如一滴水跌入浩瀚的大海之中，把自己的存在和存在本身結為一體，如此分受了無限和永恆。

在早期的思想中，叔本華最先的想法是「世界是我的想像」，這句話的哲學意義是指一切都是主觀的，這種學說當然是叔本華在自己生活上的感受；當一個富商所過的享受生活對快樂的看法，尤其是經過許多體驗以後，總以為沒有客觀的標準，所有的東西都是主觀的想像，世界的一切只要進

入人類的知識對象之中，就都成為人的意志和慾望；我們在感官世界所獲知的一切，其實在叔本華看來，都是主觀意識所產生的。

感官所接觸到的一切，其實都是虛幻的，都是理念界的影像，「世界是我的想像」中的「我」，不是客觀的代表，而是主觀的代名詞，這感官世界是我的意志所生，是我的想像，因此「我」才是世界的重心，「我」才是世界的造物者，世界的一切都在我的意志之下存在，並且繼續生存。這種主張是把自我主義在本體論和知識論中推到了最高峰。

在學理上，這種想法還沒有什麼壞處，可是主要的是落實到倫理上的時候，就變成了支持叔本華自私生活的基礎，因為如果世界只是我的想像，我就成為世界的主人，我愛怎麼處理世界，就如何處理世界，然後由一般的世界過渡到世界上的個別事物，從事物轉移到人，如此叔本華自私的性格和行為都獲得了哲學的支持，他可以無所顧忌地為了自己而犧牲他人，也就是說，他可以良心很平安地把自己的幸福建立在他人的痛苦上面。

這種主觀主義所導引出來的社會，當然就不是安和樂利的社會，人與人互相利用、競爭，至少是明爭暗鬥的局面，這麼一來，人生在這個世界上就成了受苦受難、荒謬的，因此人生沒有意義、沒有價值。

叔本華越在主觀學說中打轉，就越覺得世界沒有價值、沒有意義，也就在他這種虛無主義的感覺上，更體驗出一切都是主觀的，如此就變成了一種惡性循環，到最後就成為整個主觀主義的內容。

可是叔本華很僥倖的是沒有完全停留在這種悲觀的想像中，他還是設法努力，他分析人的特性的時候，覺得人的良心固然是自私的、惡意的，可是也有惻隱之心。人透過自私和惡意，會危害社會、危害人類，同時也使得自己不平安，可是人有惻隱之心，當他害他人至某種程度時，或者自己已感覺到痛苦的來臨不只是別人在承受、自己也在承受的時候，就覺得應該從這種思想走出來，在惻隱之心的體驗中，叔本華已經慢慢地領悟到「施比受有福」的真理；而更主要的、叔本華本身的體驗，一旦解脫了自私的束縛，立刻就有了內心的平安，憂懼與煩惱也就雲消霧散，就憑了這

一剎那的體驗，叔本華走出了自己的困境，步入了另一種境界。

這另一種境界，就是他「萬物一體」的設計，所謂「萬物一體的設計」，是叔本華用不著離開主觀主義的範圍，用不著丟棄意志優位的說法，對「世界是我的意志和想像」也用不著改變，而真正改變的只是叔本華心靈對於人和事的態度。首先叔本華反省自己生活的體驗，各種自私的心境和各種自私行為的效果，這些心境和效果不但指出了人與人之間的交往，而特別指出在自己的反省行動中，在自己獨處的時候內心的一種感受。

當然叔本華所體驗到的，在每一次自私的行為之後，給自己帶來了內心的煩躁和不安，絲毫沒有給自己帶來舒適和快樂的感覺，因此叔本華開始詢問：我們的行為究竟是為了什麼？不是為了在設計、創造幸福快樂的人生，既然自私和惡意無法給人類帶來幸福，反而使人不安和焦慮，為什麼人要自私和惡意呢？相反地每一次惻隱之心以後，內心會感到平安和寧靜，我們人類為什麼不去過一種惻隱的生活呢？問得更具體一點，就是每一個人都會感覺到「施比受有福」的原理，為什麼我們要佔有而不去施與呢？

在這些探討之後，叔本華開始構思整體宇宙的奧秘，他以為宇宙是一個整體，萬物是一個整體，個人的存在於這個萬物一體之中只是一小部分，只是滄海一粟而已，叔本華認為所謂的自私行為等於自殺，有如一個細胞要離開母體而存在一般；也就在萬物一體的這種宇宙真象中，人的存在目的是如何溝通思想，使人與人之間、使人與物之間不發生衝突，而度著一種和諧輔助的生活，對人類仁愛，對自然和諧的一種人生觀，才是人類真正追求的一種境界。

萬物一體的真象，是要人類憑藉自己的意志和想像去發展的東西，而自私是每一個人的自己是一種假想，是每一個個人的個體要從整體裡面分裂出來，因此也會喪失生命。萬物一體的意義是指宇宙間一切都是一體的，屬於有機的一體，同有一個生命，共屬一個存在，而萬物相互之間的一切差別相只是表象、現象，這一體是本質，是實體，這也就是叔本華後期哲

學把宇宙和人生合而為一的想法。並且更進一步，他不但把人和宇宙萬物之間的存在合成一體，並且把人與人之間的關係變成一體，這種本質唯一、本體唯一、只有現象雜多的學說，不但在學術上支持了叔本華的主觀主義，而且也的確把宇宙論和人生論熔為一爐，這是人生哲學中最高的一種天人合一、物我合一的境界。

叔本華由於這種思想，於是在他的倫理學設計中，如果一個人再個體化、再自私的話，損壞的不是別人的東西，而是整體的存在，更直接地損壞了自己，因為自己的個體化而離開了整體的存在，於是叔本華說：萬物一體的學說，很清楚地告訴我們，欺負他人就是欺負自己，損害他人就是損害自己，人與人之間的鬥爭，就是走上全人類的毀滅之途，個人的自私就是自己毀滅之途，萬物一體所指出的，人生在天和地之間，就應該與天地合一，人與人之間，應該如同是肢體與肢體之間一樣，如手足般互助合作。

有了這種萬物一體的認識和信念之後，叔本華開始走出自己的困境，內心有莫大的平靜與平安。於是叔本華的哲學體系，畢竟走出了自私的、個人的，轉變成友愛的、全體的，由悲觀的轉變成希望的，因此叔本華本人的人生哲學，開始把世界看成有價值的，把人生看成有意義的，而它的意義和價值在於萬物一體的體認；這種形而上的萬物一體的體，呈現出來的正義和友愛是用，人生在世，如果要分受萬物一體的話，應該在倫理道德上實行正義和友愛。

第二章

宗教與反宗教的對立

西洋自從文藝復興與啟蒙運動之後，雖然人性似乎有些覺醒，而民族意識也漸漸地抬頭，可是他們所反對的羅馬中央集權，同時也把基督宗教的精神削弱了，一方面要回到希臘時代的人本主義，另一方面卻要排除外來的文化系統，因此在發展人文的途中，不得不減少外來的宗教情操，所以反對宗教的氣焰一天天地增高，這種反對宗教的思想，從文藝復興開始，一直到十九世紀的後半期，發展出尼采的哲學以後，到達了最高峰；當然尼采的哲學，在好的一方面是使人性獨立於一切倫理與宗教的束縛，而單單站在人性的立場自己超升或超度，發展到超人的地步；可是在另一方面，尼采的哲學由於是反宗教的，由於他認為德意志民族是最高尚的民族，所以他鄙視其他民族，特別是鄙視發展西方基督宗教的猶太民族，致使二十世紀的希特勒專制的時候，可以不眨眼地殺了六百萬的猶太人。

西方民族意識的畸形發展，尼采的思想可以說是發展到了高峰，尼采的哲學一方面是發展個人超人的意志，另一方面發展了德國的民族意識；西洋的民族主義通常認為自己的民族是全世界最優秀的民族，因此有權利欺負他種民族而奴役他們，尼采哲學是一個典型的代表。

在另一方面看，宗教情操的沒落畢竟是人性的一個很大的損失，也就在西洋十九世紀的前半期，也有一位丹麥的思想家——齊克果，重新站在人性的立場找到宗教的因素，而齊克果通常被稱為存在主義的宗師，也有人把尼采作為存在主義的先鋒，這兩位思想家，一位站在宗教的立場，找到個人的存在，另一個站在反宗教的立場，也同樣找到個人的存在。

當然我們在西洋哲學的研究上，總是要問究竟那一條路真正地找到人的存在？齊克果的生平前面一段充滿了矛盾、憂鬱、荒謬和憂慮，可是當

他找到宗教的情操以後，慢慢地覺得心靈已經開始平安了，認為自己生活在幸福之中；而相反地，尼采在前一段生活裡，還認為對於人生和個人的超升，懷抱著很大的希望，而覺得阻礙這種希望的是宗教和宗教裡的上帝，因此他也開始宣示上帝死亡，可是最後我們卻知道尼采在 1889 年開始發瘋，瘋了十一年以後，到 1900 年，恰好踏入二十世紀的時候就去世了。

　　所以西洋人也有這麼一句笑話：尼采一直宣佈上帝的死亡，上帝不太去理他，可是有一天上帝宣佈尼采的死亡，尼采卻真正地死了。一個人的思想發展到最後的時候，無法找到出路，竟然發瘋，這種思想站在宗教的立場去看的時候，當然是愚不可及的；我們在此不可埋沒尼采對於個人超升，對個人自身選擇自己的倫理道德規範，這一點對於二十世紀的人類有很大的貢獻，但是在另一方面，對於群體的宗教信仰，對於個人的宗教體驗，尼采的觀點似乎是太激烈了一點。

　　我們現在分節探討齊克果和尼采的思想：

第一節　齊克果的宗教觀

　　齊克果的宗教觀並非由於他從小學習到的一些東西，而是他自己探討自己生命的時候所感受的，所思想出來的深思熟慮的結論，齊克果的生平及著作，整個思想體系，都是在追求自身的存在，如何生存在這個世界上，或生存在人與人之間保存自己的存在，而且使得自己的存在超升，成為完美的一個人；在齊克果的思想，我們雖然說他是贊成宗教的想法，這種宗教的想法，並非傳統的宗教，不是屬於教條式的宗教，而是齊克果內心所感受出來的，屬於個人內心的信仰。

一、生　平

　　齊克果 (Sören Kierkegaard, 1813–1855)1813 年生於丹麥首都哥本哈根，家中世代信奉基督新教，由於罪惡感使得齊克果對於家庭環境有無法

理解的裂痕，他自幼便遭受到「例外」和「孤獨」心靈的苦楚，他覺得「例外」，因為他稍長的時候，發現自己是父親強暴下女而產生的一種過失，不是和普通人由於父母愛情的結晶而產生的一樣，他認為自己「例外」，當他有這種「例外感」的時候，他就無法與他的家人或父親有任何的交往，他的母親的早逝，也是一個主要的原因，使得他覺得孤獨，「例外」和「孤獨」的心靈苦楚，因而在心理上，他是屬於早熟的典型。

就在他上大學唸書之後，他也因此特別重視哲學和神學的問題，總覺得自己應該在思想上找到一條出路，大學畢業以後做新聞記者，寫專欄文字，並且特別批評當時的教會、社會、教育等各種制度，特別提倡內心才應該是各種制度關心的問題，而不是表面的社會幸福；齊克果在工作中結識了蕾其娜 (Regine Olson) 小姐，不久互託終身，但是因為齊克果內心遭受到宗教的困擾，常常覺得無法將內心的苦楚傳達給對方，而毅然決然地解除婚約；這種嘗試可以說是齊克果在感性上，設法解除自己內心痛苦的一種方法，他希望能夠在人與人之間找到一種解脫，他失敗了，因為當他設法把自己內心的苦楚告訴未婚妻的時候，當時的蕾其娜只有十七歲，當然無法瞭解齊克果所謂的他怕下地獄，他是「例外」又「孤獨」的，他自己有兩個原罪，一個是亞當犯的，一個是他爸爸犯的等等的思想。

齊克果覺得既然他的未婚妻無法瞭解他的內心，因此不應該把自己痛苦的一生，由這位少女一起來負擔，而解除婚約；在解除婚約之後，齊克果本身並沒有覺得平安，因此他轉而在理性上，在高一層的人性生活上去追求解脫，所以他赴柏林唸書，希望在哲學上、思想上尋求一種解脫；不過很不幸地，齊克果到了柏林之後聽了謝林的課，後者為德國觀念論的大師，一切都放在觀念的體系之下，一切都是理想的，和現實沒有關係，因此齊克果在求學期間，根本就得不到內心的平安，於是失望地重新回到丹麥，過著他新聞記者的生活。

然後他能夠在古典的宗教情操中，在自己的內心中所崇拜的上帝找到了一條出路，他以為人的內心唯一的一條出路，不是他與人的關係，也不

是自己理性的關係，而是在自己的內心與上帝交通，才能夠尋獲個人的存在和個人的平安。齊克果的一生都在關心自身存在的東西，都在設法實現自己的存在，宗教情操的體驗，可以說是齊克果心態的反省，以及對於傳統文化的再肯定，這種反省和再肯定，是跳過當代和近代一切人文主義的解釋，而直接地回到希伯來的虔誠信仰之中，以個人自身單獨地與上帝的交往，當做是個人存在的基礎，同時是個人實現自身存在的最終理由。

　　由於內心的奮鬥，以及各種情緒的困擾，對死後，來世的各種怕懼和憂慮，使得齊克果在盛年的時候早逝，死時僅四十二歲。

二、著　作

　　齊克果的著作，由於他特別注重內心的生活，而作品與思想的進程是相輔相成的，1848 年，齊克果出版了一部《我的著作生涯》，書中分析自己著作的分段，從感性的作品開始，經過過渡期的作品，達到宗教性的著作，形成一種系統，把齊克果的思想歷程完全地描繪出來。

　　在感性的作品中，齊克果描述自己內心與環境衝突的深度感受，他與父親的不諒解所引起的痛苦，以及與蕾其娜解除婚約以後的空虛，還有在柏林聽哲學課的失望，使得他的心靈遭受過分的壓力，於是寫了：

1. 《或此或彼》(*Entweder-Oder*, 1843)
2. 《怕懼與戰慄》(*Furcht und Zittern, dialektische Lyrik*, 1843)
3. 《憂懼之概念》(*Der Begriff der Angst*, 1844)
4. 《哲學斷片》(*Philosophische Brocken*, 1844–1846)

　　這四部書中，都敘述了自身對於「存在」的感受，當然從 1843 年出版的《或此或彼》開始到 1846 年為止，其間經過的時間不過三年，在這短短的時期中，他已經發掉了著述的天才，竟然能夠把自身對「存在」的感受寫得恰到好處；這種講法似乎有點勉強，原因是所有的感性作品，都蒙上了悲觀、絕望的色彩，這種悲觀和絕望的來由，是因為人類在現實生活中，太過於重視眼前的生活，在追求快樂的人生中，人類成為享樂主義者，只

顧享樂，並非絕大的害處，但是在享樂中忘記了自身的地位尊嚴，而在人性的尊嚴與享樂兩者之中去抉擇，常常使人設法兩者兼得，但是齊克果在《或此或彼》書中，指出人性的極限，他以小說的方式，指出人性在超升自己的活動中，永遠要跳躍感性的藩籬，走上倫理道德的層次。

　　齊克果以婚姻生活的意義來解釋人生存在層次的體驗，婚姻對象的尋找與追求，是初步的感性生活，這種感性是悖理的，超理性的，也可以是非理性的，可以是憑一己一時的衝動，但是這種衝動卻會受到倫理道德規範的束縛，而把一時改變成永恆，當雙方的愛從時間超度到永恆的時候，存在就從感性走上了倫理；在感性的生活中，人性總是活在不安中，時常為憂懼與絕望的情緒所困擾，但是當人性的存在層次被提升到道德的水平之時，內心就獲得了平安。當然這種平安是個人內修生活中不斷地努力，超度的結果。

　　在《怕懼與戰慄》一書中，齊克果提出人性超度的可能性，不但從感性超度到倫理，還能夠從倫理超度到宗教，甚至可以作一種跳躍的超升，也就是直接從感性跳躍到宗教，甚至還可以用不著透過感性，而人直接地跳至宗教的層次上面。

　　齊克果以《舊約》中亞伯拉罕的故事來解釋這種跳躍的實踐，因為亞伯拉罕無論是站在感性的、倫理的立場，都不應該殺自己的兒子來祭獻上帝，可是上帝向他作了如此的要求，他因此可以擺脫感性的和倫理的層次，而直接跳躍至宗教的層面。

　　在《憂懼之概念》一書中，齊克果發展了西方基督宗教對於「罪惡」的概念；「罪惡」在神學上的解釋，與哲學上的解釋，都使得齊克果有深深的同感；因為他覺得自己的自由受到損害，自己抉擇自己所不喜歡的事情，而自己所喜歡的，卻無法去抉擇，因此人性的墮落成為一種必然的事實；在這種人性的墮落中，齊克果認為要超越、超升的話，只有一個方式，就是藉上帝的能力、大慈大悲。

　　但是在另一方面，齊克果同意中世思想大師奧古斯丁的想法，「若我墮

落，我即存在」，所以齊克果雖然在自己的感性著作中，充滿了憂鬱和苦悶，可是至少他能夠找到的一點，就是他自己已經開始存在。

《哲學斷片》是綜合上述各種學說的總綱，指出人性存在的層次有三種：感性的、倫理的、宗教的；而在所有的存在層次當中，宗教的層次是最高的層次，因為它能夠從人性超度到神性，從人性超度到神性之中的媒介就是耶穌基督，因為祂是人、又是神。

以上為齊克果第一期的作品，在此期中的作品所把握的重點，是現實的存在，人如何描寫自己在這個世界上存在所感受到的各種模式，這種感受的描寫，目的不在於這種感受的體認，而是在於如何超脫這些感受，這就是齊克果第二期與第三期作品的任務。

第二期是過渡期，也是齊克果自稱的轉捩點，這個轉捩點專門指出齊克果從 1846 年所出版的《哲學斷片》、《最終學術性附筆》的兩部大作，這兩部五百餘頁的大書，描寫齊克果從倫理道德如何提升自己，更進而提升到宗教的抉擇之中。人性自身無法超度自己，這是西方基督宗教最主要的教義之一，那麼人應該怎麼辦，是否以迷失或荒謬來否定自己的存在、來摧殘自己呢？還是另外設法在極端的絕望中，保持對希望的信心？齊克果選擇了後者，以為西方傳統宗教中的上帝，確實參與了人類的歷史，而耶穌基督的模範就是具體的上帝，就是在人類的歷史當中的一個救世者，人類也唯有透過祂，才可以找到與上帝存在的具體途徑。

這種具體的途徑，在齊克果 1844 年出版的《憂懼之概念》中，已經講得明白，在此書中，齊克果把宗教分為兩種：一種是內在的，稱為「自然宗教」，這「自然宗教」所發展的主要的是倫理道德與追求到內心的平安為依歸；另一種是特殊的宗教，是啟示的宗教、或是制度的宗教，追求人神之間的交往，以耶穌基督為信仰的中心，也就因此啟示宗教的信徒，稱之為「基督徒」，因為他們都以耶穌基督為模範，通過祂，走向天父。

此種過渡時期的作品所導引出來的結論，也就是第三期要完成的目標，齊克果指出如何成為一個基督徒，因此第三期從 1847 年開始，就專門以宗

教著作為中心：有《宗教心理學上愛的行動、致死之病》(*Die Krankheit zum Tode, eine christlich-psychologische*, 1849)，《基督主義訓練》(*Einübung im Christentum*, 1850)。

　　雖然在第一期的作品中，齊克果已經指出了今後哲學當走的方向，可是齊克果自己還是在倫理道德中繞圈子，他最多也只涉及到一般自然宗教的本質，還沒有進入啟示宗教的殿堂，也就是沒有具體地提出人而神、神而人的耶穌基督。第三期作品所指出的課題，是如何成為一個基督徒，這就是宗教著作的全部內容。

　　《致死之病》指出「哀莫大於心死」的原則，以為絕望是人性存在的最大敵人，這就等於但丁在《神曲》中寫出地獄的本質，在地獄的門上寫著：「放下你的希望」，意思是指進入地獄的人，什麼都可以帶進去，唯有希望帶不進去，因此在地獄之中沒有希望，這種悲哀當然是一種沒有希望的悲哀，也就等於「哀莫大於心死」的原理。

　　齊克果認為失望、絕望是人類最大的敵人，只要人走進了絕望的圈子裡去以後，就再也走不出來了，因此他要在《基督主義訓練》那本書中，特別指出人類從心態上要變成一個基督徒的話，最主要的是對耶穌基督的信念的信心，這也是西洋基督宗教最主要的教義之一。

　　從齊克果的著作內容以及內容的分類上，我們可以很清晰地體驗出他的哲學思想只是通往神學之路，於是他所主張的是宗教的人生觀；如此在齊克果的哲學分析中，我們可以看出他的方法的運用，以及方法運用背後所尋獲的人生內容。

三、思　想

　　在齊克果的自述中，我們很清楚地可以看出其思想進程，最先是體驗存在，在生活深度的體驗中，感受到自身的例外與孤獨，進而陷入憂懼和絕望之中；在這種體驗中，齊克果並不肯因此放棄自己的希望，而是積極地探討人生的意義，在這種決定中，於是進入第二個思想的階段，就是批

判存在。

　　他用可以理解的層次，一層層地深入到我們存在的意義和價值，從可以理解的層次漸漸地進入不可理解的層次，而且利用人的自由，在理知的世界中設法理清人生的荒謬，就在理知的批判中，慢慢地覺得人唯有依恃希望才可以生存之後，因此積極地計劃實現存在的階段；這個階段以後，可以說是進入了宗教式的完成自己。

　　齊克果的哲學在體驗中帶入批判，批判中帶入實行，體驗存在是經驗的，批判存在是屬於理性的，而實現存在就要人去實行；所以齊克果的哲學集合了經驗、理性和實踐三大部分的大成，也就是齊克果提及的感性的、倫理的、宗教的三個層次的表出，我們現在分開來討論齊克果三種思想的層面：

(一)體驗存在

　　在存在的體驗中，絕望的情緒佔據了齊克果的整個生活層面，他自己深深地感覺到自己的存在是乃父強暴下女所得出來的果實，並不是由於父母愛情的結晶，於是直接感受到自己是「例外」；也就因為他從小受了宗教的教義，因此認為自己有兩個原罪：一個是亞當犯的，另一個是自己的父親犯的，所以認為自己死後會下地獄；這種對未來的絕望，形成他的憂鬱和怕懼的心態。

　　因為他對未來絕望，所以設法把這個責任推到父親身上，在家庭生活中找不到傾吐心聲的對象，也就是說，他的心理無法得到平衡，他的母親早逝，也是使得齊克果感受到孤獨的最大原因。這種孤獨的心態，本來是由於心靈的封閉，齊克果的心理本來是不封閉的，可是卻沒有傾吐的對象，這種傾吐的對象，最後他幾乎可以說是找到了，即他的未婚妻蕾其娜，結果蕾其娜無法接受他的傾吐，無法與他的心靈相通，他這種努力又遭受到完全的失敗。

　　甚至後來在哲學上尋求解脫，也沒有成功，這是他在體驗存在中所遭

遇的失敗；不過主要的是齊克果沒有灰心，希望能夠在絕望中找尋希望之
光。

㈡批判存在

「批判存在」是齊克果最主要的思想轉捩點，他用冷靜的頭腦點破自
身存在的藩籬，存在是有層次的分類，而且是可以跳躍的，不必經過感官
的層次，而可以跳到倫理的層次上去，可以不必通過倫理的層次，而直接
跳躍入宗教的層次當中，因此齊克果站在自身原有的立場，希望能夠直接
向宗教的情操那邊跳躍。

「批判存在」雖然佔領了很大的理性成分，可是最主要的還是在絕望
當中的信心，這信心也是後來存在主義從荒謬走上仁愛，從絕望走上希望
的一條最主要路線，這條路線是由齊克果所開創的。

在「批判存在」的整個思想進程中，是針對著人性心靈的絕望、以及
灰心、失望，而提出有理性的變化可能性，因此齊克果在思想上最大的貢
獻，是認定個人的存在，個人的命運不是一成不變的，他的環境、家庭背
景或他的心態都可以是悲觀的或悲慘的，但是這種命定的東西卻不是真正
的自己，真正的自己是使得自己如何脫離環境的束縛，而走上理想的我；
也就是說，一個人如何對未來有一種設計，這個未來並不是在他的掌握之
中，但是他總是可以為這個未來設計，在現在為未來設計，就成為人生存
在這個世界上的意義，也就成為人要變成自己的最主要動力。

齊克果用了這個命運的悲慘，可是加上自身的天生自由，因此他能夠
說出「存在先於本質」，因為每一個人的存在都是命定的，在時空的束縛之
下，屬於特定的民族、文化背景，可是本質是人自己可以為自己的未來設
計，自己要成為怎麼樣的一個人，是自己掌握在自己的手中；因此齊克果
為自己的存在指出了一條大路，人只要在認識自己的事功上，開始用自覺
和自由去超度自己的話，他就能夠擺脫各方面的束縛。

㈢實現存在

　　齊克果的思想發展到這個地步之後，漸漸地感受到自身能力的不足，也就是說，當他發現自己超度的可能性之後，也發現自己另外還有一個墮落的可能性，這種墮落的可能性，在西方傳統的名詞稱為「原罪」；人性不但有自我超度的力量，同時有自我毀滅的傾向，齊克果在自己的生活之中，深深地感受到這「原罪」的遺害，所以他唯一超升的方式，是要憑藉上帝所賜的恩寵，而這個恩寵的本身就是耶穌基督；因此他提出人實現存在的唯一法門，就是如何成為一個基督徒。

　　也就是說，齊克果以為一個完美的人固然有許多的因素，固然可以從很多方面去討論、批判，可是最主要的，是一個人在上帝面前的存在，一個人的價值完全在於他與上帝之間的關係之中，跪在神前，就成為齊克果人生哲學最終的原則；上帝所願意的是理想的我，但是我們卻由於罪惡的羈絆，常常有私心要實現我的理想，齊克果在實現存在中，指出理想的我和我的理想互相衝突的時候，要用自由揚棄我的理想，而選擇理想的我。這麼就是所謂的本質、人性，也就是神前的一種存在。

　　在齊克果的哲學中，實現存在以後的一種新存在，就是宗教性的神聖，是把人性和神性聯合在一起，而這個模範就是又是神、又是人的耶穌基督。上帝的國是在人的心靈之中，齊克果深深地感受到《新約》上所給的一種原則，如果上帝的國是在人的心靈當中，那麼一個基督徒或新人都應該在心裡感受無限的平安，齊克果在自己的宗教情操中確實找到了這一點，在他思想的後期，齊克果至少找到了他內心的平安和快樂。

第二節　尼采的反宗教

　　一般人所認識的尼采，是提倡「超人」的尼采，在他反宗教的成果中，一般人也知道他是宣佈上帝死亡的一位思想家。

一、生　平

尼采 (Friedrich Wilhelm Nietzsche, 1844–1900) 生於德國的羅肯 (Röcken) 小村，父親為新教的牧師，早逝，尼采跟隨母親成長，由於母親與生活圈子裡的婦女對於宗教過於虔誠，使得尼采頗為反感；他從小憎恨宗教與婦女，由於他的思想自小封閉，幼年的時候拒絕與同伴為伍，到了中學，到處顯示出反對權威的極端性格，所以他不管現實的一切問題，而把自己封閉於古典的文學之中，希望在古典的人文精神中，去找尋自己思想的出路。

所以在大學期間，選修古典的文學，並且特別選修神學的課程，對哲學也有很大的興趣，在哲學上，特別欣賞叔本華的思想，對性格的陶冶，十分欣賞音樂家華格納的造詣，二十三歲的時候，曾經被召入伍，但是學習騎馬的時候跌傷，也就因此常常覺得頭痛，直到死都未能康復。

年二十四歲之時，已經在文學上稍有名氣，受聘為巴色 (Basel) 大學古典文學的教授，可是因為華格納在音樂途中皈依宗教，尼采與之絕交，並且更變本加厲地反對宗教。可是尼采自己而言，慢慢地在自己內心中蘊釀著一種奮鬥的體系，以為個人本身是一個獨立的存在，依著自己的意志能力，可以超度自己成為「超人」，而用不著宗教的助力，更用不著上帝的幫助，並且就在我們的生活當中，也用不到倫理規範的支持；1870 年曾經再度入伍做軍中護理，一年後因病去職，1877 年之後頭痛加劇，四處求醫無效，加上對教會的反抗，以及對於女性漫罵等情緒的壓抑，終於在 1889 年發瘋，住入精神病院，直至 1900 年與世長辭。

在尼采的生活中，最大的諷刺，莫過於一生中對於宗教和婦女的漫罵，可是在他發瘋之後，真正對他友愛的是教會的醫院以及他的妹妹。他的媽媽在他發瘋不久就去世了，妹妹犧牲了終生的幸福，陪伴這個發瘋的哥哥，表現手足之情。

二、著作

尼采的著作可以分為三個時期：早期、過渡期與後期。

㈠早期

早期的著作中，尼采開始為自己的新價值體系鋪路，在古典文學中尋找人性的模範，此期思想的典型是悲劇，指出一個人如何與無可奈何的命運搏鬥，有三部作品：

1. 《從音樂精神論悲劇的產生》(*Die Geburt der Tragödie aus dem Geiste der Musik*, 1871)

2. 《論吾人教育前途》(*Über die Zukunft unserer Bildungsaushalten*, 1870–1872)

3. 《未成熟之沈思》(*Unzeitgemäßer Betractungen*, 1873–1876)

㈡過渡期

在過渡期的作品裡，尼采從悲劇的感受中突然化解，而轉進哲學的理論探討，用實踐的哲理去改造形上學，修正傳統的價值體系，此期也有三部大作：

1. 《人性、太人性》(*Menschliches, Allzumenschliches*, 1878)

2. 《晨曦》(*Morgenröte*, 1881)

3. 《愉快科學》(*Die fröhliche Wissenschaft*, 1882)

㈢後期

後期的作品推出了「超人」的心願，而且是在「權力意志」的新倫理道德觀念之下發展出來的，作品中對於教會、當時的制度、婦女極盡諷刺之能事，也有三大部著作：

1. 《蘇魯支語錄》(《查拉圖斯特拉如是說》) (*Zarathustra*, 1883–1885)

2. 《善惡之外》(*Jenseits von Gut und Böse*, 1886)

3. 《倫理之起源》(*Genealogie der Moral*, 1887)

三、學　說

在尼采的思想中，我們在他的著作內容進程上，很容易地看出其悲劇性的感受，很像齊克果的初期，是由於家庭環境的悲哀而陷入矛盾與荒謬之中，覺得自己是「例外」的，覺得周圍的環境與自己的生活格格不入，因此要設法解脫這種困境，設法超度這種現實，進入自己理想的狀態。

尼采反對以外力來完成人性的基督教倫理，他同時有濃厚的民族意識，同時覺得德意志民族應該是世界上最強的民族，為什麼在十九世紀這段日子德國這麼倒霉，他尋找這個原因，認為德國民族本身要講「權力意志」，可是因為他受到基督教信仰，講起倫理、信仰來了，所以德國民族在世界上無法與其他的民族抗衡，因此他認為猶太民族是最劣等的民族，他發明了倫理道德，他發明了宗教，所以按照西洋優生學的方法，猶太人應該被消滅，而德國種族應該一直發展下去。

尼采固執著自己的這種信念，為這種信念生活，為這種信念發瘋，更為這種信念死亡，尼采的思想第一種就是這種生活的固執，然後就是冒險，他要決定自己的信念，再勇往直前，毫不畏縮；尼采的這些思想，可以說是淵源於三種的對立，這三種對立是生命與倫理、人與世界、強者與弱者的對立。

㈠三種對立

1.生命與倫理

尼采在生命的感受，體驗出在自身之內，有兩種相互排斥、相互矛盾的力量，一種是自己本身生來的生命衝力，它要擴充生命，要維護生命的延續，會不顧一切地用強權的手段去發展自己的生命；但是另外還有一種由傳統文化來的力量，叫人要克制、自制，不要去欺負他人，不

要用權力、要用仁愛；這麼一來，這兩種衝突的能力就在我們的一生當中，也就是使得我們的內心無法平安，使得我們世界人類的文化不能夠發展的最主要力量。

這裡很清楚地，尼采選擇了生命，他認為生命才是我們生來的一種自然東西，而倫理是後來才加進去的，倫理是一些懦弱的人打不過別人，所以發明了倫理說不可以打架，所以倫理是弱者的表示。在此尼采預設了生命才是人性的真象，生命所表現出來的衝力，才是人性的本質，唯有順著這種本質去發展，才能夠發展人性，才能夠完成自我；所有限制生命衝力的東西，都是破壞人性的劊子手。所以很簡單的方式，尼采必然會反對倫理，要反對倫理之上的宗教，在西方當時的宗教，是耶穌基督的宗教，因此他宣示上帝的死亡。

2.人與世界

人生在世界上，就註定了人在世界上的悲劇，也註定了人的命運，人的一切看起來都是命定的，環境決定了人的前途，尼采不甘心受著環境的支配，他要突破外在世界的束縛，完成自己的人性，所以他站在「生命衝力」和「權力意志」的前提下，主張人類可以無限制地利用世界的資源，在利用一切事物的時候，人性本身是最高的標準，他所追求的是權力意志，來利用世界，充實自己的理想；在人與世界的對立之中，尼采選擇了人，世界是可以任意被人所破壞的。

3.強者與弱者

強者與弱者的對立，是由於人性是權力意志的前提，不需要顧慮到傳統倫理中的「應該」、「仁愛」、「善良」，因為人有慾望，他要完成自己的過程當中，自己就是自己的主人，而且自己也是宇宙的主人；可是在倫理道德的「應該」等誡命之下，人只是附庸，他沒有自由自主的餘地了，所以在這裡，尼采選擇了強者而摒棄了弱者。把生命的衝力當做是強者的象徵，把倫理道德當做是弱者的表示。弱者在倫理中，都希望憑藉倫理來保護自己，可是強者不需要藉任何的東西保護自己，可以自己出來

創造生命的衝力。

在這裡，我們可以看到尼采的思想，自小就養成一種心態，對世上所有的事物都看成對立的，所以在尼采的整個哲學著作中，找不到「和諧」的概念，也就是找不到「矛盾統一」或「對立統一」的概念。尼采自己在古典文學中找到了兩種弱者與強者的典型，一個是「垂衣裳而天下治」的阿波羅，一個是冒險犯難的迪奧尼西奧，前者是羅馬的君主，繼承了祖先的偉業，享盡一切榮華富貴，而迪奧尼西奧是波斯的一位王子，因為他不希望接受不是自己努力所得來的王位，離家出走，自闖天下，阿波羅雖然坐享其成，屬於成功的，卻是一位弱者，迪奧尼西奧雖然失敗，可是他擁有幸福，因為每一點一滴的事業，都是自己親自創造的。

尼采很顯然地是強調日耳曼民族的民族性，應該如迪奧尼西奧，而不是阿波羅的方式，這種阿波羅式的生活方式，是基督宗教的倫理道德，所以尼采站在民族意識的立場，反對基督宗教，而主張權力意志。當然在尼采的所有假設中，阿波羅式的生活因為有保障，一定會成功；但是迪奧尼西奧在命運之中搏鬥，成敗仍然是未知之數，所以尼采設計了人生的藍圖，以賭注的精神來解釋「超人」的哲學，他說：「人生在世，就注定了要選擇自己的存在，在一切悲劇式的荒謬與矛盾之中，用自己的生命衝力與環境搏鬥，去創造未來。」，但是這個由自己奮鬥出來的未來，不一定在自己的掌握之中，因此每一個人在完成自己人格的努力，就等於一個賭注，從現實的此世去賭理想的彼岸，在此世與彼岸的中間隔著一道鴻溝，下面有無底的深淵，人生就好像馬戲班裡面走繩索的人，要不是走過去，要不然就是掉入深淵之中。

尼采在此用了德國文學的文字遊戲，以跌下去一次為人生過程中的墮落，以「走過去的人」為德文「超人」(Übermensch) 的意義；誰敢冒著掉下去的危險的話，就有機會走過去，成為超人，如果他連這個膽量都沒有的話，那他本身就是墮落的。

「上帝死了，只是我和你把祂殺死的。」這是尼采所說的一句話，它

的意思是指當時的人性已經迷失了自己的信念，已經喪失了強者的風度，因此所謂的上帝和宗教，都已經被我們扼殺了。

　　顯然地尼采的這些思想，雖然可以說是淵源於三種對立，但是主要的還是他對生命的一種體認，尼采採取了三種不同的角度去考察究竟什麼是生命，生命是不是有什麼不同的層次。

㈡三種角度

1.悲劇

　　尼采首先指出生命是悲劇式的，因為人生來就不斷地追求幸福，可是最後卻發現幸福並不存在，存在的卻是我們在生命途中所嘗到的永無止境的失敗；這麼一來，人生來就追求，但是又得不到，所有的這種情形，豈不使得觀眾們為這種悲劇一掬同情之淚呢？

　　人生因此也就不是幸福的，而人生的前途也因此而變得黯淡無光，要受的苦一定得受，但是是否可以得到光榮，卻是未知之數。人生因為要在各種對立中選擇自己，要在各種不可能的情況中創造新的生命，要在虛無主義的絕望中找到希望，可是最後人生還是會失敗的，絕望的；尼采也在這種情況之下，講出人生的悲劇。

2.奮鬥

　　其次尼采更進一步認為，在個人自身覺得自己的遭遇是悲劇的時候，可是人自己本身對於自己的存在不能夠失望，還是應該利用原有的生命衝力，替自己的未來下賭注，這就是說，要以權力來代替「善」，要用強權來代替「公理」，因為他總是以為節制是弱者的行為，倫理是弱者的行為；於是在未來顯現尚未開始，一切的將來都隱藏在形而上的領域之時，用毅然決然的決策開始為生命奮鬥。這種權力意志的生命的表現，才是人的精神的表現，因為他才能夠選擇自己，又能夠引領自己走上未來。

3.赤裸的存在

　　生命的第三個角度，就尼采看來是赤裸的存在，因為一切的原始才

是真象，俗世間已經把人的思言行為用倫理規範去緊緊地束縛著，一切的禮俗使得現世的人們失去了人原始的真誠，人面對著世界、社會，總會多多少少地掩飾自己，做不真、不純、欺騙的一些行為；一個人在社會中失去了純真之性以後，他的人性也就受到損害。

尼采以為要保存赤裸的存在，唯一的方法是要保存原先的赤裸的生命，以權力意志去推行和運用。尼采哲學的設計，認為誰遵循了上面提及的生命三個角度，就是「超人」。這「超人」的意思，是先假定人的進化，由動物而人，由人而超人，超人已經超脫了人生的所有束縛，尤其是解除了宗教的道德價值，以權力意志來實現自己的人；超人仍然是人，而不是神，因此雖然人超脫了世界的束縛，他仍然留在世界上，正如尼采在《蘇魯支語錄》（《查拉圖斯特拉如是說》）中所描寫的，蘇魯支雖然自己認為權力意志和智慧都已經到達了超人的境界，可是他仍然要下降凡間去拯救他人，如佛教中的乘願再來，普渡眾生的菩薩心腸。

當然尼采在西洋哲學的貢獻，在於他個人對於生命的一種嚮往，對生命的真誠，並且在生命中的奮鬥，可是尼采在西洋的哲學上，也有一些污點，這個污點就是他宣示了傳統的上帝的死亡，宣示人與人之間的仁愛道德的沒落。

第三章

自然主義與人文主義的對立

　　在西洋十九世紀的主流中，主要的是跟隨科學主義的口號，以為科學萬能，而且就科學的對象而言，也以為物質是唯一真實的，而人類生存在這個世界上，最主要的也是物質的條件，有物質的條件加上精神以後，成為經濟的條件，這種所附加的精神，畢竟還是物質所產生的東西。因此在西洋十九世紀的哲學對立當中，主要的仍是精神與物質的對立，注重物質的，莫過於自然主義的興起和發展，而注重精神生活的，莫過於人文主義的提倡。

　　西洋十九世紀後半期的思想，尤其是思想的主流，最主要的是德國的唯物論、法國的實證論、英國的功利主義和美國的實用主義，當然我們說從德國的唯物論之後，產生了共產主義，從實證論與功利論的共同發展而創生了進化論，這些共產主義和進化論的思想，在西洋十九世紀發展，對其他新興的國家，尤其是發展中的和新開發的國家而言，因為他們開始與西方白種人接觸，不但接受科學技術的文明，同時接受了他們的人文思想，所以也接受了他們的自然主義的傾向，這種傾向不但反對了每一個民族的宗教固有情操，也與每一種民族、國家的倫理傳統相違反，因此西洋十九世紀後半期的思想成為其他國家、民族二十世紀的思想主流，這種主流的發展，我們可以看出是直接承受了西洋原本的人文主義，也就是希臘的奧林匹克的競爭的思想，這種競爭的思想，本來就適於商業和工業的文化，而目前整個世界的潮流，都從農業步上了工業，也因此易於接受西洋實證、唯物、實用、功利的思想，這些思想所產生的人生觀，一方面反對宗教的情操，一方面反對倫理道德的傳統，可是他們最主要的思想根本，還是共產與進化。

　　所謂的共產，是窮人出頭設法分掉有錢人的財產，所謂的進化，是否認人性中的神性，而肯定人性中的獸性，因為唯有肯定獸性之後，才可以使得鬥爭的行為得到合理的解釋，在倫理道德的生活上，可以不受傳統的束縛，也因此發展了所謂的新的自由主義，不受任何法律的束縛，也不管整個團體的秩序；可是雖然西洋十九世紀的主流是屬於自然主義的，屬於把人性拉回到獸性與物性之間，而忘記了其實人可以由於自己的本身宗教情操的超脫，可以把人性提高到神性的這一條路上。

　　但是也有另一方面思想的出現，如注重人類精神文化的人文主義，人文主義雖然在十九世紀的後半期，聲音非常微弱，但不是說沒有思想家在那兒大聲疾呼西洋的文化已經走上末路；這種人文主義的思想，對於後來西洋二十世紀文化的覺醒，有很大的貢獻，在西洋十九世紀後半期的人文主義中，特別舉出新康德學派、歸納形上學以及新士林哲學。

　　新康德學派繼承的思想體系，可以說是設法從自然主義的傾向，再回到人性的倫理道德層次，好使得人從知到行，再回到信的宗教情操當中，很顯然的，康德學派的誕生，開始於西洋注重科學發展，而忘記了人性的尊嚴，尤其是忘記了人性自己修養的部分；康德學派所產生出來的德國觀念論，以宇宙整體的架構，設法把人安置在宇宙當中，人不但有自然科學可以統治物質世界，而且有倫理道德，可以提升自己的人性，更有藝術與宗教的情操，可以把人的精神與價值往超越的境界推去。

　　新康德學派在與自然主義的對立之中，主要的是提出了倫理道德是人性的根本，人唯有透過倫理道德，才能夠完滿人性；歸納形上學所注重的，是面對唯心、唯物的沖激當中，而設法用自然科學的方法，去獲得形上學的可能性；也就是說，由於唯物的辯證，使得人走上共產主義的偏狹之中；而歸納形上學的學者們，卻設法利用辯證，不是帶領人類走上唯物，而仍然走上形而上的領域，在這個形而上的領域中，設法建構倫理的、宗教的、藝術的層次。

　　新士林哲學直接承受了西洋中世哲學的思想，西洋的中世在哲學思想

的發展上，呈現的是宗教的哲學，這個宗教的哲學不但是提倡了信仰的問題，而且直接承受了希伯來民族對於人性的尊敬與價值的肯定；希伯來的民族對於人性的肯定，因為他們主張人與人之間天生來就是平等的，主張人與人之間的關係是仁愛與互助，新士林哲學在十九世紀後半期，發展了仁愛與互助的觀念，恰好能夠與唯物論的思想對立，後者主張人與人之間要鬥爭。現在我們就分節來討論人文主義與自然主義的對立。

第一節　德國唯物論

德國唯心論的極端發展，從康德注重倫理道德開始，一直到德國觀念論把倫理道德、藝術的才情，以及宗教的情操把人性推上了唯心的高峰以後，特別是德國觀念論最後的一位哲學家黑格爾，創造了絕對精神的思想以後，德國就有反對的學者提出唯物論的思想。唯物論在德國的發展，以及它整個的形式，固然接受了黑格爾的辯證法，可是它整個的內容卻以唯物取代了黑格爾的唯心，以絕對的物質取代了黑格爾的絕對精神。

當然西洋十九世紀中期，自然科學的進步和工業的發展，也在另一方面人類的心態上支持了唯物學說的發展，由自然科學而來的、對於科學的信仰，也就支持了人類在心靈上傾向於唯物論。

德國的唯物論，可以很清楚地分為兩種：一種是辯證唯物論，另一種是自然科學的唯物論。辯證唯物論，是目前所謂的以哲學史的方式，作為唯物的一種辯證，也就是完全承受了黑格爾的辯證法，來證明唯物的特性；這種辯證唯物論的發展過程，恰好是黑格爾辯證法的過程，而只是以絕對的唯物來取代絕對的唯心，這種唯物論在哲學上有很特殊的地位，因為所有的共產主義國家以及所有的唯物論基礎，都是由辯證唯物論所導引出來的。辯證唯物論，我們舉出三個最主要的代表：費爾巴哈、馬克斯和恩格斯。

至於自然科學唯物論，並不是在理論上有那些支持唯物的辯證，而是

用科學的方法來試驗出物質才是所有存在的根本，但是由於科學的實驗，只能夠舉出類似的證據，舉不出必然的論證，因此在哲學上無特殊的地位。自然科學的唯物論有黑格而、奧斯華、達爾文、赫胥黎等等。

一、辯證唯物論

辯證唯物論其實就是黑格爾左黨的意見和學說，他們利用黑格爾的辯證法來攻擊黑格爾的唯心論。這些黑格爾左黨的人，通常先唸哲學，然後進入到神學的領域，設法用哲學的理論，來反對宗教上神學的基礎，而反對宗教上神學的基礎，最主要的是證明上帝不存在，否則用漫罵、諷刺的方式，說明上帝存在的荒謬，不然就是站在另一方面，以現今世界上的罪惡的缺陷，來說明上帝存在的不可能。

因而先把人性宗教情操的根本剷除，設法指出人生的目的只在此生此世，而沒有來世的寄望，所以唯物辯證的方式才可以落實到這個世界上來。唯物辯證的首先提出者是黑格爾的學生費爾巴哈，從費爾巴哈發展到哲學的辯證以後，跟隨者有馬克斯與恩格斯，我們依序探討他們的思想：

㈠費爾巴哈

費爾巴哈 (Ludwig Feuerbach, 1804–1872) 是黑格爾的弟子，他也在黑格爾的門下得到博士學位，但是在博士論文中，已經顯示出他對於超越宗教起了懷疑，對於感官世界有了很大的信念，他在論文之中，盡量設法統一國家與宗教之間的對立，以為唯一的方式是把宗教的根挖掉，而要挖宗教的根本，是要說明上帝存在的不可能，並且人性走上倫理道德的無意義。

費爾巴哈在 1839 年以後開始著述，直接反對老師黑格爾的意見，指出「絕對」一詞毫無意義，指出「絕對精神」這一名詞更無意義。他要改造哲學，因而徹底地建立感官論、自然主義、唯物論，他指出在黑格爾思想的形式中，雖然在「正」和「反」之中看出了「合」，但是這「合」仍然是唯心的「正」，它沒有真正的「合」的出現；因為費爾巴哈以為真正的

「合」是存在和思想的「合」，而不是單單在思想中統一對立，統一矛盾的那種「合」的理想，在費爾巴哈的思想中，那種「合」是現世和理想的「合」，而不是理想當中的對立的「合」。

當然費爾巴哈最主要的思想基礎，是他把感官事物當做真正存在的，而且所有的其他存在是奠基在感官事物之上。費爾巴哈反對德國觀念論的另一個理由是，以為理性沒有特殊存在的地位，因為理性也不過是人的肉體的神經系統所發展出來的效果而已。因此費爾巴哈最主要的口號是要在人的認識能力上恢復感官的地位，在認識的對象上恢復感官世界的地位。

費爾巴哈指出意識的產生，是由知覺而來的，而知覺的成立是完全依靠感官的，所以感官才是我們認識世界的最主要官能，也是我們唯一的官能；可是感官的對象是什麼呢？當然是物質，於是他認為真正的思想是我們的感官，真正的存在是物質。當然費爾巴哈不但是停留在知識論上，而且在其他的學問上，連本體論、形上學也同樣地強調物質的重要性，他提出：「人吃什麼，就是什麼」。這句「人吃什麼，就是什麼」表示了唯物思想的最高峰。

當然我們在西洋哲學史的發展中，還記得在古代，即兩千多年以前唯物論的最先創始人所提出的唯物對宇宙的解釋，被唯心論攻破了，那時候的唯物、唯心之爭可以說是西洋唯物、唯心的最早接觸，可是卻使得唯物論躺下了兩千多年而起不來，現在費爾巴哈要報古代的一箭之仇，提出「人吃什麼，就是什麼」(Der Mensch ist, was er ißt)。因為在當時的辯論中，亞那薩哥拉斯曾經質詢德謨克利圖斯的說法，因為德謨克利圖斯說：「世界的一切都是原子變成的，而原子只有量的多寡，而沒有質的差別，所以每一種東西在質的方面都是一樣的，只有量的不同」，而亞那薩哥拉斯提出一個難題：「不是頭髮的，如何成為頭髮，不是肉的，又如何成為肉呢？」這樣的話，德謨克利圖斯以原子的量解釋世界存在的公式顯然不夠恰當，也因此無法解答。

現在費爾巴哈說「人吃什麼，就是什麼」，正好回到兩千多年前亞那薩

哥拉斯對於唯物論的責難，因為如果一切都是物質的話，無論人吃了什麼東西，也無論人吃了以後變成什麼，都仍然是物質的，而費爾巴哈的「人吃什麼，就是什麼」這句話提出人吃了物質的東西，所變的東西仍然是物質的，他所變的頭髮是物質的，他所變的肉也是物質的，肉和頭髮仍然可以用原子去解釋。

費爾巴哈本身不只是跟隨黑格爾唸了哲學，也跟著他唸了神學，所以他以黑格爾學生的資格，首先提出黑格爾的哲學是神學的變相。因此他認為屬於黑格爾哲學的這個唯心的體系，不應該在哲學中生存，而哲學中真正的體系，是提出哲學不是抽象的、共相的，而是個別的、具體的，屬於感官知識的層次。所以費爾巴哈反對超越的宗教，設法建立起一種新的宗教，這種新的宗教，他給它們立了一個信條：凡是人性的，就是神性的。意思是指人和人的關係，本來就是神，人應該相信別人所說的，人應該對於感官有所尊重。

如此費爾巴哈就把西洋哲學中的神、人、物變為三位一體，而在這種三位一體的排列當中，仍然是有秩序的。費爾巴哈以為物質是最能夠存在的東西，可以發展為人，甚至可以發展為神。他所暗示的意義是，神的觀念是人所想出來的，是社會性的一種發展，而人與人之間的關係，根本上就等於人與物質之間的關係，也等同於人與神之間的關係。費爾巴哈以為我們可以把唯物的思想當做宗教的信條。

因此他認為不但人由物質進化而來，神也是物質透過人之後進化而成的東西。可是在哲學的價值上，費爾巴哈還是承認進化到末期的東西，價值愈高，所以神的價值比人高，人的價值比物質高；可是依照本體論先後的程序，物質居先，人是由物質進化而來的，神是人進化而成的。

此種新宗教的目的，就是設法使這種唯物的、自然主義的哲學思想，變成一種宗教信仰，然後以這種信仰去影響政治，再由政治去影響人生。因此費爾巴哈在政治方面，以為人的本性就是合群的動物，就應該參加團體的活動，人的群體活動，也就因此由物質的經濟條件所決定，而非神的

誡命或人的倫理規範所決定。

　　這麼一來，由於人生來的本性就是合群的，而國家社會可以滿足這種需要，所以屬於傳統的宗教信念和制度的宗教卻是多餘的，在費爾巴哈的思想中，宗教和國家是互相對立，不可以同時存在，所以在這種情形之下，我們只好要國家、政治，而不要宗教信仰。

㈡馬克斯

　　在德國的唯物論中，首先由費爾巴哈提出理論，接著馬克斯 (Karl Marx, 1818–1883) 就在歷史中舉出例證。馬克斯生於德國特利埃 (Trier) 省，父親是猶太人，職業律師，馬克斯在大學期間已經深受費爾巴哈的影響，因此他脫離了黑格爾哲學的內容，而參與了黑格爾的左派，他用辯證的方法，跟隨著費爾巴哈，主張唯物論。可是馬克斯在「名」方面，比費爾巴哈更為顯著，開始時以記者為業，在德國報紙上寫些短評、專欄，然後到法國研究一些原始的唯物論。在法國時遇見了恩格斯，成為莫逆之交，然後同往英國，一同研究當時最熱門的勞工問題。

　　在 1848 年，與恩格斯在比利時的首都布魯塞爾發表了《共產宣言》。

　　馬克斯最主要的著作，當然是他的《資本論》(Das Kapital, 1867)。在《資本論》中，他提出了物質是生活的條件，而生活的條件能夠利用物質的是經濟，經濟的條件是影響人類最主要的因素，社會、文化的發展都依靠經濟，而且經濟的發展中，會使得勞工階級與資本家成為對立的，要解消這種對立，唯一的方法是工人起來革命，打倒資本家，工人要出頭管理工廠和經濟，趕走資本家，因為資本主義者只用腦指揮，而真正工作的是工人。

　　當然此種思想很有搧動性，因此在馬克斯和恩格斯在比利時的布魯塞爾發表的《共產宣言》中，由於此種思想的基礎，以為未來共產的革命或工人的革命必然會在英國與法國。就馬克斯的思想而言，費爾巴哈是唯物論的作家，而馬克斯和恩格斯才是真正的唯物辯證論者。黑格爾的哲學從

精神出發，以精神為中心，又回到精神的境界，是為絕對精神，這種方式發展了唯心論；馬克斯則以物質出發，由下而上發展哲學體系，以後仍然回到物質，可以稱之為絕對的物質。因此可以分實際的、歷史的、無神的三個層次來討論：

1.實際的：馬克斯觀察了當時的實際生活，覺得工業革命以後，勞資之間的競爭，主要是為了爭取經濟的掌握權，他實際的效果，是設法從哲學導引到政治，再由政治去導引共產的革命，可是這種實際的理論是什麼呢？他是反對費爾巴哈的理論為中心，反對他只以辯證的理論來闡明唯物的學說，而馬克斯認為要以行動來表示，以為資本家和工人的對立是「正」和「反」，而革命鬥爭了資產階級以後，而產生了共產主義是「合」。因此馬克斯哲學的目的是政治，而政治的目的是共產，他認為如果把所有私有的財產都充公了，政治的目的就達到了，而哲學也因此達到了目的，那麼哲學也就可以壽終正寢了。

　　在馬克斯的思想中，哲學的理論有停止的一日，而鬥爭是永不停止的，因為鬥爭是在社會之中發現勞資之間的矛盾，而矛盾會一直延續下去。因為就馬克斯的思想而言，資本家絕不會甘心情願地把私有財產繳出，所以唯一的方式，是工人起來革命，把資本家趕走，把經濟的權力搶回手中，達到無產階級專政的地步。

　　很顯然的，馬克斯的哲學只有一個目的，就是要掌握政治的權力，而到達這種政治的目的，他提出的一種方法，就是「鬥爭」。這鬥爭，馬克斯稱之為階級的鬥爭，而且要一直鬥到沒有階級的存在為止。馬克斯的唯物論就是共產主義，他要以最實際的社會生活，作為哲學思辨的對象。他和恩格斯在法國、英國目睹了社會的不公平、勞資之間剝削的情形，認為社會一定要徹底地改革，因此才發表《共產宣言》，以哲學的思辨來支持他的學說，所以他的目的，表面上是要改善工人的生活，他的哲學方法利用黑格爾的辯證，但是他實際的方法，是利用暴力去奪取資本家的財產，他要的不是使工人好好地生活，而是要工人出來與資本家

鬥爭。

2. 歷史的：在馬克斯的哲學思想中，他的辯證是屬於歷史的，應用到前後的社會中，以為人和人之間並不是和諧的，在歷史上看來，每一個朝代或年代都有戰爭，表示人性是崇尚於「鬥」和「爭」的事實，通常我們對馬克斯的唯物論，有一種錯誤的看法，以為他的基礎是由「物質」出發，其實不然。馬克斯的出發點，仍然是「人」，把人和「產品」之間的關係作為問題的重心，他把經濟的關係視為社會發展和哲學最主要的重心，說得更清楚一點，就是人與物之間的關係，才是他的哲學問題，這人和物之間的關係，馬克斯認為就是人類的整部歷史。

　　馬克斯所謂的「人」，不是「個人」，而是「群體」，是大多數的民眾；在這裡，他認為與人對立的，不是整個的自然世界，而是人和經濟關係的對立，工人和資本家關係的對立；人類的歷史，就馬克斯看來，永遠是階級的鬥爭，除了階級鬥爭以外，人與人之間沒有別的關係，人與物質間，也不會有別的關係，而這些關係的產生，都是由於人的經濟活動。

3. 無神的：因為馬克斯首先提出「宗教是人民的鴉片」，唯有把神的觀念除去以後，才可以為自己打算，因此在馬克斯的思想中，不但要除去西方的基督教，還要除去所有的宗教信念，尤其是人的心靈當中的宗教情操，因為唯有人除去了宗教情操之後，才能夠真正地參加階級鬥爭，沒有良心的束縛。所以要真正地搞好階級鬥爭，不但要反對神，而且要反對一切超越的可能性，反對藝術的才情，反對倫理的規範。

(三)恩格斯

　　恩格斯 (Friedrich Engels, 1820–1895) 與馬克斯為密友，兩人相識之後，就一直生活在一起，思想與著作往往被認為是相同的；在唯物共產的體系中，雖然大部分被稱為馬克斯主義，事實上，在哲學上恩格斯對於馬克斯主義的貢獻要比馬克斯本人為大。馬克斯對於勞資間的衝突和矛盾，只靠

觀察和推論，而恩格斯卻身歷其境，不但本身出生於小資產階級，還發展到以自己的資產支持馬克斯的生活以及馬克斯對於共產主義的宣傳；因為恩格斯自己本身是資本家，他擁有工廠，有足夠的資金來發展資本。

馬克斯的共產主義之所以能夠發展，不但在經濟上完全依靠恩格斯的支持，在理論的發展上，尤其是他的《資本論》，更是由恩格斯補充完成，同時也由恩格斯出錢來出版。恩格斯以自身所認識的工人，以及本身是資本家的體驗，真正地支持了工人革命的理論。所以，馬克斯是在理論上、歷史的探討中成為唯物論者和共產主義者，而恩格斯則靠體驗來支持理論，有實踐的可能性，是真正的辯證唯物論者。

在他理論的表出當中，恩格斯也寫過一些著作，這些著作可以說是完全站在自己的經驗，對於勞資之間的衝突有很深很密切的體會。恩格斯配合自己工廠內勞資之間實際的問題，也配合費爾巴哈辯證的方法，因而歸結出唯物論的宇宙觀，再以這種宇宙論應用到人生的哲學上，不但是贊成工人、無產階級的革命，而且真正地用從工人身上剝削到的錢來推動革命。

唯物進化的思想，從恩格斯實際的推動以後，被蘇聯的列寧所採用，因而推動了蘇俄的共產革命，也就是人類歷史當中有唯物以及進化的理論，走上共產主義無產階級專政的開始。這種辯證的理論，由恩格斯開始，漸漸地演變成蘇俄階級（無資產的工人階級與富有的老闆階級）鬥爭的實踐，由蘇俄逐漸泛濫，先是歐洲東部的一些國家，然後是中國大陸，領導億萬人過著階級鬥爭的生活，此種學說，尤其是以鬥爭反對仁愛的人生觀，仍然利用世界上的姑息與不經心，在不斷地擴展，直至上世紀末，蘇聯、東歐、中國大陸相繼覺醒，開始反省，檢討共產集體主義的利弊，而對內改革、對外開放，在經濟體制上，恢復固有的私有財產制；在政治上，歸還人民個人的尊嚴和價值，開始嘗試實踐民主制度。

二、自然科學唯物論

在十七世紀開始之時，英國已經受十三世紀特別發展自然科學的一些

大學，漸漸地影響了自然科學的唯物論，這種風氣傳到了法國，然後再由法國傳到德國，使得唯物論不但有黑格爾左派的費爾巴哈、馬克斯、恩格斯的理論提倡，而且還有一些自然科學實驗的支持，這種支持來自於在自然科學上發跡的一些哲學家，其中有：

1. 黑格而 (Ernst Haeckel, 1834–1914)
2. 奧斯華 (Wilhelm Ostwald, 1853–1932)
3. 達爾文 (Charles Darwin, 1809–1882)
4. 赫胥黎 (Thomas Huxley, 1825–1895)

　　黑格而與奧斯華屬於單一論 (Monismus)，主張「萬物一體」。黑格而以為一切都是一個實體，奧斯華以為一切都是能量；到了達爾文和赫胥黎兩位思想家，他們觀察了非洲和澳洲熱帶地方的原始森林，當地的動物，生物變代的情形，得出「物競天擇」的結論，即適者生存，不適者滅亡的原理，使得所有的生存是繼續存在或滅亡。

　　從這些鬥爭的、競爭的或弱肉強食的人生觀所得出來的一些理論，終於使得達爾文認為人是猿猴進化來的。「人是猿猴進化」的理論，本來是指向地質學或考古人類學所能有的一些假設，由於西洋十九世紀後半期反宗教思想的誕生，他們就以之反對「上帝創造人」的命題，以為人既然是猿猴變的，那麼就不是上帝所創造的。

　　也就由於自然科學唯物論所提出的人形成的近因以及自然進化的法則，使得整個德國觀念論的體系受到了動搖，加上馬克斯和恩格斯的學說在蘇聯得到了真正的檢證，因此造就了唯物論更大的勢力。

第二節　法國實證論

　　十九世紀的哲學界，幾乎與自然科學相同，有一條信仰，就是以為現象就是一切，而我們能夠獲得現象的認知，就是透過感官，因而漸漸地把以前的哲學方法——透過思考，直觀的方法淡忘了，而代之以興的是自然

科學的方法，以為在實驗室中才能夠找到真正的真理；因此他們開始脫離由傳統而來的倫理道德思想，脫離傳統的藝術才華，脫離傳統的宗教情操，以為一切都應該用現實來考察。

這種以現象來考察的學說，最主要的是由唯物論、經驗論和實證論來支持；實證論的誕生，尤其是在法國，法國實證論所提出的，當然是科學萬能的口號，以為看得見的東西，摸得著的東西才是真的，而單是依靠思想所得出的東西則是虛偽的。如果有人說中世哲學是神學的婢女，在十九世紀的這段期間，由法國實證主義所提倡的一些學說，可以說是哲學變成了科學的婢女；因為十九世紀懂哲學的人，也只能在哲學範圍之外去問科學。十九世紀後半期的思想，它的目的是要脫離神學的權威，以及形上學的思辨和人的倫理道德，希望用科學的實驗，來完成哲學的體系。因此如果我們說西洋中世的哲學是神學哲學的話，在十九世紀後半期，他們想發展的便是科學哲學。

法國的實證論有很多的代表，它的發明人是孔德，而發展人是顧躍，以下分為兩段來敘述他們的學說：

一、孔　德

首先用「實證論」(Positivisme) 一字的是法國人孔德 (Auguste Comte, 1798–1857)。也是他首先以實證論作為哲學的方法，以為實驗才是我們得到知識的最主要的、同時也是唯一的準繩。孔德是哲學家兼數學家，他曾經就讀巴黎、蒙彼里等大學，1825 年起，創辦實證哲學的學說，曾任巴黎許多學校的教授，晚年走向神秘，自立教派，以「人道」為信仰之對象，目的在改革社會。

孔德所提的，與馬克斯所說的思想階段幾乎是相同的，首要提出人類歷史的演變中，如何支持他自己的學說，發明了「三站說」，以為人類精神發展的歷史分為三個階段：

1.神話神學的時代：孔德以為人類最初發跡在世界上，起先由於不懂得科

學，所以對大自然的各種現象都以為是神秘莫測，以為是神的力量在支持，因此對於各種的變化都加上神話的解說。尤其對於各種天災人禍，都以為是神明在震怒，於是發展出各種宗教的崇拜與各種宗教中敬神的儀式。同時也在這個神話時代中，慢慢地構成了一個體系，由多神的神話變成了一神的宗教信仰。

因此在孔德的解釋之下，西洋的宗教其實是神話所演化出來的東西，而神話的產生是由於人不懂得科學。

2. 形而上時代：孔德以為人類慢慢地脫離神話的解釋，而開始有思想，漸漸地以抽象的認識，發展人事和自然現象之間不一定有必然的關係，所以他可以發展哲學，敢於指出過去的不對，敢於說出情緒所陶冶的神話和神學不合理性；也在自然和各種事物方面，開始用獨立的思考，而排除一些大眾信仰的東西。

3. 實證時代：在孔德心目中，形而上時代的精神固然可嘉，可是並沒有落實到人世間來。思想代替信仰，固然是人性發展的一大步，可是單靠思想仍然是虛而不實的，要真正地落實到塵世的層面的話，就必須以感官、實驗、眼見為真的原則來衡量一切知識的真假對錯。

也就因此，孔德結論出：唯有直接呈現給感官的，才是真實的，即唯有感官作用可以抵達的階層，才是真實的，否則就是虛幻的。孔德的這種想法，不但否定了神學的信仰層面，而且否定了藝術的能力，以及否定了整個哲學的抽象的可能性，他認為利用感官所獲得的知識，才是真正的知識。這也就是孔德所說的，神話的時代已經過去了，形上學的時代也已經過去了，現在應該是實證的時代。

孔德指出在科學實證的時代中，人類無論是遇見了那一種現象，都要用科學去解釋，不必用神秘的傳說或思考的推理，而是需要以科學的方法，才會使人家相信，否則即是虛幻；所以孔德結論出人類最高的學問，就是認清現象，也就是說，認清科學的方法以及科學的內容；孔德這種實證的主張，直接導引出實效，功利，以及現實的人生觀。

　　因此凡是屬於倫理道德的、藝術的、宗教的，雖然在哲學中沒有地位，不是真的，可是孔德仍然以為它們在社會的發展中仍然有用。因此孔德在這方面還是覺得應該相當地寬容，雖不可知，也不能實證，但是為了有用，仍然可以讓道德、藝術、宗教存在，不過一個人性的發展，不需要利用這些東西。

　　孔德在理論上反對西方傳統的倫理和宗教，可是在實際上對它們有所容忍；在社會實證論者當中，除了孔德之外，還有顧躍。

二、顧　躍

　　顧躍 (Jean Marie Guyau, 1854–1888) 無論在理論上或實踐上，都對宗教不懷好感，時常提出漫罵和污蔑，有人稱顧躍為「法國的尼采」，因為他能夠用許多創新的法國名詞大罵宗教和倫理。顧躍首先接受的思想是進化論與無神論，雖然他死時，只有三十四歲，可是從十九歲開始，就可以著書立說，而且站穩自己的立場來反對宗教和倫理。他能夠針對傳統的理論，對倫理作無情的攻擊，提出人性是自由的，所謂的自由是不受任何東西的束縛，連倫理道德在內。

　　他更進一步地認為，倫理的最終基礎是宗教，他覺得如果要反對倫理，就必須先反對宗教；顧躍的一生，都在反對宗教與倫理，可是他更知道宗教和倫理在哲學上的基礎是形上學，所以他又把反對的箭頭轉向了形上學，他著書立說只有一個目的，就是使得現象能夠成為知識唯一的標準，因此把現象當做唯一的真實，而我們能夠抵達現象，才是科學中實證的方法。

　　顧躍的思想，因為他自己本身的遭遇，總是環繞著「倫理」這一名詞，並且從「倫理」這名詞推演出整個思想體系，以為倫理不是神的誡命，也不是良心的呼聲，而是反過來，倫理道德的規範是人生在世實證的一種需要；如此顧躍以為倫理是必須的，但是它並非由神的誡命或良心的呼聲來做形上的基礎，它有的基礎只是現象界的實用和實證的價值。人是合群的動物，所以他需要倫理，並非他的本性具有倫理的東西，他覺得生命的衝

力才是倫理的規範，因為生命本身就應該是道德，可是由於生命的衝力，根本不受任何的束縛和節制，因此倫理有任何束縛生命的企圖，那就違反了生命，違反了自然。

顧躍所以提出反對倫理道德形上學的意義，就是他以生命為中心，在觀察了所有的生命現象之後，他都覺得他們根本是不談倫理道德的，如同赫胥黎與達爾文所觀察到的熱帶動物一樣，根本談不到倫理道德，有的只是弱肉強食的社會現象。這種生命的進程，是在壯大自己與發展自己當中所發展的東西，可是壯大自己與發展自己，就顧躍而言，並不是自私，而是生命的表現，所以他覺得所謂的倫理道德，是宇宙與人合一而成為的完整存在，整個宇宙成為一個有機體，一個生命，也就是整個大自然進化的目的，應該是人生存在的目的。

實證論的最早型態是經驗主義，也就是相信感官，相信科學技術對於未來的信念，除了經驗主義之外，就是孔德對於歷史的批判，否定過去的方法，並且為宇宙、人生設計了未來，而這個未來無論是道德、藝術、宗教的層次，都放在科學的方法中去衡量。

實證論主要的流派有三個，就是從三種不同的角度去看科學實證的信念；首先是社會實證論，也就是上面提及的孔德與顧躍兩位思想家，他們主張以社會發展的方式，證明人類在歷史中發展和進步的情形，把這種思想應用到社會政治之中。

第二派是進化實證論，他們是以理論的辯證，來證明唯物史觀才是人類進化的動力，而且覺得經濟活動才是人性發展的最終基礎，此派的實證論，通常被列入唯物論與進化論中討論。

第三派是批判實證論，也就是批判經驗，批判新實證主義以及邏輯實證論等等的派系，這種實證論在前面中世已經提出了。

這三派實證論其實都只有一個方向，就是利用自然科學的實驗來界定宇宙和人生，就在這種方法的嘗試之下，很顯然的就導引出形上思想的空虛，他們對完全理想的一個世界失去了信念，設法從自然科學的實證開始，

而又無法超出這種實證的範圍，因此也就導引出所謂的「價值中立」，此種「價值中立」不只是到了心理學的領域，而且後來還到達社會諸科學的領域中，成為今天行為主義最極端的一種型態。

二十世紀的中葉以後，這種實證的思想充斥著英語體系的世界，以英語為第一外國語的地區也跟隨著在人文學科上大喊「價值中立」、「人與動物無異」的口號，也就是講明與開始的時候呼喊「科學萬能」的口號相符。

第三節　英國功利論

功利論 (Utilitarism) 可以說是自然主義興起與發展之後，西洋十九世紀後半期英語體系的一種特色，而這種功利主義不但導引了後來在美國風行的實用主義，而且其本身也助長了進化論，我們在此節中特別提出功利主義的來龍去脈，並且指出後來的進化論在哲學中如何奠基在功利主義的思想之下。

功利主義的真正起源，可以追溯到邊沁 (Jeremy Bentham, 1748–1832)，邊沁是快樂派的功利主義者，他把自己的學說看成為人類的倫理規範，即是說「為大多數人謀最大的幸福」就是人生的意義，而且因此也特別提出了人生的目的是服務，是為眾人創造快樂；而在哲學的發展上，最後指出幸福就是快樂，一個人感覺到快樂的時候便是幸福，因此他也屬於感覺主義的一種型態。

這種快樂說，在歷史上當然可以追溯到希臘的小蘇格拉底學派，以及羅馬帝國的伊比鳩魯學派，當時兩派的主張，多多少少地傾向唯物的解釋，以為人的構成因素感覺到舒適快樂的時候，就是人生存的目的。從邊沁開始，功利主義特別在英語體系中產生和發展，這種功利主義所探討的問題，不但是科學技術發展的問題，而是在人的倫理規範上，以為所有的所謂的是非善惡，都應該放在利益的天秤上去秤。凡是與人有利的便是善，與人不利的便是惡，而利害的關鍵，在於快樂的感覺，一個人感到快樂的，就

是有利的、善的，一個人感覺到不快樂的，就是不利的、惡的。

　　從這種善惡的尺度來發展倫理道德的思想，往好的一面去看，當然全體的快樂或大多數人的快樂是我們的社會所要求要發展到的一個境界；可是往壞的一方面去看的話，就成為一個自私的社會，成為一種自私的人與人之間的關係。

　　邊沁的原意，是要以功利主義的學說建立社會的倫理，使大多數人都過著幸福與快樂的生活，當然這個原則是對的，但是功利主義在哲學上中心的課題並不止於學說的目的，而是在於實踐的方法，究竟快樂的尺度是什麼？以誰的感度作為起點和尺度呢？究竟會不會有一種客觀的快樂的標準呢？於是就在這些問題的發生與解答中，功利主義本身產生了很多不同的派系，它有個人主義和利己主義的功利主義，有快樂主義與理想主義的功利主義，並且還有常態的功利主義與描述的功利主義，在這些功利主義的劃分中，我們無法一一介紹，而只能提出兩位比較重要的思想家作為代表：彌爾與斯賓塞。

一、彌　爾

　　彌爾 (John Stuart Mill, 1806–1873) 是蘇格蘭人，為心理學家詹姆士彌爾 (James Mill, 1773–1836) 之子，學說注重倫理與經濟的問題。他的學說，繼承了傳統的經驗論，在知識論上反對先天的學說，以為一切的學問和知識都應該由經驗去獲得，而從腦裡所得到的觀念是透過我們的記憶和聯想，才能夠得到一種知識，所以有人稱彌爾為聯想派的鼻祖。

　　他在知識論方面，是以邏輯的分析方法，去分析我們的感官經驗，記憶和聯想等等的事實，希望能夠從這種分析當中，發現人類知識的起源；同時他還認為利用這種知識的方法，可以避免由經驗主義所導引出來的懷疑論，因為所謂的懷疑論，並非由經驗得出的，而是思想對經驗不清楚的時候，所發展出來的一種心理狀態。

　　那麼彌爾所用的哲學方法，他希望能夠用他的學問，尤其利用他分析

的方法，來解釋人類倫理生活的情況，並且用邏輯的方式導引出心理學，所以他特別提出了五種方法論，世稱為彌爾的方法，這五種方法，事實上是在數學或哲學的因果原則上，或與因果相對的秩序上都有很大的關係，這五種方法到最後都可以得出的叫歸納法，這方法主要的是認為自然是不變的，而人的思想會變，因此人透過感官，從自然界得出的概念就會成為一種印象，而印象卻隨著人的主觀情緒而變遷，並非依照外在世界的變化，因此他認為真正可以解釋這種因果關係的，還是英國的經驗主義者休謨，因為後者提出了所謂的因果就是一種經驗，所謂的經驗就是一種習慣，而如果習慣才是一種思想的來源的話，那客觀存在的東西就不可靠了，因為客觀東西的不可靠，所以否定了形上學的可能性，因為如果我們用我們感官的經驗和我們的知識論不能夠超度現在的現象的話，那麼形而上的可能性就沒有了。

雖然功利論提到形而上的不可能，可是他們畢竟還要從知識論跳出一步，從知識的分析與歸納，結論出人的倫理道德這方面的傾向；但是這種倫理道德的規範並非是非的觀念，而是主張功利的，所謂的功利就是為大多數人的快樂就是善，如果為公眾人沒有快樂，只有痛苦的話，那就是惡，因此彌爾指出人生的目的，不是找尋個人的快樂，而是謀求大家的幸福。

在這麼一個觀點上，彌爾當然是超過了休謨，因為休謨的功利主張似乎比較自私，似乎比較注重自己個人印象的問題，而彌爾卻是認為大多數人的幸福和快樂才算是真正的倫理道德。

二、斯賓塞

斯賓塞 (Herbert Spencer, 1820–1903) 是跟隨著達爾文的進化學說，而發展了他的功利主義，他本身是哲學家兼社會學家，在他的生平之中，當過家庭教師，鐵路工程師和編輯等等，他以為所謂的真理與價值是人所發展出來的經驗；這種經驗不但人有，連狗都有，如狗對主人的忠誠，都是屬於真理和價值的批判。

　　斯賓塞因為跟隨了進化論的主張，所以他發展了兩個在二十世紀非常主要的概念──「發展」與「進步」，「發展」的概念也是十九世紀信念之一，希望在現象之下能夠發展出一種普遍的，不離開現象，而又能夠超越現象的原理原則；關於「進步」的概念，因為在人文社會之中，有發展就有進步，不像在禽獸的世界，牠要發展可以繁衍很多的子孫，可是沒有進步，子孫的生活方式完全和牠們的祖先雷同，人卻不是如此，他可以由於經驗的累積發展自己的生活，以及使自己的生活有進步。

　　十九世紀時，思想界設法征服自然和利用自然，它要發展自然科學，以為唯有自然科學可以征服自然，十九世紀的思想家不但如此相信，也這麼去實行，而且在內心也有這麼一種的希望，對「發展和進步」的這門學問，科學是擔任了每一種學問的探求，哲學則提出了問題與總檢討。世界上人為的一切都在發展和進步之中，這也是人的現象，和人會追求最終的原理原則，以及追求最終的原因一樣的理由，這種人性往外追求的事實，我們自己本身可以感受到，我們自己本身可以把它變為自己的體驗和經驗，而且這些經驗也是我們從日常生活經驗中所導引出來的。

　　至於本體界的一切，斯賓塞以為雖然毫無問題地它們一定存在著，但是並不是我們的理知可以理解到的，本體不可知，我們知道的，所能夠把握到的只是現象；但是在存有本身來看，現象與本體不是一樣的嗎？斯賓塞於是不再以康德的道德哲學來追求本體的存在，而是設法以個人內心自己的體驗。

　　在進化的思想當中，如果我們說達爾文把進化用在生物上，那麼斯賓塞是把進化安置在整個的宇宙之中。

第四節　美國實用主義

　　實用主義 (Pragmatism) 主張用實際的效果為真理的標準，這種學說在美國最為盛行，自從十九世紀後半期開始，便以實際的哲學運動傳遍了整

個美國的學術界，由於美國人的生活背景，民族的集成都是由歐洲各國遷移到新大陸而開始謀生，因此也構成了他們移民的最主要因素，以實際的謀生作為他們移民的一個動機，從這個實際的謀生開始，也慢慢地發展了哲學的思想，如「自由」、「民主」等等的概念。當這個新大陸的新居民開始以他們的血汗建立新的基業之時，對這些新的名詞也有了一些新的理解和體驗；可是總離不開「實際」這個範疇。

就是當這種實際的人生觀進入到學術界以後，成為一種學說，很顯然的，這種新的學說，在表面上還是反對傳統的哲學方法，而事實上也有它積極的一面，就是利用各種具體的體驗來闡明「事實勝於理論」的觀點，「實事求是」、「言之有物」這些思想可以說是由美國的實用主義所導引出來的。

實用主義的誕生雖然是在美國，可是它與歐洲的唯物主義，實證主義和功利主義有休戚相關的關係。在人類對於傳統的宗教、道德和傳統的生活方式厭倦了以後，都想要追尋一種能夠暫時滿足人性的實際東西，這些東西通常都是現實的、屬於物質的層次，當然要滿足這種心態和這種生存的條件，首先是科學技術的發展，也就因此在西洋十九世紀後半期，科學與技術的發展符合了這種實用主義的要求；科技的發展以及實用主義的發展形成了相輔相成的一種局勢。

當然我們說實用主義本來開始的時候完全是科學的，它沒有走進哲學的範圍，可是當人類生活必需的東西，一天天地足夠以後，就會追求一種生活的娛樂，而哲學是屬於人類生活娛樂的一種，也就因此在新大陸發展的哲學中，以實用主義作為先鋒，而後其他的任何一派思想要進入新大陸去，都必然先經過實用主義的關卡。由於這種實際效果的提出，很顯然的，傳統的形上學問題首先遭到了冷落，然後被加以否定，當然我們在此提出的實用主義學者，因為他們是哲學家，因此絕大部分是突破了這種困難，也就是說，他們還是可以看破實用的價值，看破實用的相對性，而走進絕對的形上學園地中。

　　首先用「實用主義」一詞的是美國的皮爾斯 (Peirce)，他的目的是設法分清楚康德的「實踐」與「實用」兩個概念，而真正能夠把實用的概念當成哲學的學派而編成一個體系的是詹姆士 (William James)。實用主義把現象論局限到感官的經驗中，把存在和人都放進時間的範疇中，而否定形上學，以行為或行為的效果作為學說的基礎，這裡特別舉出三個代表：

一、皮爾斯

　　皮爾斯 (Charles Peirce, 1839–1914) 是美國名邏輯家，他發展了數理邏輯，並且對當代所興起的語言哲學有極濃厚的興趣，所以他為學的方向，是專攻文字學、語言分析這方面的學問。

　　皮爾斯不但首先用了「實用主義」這個名詞，並且也實際地領導了實用主義的運動，他所提到的實用主義，首先分析我們的思想與語言，以為在我們的語言當中所指的功能，最主要的是要問它有什麼意思，如果我們知道語言或思想所表現的意義的話，我們才能夠知道知識；皮爾斯以為每一種事物，都要在它的功能和行動當中去看，因此他以為邏輯的最主要任務是要把思想和行動聯繫起來。

　　為了使人類的思想真正地可以抵達真理的本身，皮爾斯最先分析人類的語言，把語言分為許多不同類型的語句，設法去懂得這些語句的意義，到最後當然還是運用了實證主義的作法，把這種語言的意義與現實世界相比較，看看能否在現實世界上獲得檢證。皮爾斯以為語言和文字都是思想的符號，主要的是要把我們的思想表現出來，傳遞出去，因此皮爾斯以為唯有善用符號，瞭解這些符號的涵義，才能夠真正地提到知識的問題。

　　就在這種假設與探討之下，皮爾斯認為實用主義並不是解答一些課題，而只是提出一些方法和方向，這種方式原來就是一般英美哲學家所共通的表現的方式，一方面說明自己的哲學不是目的性的，而同時指出一種特定的方向，他們所最喜歡舉的例子，連羅素在內，都說火車並不是指向目的地行進，而只是依著軌道向前行駛而已。

　　因此在實用主義的學說中，很顯然的有實際效果的傾向，而再也不問他們最終的目的是什麼，而是問他們目前以及短暫的未來的成果；所以皮爾斯的哲學特別給實用主義提出的描述，以為實用主義是要澄清並規定符號的意義，而提出這種澄清的規定的方法。

　　但是由於語言的分析所用的基礎是數理的形式，因此原本在內容上著眼的一種學說，慢慢地陷入形式的結構之中，使得語言的意義不再是代表客體的東西，而是看這種語文是否符合它的文法。實用主義所導引出來的語言分析，到最後畢竟是把語言當做一種目的，而無法使得語文在人的生命中究竟有何意義，實用主義的哲學因為過於把人性物性化，過於設法運用研究數理平面的公式去規劃立體的人生，所以它所走的路線，慢慢地走上「強權就是公理」的社會、政治結構。

二、詹姆士

　　詹姆士 (William James, 1842–1912) 是因為在美國提倡實用主義而成名的，他與皮爾斯持相反的意見，他以為實用主義的意義的確是一種哲學，而且應該是一種新興的哲學；本來詹姆士與皮爾斯兩人交往甚密，而且在思想上可以說是互相影響，可是在學說的最終架構上，詹姆士屬於唯名論的哲學體系，而皮爾斯則以唯實論者自居；唯名論原屬於中世哲學末期的知識論產品，最主要的學說是探討思想與存在之間的關係，而哲學的結論是提出概念只是一種「名目」，也就是主觀所附加在客觀上的，是不存在的，也不必要的東西，在唯名論的學說看來，只有個別的、具體的東西才是真實的，凡是屬於共相的、抽象的都是虛幻的，因此唯名論最主要的指標，是反對形上學的存在。

　　詹姆士忽略了形而上的建立和價值，但是他所注重的，卻又超越了皮爾斯只重語言的形式，詹姆士也特別注重人生的倫理內容，也就是說，他還是希望從知識的層次走上倫理道德的領域；可是在實用主義的大前提之下，價值的體系仍然停留在知的層次之中，無法突破知的極限走上行的層

次；因此他也停留在理論性的批判之中，等於是站在道德之外看道德，站在知識論的立場去看道德，而不是以實踐作為倫理的標準。

當然我們認為詹姆士是更進了一步，在善惡的標準之中，也表現出自己是經驗主義的色彩，以為環境是改變標準的因素，以為一切的倫理規範都是由環境所影響來的，因此時過境遷之後，善惡的標準也就隨之改變，善惡並無絕對的一種標準。也就因此，詹姆士在知識論上所得到的人生觀以為，對一種知識的信念，就是知識的先決條件，這種情形說明了實用主義根本的思想，仍然是停留在經驗主義的本色，依照著機械唯物的因果來界定知識的發生問題，也因此界定了人的自由意志，尤其是人的創造潛能都沒有發揮出來。

詹姆士雖然在知識以及倫理的探討中，累次提及到生命及生活等等的實際問題，但是他最終的預設，由於沒有形上學作為基礎，因而在原則上，仍然主張倫理相對，善惡相對的學說，他在知識論中停留在唯名論與經驗主義的地步，在生活上也只注重了實效，以為實用才是是非善惡的標準。

三、杜　威

杜威 (John Dewey, 1859–1952) 曾經於民國 8 年來我國講學，在北京大學執教兩年，而且也在美國許多著名的大學執教，以教育作為方法，把實用主義導引到工具主義之中。杜威用很冷靜的頭腦，首先探討了實用主義發展的情形，特別提出皮爾斯的實用主義，淵源於實驗以及注意康德的實踐，而以為詹姆士的學說則淵源於英國的經驗主義，因而兩者的學說有顯著的不同，皮爾斯是邏輯家，而詹姆士是人文主義者。

至於杜威自己，在這種實用主義的歷史研究中，他以為自己應該是屬於黑格爾學派，專門以「合」的方式去統一皮爾斯和詹姆士的學說；杜威以為這種新的綜合，就稱之為工具主義，而且給予工具主義一種簡明的定義：概念與推理一般形式的學說。因此工具主義在原則上，與實用主義對邏輯法則和倫理規範的批判，並沒有很大的分別，因為他仍然在知識的範

疇之中打轉。

在知識論中表現得很清楚，知識價值的問題如何去探討和追求，無論是邏輯問題或分析問題，都用分析與批判，這種方法杜威用得很純熟，而其實都是英國經驗主義所定下的方向，杜威在個人的生活上，盡量符合靈性的要求，盡量設法滿足自己精神的需要，而特別在宗教的情操中找尋心靈的幸福；而且在學術的內容以及生活的內容上，也非常讚美同年齡的法國生命哲學家柏克森，但是在學術的工作上仍然無法突破知識的極限，無法走上形而上的境地，因此就杜威而言，宗教、藝術、倫理等等也只是停留在有用的層次上而已；在人生的體驗中，總以為一切都是相對的，時空的變化可以把握住事物的變化，至於形而上的絕對，雖然杜威自稱是黑格爾學派的，可是仍然發展不出來。

實用主義一直發展到今天，可以說真正地影響到美國的政治、社會、經濟，也影響到當代的美國哲學，在這種政治、經濟、社會，甚至哲學的發展中，很容易看出只有利害的關係，而很少是非的觀念，除了美國之外，對實用主義很有興趣的，還有一些屬於英語體系而受影響的一些國家，尤其是在經濟和科學技術落後的一些國家，特別是一些以美國的一切馬首是瞻的國家，更走上了受這些學說的影響。

可是在另一方面，尤其是實用主義走進了德國，漸漸地發現從實用的這個層次而無法突破，走上形而上的境界的話，哲學仍然是沒有出路，如果每一種價值都是相對的話，我們究竟能夠用什麼作為永恆的尺度去衡量它呢？

另一方面，即使在思考的方法上以及在語言的表達上，也總得有一個體系，也總得有一個發表這個言論的主體，這個主體它總得有一個堅定的立場，它不能夠今天這樣，明天又那樣，在這種環境裡這麼做人，在另一種環境中又做那麼樣的人，變成雙重的人格，成為精神分裂的犧牲者。

第五節　新康德學派

西洋十九世紀的思想中，除了反派的主流——德國的唯物論、法國的實證論、英國的功利論與美國的實用主義之外，還有一些與傳統銜接的學說，能夠在哲學的末路時代，成為哲學中流砥柱的三種派系！即新康德學派、歸納形上學、新士林哲學。

關於新康德學派的最主要的言論，在西洋十九世紀實證論的呼聲之中，德國的學術界發出回歸康德的一種運動，理由就是唯物論只在物質以及機械當中去尋求物理的價值與意義，而忽略了人本身是超越物質的一種存在，而價值和意義至少在康德的哲學之中，不只是在物質裡，而且是超越物質的人性道德方向，因此新康德學派的誕生，確實是德國民族意識的再一次呼喚，以及對哲學的再探討，再研究，他們深深地感受到唯有在精神的生活中，才能體會出價值和意義來。其中有馬堡學派和西南學派：

一、馬堡學派

馬堡學派 (Marburg Schule) 的學者認為康德哲學中，因為在知識論上對於「物自體」沒有把握，在自然的哲學中認識不夠，因此由康德的哲學無法提出自然科學的決定性理論，也就是說，康德的道德哲學無法支持科學哲學的產生，也無法批判科學哲學；而且還有一點，在認識的過程中，康德以為根本上用不到物質的存在，甚至用不到感官知識的作用，而真正在知識論上有作用的是形式、概念，是方法與功用，換言之，康德的哲學不太談論「現象」，而是談現象背後的「物自體」，而這個「物自體」的尋找，到了最後必定成為形上學的課題，而不再是知識論的問題。

馬堡學派所走的路正是康德所走過的舊路，實證論和唯物論所提出的難題，給予馬堡學派的人新的思考方向，設法在對物的認識之中，至少是人生存在這個世界上，所有對物質需要的實際問題，能夠對形而上的跳躍

有所幫助，馬堡的新康德學派的整個哲學都是知識論，希望在知識論中能夠找到通往哲學的道路，也就因此，康德的學說，道德哲學在自然科學的探討之下，能夠尋找出一條出路，這也是新康德學派的一個主要特性。

二、西南學派

西南學派 (Süd-west Schule) 所代表的思想重心是價值哲學，他們從知識論開始，認為知識的價值「真」與倫理價值的「善」、藝術價值的「美」、宗教價值的「神聖」是可以排列出一個系統來的；他們在另一方面，認為馬堡學派太過於注重合理化，過於注重理性的平面作用，忽略了理性還有立體的架構，因為在知識之上還有道德的、藝術的、宗教的價值。

因此西南學派所注重的哲學，是把康德學說中的藝術部分特別加以發揮，而設法透過康德對於藝術的說法，超越當時知識的以及自然科學的探究。

第六節　歸納形上學

十九世紀後半期的思想，除了新康德學派能中流砥柱外，還有一派為歸納形上學。歸納形上學的意義，利用當時的唯物、實證思想，特別是利用自然科學的歸納分析的方法，可是仍然可以找到形而上的境界，這種利用現象論或唯物論的方式，尤其是他們的思想方法，而能夠找到形上學的存在基礎，就被稱為歸納形上學。在這方面努力的有三位思想家：

一、費希內

費希內 (Gustav Theodor Fechner, 1801–1887) 出生於蘇俄莫斯科，長大以後回到祖籍所在地德國，年輕時所學的哲學、物理、生理、心理等學問都有特別的專長，他是屬於唯心論，另一方面也屬於泛神論，雖然在萊比錫大學教物理，可是對於人生的態度，對於哲學的成就抱有很大的熱誠。

　　他的學說內容，是以科學為根據，說明宗教哲學的可能性，他用科學說明宗教，用自然科學說明現象學。他的基本假設，以為世界是統一的，而世界的統一性就是他的哲學；這個世界的統一性，費希內利用自己日常生活的體驗，從這些體驗得出來的成果，可以用物理上的或然率或哲學上類比的法則，講明人與世界，人與物質，人與精神確實是一體的。

　　由這一體的說法，然後再抽離出人性，由於他的靈性，能夠超脫物理世界的一切束縛，而漸漸地進入道德世界，也就因為費希內的這種說法，他同時相對地把自然科學到哲學的一條路，稱為超越之途，同樣地，從哲學到信仰的一條路也是超越之途，人性的完美是要超越自然科學的定律，然後走上哲學的探討，最後安息在信仰之中。

　　因為費希內他自己本身是物理學家，他所講的這些理論都能夠提出證據，至少在費希內的這種說法看來，他思想的發展箭頭與孔德的實證主義恰好相反，他是要在實證的世界上找到形而上的存在地位。他整個的學說，都是設法在科學的解釋中，說明宗教與哲學的可能性，他用的歸納方法，就是利用人生的日常生活經驗，來導引形上學的原則。

　　當然傳統哲學所用的方法，是以形而上來規定原理原則，而費希內是以科學的檢證來規定原理原則，因此可以說費希內的哲學是科學哲學的經驗論的形上學；費希內還在他的歸納形上學中訂有三種法則。

1. 類比方法 (Analogia)：用一種不完全相同、也不完全相異的比較法，在已知上求未知，也就是說，用現象的已知事實，推論出現象背後的原理原則。

2. 成果原則 (Fruchtbarkeit)：很顯然的，我們在自然科學方面有長足進步，有很多的成果，而這些成果在「人」的用途上更為廣大，因此他總是認為所有的自然科學成果都是為了「人」，主張以「人」為中心，所謂的科學成果的價值尺度應該以「人」為中心。

3. 或然率 (Wahrscheinlichkeit)：費希內在此承認人類經驗的累積，以為人類在歷史中所體驗到過去呈現過無數次的事情，也可能在現在或未來重

新出現。

　　由於這三項的原則，使得費希內相信可以從經驗的科學走出來，從因果的信念可以從經驗導向形而上的原則，而且最主要的，費希內覺得人的確有過超越的經驗，並且他也需要超越的經驗，從經驗當中走出，走上原理原則的形而上學。

　　歸納形上學使人感覺到世界是統一的，這個活的世界不但在科學的原則上是一樣，而且在形上學上也是統一的，所以費希內主張倫理學上人要追求快樂與幸福，因為快樂和幸福才是倫理道德的表象，因為世界是一體的，人和世界也是一體的，因此世界上的秩序，四時的運行以及人在自己生活上的快樂與幸福，才能夠合成一體。

　　人在科學的世界內固然求「真」，但是在自己的道德世界內要求「善」，要求自己的心安；因此費希內的哲學體系，不但是用人的智慧討論了自然科學的範圍，而且也用人的良知討論了人生道德的價值。

　　就利用了這種思想的方法，可以說費希內已經統一了唯物論、實證論以及形上學之間的衝突，他一方面承認具體的、唯物的、實證的思想基礎，而且以為這些基礎確實是我們思考的淵源，他並不停留在這種基礎之上，他還是要透過這些基礎超越自身，以倫理道德的規範來超度自己，使得自己能夠走上理想。

　　費希內為了統一實證與形上，特別把宇宙和人生都看做是唯心的，所謂唯心，是指人的思想才可以保證自己對人生觀的看法，他要統一實證和形上，也只好採取了宗教上的泛神論，總覺得唯有神性在先天上內存於各種的物質之內，否則我們就很難相信人性可以到達物性，也很難講明如何從物理可以走上形而上的一條道路；也因此在本體的分類上，費希內把精神分為三個等級：最低的一級是物質的精神，這種物質的精神就是我們在自然中所說的物質，其實在哲學的探討上，應該是一種精神內在於物質的東西；物質之上有人類的精神，這種人類的精神，很顯然的是他的智慧和他的良心，透過智慧可以認識世界，透過良心可以提升自己的存在；在人

類的精神之上有世界的精神，世界精神是最高的，因為它不但是包括了物質與人的精神，同時包括了神的精神，因為所有的一切都充滿了神明，所以他採取了泛神論的主張。

二、洛　齊

洛齊 (Rudolph Hermann Lotze, 1817-1881) 生於德國，畢業於萊比錫大學，本科是醫學，但是對於哲學有很深的研究，他曾經做過哥丁根、柏林和萊比錫等大學的教授，他在大學裡的博士學位以及講師論文都是屬於醫學方面的，洛齊的思想主要的是以科學來證明形上學的可能性，在西洋十九世紀後半期算是最偉大的思想家之一，他在醫學上指出了人性的價值，因此算是價值哲學之父。

他的著作所注重的都是醫學的心理學，以及人和宇宙的關係和整個的哲學體系，這位醫學的哲學家，認為具體的世界中，「事」和「物」兩者的關係，就剛好等於「思想」與「存在」之間的關係，人因為他的基礎就是存在，可是表現在存在之上，和物理以及其他的生物、動物不同，因為他有思想，思想是可以把人的存在超度到整體性上；而所謂人的整體是依靠他的思想以及存在的提升，使得他有感性的存在，也就是透過感性的存在可以發展自然科學的東西，發展全部形而下的認識，可是在感性之上，他為了提升自己的存在，又有倫理與宗教的形而上層次，而整體的人性是應該包括感性、倫理、宗教等三個層次，包括形而下與形而上的兩個層面，否則人只是半邊的人。

洛齊在回顧哲學的整個過程中，希望能夠超越德國的觀念論，甚至超越德國觀念論以前的康德，回到理性主義的理想境界中，在理性主義中，洛齊特別欣賞萊布尼茲的「和諧」概念，這「和諧」的概念，不只是人在思想上統一矛盾、統一對立的一種理想，而且在自然世界的表出方面，也表現了整個和諧的體系；宇宙的存在，因為它有和諧，有春夏秋冬四季的轉移，有星球與星球之間和諧的運動，才得以持續下去，如果這個和諧的

秩序遭受破壞，整個的存在也就失掉了基礎；所以洛齊以為整個「和諧」的概念，是整個宇宙存在的原理，也應該是人生的原理。因此他認為在自然科學中固然可以用機械的法則去解釋因果律，可是在人生的基礎上，因果的原則，尤其是以機械去解釋的因果原則是不夠的。

要使得人生的意義和價值能夠顯現出來的話，它必須有一個形上學的原理原則，這個形上學的原理原則就是支持人性在倫理以及宗教的所有表現；因此他整個形上的基礎，是從因果的原則可以推論出目的觀，而這目的觀的最終決定者就是上帝，祂可以以機械的方式來統治世界，可是祂必須以目的觀和自由意志的方式來統治人類，人是跳過了機械唯物的層次，而走上自由的境地，人是超越了機械的因果關係，而走上了目的選擇。

洛齊以為在自然的事物之中，有機械的因果，使得我們可以遵循，可以提到「自我」概念的時候，則是屬於自由的，因為人在日常生活的體驗中，尤其是在自己特殊情況的決定中，都感覺出來自身是自由的，自己要對自己的行為負責，這是最根本的倫理道德的信念。從倫理道德再往上去，當人類在自己的自由行為中，發現自己力不從心，發現自己的意志是如何薄弱，而與極限相遇的時候，又可以發現另一種事實，就是從自身之外來的一種力量，這種恩寵的感受是洛齊哲學，尤其是洛齊形上學的基礎；因為他體驗到人性的價值與意義，並不是人本身去決定，而是人要照著這個方向去追求和生活。

洛齊的哲學可以稱為「實在唯心論」，他的目的是要拯救黑格爾的絕對與理想的唯心論，因為德國觀念論開始用抽象的「正、反、合」的辯證，而忽略了理論之外的現實，洛齊以為最現實的莫過於「事」、「物」，以及事物與事物之間的關係，而「事」、「物」與事物之間的關係這三種現實，就可以使得我們現實和理想分得很清楚，而在現實與理想之間，人性總是要找到一條出路，一方面不能夠脫離現實，可是另一方面更不可放棄理想，現實是已經存在的環境，可是理想是自己沒有，而又希望有的情況。

在洛齊看來，人的生存雖然是在現實的科學的成果中生活，也可以感

覺出來，所謂的現實，並不是一定完全是存在的、命定的，而整個現實的淵源，還是由於人生的理想，因為人希望自己人生的生活過得更舒服一點，更豐富一些，因此發明了工具及產品，這也就是自然科學中最終的一些哲學解釋。

洛齊所發展的科學哲學，可以說指出了科學最主要的存在理由是為了人，而人是為了自己的生活才創造了科學，更為了自己的超升，而創生了倫理，為了自身的人性得以超度到神性，而創生了宗教；雖然倫理與宗教相對於現實的科學而言，它是人所創造的東西，可是另一方面，科學之所以存在，也是人的一種理想，不過只是比較現實，比較低的一種理想罷了。

洛齊於是打通了由心理、藉著分析作用而最後找到形上學的基礎，找到了人性的整體。

三、哈特曼

哈特曼 (Eduard von Hartmann, 1842–1906) 是德國哲學家，生於柏林，首先對軍事有興趣，參軍又做了軍官，由於疾病退休後專攻哲學。在哲學的體系中，特別注意如何從心理的解釋，從意識走回到下意識的境界，再從下意識去挖掘人性的根本，他如何嚮往宗教，如何嚮往形上學。

哈特曼企圖以謝林的哲學來統一黑格爾以及叔本華的思想，他以為在整個的宇宙中，有一個絕對的意識，有一個絕對的實體，而這個實體，事實上而言，相對於人的存在，它是「無意識」的東西，這個「無意識」雖然是否定的，但是卻是宇宙最終的本體，意識產生了意念和想像，他的意念在時空之中得不到和諧，因此他的理知在現實與理想之中也同樣地得不到和諧，人性在這個不和諧的氣氛之中，因此也會對所有形而上的東西加以懷疑，但是這種懷疑到最後總是設法找到一種救援，而這種救援的方式，哈特曼以為還是用理性起來發揮作用，人在自己的無意識之中，設法產生一種意識，用理性再探討人生的意義和價值。

因為所有的人都會用理性，如果人用理性，哈特曼以為就可以回到原

有的境地，回到「無意識」，回到完全和諧、渾然一體的宇宙本體中。在哈特曼的哲學看來，所謂的倫理道德，其實是使得人回復到「無意識」的境界，對整個的物質世界和功名利祿不表示一種關心或追求，而只是嚮往自己內心的平安和諧，也就因此哈特曼以為人性要完成自己的話，最好能夠透過宗教的修鍊，而使得自己與自然之間，自己與自己之間，自己與神之間得到一種和諧。

哈特曼哲學的起點是「無意識」，終點也仍然是「無意識」，意識才是人感受到自身的存在、世界的存在，而把自己原來的境界沖淡了，所以他覺得無意識才是實體，而意識開始意識之後，就會創造出時空，創造出混亂，而這種混亂的情況需要人再一度地意識自己的存在，再一次地檢討自己的存在。

哈特曼這種以否定表出肯定的方式，多多少少地接受了東方哲學的進化，而創造出一派新的哲學體系，他的最終實體是「無」，但是這個實體的「無」，事實上就是西方一向所謂的形上學的最高存在——「存有」；這種「無」的境界，是屬於宗教情操，描述人對整個功名利祿的不關心，同時不去追求。

第七節　新士林哲學

士林哲學本來是屬於中世基督宗教的一派，而這種思想發展在十三世紀，變成中世很主要的，以及西方人主要的人生觀的體系，這種哲學是要把人性從對物的體驗，走上對人的仁愛，以及對上帝的崇拜，但是這種士林哲學的體系，到了中世文藝復興以後就漸漸地式微，當然它衰微的一個很主要原因，就是唯名論的產生；而唯名論就因為人不再去注重形而上的價值，只把人的思想局限到形而下的事物之中，當然士林哲學除了唯名論的理由之外，它自己本身不能夠脫離自己討論的範圍，不能夠與當時的哲學學派互相交往，所討論的問題不能夠與當代的思想交流，因而走進了一

條死巷。

　　西洋的哲學，尤其是西洋的人生觀，到了十九世紀開始發展以前的殖民主義與奴隸制度之後，人生又慢慢地覺醒了，而覺得應該重新反省以前的哲學，反省以前的人生觀體系，是否可以在傳統上找到一點比現在的人文思想、自然科學的思想更可以安定人心的東西，於是有人重新開始回到中世的經典之中，研究中世的思想對於人性的體認究竟有那些深度，所以新士林哲學在一開始的時候，就有這種復古的味道，可是在這種復古的氣氛中，隱含了對當代思想的一種相遇與交往。

　　哲學因為在近代時期，「革命」的氣息很重，對中世哲學有許多誤解的地方，很容易把傳統的思想拋棄，尤其是把希伯來對於人性的思想拋棄，這些誤解引起人們對於宗教哲學的漠不關心；近代哲學開始之後，對於中世哲學還提出了一些批判的理由，後來造成哲學界不再回到中古界去讀以前的著作，而只是人云亦云的局面，根本上把中世紀的思想看為一個黑暗的時代，只是「神學之婢」，於是在這種情況之下，有一些學者重新出來，再一次研究中世哲學的著作，以當代人的心靈去理解傳統的東西，期望從第一手的資料中，發現中世哲學的精神。

　　新士林哲學 (Neo-Scholastik) 思想加入了一些新樣式，把人當做是有精神、又有物質的一種存在，這種又有精神、又有物質的東西，他能夠知道，而且他又想知道真理，於是他就用一種內在的自由的價值批判，來針對自己生活的層面，以及把生活的層面提高到形上學的階層中，去追求一種永恆的、不變的真理。

　　這些思想家主要的在德國與法國：

1.德國方面有：

　⑴特倫德倫堡 (Adolf Trendelenburg, 1802–1872)

　⑵黑特齡 (Georg von Hertling, 1843–1919)

　⑶巴翁格 (Clemens Baeumker, 1853–1924)

2.法國方面有：

⑴馬里旦 (Jacques Maritain, 1882–1973)

⑵吉而遜 (Etienne Gilson, 1884–1978)

⑶新士林哲學所強調的是，在本體論上有永恆的存在，在知識論上有真理的永恆存在，無論是本體論或知識論，都是認為由我們的內心與外在的自然世界交往所得出來的東西，人生存在這個世界上，生存在人與人之間，是要設法繼續生存下去，設法利用理知導引自己的意志，針對人生未來的遠景提出一條可行之道，對目前的一些病態思想提出一些救援的設計。外在世界的事物可以被認知，內在世界則有認知的能力，集合了這個能知與所知，也就是我們的知識論最根本的存在地方，人的價值不但是由於人有了肉體，而且有不死不滅的精神，有了這種精神，人才異於禽獸，由於精神才擁有自由，有自由就要對自己的行為負責，因此有了倫理道德的觀念，有了倫理道德的觀念之後，就可以有一種尺度去衡量我們的行為和外在世界的存在，這就是價值批判。

價值批判的方式，是站在人的立場去知人、知物、知天，同時在知的方面，再往上一層去分類出比知更高一層的倫理道德的境界，即知物、愛人、敬天的情形，在敬天方面發展了宗教哲學，使得人性慢慢地可以往神性去發展。

當然新士林哲學的許多派系中，主要的是承襲了聖多瑪斯的思想，以為哲學與神學畢竟需要劃分清楚，而哲學仍然以理知做中心，以理解的方式解釋宇宙與人生，而神學仍然是以啟示作為中心，人的信仰作為工具，可是如同中世的士林哲學一樣，人性的提升，固然一方面可以由於理知的提升，但是從理知的提升變成的超人，可不比透過從信仰走上神學基礎的聖人；因為人性的沒落以及我們可以用內省的方式感覺出來每一個人有創造的能力，但是也有破壞的能力，而破壞的能力有時候比創造的能力強，所以會提出類似中世時所想到的人性的缺陷與人性的極限。

在人性的極限中，人固然可以發展一種哲學，而且可以指出哲學的動向，可是要完成人類的這種方向，就已經不是靠哲學的能力，而是依靠超

越理知之上的一種信仰，即宗教所謂的啟示真理。

　　十九世紀後半期的哲學，雖然有新康德學派、歸納形上學與新士林哲學作為中流砥柱，仍然抵擋不了德國的唯物論、法國的實證論、英國的功利論與美國的實用主義，所以在西洋十九世紀後半期的主流中，仍然以唯物、實證、功利、實用主義作為主流，而很大一部分的思想家都受了唯物、實證論等的迷惑，加上政治的因素使得共產主義與進化論得以相互為用而危害人類，成為欺騙群眾的政治工具，蘇聯如此，中國大陸也如此。

　　由於西洋十九世紀曾經迷失了，於是在二十世紀的哲學之中，就有先知先覺之士起來痛定思痛，發展了可銜接傳統的一些新的思想，站在人性以及人道的立場，甚至利用科學的方法，重新證明人性的種種與人道的種種。今日，蘇聯、東歐、中國大陸，都逐漸擺脫「共產」的制度，而走向經濟上的「私有財產制」；同時亦擺脫階級鬥爭的行徑，而以互助合作的人道精神，重新定位價值體系，重新安排人生的安身立命，以及安和樂利。

II 二十世紀哲學

　　西洋的哲學，本來是以救世主的面貌出現，所以當某一期文化走上末路的時候，往往都有思想家出來挽救，就好像羅馬沒落的時代，有東方基督宗教的思想來拯救，又如文藝復興的時代、啟蒙運動的時代，思想走上了偏差，專門注重知識的問題，而有康德以倫理道德的問題出來拯救，甚至還有康德以後的德國觀念論，以整體的宇宙架構體系來說明人在宇宙中的地位，說明人性之所以能提升自己，是因為它本身是向著絕對精神發展的存在物。

　　哲學在近代，由於脫離了中世的思想，因此也就無法壓制住白種人侵略的野心，也無法阻止殖民政策與奴隸制度的復活，因此從近代文藝復興之後，哲學一直處於混亂的局面，無論是理性主義所導引出的獨斷主義，或由經驗主義所導引出的懷疑論，甚至康德以批判理性的方式聯結兩派的主張而創造出一種新的哲學體系，以及後來的德國觀念論，把道德哲學、藝術哲學、宗教哲學推上了高峰，其他的學派在百花齊放的氣氛中，互相在哲學的園地中爭地盤。

　　一直到二十世紀，人類又慢慢地覺醒了，他知道人性的沒落是人類精神生活的疏忽，由於人太注重下層世界的功利，而忽略了上層的價值批判，並且個人主義因為民族的意識和工業的發展，也漸漸地抬頭，而對整個有系統的哲學和有系統的人生觀也不感到滿足，也就因此二十世紀的哲學所提倡出來的，大部分是針對二十世紀人性的弱點；也就是說，設法拯救個人脫離這種狂妄的思想中。

　　二十世紀哲學可以說有兩個大的派系，一個派系專門注重人內在的體驗，希望能夠從個人內心的反省之中，找出個人人性的一條出路。即此派

不再希望用一種邏輯的公式，或任何的一種規格和規範，來解說籠統的宇宙或人生的問題，而是以個人的體驗來解釋每一個前因和後果。另外一個派系則是希望為人類或世界找出一種不變的原則，然後再依照這個原理原則去建構一種偉大的宇宙論或人生哲學。

如此屬於前者的思想，就是存在主義的思想，屬於後者的就是邏輯實證論以及現象學的思想，雖然這種二分法無法完全地概括了二十世紀的思想，因為二十世紀思想的開端是針對十九世紀後半期思想的末流而發的，針對德國的唯物論有現象學的出身，針對法國的實證主義有生命哲學的誕生，針對實用主義有工具主義的出現，所以我們在探討二十世紀哲學的時候，要提出的就是能夠指引二十世紀的人類不再走十九世紀後半期的唯物實證路線的一些德語體系的現象學，以及法語體系的生命哲學、英語體系的價值哲學。

剛才提及二十世紀哲學的特徵，有一種是個人主義，可是這種個人主義又分為兩方面去看，一種是屬於不相信有任何公準，也不希望設立任何派系，只是想辦法在自己的生活體驗之中，能夠做到一種隨心所欲的境界，這種主義所發展出來的就是存在主義的哲學；另外一種從個人出發的思想，是用古代傳統的 Logos，這 Logos 可以是思想的法則，也可以是宇宙最終的本體，也是以個人內在的思想體驗，由這種體驗而創造出哲學中普遍的原理原則，此種思想也就是現象學以及邏輯實證論。

當然我們說這種二分法也有不周全的地方，因為個人主義這個名詞已經被人所誤用，以為它是屬於自私主義，誤以為它是不和其他人或社會合作的思想，可是我們在這裡所談的哲學上的個人主義，是以自己內在的經驗作為哲學的基礎；換言之，這種思想的基礎從個人出發，希望變成普遍性的原理原則，這種思想就是現象學以及邏輯實證論的思想；另外一種如生命哲學或存在主義，就是設法不創立一種公準，而是以自己個人的體驗，把它描述出來，然後去實現它。

屬於邏輯實證論或現象學的派系所導引出來的原理原則，可以說是恢

復到古代亞里斯多德的思想，亞里斯多德的思想與二十世紀以 Logos 為中心的現象學有很多相似之處，也就是說二十世紀的思想有很多還是承傳了亞里斯多德的法則。存在主義的哲學跟隨著胡塞爾的現象學方法，從可能性出發走上了虛無的領域，這種思想從存在走上了虛無，也就是每一個人在日常生活體驗當中感受的所有憂懼、矛盾、荒謬的一些概念，覺得人生的存在無任何意義，可是也有一批存在主義學者，認為人應該在荒謬之中站立起來，替自己的生命創造出一種意義，這也是胡塞爾現象學的另外一種作用。

至於邏輯實證論所走的一條路，是希望能夠把哲學歸屬於科學的範圍之中，因為他們相信科學所討論的真理是可以檢證的，可以在感官世界找到證據，而也能夠用數理的原理原則方式把它化成公理和公式，使得我們更可以加以運算，當然我們站在人性的立場，覺得人性所包括的，一定是超過數理的原理，它有很大的一部分不是屬於數理法則的；這麼一來，二十世紀的思想，從存在主義和邏輯實證論之後，似乎又要走上另外一種思想，也就是我們在本書已經提出來的德日進的思想，他希望能夠統合科學、哲學與神學，走上人的統一性，而把人性對於知物、知人、知天的這三知，都能夠統合起來討論，也能夠把人的存在、生命、意識、精神各方面的層次，以及人所追求的真、善、美、聖的層次，也就是說科學、倫理、藝術、宗教都一起加以討論，完成人在整體哲學當中所有的思想體系。

二十世紀的哲學中，最有貢獻的當然是法國生命哲學鉅子柏克森以及德國的現象學家胡塞爾，他們兩個不但破解了西洋實證唯物論的思想，而且也使得人更可以利用自己生命的體驗，用自己意識的層次，來發展知識論、本體論、甚至從知識論走上本體論、走上形而上的境界。

在柏克森與胡塞爾出現以後，唯物主義與實證主義的時代很清楚地已經過去了，唯物主義現在所殘留下來的只是在政治的圈子裡，在共產主義的國家中當做是一種口號，談不上學術的地位；至於實證主義則參雜了一些其他的人為的實用、實證、功利的思想，在政治的圈子裡還可以霸佔一

些社會科學的地位，可是哲學上的地位也漸漸地沒落了。

　　從十九世紀過渡到二十世紀的一種哲學的動向，可以很清楚地舉出的，法國有實證主義，而法國十九世紀的實證主義被他們二十世紀的生命哲學所推翻，生命哲學成為法國二十世紀哲學的主流；在德國方面，唯物論是德國十九世紀後半期思想的重心，這種唯物主義本身很湊巧地是由德籍的猶太人馬克斯所發明和推廣，可是在德國二十世紀裡也有一位德籍的猶太人胡塞爾起來反對馬克斯主義，德國二十世紀的主流也以現象學做中心而發展。

　　在二十世紀中，由生命哲學與現象學所導引出來的精華，是由存在主義哲學所接受，而這個存在主義的哲學把人生的四個層次：物質、生命、意識、精神統統加以討論和發揮，再從這四個層次去看，關於物質的層次，也就是自然主義的討論，即十九世紀唯物實證論的課題，在這唯物實證論的科學口號之下，他們也加進了「發展」和「進步」兩個概念，而也就從生命哲學與現象學的發展，把同樣的「發展」和「進步」這兩個概念，不是應用到物質的層次，而是應用到生命、意識、精神的層次；也就是說，在哲學的發展中，不但是對知識的發展，另外在知識之上，還要發展道德、藝術與宗教，把哲學的對象，不只是局限於哲學這一方面，同時發展到善、美、聖這三個層次。

第四章

生命哲學

在我們日常生活中所接觸到的各種事物的存在，除了物質以外，很清楚地還有生命的現象，而且這種生命的現象，不是單獨存在，而是陪伴著物質出現的東西；雖然如此，生命體的結構和物質本身的結構有很大的差別，物與生物之間，呈現出本質的差別，也就是我們在知識論所謂的物質的層次與生命的層次，而生命的層次超過了物質的層次，無論是在它的結構方面，或是它所表現出來的現象方面。

在希臘以前，大哲學家柏拉圖以及他的弟子亞里斯多德就已經運用最原始的方法，實驗出生命體與物體之間最大的差別，柏拉圖曾經解剖過青蛙，他發現如果我們把一張桌子拆掉，變成每一部分，然後再把這些部分湊合回去還是一張桌子，可是把一隻青蛙解剖以後，變成青蛙的每一部分，卻再也湊不回去了，那是為什麼呢？因為青蛙是一個整體，一分解以後，就不是一隻青蛙了，而桌子本身不是一個整體，它是由部分所構成的，所以由部分就可以構成一個整體。

因此柏拉圖提出一個公式，來界定物與生物之間的分別，他說：所有的物質是全體等於各部分的總和，可是生物卻是全體大於各部分的總和，這個多的部分就是柏拉圖所謂的生命本身。到了亞里斯多德的時候，生物比物高一層的概念又提升了一層，亞里斯多德以為物質是部分先於全體，整個的全體是由部分所構成的，但是生命體卻不是部分所構成的，先有全體後有部分，每一部分是由全體所生出的，所以生命體的存在，是全體生出部分，而其他事物的存在，是部分構成全體。

也就因此，在古希臘已經發展了物與生物之間根本的差別，再加上生物學經過兩千多年的發展和進步，生命哲學的原理漸漸地為學界所公認了，

也就是說我們在處理整個世界的存在層次之時，不能夠一律地以物理或數理的方式去解決，因為生命是高於物質的、物理的存在。可是西洋十九世紀後半期的思想，尤其是以孔德做代表的實證主義的思想，卻以為討論世界上的東西都可以用實證科學的方式，以數理的方式去探討，這麼一來，豈不在哲學上走了偏差；因此就在法國本身也出現了同樣以實驗的方式來證明出世界上的存在，不但有物理，而且有生理，不但有物質，而且有生物，不但有東西部分構成的全體，而且還有由全體生出的部分的東西。

於是如果生命體本身根本就不是湊合的東西，它有部分，可是部分卻不先於全體，而是相反地，先有全體，然後由全體生出部分，那麼在討論生命的時候，就應該有生命的原理原則，在討論生物的時候，就應該以這種生命的原理原則來界定它，不是以純物質的東西來界定。因此我們也就不會覺得奇怪，當法國的柏克森提出生命哲學以後，而孔德的實證主義就遭到了學術界的否定。

雖然我們說從柏拉圖以及亞里斯多德已經開始發展了生命的存在和生命階層的不同，而且也經過那麼長久的對生命的體驗與發展的時期，有了生命哲學這種東西，可是生命哲學 (Lebensphilosophie) 的類型畢竟還有很多，我們在這裡分三種角度去探討，即形上學的生命哲學，精神科學的生命哲學，自然論的生命哲學；站在這三個立場去看，形上學的生命哲學是發展在法國，針對反對形上學的實證主義的系統，精神科學的生命哲學則發展在德國，是針對唯物主義對於精神生活的疏忽，自然論的生命哲學也發展在德國，是針對機械唯物學說的偏差，提出一種修正。

我們現在就分節討論生命哲學的全般。

第一節　形而上的生命哲學

西洋哲學的發展到了十三世紀，就開始劃分為人文以及自然兩方面，人文的發展方面以巴黎做中心，所以法國的人文思想，可以追溯到十三世

紀，可是從十三世紀發展到十六世紀，這種人文的思想曾經一度沒落，這種沒落引起了西洋十九世紀後半期的實證主義的學說，當然實證主義的學說直接來自工業革命對於物質享受的誤解，另外一方面也是受到啟蒙運動過於強調個人的自由而導引到放任的思想。

到了二十世紀的初年，法國人又重新反省到生命的意義，他們對於生命的體驗又漸漸地回到哲學的整體觀，以整體的宇宙和人生去衡量各種的問題，生命哲學首先提出來的問題有下列四點：

1.為什麼哲學總是要把整體的個人分為靈魂與肉體二元來討論呢？

2.為什麼把理性分為純理性與實踐理性呢？

3.人的尊嚴和價值是否可以在數理的法則上去尋找？

4.哲學應該討論「人」的問題，而不是把「人」當做問題來討論。

從以上的四個問題看來，就是要發展哲學應該是一個整體的，因為在這個整體的問題上，很顯然的是針對十九世紀實證主義的方式，追問形而上的存廢問題，如果形而上不存在了，能否算是哲學？生命哲學家以為唯有透過形上學的原理原則，才可以談到哲學的整體性問題，才能夠以精神的價值站在永恆的形相之下去理解事物。

法國的生命哲學開始的時候，還是在實證主義的科學信仰停下來的地方，實證主義所提出的哲學重心是科學萬能，以為人類只需要以感官的作用，就可以瞭解事物的真相，所以法國的實證主義提出的哲學結論是：物質層次的體認，就是整個宇宙的真相，連人在內都屬於數理法則所命定的，人類歷史中所出現的一些宗教、藝術、倫理以及一切形而上的神秘世界已經是過時的東西，不符合科學，同時又是虛幻的；可是生命哲學家卻以為縱使站在實證主義本身的立場，在我們的生活之中去體驗一下究竟生命是否和物質是同一的東西？

當然他們在歷史之中，已經知道在希臘的時代，連柏拉圖與亞里斯多德都能夠分清楚生命與物質的層次，因此形而上的生命哲學家要提出實證主義的扁平的宇宙，應該把這種宇宙再重疊起來成為一個立體的。形而上

的生命哲學同時還指出，在看得見的感官世界的後面，仍然有看不見的真實世界的存在，生命本身就是看不見，我們所見到的，只是生命的現象，這個生命現象的背後應該有一種生命的實體，雖然生命需要藉著物質展現出來，可是物質並不是生命。

　　形上學的生命哲學家最大的貢獻，就是能夠在物質世界之中重新找到生命，甚至更進一步地，在物質中找到了生命中的精神，在生命裡面再重新探討人生的根本問題。形而上的生命哲學家，我們在這裡舉出兩位作為代表：柏克森與布朗特。分述於下：

一、柏克森

　　柏克森 (Henri Bergson, 1859–1941) 是法國二十世紀最偉大的哲學家之一，他首先發展了形而上的生命哲學，也是他首先消解了實證主義在哲學之中的毒素，他的著作出版次數之多，只有當時最著名的小說可以比擬。

(一)生平

　　柏克森於 1859 年生於巴黎，與德國的胡塞爾、美國的杜威同年，柏克森的祖先來自英國，可是他的母親遠自波蘭，柏克森天生聰穎，少年之時已經博覽群書，在求學途中，對於機械唯物很有興趣，可是他同時可以跳出機械唯物的束縛，而在機械唯物之後，找到了智慧的存在，他在哲學的探討中，指出了機械論與唯物論、實證論與功利論都無法解決宇宙與人生的問題。柏克森最先研究了自然科學，他也注意到達爾文的進化學說，可是在進化的學說中，他所注重的不是進化的過程，而是進化所得出來的生命；他提出了「生命衝力」(Élan vital) 的啟示，以為生命是超過了唯物和機械，而走上了精神，因為只有以精神的方式才可以解釋目的的存在，在時間上，「發展」和「進步」的概念，固然可以指出世界在進化，在進化之中，人類是擁有創造的事實。

　　柏克森最主要的方式是提出了一個人對於生命的體驗，這種生命的體

驗，柏克森認為應該用直觀的方式才可以表現出來，因為感官世界的存在，透過感官可以認知，可是感官並不是完全停留在感官事物上，感官的作用不是自己本身作用，而是感官後面的認識主體在支使著感官去認識，因此這種認識的主體它不是感官，卻是感官的主人，好像我們所認識的現象，事實上不是認識現象，而是現象後面的本體一樣。

　　也就在整體的宇宙和人生之間的關係上，柏克森漸漸地找到了生命的意義，柏克森一生都在學習、教學、演講、著述中度過，他曾經做過法國公學的教授，自 1900 年開始，由於健康的緣故退休，柏克森一生獲得許多的榮銜，曾經當選為法國中央研究院院士，並且曾經在 1927 年獲得諾貝爾文學獎。在第一次世界大戰之後，柏克森傾力注意世界和平的問題，以為人與人之間是平等的，民族與民族之間也是平等的，所以他整個思想的努力，設法通過人際間的合作，走進世界和平的途徑，可惜於 1941 年，正當第二次世界大戰之時，德國的納粹破壞了和平，也侵佔巴黎，而柏克森也就在這一年與世長辭。

㈡著作

1. 《意識之直接與料文集》（ *Essai sur les données immediates de la Conscience*, 1889 初版，1946 第五十三版）
2. 《物質與記憶》（ *Matiére et mémoire*, 1896 初版，1946 第四十六版）
3. 《笑》（ *Le rire*, 1900 初版，1946 第六十七版）
4. 《創化論》（ *L'évolution créatrice*, 1907 初版，1946 第六十二版）
5. 《倫理與宗教之二源流》（ *Les deux sources de la morale et de la religion*, 1922 初版，1946 第四十八版）

㈢著作導讀

　　西洋哲學從十八世紀開始，就設法把握時空的範疇，來界定時空的事物，柏克森也在這種哲學的潮流之中，先開始知識論的問題，因此我們唸

柏克森的著作時，先要知道他生命的重心所提出的一些問題，是由意識開始，從意識談及物質的問題，然後從物質如何講到知識論，如何提出人的知識屬於消極的感受；可是在另一方面，也談到意識它可以創造，這種創造與進化有平行的關係，因為在創造裡，人不但是創造了倫理，同時也創造了宗教、藝術。

我們讀柏克森的《意識之直接與料文集》，可以知道他知識對象的問題，知識的獲得，就柏克森而言，是他做學問的初步工作，意識有自覺，它可以自己覺察到自己的二元，也就是「命定」與「自由」，人在自覺之中，可以直接感受到一些命定的東西，但是他也很清楚地知道，除了命定的事情之外，自己還有一些東西可以支配，即還有一些自由的部分，自己可以選擇的東西。一般說來，就我們物理的或生理的層次而言，多半是屬於命定的，沒有自由的行為，就如同我們的消化系統、生長系統是沒有自由可言的；但是在另一方面，也就是在我們的精神生活層面，至少是從心理的層次開始，我們有自由。

在《物質與記憶》這部書中，柏克森所指出的是，不但人性有精神與物質的二元，而且就在知識的各種實證上，精神是主，物質是副，大腦固然是記憶的地方，是我們知識記憶開始的地方，但是它只是一條件；因為在柏克森哲學看來，記憶有兩種，一種是機械唯物的，和禽獸相同的記憶，完全靠腦神經系統的保存，而養成一種對生活習慣的意識；另外一種是人類獨有的，能夠把過去的東西有系統地收集起來，當做歷史的資料，又用這些資料，作為開創生命機運的機會，使得人在精神的生活中，表現出「人為萬物之靈」的事實，人可以知道歷史的教訓，可以批判歷史，因此在他的歷史之中，有「發展」與「進步」，而禽獸只有發展而沒有進步。

《創化論》一書所表現的，一方面承認物質世界進化的現象，而另一方面也指出所有的進化事實都是人性或超人性的創造，宇宙間一切的現象，從大處看來都是創造，從每一個小節看來是進化，這種「創化論」，不但指出了人性的精神能力，同時指出了人性的「生命衝力」，藉著「生命衝力」

可以使得物質進化，使得人性得以步步地超升。

　　《笑》一書中，也是指出人性特殊的天分，它指出精神如何透過物質而表現出來，然後就是《倫理與宗教之二源流》，指出人性是合群的、社會性的，它可以是開放的，也可以是封閉的，它如果開放的話，就可以發展倫理道德以及宗教的概念，倫理是人與人之間要開放，宗教是人與上帝之間要開放，兩者之間最後的目的都是導引人性向上發展，止於至善。這「至善」的追求與體認，就是倫理與宗教兩者共同的目的。在宗教的境界之中，柏克森提升了自己的存在，把一切都投向了神秘的、超經驗的、超理知的境界，與神秘的上帝取得交往，心靈也就止息於面對上帝的神秘之中。

㈣學說

　　柏克森的思想大綱，我們可以分為三點介紹，首先由於他要解釋實證的問題，要反對實證論，所以他首先利用實證的方法，實證主義所強調的是，一切都以感官的、自然科學的方法作為衡量人生的尺度，柏克森就針對當時所創導的實驗方法，以清晰明瞭的文字，在物理的探討中，來研討生命現象。

　　柏克森首先提出觀察物與生物的現象，用「生命衝力」作為物與生物之間根本相異之處，然後他再提出精神主體的「人」，如何利用自己的自由來抉擇自己的行為。這種以自己的自由去選擇目的，當然是超越了機械唯物。如果數理的法則無法在生物界完全運用的話，則在我們的人生哲學中又如何利用數理的法則來界定呢？所以柏克森以為生命的問題，縱使是利用實證的方式，也應該找出物與生物的相異之處。

　　在「生」的過程之中，一個生命體有延續 (Durée) 的功能，它有生生不息的原理，一粒豆子雖然可以用實驗的方式，把它分為許多部分，可是它卻不是由部分構成的，它是「生」的，它是由整體而生的，生命的現象，並非由部分所湊合起來的整體，而是由沒有部分以前的整體所生，這是生命的因子，生命的因子在整個實驗室之中是找不到的，可是一粒豆子只要

供給它陽光、空氣、水，它就會發芽吐葉，開花結果，結出與自己相同的豆子，在「生」的現象之中，可以一代一代地延續下去，可以說是變成無限。

因此生命就在現象當中的表現，也超過了物理的存在法則，因為它有「生命衝力」，不但要延續自己的生命，而且要把生命流出去，創造更多的生命。因為生命在物質當中有大的變化，並且在生命之上，還有意識的層次，更有精神的層次，這麼一來，人既然有生命、意識、精神的層次，則在人文的社會上，豈不更應該超過數理的法則嗎？

所以我們知道柏克森的生命哲學最大的貢獻，是在物質之內重新找到了精神，在人性的生活中重新肯定精神的價值；十九世紀後半期的實證論者以為思想只是腦神經的運動而已，柏克森卻指出固然人在思想的時候，腦神經在動，腦神經不動了，思想也就停止，可是如果單以這種現象來做論證的話，柏克森要問如果把衣服的架子看成衣服，是否一樣的理由呢？思想與腦神經的關係，如同衣服與衣架子一般，思想的時候，腦神經在動，腦神經不動，思想也就停止，同樣地，如果衣架子在動，衣服也動，衣架子停止了，衣服也就不動了，如果衣架子掉落地下，衣服也隨之掉落；可是雖然如此，衣服卻不是衣架子，衣架子也不是衣服。同樣地，如果某人腦神經生了病，腦神經失常，則思想不合邏輯，腦神經如果完全失去作用，也就不會思想，但是腦神經是腦神經，思想也永遠是思想。

柏克森以為如果以物理的法則來衡量人的生存的話，我們如何解釋如果某人少了一隻手或斷了一條腿，而又有和斷手或斷腿以前一樣的思想呢？如果我現在決定要寫一本書，我對此書的設計有十二章，如果我不小心遭遇意外而斷了一隻手，是否這十二章的書就減少為十一章呢？生命在生活之中，就好像精神在人之中一般，它會把物理的層次提升了，生命是整體的，精神也是整體的。我們唯有瞭解這種關係以後，才能夠真正地談到人生的問題。

柏克森的思想第二個進程，是論及創造的進化；也就是在「生命的衝

力」中，我們很容易覺察到生命的整體性，就連一株椰子樹，它也知道生命的整體性，當冬天來臨了，水分比較少，它就會把葉子一片一片地丟棄，保留樹幹，如果繼續枯旱，它連樹幹都會枯掉，只保留根部的生命，明年春風又吹又生，總不會有一株椰子樹因為愛美而不肯丟棄葉子，而先枯乾根部。生命如此，人的精神也是如此，他有一個價值的批判，他知道何種價值比較高，所以當人家打你一棒子的時候，你不會用頭去頂，而是以手去擋，人家會問你是否不要手了呢？手是必要，可是你更需要頭，頭比手重要，手斷了可以裝義肢，我們是否曾經看到某人裝了一個假頭呢？

　　因此在所有的這些選擇之中，漸漸地顯示出智慧的價值批判，也看出了整個創造的目的，當然在柏克森的心目中，徹底的進化論，所有都是靠機運的話，他是否定的；柏克森以為的進化，是參雜了創造的學說，就整個的進化都有一個目的，這個目的是精神所決定的東西，人也就在這種創造與進化的相輔相成的發展中，找到了自己的自由，而在自由之中選擇自己的目的，人性因為有自由，所以他會選擇，他知道什麼東西有價值。

　　在柏克森的哲學中，人性只有一條法則，就是自由，自由也只有一個目的，就是目的的建立。人性的進化，固然可以由物到獸，由獸到人，可是這種由獸到人或由物到獸卻不是機械的，也不是偶然的，而是有目的的，這個目的在人以前，是受上帝的控制，發展到人以後，是自己要決定，因為有了自由的恩賜。

　　進化原來是事物存在的發展和進步的法則，利用進化可以解釋宇宙間的一切生成變化，但是這一切生成變化所依據的進化本身就需要向著一個目的，這目的需要有理性的，有智慧的，它可以是人，尤其是在人文世界中，它也可以是上帝，就好像在整個的自然世界一般。

　　人性的進化涉及了更深的「自由」問題，他要自由發展，他要追求進步，他不會滿足現實，他要在精神境界之中為自己創造出美麗的遠景，使自己的理想成為現實，他要用美善來超度人間的醜惡，要以宗教的永恆來取代此世的短暫。

　　所以最後柏克森的思想進展到道德與宗教的層面，人性因為有生命，又有自由，他可以自己選擇行為，他可以自己設計倫理道德的標準，他可以在所有的事物之上，加上一種價值的體系。柏克森的倫理思想，所著重的問題重心，最主要的是個人修成的各種德目，但是在整個人和社會之間的各項活動，也是衡量德目的真實與可行性的一種規則。

　　在柏克森的學說中，人天生來是合群的動物，孤獨是病態的人生，因此人會跟隨自己合群的天性，用愛的衝力去構成。人與人之間以及人與物之間應該是和平的、和諧的，人類社會的發展，依靠愛的衝力組成了家庭、種族、社會、國家。人類在群體生活中，遵守著家規和族法，在開放的社會中，表現了人的自由以及各種自由的行為。可是人有自由，他也可以生活在封閉的社會之中，他可以自己一個人決定一種人生觀，不受任何人的左右，而為這種人生觀去生或去死。人性倫理道德的建立，就在這種自由抉擇的意義，因為人自己有一種內在的目的性，他生來就知道什麼是好，什麼是壞，也知道好的事情應該去做，壞的事情應該避免；固然整個的生活環境可以改變某一個程度的東西，可是擇善避惡這原則是無法改變的。

　　柏克森以為人性並非進化的終點，人性的進化還需要達到神性，但是這人性到達神性的路線，還是屬於目的選擇，不是機械的。柏克森能夠在物質之中找到精神，同時也能夠把精神放於物質之中，可以說是倫理道德與藝術宗教的最後的一種啟示與最後的思想成果。

　　人因為他有創造的能力，所以他在世界上是工匠人，可是人因為他有倫理道德，宗教藝術的規範，所以他是智慧人，工匠人使得人可以很具體地生活，而智慧人卻為了人的理想去生活，他要完成人格，走上至善的境地。

　　也就因為如此，柏克森倡導了宗教的形式，因為宗教的功用，是給予人反省的機會，使得人生活在物質之中，可是仍然察覺到精神的存在，在所有的物質世界上，看到精神的作用，因而在自身的生命體驗之中，以及價值批判的選擇之中，人會選擇精神，進而利用物質的肉體幫助精神超度。

　　所以柏克森在最後的哲學中，提出了人的神秘經驗，這是每一個人在自己宗教生活中的體驗，不可言傳，只可以體會，這種體會是人性與神性的最終合一，也是人類生命發展的最高峰，柏克森以為這種情形就是人性與神性的合一，也是人性進化到神性的一種最終存在，而且是神性在創造人性與萬物之時，所賦予的最終目的。

二、布朗特

㈠生平

　　布朗特 (Maurice Blondel, 1861–1949) 是法國二十世紀著名的宗教哲學家，布朗特和柏克森相同，在開始求學的時候，也接受了實證主義，之後卻在著作中慢慢地出現了革新的思想，在當代思潮的革新中，相當受重視，因為他在實證主義之中看出了實證主義的錯誤，同時在實證主義的思想之中獨樹一幟，超越實證的時代，跳過十九世紀的時代，甚至再跳過十六世紀，回到精神與思想的傳統之中，尤其在宗教的哲學中，開始去體驗人性。

　　布朗特的最大貢獻，在於整理了西方傳統的「知」與「意」的問題。他以為人性全面的行為之中，除了知識以外，還有意志，除了理知以外，還有意志，可是從邏輯可以導引出知，只能夠從意志導引出行動。「知」和「意」的探討，使得布朗特在根本上超越了實證主義的實驗，以為物性的知不可能把握全部的真理，如果要把握真理的話，是整體人的體驗。

　　布朗特一生都在教書，在講堂上宣揚了人的整體性以及人的價值。

㈡著作

　　布朗特著作很多，列舉下列較為著名的：

1. 《行為》(*L'action*, 1893)
2. 《思想》(*La pensée*, 1934–1935, 二冊)
3. 《行為》(*L'action*, 1936–1937, 二冊)
4. 《存有與存在》(*L'étre et les êtres*, 1935)

5. 《基督精神哲學》（*La philosophie de l'esprit chrétien*, 二冊，1944–1946）
6. 《基督主義哲學要素》(*Les exigences philosophiques du christianisme*, 1950)

㈢學說

　　布朗特的哲學思想，是當代思想與傳統哲學的關係的再探討與再反省，因此對生生不息的宇宙現象來講，布朗特發揮了最大的功效與最大的精力，他希望能夠走中世哲學的路子，從知識論走上形而上去。布朗特最獨特的地方，即在形而上的探討中，不但是從知識的觀察著手，而且一開始就有了整體直觀的計劃，他提出了人做中心，提出人的意識做中心的路線。

　　布朗特的問題，不在於提出物質與生物現象的區別，而是直接問及人生是否有存在的意義，因為這種問題在十九世紀和二十世紀之間，人類似乎遺忘了，人類所追求的是你爭我奪的社會，尤其是西洋人的世界，所追求的是殖民與奴役，所以布朗特提出這個問題以後，當然受到社會的重視，因為有思想的人畢竟還是要問起人生意義的事情，也就因此布朗特用幾種方式來發展自己的思想。

　　第一是他的形上學繼承了柏克森的思想，設計了人性整體的對外的動向。布朗特以為整體的生命現象都是行動，行動不是消極的，而是積極的，是一個人自動自發以及內在的目的性去追求一種東西的行動，行動也不是一般理性所能夠瞭解的，也不是人性，物性可以把握的。在布朗特看來，生命本身就是一種積極的力量，這種力量必須在行動中才能表現出來，在布朗特的先期思想中，總以為應該先有行動，然後才有存在。

　　因為世界的一切都在動，沒有一樣是靜止不動的，所以布朗特的形上學，認為人在宇宙之中，是一個有機體，而且是與宇宙合一，共同擁有一種生生不息的生命；這種生生不息的生命，指出一個目標，指出一個行動的目的；可是我們所抵達的，由於人性不只是有精神，而且有肉體，所以所追求的最終的目的，如果是純精神體的，我們也能夠在物質的肉體中感

受得到，也因此就布朗特而言，整體的宇宙，無論是精神的，或物質的，都屬於整體，我們能夠從精神的直觀去接觸這整體的宇宙，也可以用肉體的感受感覺到一部分宇宙的真象。

當然布朗特的哲學仍然認為人是萬物之靈，他能夠超越物質世界，與造物者遊，可是在另一方面，他反省的結果，認為自身的人性，也不是絕對的本身，它需要向外求，它需要外在的東西，給它一種滿足；因此他認為人雖然頂天立地，他反省自問的時候，也會覺得自身的極限，他需要走上絕對來滿足自己，也就因此，在布朗特的生命衝力中，補足了柏克森的思想，他能夠從人的自身感受之中，從肉體走上精神，從精神走上上帝，所以在布朗特的思想中，他把思想和存在用行動聯起來了，把物質與精神也用行動聯起來了，這種生生不息的行動，是生命哲學一個很主要的特色，這個特色由布朗特發明，然後由生命哲學漸漸地發展下去。

可是同時在這種行動的解釋之中，人因為受了物質的束縛，他無論在肉體上或精神上，都會有受苦受難的感覺，布朗特最後要問受苦受難的意義，這種哲學的問題，只能在宗教中獲得解答，布朗特以為面對死亡也是人的一個極限，人會感覺到迷失與恐懼，受苦的意義，也會給相信超越的人一點點希望的心情，它的原因就是生命現象的一種，因為一粒麥子不掉入地裡死了，終究是一粒麥子，如果死了、壞了就會結出許多果實，也就指出生命的意義不一定在佔有，也可能是施與。

布朗特的第二步思想是歷史哲學，因為行動需要實踐，需要延續，這種時間的延續，就造成了人類的歷史，所以一切的進程，一切的行動都是以人做中心，因為這個人從行動裡面得到了存在，而這存在又延續下去，因此成為一種「變成」，「變成」的意義是在雜多中追求一種單純，在矛盾中尋求統一，因為是「變成」，所以指出整個的世界都不是靜止的東西，因為它不是靜止，所以要行動，向著更好、更美善去發展，宇宙也就因為自己的極限以及自己的不健全，因為自己希望健全，所以常常覺得有再生的痛苦，這種再生的痛苦，有如產婦在產前分娩的痛苦一般，可是這種痛苦

的體驗不是悲哀，因為跟隨著痛苦而來的，不是死亡，而是生命。

就因為人和整個的世界都在「變成」這個過程之中，那麼這個「變成」到最後是什麼呢？是否是倫理的「善」？是否是藝術的「美」？是否是宗教的「神聖」呢？就布朗特的答案而言，人生以及整個宇宙所追求的，到最後都是「真善美」的本身，也就是說哲學的最終歸宿，還是回到神學之中，人的知性最後的歸宿，還是到達信仰的地步，尤其是人清晰明瞭的知識，最後還是走上神秘的境界。

因此布朗特能夠從形而下的領域走上形而上，在法國實證主義的時代的確是一大福音，這種福音可以帶領實證論的人士走上生命哲學的地步。

第二節　精神科學的生命哲學

此派生命哲學在德國發展，以人與人的生命做中心，而不再把宇宙的整體生命當做討論的課題，以人的生命做中心，特別注重的是內心的一種感受，這種內心的感受，可以追溯到中世奧古斯丁的哲學，以自己內心的追求，作為哲學探討的中心。

此派有三位思想家可以作為代表，一一介紹於下：

一、狄爾泰

狄爾泰 (Wilhelm Dilthey, 1833–1911) 是精神科學的生命哲學的代表，他曾經做過巴色、奇而、市策士勞、柏林等大學的教授，尤其在柏林大學的時候特別有名，他最主要的構想，是從生命的本身、生命的體驗而認識生命。他以為在哲學之中，不應該有一種形而上的構想，從形而下去體驗，著作豐富，列舉較為重要的：

1. 《精神科學導論》(*Einleitung in die Geisteswissenschaften*, 1883)
2. 《描述心理學與分析心理學之觀念》(*Ideen über eine beschreibende und zergliedernde Psychologie*, 1894)

3.《文字學之起源》(*Die Entstehung der Hermeneutik*, 1900)

4.《經驗與詩歌》(*Das Erlebnis und die Dichtung*, 1905)

5.《歷史世界之構成》(*Der Aufbau der geschichtlichen Welt*, 1910)

6.《世界觀之種類》(*Die Typen der Weltanschauung*, 1911)

　　從這些著作中，我們知道狄爾泰的思想，他是從心靈的體驗中開始，覺得環繞著我們的存在，有時空以及時空之中的環境，在我們的生活裡，尤其在我們心靈的思想上，有許多新陳代謝的作用，而在這些新陳代謝的作用的體驗中，我們會慢慢地發現很多事情是相對的，雖然在我們的生活體驗中，許多事物是相對的，可是心靈內總有一個追求絕對的傾向，這種絕對的傾向，就是我們生命的能力，人唯有依靠這種生命的能力，才會對未來有希望，生活才有意義，生命有積極存在的價值。

　　狄爾泰從心理學出發，否認人的生命是屬於機械系統的，更否認人如果要認識東西，尤其是要使得自己本身超升是由於物理或唯物機械的系統；他以為人的生命最主要的是一種生的象徵，這種生的象徵就是人的靈魂，靈魂不但擁有一種生命，而且擁有一種活力，這種活力能夠使得它不但適應環境，而且改造環境，從一個情況走上另外一個情況。

　　這種走上另一種情況的體驗，就是人生的一種跳躍，這種跳躍是每一個人只要反省自己內在的行為就可以體驗出來的。人的反省等於人的自覺，是從意識出發，不但有認識作用，而且有超越的作用，也就是說，這種行為不但是知識論的，而且也是本體論的，不但是人對於外在世界的把握，最主要的還是人對於自己本身的把握。

　　狄爾泰的精神科學所用的方法，是屬於歷史的方法，他希望人能夠在歷史之中，去尋追語言、宗教、社會型態的起源，在這些社會型態的起源之中，可以看出每一種民族文化的類型，從這些文化的類型去陶冶每一個單獨的人，每一個單獨的人在每一種社會型態中都有獨特的個性，固然社會陶冶了個人，可是先知先覺的個人總是領導了社會，而且在社會之中提出了人生的原理原則。

　　可是這種個人引導社會的原則，倒是變成主觀的東西，因此狄爾泰在學說中特別重視「相對」的問題，雖然他可以在人的心裡找到一種嚮往絕對的傾向，可是在整個歷史的演變中，他畢竟設計了一種相對的文化體系，以為研究所有的東西，都不能夠訂立一種普遍的法則，而只能夠在一種文化當中看出特殊的人物。因此對狄爾泰而言，形而上的建立是一種非常困難的東西，我們只好停留在形而下的觀察。

　　所以狄爾泰的生命哲學，雖然是屬於精神科學的，可是最後還是沒有把整個的生命體系建立起來；真正地建立形而上體系的，是繼續狄爾泰所沒有解決的問題的齊美爾。

二、齊美爾

　　齊美爾 (Georg Simmel, 1858–1918) 生於柏林，1881 年在柏林大學取得學位，三年以後開始為講師，直到 1900 年升為副教授，在教學期間，寫作勤奮，可是總沒有成名，也沒有受柏林大學之聘為教授。在 1914 年世界大戰開始的時候，才有大學聘為教授，可是由於第一次世界大戰的關係而無法上任。

　　齊美爾著作很多，列舉主要的四種：

1. 《歷史哲學的課題》(*Die Problme der Geschichtsphilosophie*, 1892)
2. 《倫理學導論》(*Einleitung in die Moralwissenschaft*, 1892–1893)
3. 《宗教》(*Die Religion*, 1906)
4. 《社會學》(*Soziologie*, 1908)

　　齊美爾的學說是針對狄爾泰學說沒有完成的地方開始的，狄爾泰從文化歷史看到人性對於「絕對」的嚮往是相對的，而且是屬於變化的，齊美爾設法在這變化與相對之中，找尋到絕對的、不變的原理原則，齊美爾以為在個別的生命之中，尤其是在現象界一切變化的後面，有一個不變的原理原則在支持，變化當中唯有以變化後面的不變原理才可以解釋；生命之中變化的一切只是外在的環境，而這個外在的環境能夠刺激個人在嚮往著

絕對的傾向之中，做一種抉擇，抉擇自己永恆的生命。

　　人會變化，可是不管如何變，他還是希望變成人，無論此人是從人性到了人格，或是成為超人，他還是一個人性；於是齊美爾採取了古希臘哲學中的赫拉克利圖斯的方法，以為在萬物流轉之中，一定有一個不變不動的精神 Logos 的存在，所以他認為如果把生命看為變化的，那麼人的生命總有不變化的部分，所以齊美爾說了一句不太使人瞭解的話：「生命超越了生命」。

　　這「生命超越了生命」語句的意義，是指一個人他如果要認識自己生命的話，就要走出自己生命的圈子，站在一個更高的立場看生命，才能夠得到生命的真象。

三、愛　肯

　　愛肯 (Rudolf Eucken, 1846–1926) 生於德國，就讀哥丁根大學，攻讀文字學與哲學，獲得博士學位，1871 年之後在巴色大學教授哲學，1874 年在耶拿大學，直到逝世為止。1908 年由於對於學術的貢獻，榮獲諾貝爾文學獎。

　　愛肯著作多，茲舉出幾種主要的：

1. 《歷史與當代之批判》(*Geschichte und Kritik der Grundbegriffe der Gegenwart*, 1878)
2. 《精神生活之統一性》(*Die Einheit des Geisteslebens*, 1888)
3. 《生命的意義和價值》(*Der Sinn und Wert des Lebens*, 1908)
4. 《新生命觀導論》(*Grundlineen einer neuen Lebensanschauung*, 1907)
5. 《知識與生命》(*Erkennen und Leben*, 1912)
6. 《個人與社會》(*Individuum und Gesellschaft*, 1923)

　　愛肯哲學也是跟隨著齊美爾，設法修正狄爾泰的思想，以為狄爾泰的相對不足以解釋生命的意義，生命自身不是一種意義，而是生命之外有一種原理原則在引導生命，因為在愛肯的內心生活中，他認為我們的生命是

追求生命以外的一種東西，因此他以哲學的理由說出這個目的本身不再可能是生命，不再可能是相對的；這麼一來，生命與生命目的之間的一種關係，也不可能成為一種相對的，而是一種絕對的東西，生命力去追求這種生命，並且追求比生命更高的一種目的。

也就是說，愛肯指出生命本身是變化的，它的變化是向著絕對發展，而不停留在相對之中。更進一步，生命是一種活的東西，它是依靠它追求的行為，生命一定要在活動當中表現其特性，因為它在活動，它就要新陳代謝，所謂的新陳代謝是一個人把以前追求的東西放棄了，而去追求一種新的東西，這種新的東西至少在這個人本身看來，是比以前的好，而且比現在的情況完美，所以人一直在自己生命之中，追求「真善美」本身，使自己的生命能夠更充實、更快樂，而且向著最充實、最快樂的境界發展。

第三節　自然主義的生命哲學

此派的生命哲學，從尼采已經開始了，自然論的生命哲學的主題，在於人面對著自然所發生的一切感受，而這感受本身不是屬於自然的，而是超越自然的一種精神，因此也可以說是在某方面是修正了尼采的學說，至少在自然世界面前，人創造了人文的世界，而這個人文世界表現在歷史方面，因此在自然論的生命哲學家之中，主要的提出兩位：斯賓格勒與克拉各，這兩位所注重的是，站在精神的現象、歷史文化的背景看人的生命。

一、斯賓格勒

斯賓格勒 (Oswald Spengler, 1880–1936) 是德國人，通常人熟悉他，是因為他寫了《西方的沒落》一書，他能夠站在文化的立場，探討西洋十九世紀後半期到二十世紀之間的思想的變化，認為西洋如果再這樣發展下去的話，會走上末路，他在 1904 年獲得哲學博士的學位，可是他的興趣在於數理、自然科學，特別是歷史方面；獲得學位以後，在中學任教，直到

1911 年辭去教職移居慕尼黑，構思並撰寫《西方的沒落》一書。

斯賓格勒是一個熱忱的愛國者，所以他希望能夠在文化方面救國，他主要的著作有兩部：

1. 《西方的沒落》(*Der Untergang des Abendlandes*, 1918)
2. 《世界史觀》(*Welt-historische Perspektiven*, 1922)

斯賓格勒的思想，是以歷史哲學的方法分析過去，並且由過去的分析來預言將來，以為過去所發生的事情，是有一種原理原則可以遵循的，人類的未來可以依照過去的原理來推斷，《西方的沒落》就是他尋求到的，以及預言的未來。

在文化哲學中，斯賓格勒以為文明的國度，尤其是在工業社會中，人類漸漸地會喪失獨立的精神，對於精神的價值和意義會不聞不問，注重了經濟的變遷，以為經濟可以把握住人的精神，在工業社會中，人類的精神漸走下坡，人與人之間的關係由互愛變成了利害的關係，在工業社會高度發展之中，是非的觀念慢慢地會被除掉，而代之以利害的關係，這利害關係可以蒙蔽人的愛心，可是斯賓格勒以為人的愛心才是人類的本質，也是人生命的衝力，斯賓格勒在研究生物學的基礎上談哲學，他以為生物與其他生物間的競爭是殘酷的，為目的不擇手段，可是人本身不但要追求目的，而且要追求一種手段，因為人與人之間的關係，是超過了禽獸與禽獸之間的關係，因為斯賓格勒以為人在精神生活之中可以找到公義和仁愛，這才是我們對生命體驗中最美的一部分。

斯賓格勒的這種影響，對於後來的存在主義，尤其是法國的馬色爾有很大的啟發作用。

二、克拉各

克拉各 (Ludwig Klages, 1872–1956) 生於德國漢諾威城，在大學期間修習化學、物理及哲學，在慕尼黑大學獲得化學博士學位，1905 年於慕尼黑大學開始教書，並且特別注重人類性格的研究，1919 年到瑞士講學，直到

去世為止。

　　他的著作主要的有下列幾種：

1. 《性格學原理》(*Prinzipien der Charaktereologie*, 1910)

2. 《書法與性格》(*Handschrift und Charakter*, 1917)

3. 《精神為靈魂之反》(*Der Geist als Widersacher der Seele*, 1929–1932)

4. 《精神與生命》(*Geist und Leben*, 1935)

5. 《心理學原理》(*Ursprünge der Seelenforschung*, 1942)

　　克拉各學說是設法解釋尼采哲學中的「生命」兩個字，從狄奧尼西奧士 (Dionysius) 的生命活力開始，找出「意識」是盲目的，帶有無限衝力，但是沒有固定的目的，這種無目的恰好就是尼采「權力意志」的寫照，也就是說，生命是無意識的；可是這無意識的生命，就克拉各而言，僅能運用於生物學上面，不能夠運用到人的精神方面，因為人的精神不是盲目的衝動，它能夠選擇一個目的，甚至它需要阻止盲目的衝動，要限制活力的使用，使其趨向於指定的目標。

　　因為克拉各把精神與生命看為對立的，所以他把人類精神的意義和價值都表現出來了，這種表現並非表示每一個人都能夠自覺，人的精神生活可以從下意識所導引出來的。

第五章

意識哲學

「意識哲學」無論是東方或西方，最主要的課題重心是討論知識論的問題，問及我們的主體如何能夠認識客體，就在這個知識論的問題上，很具體的一個問題是我們的思想和外在的世界在存在上有什麼關係，顯然地這個問題已經從知識論跳到本體論；也就是說我們的思想究竟要想外面存在的東西呢？還是要想和外在存在的東西沒有關係的一種思想呢？

也就因為這種思想的啟發，使得哲學在探求知識方面，或是在知識論上肯定存在的東西方面，都有了長足的進步，西洋十九世紀後半期的思想，所強調的是自然主義，強調的是我們的思想所想的東西，是要外在世界有所對應，才算是真的有思想，才算是「言之有物」，如果某種思想在外在世界找不到，如果某種思想所想的對象不是自然世界所想的東西的話，那麼這種思想就被稱為幻想，甚至被稱為夢想，而且不合現實，把它排除在自然主義的知識外面。可是如果能夠靜下心來，不管是在自然科學方面的一種探討，或是在人生哲學方面的探討，那就更能夠顯示出來人的思想所想像的對象，主要的不是他所想的那些存在的東西，而更主要的是想那些不存在的東西。

因為前者的思想是屬於模仿的思想，後者則是屬於創造的思想；模仿的思想，是當我們看到某種東西之時，把它當做思想的對象，所謂創造的思想，是我們根本還沒有看到某種東西，而我們腦筋裡想著如何去創造它。如此整個的人生屬於理想方面的，都是需要我們的創造，在自然科學方面，也同樣地需要我們的創造；比如在瓦特以前，根本就沒有蒸汽機，而瓦特看到水壺蓋在水開之時會跳動，瓦特所看到的這個現象，不是想到水如何開，而是想到如何利用水開之時的動力去推動蒸汽機，或拖動火車的車廂，

因此瓦特的思想不是想那些已經存在的東西，而是想那些不存在的東西，所以他發明了蒸汽機。

在自然科學所有的成果之中，都是如此；人生存在自然世界中，把自然世界改造為人文世界，每一種人文世界的產品，都是由於人本身的創造能力，在人的意識、思想中，想到那些還沒存在的東西，可是人能夠去創造它。這麼一來，意識和外在世界所形成的關係就成為一種很特殊的關係，因為人類的意識能夠憑藉自己的動作，自己超升，能夠超乎外在世界所有東西的存在，他可以不用模仿的知識，而利用創造的知識，創造出一種自然世界中所沒有的東西。

我們從自然世界的產品，即從人文世界的成果，再過渡到人生哲學的方面，顯然地在人生的理想中，我們想到幸福，我們也想到追求幸福的方法，我們想到了追求成功和追求充實的路線，而這些整個的計劃，無論是在倫理道德的規範上，或是在藝術的欣賞以及在宗教的情操，都設計了很大規模的藍圖；當然以西洋十九世紀的自然主義學說看來，這些都是幻想，因為人類在這方面為自己的生命設計，所想像的東西都是不存在的，我們說人追求幸福，可是幸福根本就不存在，但是我們現在的問題並不是問幸福是否存在在我們的面前，好像桌上擺好的食物一樣好叫我們動筷子，現在的問題是問人有沒有追求幸福的能力，而更高的一層是人是否可以創造幸福。

人類對於自然界的能力，創造人文世界與科學成果的能力，和我們在人生哲學上創造我們的理想的能力是一樣的，因為是同一個人格的，同一個存在的東西；如果我們說瓦特在發明蒸汽機以前，世界上根本就沒有蒸汽機，而瓦特看到開水沖擊水壺蓋的時候，想到蒸汽機的原理，這是一種發明；這種發明在蒸汽機尚未發明以前，人家都會說瓦特在做夢，但是在蒸汽機出現以後，大家都不敢說話了；同樣地當一個人追求幸福，大家會認為此人很笨，幸福根本不存在，可是我們在生活的體驗中，無論是在倫理道德的層次或是藝術的層次，甚至宗教的層次，我們都有一種生活的體

驗，知道內心的平安和幸福究竟是什麼東西。

　　如此在「意識哲學」中最主要的一個探討方向，就是說明人在自己內心的意識中，有一種創造的能力，他除了有模仿的能力之外，還有一種更高的創造潛能，能夠憑著自己的理想和意向，去創造一種以前所沒有的東西，或是一種他所希望的境界。這麼一來，無論是自然科學中的產品，或是人生哲學上的理想，在「意識哲學」中，都形成了一種根本的理由和基礎。也就因此我們知道在德國胡塞爾的現象學出現以前，因為他能夠以意識的創造能力，來解釋整個自然世界成為人文世界的過程，又能夠解釋人生哲學中對現世與理想的關係有一種交代。

　　所以唯物辯證的，屬於歷史必然的這種學說，即德國的唯物論與共產主義再也不能夠在德國學術界立足的最主要理由；胡塞爾的現象學出現以後，他不但解釋了知識的可能性，而且也解釋了本體的可能性，更主要的是在本體與知識論之中建構了一條橋樑，使得我們能夠經由知識的探討獲得本體的存在，也就是在我們的人生過程中，由於我們的一種理想，由於我們意識之中的一種創造，能夠把人性一步步地提升，提升到完美的境界。

　　當然「意識」哲學最主要的是特別注重了人性中的創造能力，但是它並沒有忽略人的學習能力，因此胡塞爾也寫一些書，表示他的意見，使得他人看了他的著作以後，可以學習他的方法；教育有一種功能，這種功能一方面是強調人學習的能力，另一方面又要啟發人的創造能力；「意識」哲學兼顧了這兩方面的長處。當然我們說「意識」哲學也注重學習的能力，如此對於整個世界已經存在的東西，無論是自然世界的成品或人文世界的產品，我們對於它們應該有一種價值先後的安排，我們對它們應該有一種價值的選擇，也就因此來建立我們的人生觀。

　　在德國的現象學之後，有謝勒的價值哲學出現，價值哲學的意思是指由我們的意識、精神去選擇我們面前的東西，來選擇我們的思言行為，選擇我們對未來理想所走的一條路。

第一節　胡塞爾的現象學

在我們國內曾經有過一段日子對存在主義的解說，有很多不同的意見，同時也有不少的誤解，甚至有很多藉著存在主義來宣揚自己情緒的人，如果我們真正地要瞭解西洋二十世紀的存在主義，首先必須知道這種主義思想的淵源，即這思想的淵源，除了尼采的精神以及齊克果的內容之外，就是胡塞爾的現象學方法；這種方法我在上面的意識哲學討論中，已經提到一點，也就是說現象學所注重的是人的意識能力問題，尤其是他創造的能力問題，由於人的意識具有創造性，因此我們從自然科學的成品過渡到人文世界，特別是過渡到人生哲學方面，也就因此指出人可以設計自己的未來，這就是構成整個存在主義的動向。

胡塞爾自身現象學的來源，是因為他在數學上與心理學上的成就所導引的，在我們中國研究現象學最成功的一位學者是李貴良先生，他於比利時魯汶大學研究了一段相當的時間之後，回國在師大教育研究所出版了《現象學》一書，在所有的資料收集上非常齊整，對於整個思想的體系也有清晰的介紹。

胡塞爾的數學與心理學的研究，使得他可以很清晰地描述出人類的意識對於知識的關係，而且在他的知識核心當中如何找到本體或一種存在。人不但生活在現實之中，認識現實的東西，而且也生活在理想之中，能夠為自己的理想開創出一條通路。

胡塞爾的現象學，嚴格說來只是一種方法，不指出哲學的內容，可是卻指出了哲學的目的，不指出人生所追求的幸福是什麼，可是卻指出了人在追求幸福的這項事實，而且也指出了人不但能夠去追求幸福，同時也能夠創造幸福，雖然他不指出最後的幸福是什麼，可是指出了人性在自己的生命過程之中，有學習的能力，而在學習的能力之外，超出了學習能力之上的有一種創造的能力。人的理想是由人自己去創造，這種主觀的條件，

也就是在意識境界之中，主客是合一的，物與我是不分的。

一、生　平

胡塞爾 (Edmund Husserl, 1859–1938) 是猶太人，生於德國，二十七歲之時在維也納路德教會受洗為基督徒，最初的研究和著作都是關於數學的，1882 年獲得數學博士學位；可是得到數學博士學位之後，他開始在維也納大學聽哲學的課，特別聽到布倫他諾 (Franz Brentano, 1838–1917) 的哲學課程，後者是天主教的神父，對希臘的亞里斯多德以及中世的士林哲學有深度的研究，所以胡塞爾受了布倫他諾的影響，對於中世哲學有很深的認識，可以說胡塞爾之所以從數學轉入哲學，完全受了布倫他諾的影響。

雖然如此，胡塞爾並沒有放棄他的數學研究，他在 1887 年完成的講師論文，所寫的仍然是數學方面的，不過對於數學的批判已經用了哲學的方法；布倫他諾的哲學研究到最後的時候，並不是如亞里斯多德所提出的最高的存有，而是變成了最終的虛無，這個虛無是我們在知識論上的虛無，人的理知到了這個地步，就無法用積極的語言表達出自己的感受了。胡塞爾現象學可以說是學到了布倫他諾知識的方法，把自己哲學最終所要探求的東西，用消極的方式表現出來，等於我們中國道家所謂的「無」。

胡塞爾心理學所受的影響，是由於當時的心理學家史東弗 (Karl Stumpf, 1848–1936)，史東弗的心理學主要的是在分析方面著手，後來胡塞爾能夠在知識論上把人的心靈、意識分析得那麼細微，不得不歸功於史東弗的學問。此外胡塞爾在自己的哲學內容上也受了波查諾 (Bernhard Bolzano, 1781–1848) 的影響，波查諾的四冊巨著《科學理論》，使得胡塞爾能夠利用科學的方法，研究哲學的內容，以及在哲學內容之上，加上了哲學方法的運用。因此胡塞爾的哲學是從數理和邏輯方面提出一條新的道路。

二、著　作

胡塞爾的著作很多，列舉主要的如下：

1. 《邏輯研究》(*Logische Untersuchungen*, 1900–1901)
2. 《觀念》(*Ideen zu einer reinen Phänomenologie und Phänomenologischen Philosophie*, 1913)
3. 《笛卡兒沈思》(*Cartesianische Meditationen*, 1929)
4. 《現象學心理學》(*Phänomenologische Psychologie*, 1925)
5. 《第一哲學》(*Erste Philosophie*, 1923–1924)
6. 《消極合之分析》(*Analysen zur Passiven Synthesis*, 1918–1926)
7. 《歐洲科學之危機以及超越現象學》(*Die Krisis der Europäischen Wissenschaften und die Transzendendentale Phänomenologie*, 1935–1936)

三、學　說

胡塞爾的現象學，並非我們所想像的討論現象的一門學問，事實上是要透過現象找到事物的本質，這是在知識的對象方面的一種設計；在知識的主體方面的設計，是人要回到自己的純意識之中，人回到純意識之中，才可以發現他一方面有消極的能力，能夠透過感官認識外在世界的事物；可是他還有一種積極的能力，即透過自己的意象去創造一種東西。

因此現象學不是討論現象的學問，而是討論本質的學問。胡塞爾在這裡所謂的本質，是以現象來表現，而他所謂的本質意義，是感官可以感覺到，理性可以推論出，感情也能夠得到滿足的客觀事實；這個客觀的事實，是主體本身既然有認知的能力，同時有創造能力的綜合，在客體上而言，它確實是存在我們的客觀世界以內；可是在胡塞爾的學說裡，所謂的客觀是包括了所有主觀的成果，以及主觀所可能有的未來成果在內，客觀的意義並非沒有主觀，因為主觀本身也是客觀的一分子。

所以胡塞爾在他的現象學裡而言，這個本質的尋找方法，他不再希望用傳統的超越方法而得出，而是希望以數理的分析、心理的分析來找出思想的形式，並且找出思想形式所能夠包括的內容。

顯然的，在知識的探討中，本質的獲得事實上只是在理念界，只是在

我們的意識之中，也就是說，在分析我們的知識之時，會發現在我們的意識之中，有一種能思的作用，以及所思的客體，這所思的客體並不是如感官世界中存在的具有廣袤性、伸展性的東西，而是已經概念化或觀念化以後的東西，等於我現在腦子裡想著一張桌子，可是在我腦裡面的一張桌子和外在世界存在的一張桌子有很大的差別，外在世界的這張桌子有重量、體積，而腦裡面的這張桌子可沒有重量，也沒有體積；如此腦裡面的這張桌子究竟是什麼呢？

　　如此就得說明它是一種本質，只是把桌子的本質抽象到我們的觀念之內，現在又得問我們如何把外在的這張桌子抽象呢？當然答案還是很直接，就是我們以感官接觸到這張桌子的現象，所以在外在世界存在的東西是現象，在我們腦裡面存在而言卻是本質。這麼一來，在我們知識最初步的分析上，胡塞爾已經找到了所謂現象學最主要的一點，意識是我們的知識行為的活動中心，而外在世界所有存在的東西，是經由我們的感官變成本質以後，走入了我們的理念界，變成了觀念化。

　　人是一個整體的，不可分的，因此他的對於外在世界存在東西的一種現實所抽象出來的觀念，以及他自己不經過外在世界的刺激，而為自己的未來理想所想出來的東西，那是同樣的一個價值；所以胡塞爾很大膽地肯定人生，不但有一種模仿的能力，能夠抽象，能夠概念化外在的事物，而且具有一種創造的能力，能夠把自己未來的希望，未來的幸福，用一種設計的方式把它現實化，這種方式就是現象學的方法。

　　這麼一來，我們的思想如果想那存在的東西，這實在算不得什麼，因為它至多只是一種模仿的知識，可是如果我們的思想可以想到一種根本就不存在的東西，然後我們能夠以自己的能力去創造它的話，那思想才是創造的思想；事實上，整個的人文世界都是由這種創造的思想所變成的，人透過一種幻想，然後再透過一種創造，把幻想變為事實，我們今日所有的科學成果，所有的人生學說，都是由這種創造的能力所發展出來的。

　　而在胡塞爾的思想看來，所有創造能力的最根本基礎是我們的意識，

也就是說人類的意識是所有知識行為的活動中心，而人是一體不可分的，他一方面有模仿的能力，另一方面又有創造的能力，創造能力常常可以利用模仿的知識加以改造和創造。也就因此，胡塞爾認為人生存在這個世界上，單單在知識論方面，就已經超越了其他所有的存在物，所以胡塞爾以為在人的意識當中，也就是在人的心理分析之中，至少可以找出人的存在是什麼，也就因此可以找出人能夠認識什麼。

這種人是一體的存在物，而且由意識開始出發，此種學說，胡塞爾提出此種現象學的最主要方法，方法的第一步，也就是他所謂的數學名詞「存而不論」。「存而不論」或「放入括弧」意思是把我們所不知道的或尚未證明的東西放入括弧內，不去討論它，可是也不去否認它。這麼一來，在我們的日常生活的知識當中，只有那些模仿的知識，在我們的知識論之中有一些地位；可是當我們知道了這些模仿的知識以後，人總是能夠有聞一知十的創造能力，他把自己所幻想的，甚至所空想的一些東西，慢慢地拿進來討論，也就是由於意識的創造漸漸地衝破這個括弧，衝破「存而不論」這方面的極限，然後創造出一種真的知識系統來。

這個步驟是積極的，稱為「還原」，意思是把人類意識原有的能力加以還原；人的意識在上文已經提及不但有模仿的能力，而且有創造的能力，在放入括弧或存而不論的消極方式看來，我們不應該把那些不能夠在感官世界中找到證驗的知識當做知識；可是另一方面，我們在自己的理想境界上，可以設計一些有類比的可能性的，也就是說有存在的可能性的一些理想東西，能夠用我們的意識去創造。這積極的一步就是「還原」，「還原」是指回到事物的本質，而這事物的本質首先是意識的能力，因為意識本身不是靜態存在的東西，而是一種動態的；意識本身必須意識某一種東西，它意識某種東西的時候，可以是模仿的，可以意識到外在世界已經存在的東西，它也可以意識那些不存在的東西，無論意識意識到存在或不存在的東西，在意識而言，它是一種向外的行為，也就是人的一種意向，人追求一種理想，而這理想至少是當事人以為是最適宜自己本性的東西，也就是

說最適宜自己本質的東西。

這麼一來,「還原」的意思是回到事物的本質去,回到事物最原始的意義之中,尤其是回到我們的意識還沒有作用以前,還沒有把自己和世界,以及還沒有把現實與理想分開以前的一種境界;如此胡塞爾把這麼一個最原始的表象叫做「現象」,把這麼一個最原始的真象叫做「本質」。因此在胡塞爾的現象學之中,他盡量把主觀的和客觀的聯成一體,把主體與客體聯成一體,把我們的思想與存在聯成一體,這種直觀的能力,把心靈和事物聯在一起的方式,也就是胡塞爾現象學最有貢獻的地方。

胡塞爾這種超越的哲學,他可以超過康德的方式,因為康德只把人性的倫理道德的層次提高了,而胡塞爾能夠把人的知識層次也同時提高了;即康德以為人之所以可貴是由於人是道德的主體,而胡塞爾以為人不但是道德的主體,而且是認識的主體,在康德看來,認識的主體只是模仿的,而胡塞爾以為認識的主體,同時是模仿的,同時是創造的。

胡塞爾現象學的出發點,可以說和傳統的哲學並無兩樣,主要的還是追求主客的合一,所不同的地方是傳統的哲學無法把主體和客體合成一體,連笛卡兒這個近代哲學之父也無法把主體的能知與客體的所知聯成一起;可是胡塞爾在這方面打通了知識論的關節,他覺得思想與存在是一致的,而得到這種結論的方法,就得回到人性的認識基礎——意識之中,這個意識在尚未發生行為的原始狀態——它本身就包括了所思與能思,而它的能思必須是動態的,常常照著自己的意向去發展自己的理想,所思也就是它理想的內容。

因此胡塞爾在思想的整個進展之中,可以分為三期:第一期是從他做學問開始,尤其是研究數學開始,一直到 1901 年《邏輯研究》出版為止,這一期可以說是描述現象學的時期,在此期中,胡塞爾設法透過經驗主義的探討,以為人性的知識可以透過經驗,而慢慢地由經驗抽離出思想的形式,然後到達形式邏輯的園地,此期的思想中心,是使得物與我之間成為物為我們的一段時期,所謂的物為我們,是指整個的事物如果要變成我們

的知識的話，就得概念化、觀念化，一張桌子不可能如此這般地進入我們的腦海中，我們要把握一張桌子，就得把一張桌子變為桌子的概念，放入我們的記憶之中。

在這段描述現象學的時期，人和物之間的關係常常會混在一起討論，因為我們在討論最原始的知識論的時候，世界上根本不會有任何一種具體的事物存在，所有存在的東西都是我們腦裡面存在的東西，我們現在說的張三、李四或這張桌子……，其實都是我們腦裡面的張三、李四或這張桌子……，和外在世界的存在沒有很大的關係。

胡塞爾思想的第二期，是從《邏輯研究》出版以後，一直到 1916 年，這段時期稱為「超越現象學」的時期，因為在此期中，胡塞爾特別著重意識的自覺，這種自覺是能夠超越人性的經驗，而完全以邏輯的法則探討物我之間的關係。而在這種理性的自覺之中，馬上會發現人的意識和外在世界的事物根本沒有關係，也就是說，胡塞爾在此特別注重意識的本質不是它的模仿性，而是它的創造性，那麼創造性可以說是有時候利用模仿性的知識，可是它也可以根本不用模仿的知識，而直接去創造它的理想；而在一個人有了理想以後，會慢慢地想辦法去實現它，如瓦特發明蒸汽機，那是因為瓦特看了水壺蓋被開水沖擊而跳動，這種跳動的現象，表示液體的水變成氣體之後，體積比較大，於是瓦特想出了他的蒸汽機的構想，這個蒸汽機的構想是發明，前面看到開水沖擊水壺蓋而跳動只是一種觀察，觀察這種現象的人何止千千萬萬，可是卻沒有一個人可以突破這種現象，能夠突破現象而走上本質的是瓦特，因為他發明了蒸汽機。

如此胡塞爾第二期的思想方式，是把物和我，即心與物兩種存在的關係截然分開，成為獨立的形式，主客之間沒有任何的關係。如果有關係的話，那是主體與自己之間，就是意識在自己的意向之間發展了自己的理想，而這個理想並不是可以在感官世界中找到對應的關係的。

第三期是從 1917 年開始到 1932 年，此期是構成現象學的時期，這期的每一個主體是超越了，而超越是指他已經有了理想，他能夠以自覺、意

識來超度所有外在世界的客體；也就是說，他可以使得外在世界所有的東西，只可以成為自己內在世界的一種模型，人可以依照自然的規律，用改造的方式，把自然世界變為人文世界；世界上所有的東西，一方面是模仿了自然世界，可是另一方面根本上是發明。

比如人類在人文世界之中的車子的發明，尤其是輪子的發明，在根本上不是按照大自然生物的一種考察，因為大自然之中生物的考察，不是用腳走路，就是用翅膀來飛，但是輪子走動的方式，根本上不是用這種原理原則，而是以一塊石頭或一塊木頭滾的方式，覺得以這種方式來代替人的雙腳走路要快；也因此自然世界的東西，它可以以一種人為的思想去改造。

在第三期的構成現象學時期，是把前面第一期的存而不論的東西又漸漸地撿回來，放在意識之中，用意識作為出發點，把前面無論是經驗主義或理性主義所丟棄的一些東西都撿回來，最主要的一點是近代哲學之父笛卡兒找到了心，可是沒找物，但是胡塞爾卻找到了心，又把物附在心靈旁邊，作為附庸的存在，雖然是附庸的存在，但是是我們生命的真象，即真正地屬於本質的一種現象。

所以在構成現象學的時期，主客又成為合一，物我又成為合一的，知識論也就因此被建立起來；可是我們看得見胡塞爾現象學的這種知識論，不是單單討論人性知識的問題，而是在知識的對象或知識的主體上奠定了一種本體論的基礎；所謂本體論的基礎，是胡塞爾能夠在現象學之中，找到主體的存在，同時找到客體的存在，這點是胡塞爾超過笛卡兒的地方。在這裡我們能夠稱笛卡兒是近代哲學之父的話，那麼胡塞爾可以擔當得起「現代哲學之父」的榮銜。

在描述現象學之中，胡塞爾首先批評康德的哲學體系，指出康德對於自我和物自體之間還設下了一道鴻溝，也就是說康德雖然提升了主體，而依然把客體停留在感官世界之中，康德同時又把主體分為兩部分，就是純理性與實踐理性兩種功能；胡塞爾以為如果這樣的話，主體已經分裂了，那麼客體很自然地會被分為「物自體」與現象，而現象與物自體之間發生

不了什麼關係，正如在主體內的純理性與實踐理性之間沒有很大的關係一樣；胡塞爾以為康德的這種方式縱使可以獲得知識，但是總不能夠找到本體論的基礎，也就是說康德的哲學可以證明知識的可能性，而沒有證明存在的可能性，至少不能夠證明客體存在的可能性。

胡塞爾自己本身以主體唯一的信念去對付客體，而且在這個主體唯一的信念之中，把意識抬出來，把意識所發出的意向當做認知的行為，事實上，這種認知的行為所包含的是意識的本質，也就因此主客在這個地方應該是合一的，思想與存在應該是合一的。

胡塞爾以主體唯一的信念，在主體的動態的情況之下，用了我思的一種能力，這種我思必然會到我存的一種境界，也就是說，從思想到存在，至少在我們主觀的行為之中必然有一條通路，而這條通路引起了胡塞爾批判笛卡兒思想的一個動機；在這個動機之中，胡塞爾總是覺得人類的意識有創造的能力，而意識所創造出來的東西完全是新的東西，不再是屬於自然世界的，而是屬於人文世界的產品，這種產品是人的意識所創造的，也就是因為它能夠創造東西，所以這個東西必然成為意識的第一個觀念，在這個觀念當中，意識才能夠真正地認識自己，也就才能設法用自己觀念的一種尺度去衡量外在的世界。

在超越現象學之中，自我是在意識中的自我，在這個自我之中，還沒有外在世界的事物存在，雖然它隱含了創造外在世界的潛能，可是這種潛能還沒有變成現實；可是到了構成現象學以後，胡塞爾考據意識，問及意識之中的能知與所知之後，發現原來要認識外在世界也好，要認識人文世界也好，主要的還是要回到意識之中，因為意識是從自然世界到人文世界的一個唯一的橋樑。在超越的現象學之中，胡塞爾不但指出了物我合一的境界，同時也指出人與人之間的知識作用，因為人與人之間絕對不等於人與物之間，人與物之間的關係是單方向的，人認識物，而物沒有反應，可是人與人之間的關係卻是雙方面的，你認識別人，別人也認識你，主體可以認識客體，而客體也可以反過來成為主體，把原來的主體變為客體，所

以主體與客體之間有相互為主客關係的一種存在。

　　也就在現象學之中，胡塞爾的貢獻不但劃分了認識階層的不可踰越性，而且也指出了存在的階層，因為存在的階層愈高，它的結構愈複雜，它的意識也就愈有深度，意識它自己本身的存在是屬於高層的存在，所以胡塞爾用很複雜的構成現象學來描述它。意識當它本身發展到最高峰的時候，已經完全可以脫離模仿的知識，它可以閉起眼睛不去看感官的世界，可是能夠知道整個世界的生成變化的原理原則。

　　這麼一來，意識是可以自立的，可以獨立的，而且一切的存在都依附著意識而存在，分受著意識的施與，最高度的意識即是以自己作為對象，以自己作為客體，它再也用不到走出自身，在它自己以內就可以尋求滿足，因為意識本身，同時也就成為存在的本身。如此胡塞爾的知識論到達了形上學的階段，也就是說把握住了本體論，以為思想就是存在，存在就是思想，而且那裡有意識，那裡就有存在，那裡有存在，那裡就有意識。

　　也就因此，在胡塞爾的思想看來，凡是沒有意識的東西都是由意識所創造，在人文世界之中我們看得很清楚，沒有意識的東西都是由有意識的人去創造的。用類比的方式，我們可以斷定整個自然世界中無意識的存在是由意識在背後做主動的以及最終的原因。所以胡塞爾的現象學成為本質哲學，他的本質哲學也就成為現象學，在胡塞爾的哲學中，本質和現象是一體的兩面，都是意識所產生出來的，而意識本身又是意識自己發展出來的東西，是屬於自滿自足的一種存在。

　　意識的創造能力，在胡塞爾整個現象學的體系中，我們可以用一種很具體的比方去加以說明，比如我們現在用一個觀念——「臺中」這個名詞來理解，我想到了臺中，我的意識之中，有了臺中的存在，你也有「臺中」的概念，他也有「臺中」的概念，我們三個人所有的「臺中」的概念必定都不相同，因為在我意識之中的「臺中」，我是想到了教師會館，它給予我的印象最深刻，因此我一提到「臺中」的時候，就以教師會館作為中心，我把臺中其他的所有部分都存而不論，只想到了教師會館，雖然我並不否

定臺中公園、臺中火車站、省議會等等的存在，可是思想的中心必是以教師會館為主，而每一次教師會館在我的意識中出現的時候，它代表了「臺中」。

因此胡塞爾哲學中以為「臺中」是一個客體，而一個客體我們無法全部把握住它，而應該把它許多的部分存而不論，不去否定它也不去肯定它；可是在客體之中抽出一個與我的生命或整個存在體驗有關係的教師會館作為對象，所以現象學能夠以對象和客體的劃分，把我們對外在世界所認識的客體分類，而真正與我們意識有直接關係的是對象，客體只是一個哲學上的概念和觀念而已。

可是你所想的「臺中」，可能不是教師會館，你可能對臺中公園有興趣，你曾經在那兒有段美好的時光，於是每一次提起臺中的時候，你是以臺中公園做中心，以公園為圓心畫一個「臺中」的圓；如此臺中公園成為你意識的一種對象，「臺中」成為一個客體。對他而言，重心可能是臺中火車站，他可能在臺中火車站上有過不平凡的經驗而念念不忘，每一次提及臺中，他就想到臺中火車站。可是我們說每一個人當他提及「臺中」的時候，你不能夠說此人不認識臺中，而是因為他所體驗的臺中只是臺中的一部分，變成他的思想的對象；如此我們每一個人所想到的「臺中」的出發點都不相同，可是我們總是希望從自己的這個對象開始，漸漸地盡量把握住整個的客體，所以當我唸地理，想到臺中的部分之時，總不會只是提到教師會館而已，而是把省議會、臺中公園、臺中火車站以及臺中其他所有的名勝古蹟都要收羅進去，成為一個客觀的討論。

也就是說，至少在我主觀的意識之中，雖然我提到「臺中」，必然先想到教師會館，可是為了客體的一種知識，我必然把其他的我所沒有經驗的想辦法去經驗，設法把我主觀內的教師會館置於一旁，而以客觀的態度討論「臺中」。可是當整個客觀的討論已經成立以後，很可能教師會館在我的心目中成為比較不主要的，雖然在感情上仍然很有深度，但是在整個理性的範圍之內，漸漸地勝過這個感情的部分，而我對「臺中」的整個認識，

也就漸漸地進入「臺中」的本質。

　　這是一個很簡單、很淺顯的比方，這個比方表示了人的意識的積極作用，它可以從它自己完全主觀的一點出發，然後慢慢地走入了客觀的一種佔有；就等於上文提及的意識有模仿作用，同時有創造的作用，而創造的作用終有一天會把自己的幻想變為實在的東西，即從主觀走上客觀，從我們知識的主體性走上了客觀性的可能性，這是現象學方法中最主要的一點。

第二節　謝勒的價值哲學

　　在二十世紀與十九世紀後半期哲學衝突當中，除了精神與物質的對立，除了主觀與客觀的對立，除了宗教與反宗教的對立之外，最主要的一個課題是人生觀的課題，在這個人生觀之中，也就是價值的建立或價值的存廢問題。在自然主義的呼聲之中，尤其是在泛科學主義的潮流之中，以為一切的東西都應該是價值中立的，這些提倡價值中立的人所持的理由，當然是自然主義的，因為在自然的觀察之中，無論是一顆寶石或一塊沙土都混在一起，太陽出來照著百合花，同時也照亮了野草，下雨滋潤了五穀，同時也滋潤了毒草；如此整個的自然是大公無私的，為什麼要有一種價值體系、高低之分呢？

　　而在二十世紀的哲學發展之中，西洋的思想無論是站在生命哲學或意識哲學、精神哲學當中，都要把這個問題重新提出來研究、探討，而以為人文世界與自然世界中最不同的地方，是人文世界中有一個價值的觀念或體系，我們說如果有一場好電影來了，人們爭先恐後地排隊，花三百塊錢買張票都很樂意，可是買好了電影票在進場以前，在電影院門口有一賣芭樂的，我們問他芭樂一斤多少，他說二百元一斤，我們聽了這價值以後掉頭就走，根本不想還價，奇怪的是為什麼三百元一張電影票肯買，而二百元一斤的芭樂不肯買呢？你回答說三百元一張電影票很值得，二百元一斤芭樂不值得。

　　值得或不值得是一種價值批判，人生活在這個世界上，不像一塊石頭或一頭牛一樣，人是有價值批判的，他會往好處去發展，一個他所以為的好處，不管是真的好處或假的好處，不管是有人格或沒有人格的好處，他都會為價值而選擇。聽說剛果在發現鑽石的價值前，他們的小孩在路上玩的都是鑽石，白種人開始到那個地方去旅行，發現小孩玩的是鑽石，於是用火柴跟他們換，一盒火柴可以換到一袋子的鑽石，可是慢慢地這些剛果的土人發現白種人為了這些比較重的石頭而互相殘殺，於是覺得這些東西很有價值，所以他們會自己去賣，一粒的鑽石可以換回一船的火柴或貨物。

　　人有價值的體系，他會把自己現狀的東西往著理想的路上去走，我們常常可以看到一個富有的人帶著他的哈巴狗，以名貴的鍊子拴在牠的脖子上，牽著牠散步，在家裡給牠牛肉吃，比其他的人還要好，這隻狗對主人非常好，搖頭擺尾地舔主人的手和腳，但是這個富有的人可能有一天窮了，潦倒破產了，這隻狗不只是沒有牛肉吃，而且連飯也吃不飽了，我們想想這隻狗會這樣，牠還是跟隨著主人一齊受苦；我們從來不見這麼一隻狗，當主人有錢的時候跟著他，而主人潦倒的時候卻跟著別的有錢人跑了，狗不會如此，而人卻會如此，人當自己的國家或家庭不好的時候，會入外國籍，到國外謀生，那為什麼呢？那是因為人有價值的體系，因為人文社會中有價值的觀念，我們生存在這個世界上，我們會選擇好壞，會知道善惡，也就是價值體系、價值觀念。

　　在意識哲學的發展中，胡塞爾的現象學至少在純知識上，給我們的意識找到了創造的能力，謝勒能夠繼續現象學的發展，而找到了價值的問題，以為人生存在世界上，不像自然世界中平面的東西，因此我們不能夠以研究自然科學平面的方式去研究人類，人類由於有價值的觀念，他對宇宙的看法、人生的看法是立體重疊的，也因此我們在研究人的問題之時，不能夠完全以自然科學的公式，而應該以人文社會的公式，而這個人文社會的公式，最主要的就是價值體系。

一、生平與著作

謝勒 (Max Scheler, 1874–1928) 是德國人,生於德國南部的慕尼黑,他的老師是愛肯 (Rudolf Eucken, 1846–1926),謝勒研究哲學,對於人文世界與自然世界的區別特別有心得。獲得學位以後,曾任教於耶拿、慕尼黑、科隆、法蘭克福等大學,在法蘭克福大學受聘後,未上課即與世長辭。主要的著作如下:

1. 《在倫理學中以及在唯物之倫理價值中之形式主義》(*Der Formalismus in der Ethik und die materiale Wertethik*, 1913–1916)
2. 《同情之本質及形式》(*Wesen und Formen der Sympathie*, 1913)
3. 《價值之沒落》(*Vom Umsturz der Werte*, 1919)
4. 《知識之形式與社會》(*Die Wissensformen und die Gesellschaft*, 1926)
5. 《宇宙中人之地位》(*Stellung des Menschen im Kosmos*, 1928)
6. 《哲學的宇宙觀》(*Philosophische Weltanschauung*, 1929)

二、學　說

謝勒所發展的是價值哲學,他是在胡塞爾發展了現象學的方法以後,發現胡塞爾的努力,雖然使得主體和客體可以合一,而且合一在內在的意識之中,可是所得出來的只不過是知識論與本體論的認定,人如何能夠從本體論走出來,再回到具體的生活之中呢?這是謝勒的問題。

謝勒出來以後,就用更廣的論題,把現象學和本體論所得出來的結論,推廣到人生的哲學之中,那麼人生的哲學,在謝勒看來,一方面有人的問題,一方面有世界的問題以及上帝的問題,這是人生活在世界上,如何面對人、世界和神的一種人生觀,謝勒在哲學史上最大的貢獻,因為他發現了價值的領域,價值在謝勒而言,不是依附在事物之上的一種屬性,而是有自己獨立存在的一種地位,每一種事物都不能夠脫離價值的體系,價值可以說是在所有存在事物之上存在的一種東西。

　　胡塞爾對於「本質」的直觀，到了謝勒的時候，就變成了價值的直觀。在德國的傳統中，康德的價值觀念，因為有普遍的道德，因此有價值，而謝勒把這因果相反過來，因為有價值，所以才有普遍有效的道德。如果我們說胡塞爾的邏輯是精神的，那麼謝勒就發現了心靈的邏輯，他要把知識領域分成階段，以為五官的事物只能夠感受，概念是可以想得通的，價值只能夠領會而不可以言傳，一個人天生來就向著「真善美」去發展，而這種向著「真善美」發展的衝動，才是真正的人性。

　　所以人真正的存在，並不在於他認識什麼，也不在於他是否存在，而是在於他是否為自己的理想而生存、奮鬥，因此在謝勒的哲學之中，他不但注重人的感官，也注重人的理想，同時把人的感情部分也拉進去，他討論了善與惡、愛與恨、喜與憂，凡是心靈的一切感情，他都覺得指向價值去發展，依存於價值的本體。也就在人的情慾分析之中，謝勒以為一個人自己在生存的體驗中，會感覺到勝利與失敗，也會感覺出自己與世界的對立，自己與世界，甚至與價值的分立或合一的可能性，他會認為命運與自由之爭。

　　也就在個人的內心感覺到精神的自由，以及外在世界給予內心的壓力兩種原則之下，使得人能夠去選擇自由或選擇命定，也就使人擇善避惡這些最根本的情感。精神或壓力對人生哲學而言，形成了人性發展的兩大力量，人類的現實與理想，人類所謂的喜樂與憂患，與成功失敗的感受，都屬於這種二元，這種二元使得人的心靈一直在奮鬥或放棄奮鬥而甘願失敗，所以也就在自殺與活下去兩者之中選擇一個，可是大多數的人還是選擇活下去，雖然沒有完全活下去的勇氣，可是畢竟選擇了活下去的事實。

　　在這種活下去的認定之下，我們知道「好死不如賴活」的一個原則，在謝勒而言，這是人選擇價值最根本的出發點，就是人要生存，要活下去。謝勒價值哲學的發展最大的貢獻，是從人的基本感受著手，把人類的喜怒哀樂，甚至人類的一切衝動，都當做人的本性，然後從這個本性出發，無論是合邏輯或不合邏輯，無論是理性可以解釋的，或理性無法理解的，他

都消融到人的這種理想的傾向之中，把人的傾向當做人本性的發展，在這個發展當中，是人自己所創立的價值體系，他知道什麼東西為他有用，什麼東西才是正義，因此很多在別的情況之下無法理解的東西，他能夠接受。我們總不會看到一隻狗因為反對主人給予牠的待遇而絕食或自殺，可是人類會為了許多的不平而抱怨，他會改善自己的生活方式，甚至人性還會有革命的天分，他會為了某種正義或自己以及自己認為對的東西而拋棄自己的生命，心與價值的對立，就是消融在人的這種傾向之中。

　　人因為要追求某種價值，這種力量會變成人不能夠理解的一種東西，此種傾向導引出「追求」，「追求」是愛的表現，這種愛的表現本來從柏拉圖的哲學已經開始了，可是一直沒有發展下去；到了謝勒的愛的哲學就是價值的高峰，因為愛的主體是自願消滅自己的存在，而變成被愛者的一部分，這個被愛者就是價值，價值並不是因為人去愛它而變成有價值的，以柏拉圖的語言形容的話，就是因為有價值，所以人才去追求它。

　　謝勒在這方面也發展了人的唯一性，以為人是整個的主體，因此他以整整的人性來追求一種價值，造就自己的人格，人與禽獸最大的分別，就是人有價值的體系與價值的觀念，用價值的觀念控制自己的舉止，而禽獸或動物只有一種本性，牠這種本性是無法運用自己的自由，去選擇自己追求的東西，也不能夠運用自由去逃避自己所不要的東西；可是人因為是自由的，而「自由」的定義並不在於我要做什麼，就做什麼，而相反地，是我要做什麼，我偏偏不做什麼，如此這就是人的理知可以疏導人的衝動，而在人的理知去分析價值的存在的時候，就慢慢地形成有系統的價值體系，即價值的哲學。

　　這種價值哲學一直推展到價值本身的時候，所得出來的結論和古希臘的柏拉圖與亞里斯多德的結論相同，它就是存在的本身，也就是西方所敬拜的上帝本身；謝勒的哲學企圖解釋宇宙和人生的所有現象，以及所有存在的奧秘，把宇宙的外在世界和人生的內在世界利用極端的二元論加以區分，有精神與壓力，精神代表理想、代表光明，更是自由的化身，而壓力

則是現實奴役和黑暗的寫照。個人的成功與失敗，以及宇宙的生成和毀滅，都要看這種力量的最終會合。

　　此二元之爭，不但成了宇宙和人生的本質，甚至成為神的特性，最高的精神在支持這種生成變化的二元，也是最高的精神在判定宇宙和人生的生命；在精神與壓力的對峙中，尤其是在人文世界，人常常會出現懦弱的表露，也就是人性常常會感受到荒謬，在這種感受之中，人的精神必須發明出一種價值的體系，使得自己的心靈得以安息於其中。這麼一來，謝勒又回到了胡塞爾的現象學根本的出發點之中，以為人性是有創造的，而人性的創造能力到最後，是和完全的客觀精神聯合在一起，也就是回到黑格爾的哲學之中絕對精神的部分；而人生所有的價值體系，雖然是由人的精神所創造的，可是這個創造的本身以及創造的模式，是依照著整個宇宙的精神價值體系而創造的。

　　人本身是創造價值的主體，可是價值本身也是人創造價值的一個模式，人生存在價值的體系之中，人本身同時又創造價值，因此人生存在世界上，最主要的是價值的問題，要建立一個價值的體系，才能夠使人之所以為人。

　　謝勒哲學起於「心」的感受，終止於「心」的嚮往之中，他的價值概念是開始也是終了。他的哲學所想要解決的不但是知識的二元問題，也不只是本體的二元問題，而是要指出心靈的善惡之爭的二元問題，希望這善與惡能夠站在更高的價值立場而消解它們，這種哲學也就回到了中世在永恆形相之下看萬事萬物之時，就會覺得它們會統合在最高的存在或最高的價值、最高的精神之中。

第六章

精神哲學

　　二十世紀的哲學動向，無論是修正實證主義的生命哲學，或修正唯物主義的意識哲學，它們所走的方向以及從事哲學工作的動機，主要的是說明人的精神價值，也就是說，在知識方面，人要承認因為人類有精神的作用，才能夠認識事物，而在本體論、形而上學方面，說明精神才是存在的中心，物質只是精神的表層，而人性的價值主要的是因為他有不死不滅的精神，而不是因為他擁有什麼物質；因此在有精神的文化體系的民族而言，一個身強力壯的人的價值和一個殘廢的人的價值是等量齊觀的，而且由於一個人身體的殘缺，他所需要的愛心，比身體強壯的人要來得多，所以在各種社會福利的措施上，特別關心殘缺之人的生命與生活。

　　完全站在純物質的立場去看的話，一個身體強壯的人存在的價值要比一個身體殘缺的人的價值來得好，可是在精神文化的看法上，則透過了物質的佔有而走上了精神的層次，覺得人性之可貴是由於他會對人禮讓，會貢獻自己的能力給社會、人類。人生存在世界上，不是由於他佔有了什麼才有價值，而是他能夠利用自己的潛能，利用自己所有的天分來為世界、為人類謀幸福。也就因此哲學的動向，在西洋二十世紀而言，已經漸漸地走上了知識的最高峰以及存在的最高峰，所謂知識的最高峰，是慢慢地表現出人站在宇宙和人類之間，發現到人生的意義是在於精神生活的提高，並不是完全視物質的佔有而論，更不是沈溺於物質的享受。在本體方面的發展，也就因為人覺得自身的存在，雖然表面上有肉體的存在，可是事實上卻是由於人的精神生活。

　　西洋十九世紀後半期思想的發展之中，精神價值漸為自然主義所污蔑，而認為所有的形而上的東西，都不值得去探討，甚至遭到否定，在二十世

紀的思想界，這種情形漸漸地有了好轉，以為哲學的知識論，尤其是屬於自然科學的知識，只是人性生活的入門，而人性生活的中樞是屬於形而上的，即傳統哲學所討論的知識只是人生的入門，而形而上的價值體驗，才是哲學的體，以這種哲學的體為原理原則去建構一個社會，才是我們的實用科學——社會科學。

所以在二十世紀精神哲學的探討之中，最主要的是恢復形而上的價值和尊嚴，也就是說，把十九世紀所否定的形上學的原理原則重新用哲學的理由加以恢復，而以這種形而上的角度來看宇宙和人生。在這種新的，而且又能夠拯救時弊的一種思想看來，有兩種方向，一種方向是站在比較客觀的立場，站在傳統哲學形而上的思考看精神的價值與尊嚴，此種思潮有歐陸方面的代表，也有英美方面的代表，除了這種形而上的思考之外，還有一派很新的思想潮流，即具體存在的體驗，他們不再去管這種人生的理想是否是屬於理知的，是否能夠在哲學上提出一些理論的辯證，而只是問每一個人從自己心底是否有這種感受，問問每一個人依照自己存在的經驗討論自身存在的問題，這是西洋二十世紀最具代表性的存在主義。

存在主義在精神哲學的探討方面，為白種人帶來了一條主要的人生出路，因為人生存在這個世界上，總得問起「為什麼」的問題，也就是說問及我們為什麼生存在這個世界上，我們追求幸福但是幸福並不存在，西洋人相信傳統的上帝，可是有一天發現上帝已經死亡了，在這種內心的矛盾和衝突之中，為什麼一個人還賴在這個世界之上，他不去自殺或毀滅這個世界，而相反地卻努力去建造一個幸福美好的社會呢？

這些具體的，並且站在哲學之外的思想，其實才真正是哲學要探討的問題，這才是哲學要真正建立體系的一個方向，自從存在主義出現以後，西洋所有屬於精神科學方面的都有了很大的改變，現在分節討論西洋二十世紀精神哲學部分。

第一節　形而上的思考

　　形而上的思考可以說是哲學的「體」的體驗，對哲學的「體」的體驗比對哲學的「用」的設計重要得多，因為它才是人生存在這個世界上，對於宇宙和人生的看法的基礎。沒有這種哲學「體」的體驗，也就是說沒有形而上的原理原則，人生的各種思言行為就沒有根，而且最後也不可能落實到我們的日常生活之中，無法落實到日常生活中的理由，也就會變成功利的和實用主義的範疇之內，使得人會由於目前利害的關係而忘記了是非的觀念，是非觀念的建立一定要依靠形而上的原理原則，一個人訂立絕對的人生觀，來保持人性的尊嚴與價值。

　　關於形而上的思考，我們可以分為兩方面探討，一方面是屬於歐洲大陸方面的思想，這一方面的思想在比較上是重視理論，注重人文，注重人性理想的層次；而第二方面，我們從英美的體系開始探討，英美的哲學體系由於功利主義和實用主義的影響，使得人們特別注重現實生活的層次，所以英美方面的哲學家從具體的生活環境中導引出一種哲學的思考，使得人在現實之中沒有忘記理想的層次，也使得人在現實的利害關係之上，再看到那種永恆的是非觀念的代表，也就是說形而上的可能性。

一、歐陸方面

　　在歐洲大陸的形而上的思想，是提出人性精神方面的價值，無論是在知識論或形而上方面都有特殊的體驗，我們在這裡舉出五位思想家：

㈠哈特曼

　　哈特曼 (Nicolai Hartmann, 1882–1950) 生於德國里加 (Riga) 城，考得博士以後，曾任馬堡、科隆、柏林、哥丁根大學教授，是馬堡學派的新康德派之鉅子，可是哈特曼主要的思想超過了康德的範圍，康德無論如何在哲

學的思想上仍然停留在知識論之中，而哈特曼卻超過了知識的範圍，走上形而上的原理原則；哈特曼的思想受胡塞爾與謝勒的現象學影響很深，可是也並不完全停留在現象學的範圍之內，而能夠從現象學所導引出來的本體論再往深一層去探討人生最終的根本，這種人生最終的根本，不但是他的認識，也不但是他的存在，而是他存在本身的本質，是屬於精神的層次，這精神不是獨立於宇宙之外的東西，而是與整體的宇宙聯合在一起的。

　　哈特曼著作很多，可是所討論的問題都是屬於形而上的，屬於知識如何能夠走上形而上，然後形而上又如何能夠成為人生的原理原則的意見，他主要的著作列舉於下：

1. 《柏拉圖的存在邏輯》(*Platons Logik des Seins*, 1909)
2. 《知識形上學基礎》(*Grundzüge einer Metaphysik der Erkenntnis*, 1921)
3. 《德國觀念論哲學》二冊 (*Die Philosophie des Deutschen Idealismus*, 1923–1929)
4. 《精神存有問題》(*Das Problem des geistigen Seins*, 1933)
5. 《本體論導論》(*Zur Grundlegung der Ontologie*, 1935)
6. 《美學》(*Ästhetik*, 1953)

　　哈特曼的學說反對新康德學派的形上學的作法，他要自己重新建立起一種本體論，可是這種本體論他以為用不到一種形而上的講法，只用講出人類精神的價值與尊嚴就已經足夠了，因為他所反對的新康德學派的理由，以為新康德學派是從德國唯心論走出來的，希望從唯心論之中，建立起一種實踐的、唯實的哲學，可是他以為只有在實在的世界上才能夠建立起學問，而不是在唯心的世界中。

　　至於哈特曼與胡塞爾，討論到意識問題的時候，他覺得一個人的知識論，應該走出自己的圈子，而真正地走進一個宇宙的核心裡面，哈特曼以為這個宇宙的核心就是精神，不只是人的意識，也是客觀的、整個宇宙的精神。也就因此哈特曼的哲學思想，以為在整體的宇宙架構之中，應該盡量減少個人自己的理想，而發展整個宇宙的方向，所以他所提出來的是「實

在」應該高於理想，所有的理想都應該向著「實在」去發展，因此哈特曼的哲學目標，指出「實在」的真實性，以及這個「實在」的可知性。

所以他分析了整個精神架構的層次，在整個精神的層次中，他以為我們所謂的「實在」，它的真實性和它的可能性有一種架構，這種架構分成四種不同的層次去體認，認為所謂的「實有」，即真正的存在有四個層次：最高的是「實在實有」，以下有「認知實有」、「觀念實有」、「邏輯實有」。在「實在實有」之中，從上到下分為精神、意識、生命、物質四個層次；在相對的「認知實有」之中，相對於「實在實有」，從上到下分為學問、知識、直觀和直覺；至於「觀念實有」分為三種層次，即數學、價值、本質，而「邏輯實有」則相對於「觀念實有」而發的，分為判斷、推理和概念。

顯然地，哈特曼的本體論，「實有」為中心，實有的第一個劃分就是「實在實有」和「觀念實有」，「實在實有」是屬於客觀的，而「觀念實有」是屬於主觀的，對「實在實有」的認知是依靠「認知實有」，它的細分也是和「實在實有」的細分法相同，使每一種「實在實有」的領域都由「認知實有」去體認，於是學問針對精神、知識針對意識、直觀針對生命、直覺針對物質。同樣的情形，在「觀念實有」之中，數學、價值和本質則分由「邏輯實有」的判斷、推理和概念去對應。哈特曼以為所有的本質是由我們的概念去把握，所有的價值由我們的推理去體認，而數學的理論是需要我們的判斷才可以領會的。

可是我們站在另一個立場去看哈特曼的哲學，他在「實有」之中最高的存在是精神，精神的存在高於下面的意識、生命、物質，也就是說，真正存在的東西是精神，另外一方面，哈特曼運用了現象學的方法，以為精神不只是一種靜態的存在，而是動態的存在，無論是「認知實有」、「觀念實有」或「邏輯實有」，學問、數學、判斷都是發自於這個精神體，也就是說精神是屬於一個最高的存在，也是最高的認識作用。

如此哈特曼的哲學雖然在名義上是反對了德國觀念論，事實上他所得出的結果仍然是黑格爾的絕對精神，仍然是中世的上帝，仍然是希臘哲學

中最高的「善」觀念。

　　因為精神是屬於實有的領域，精神統治了整個的實有領域，所以精神的最高表現，不是物質的伸展性或廣袤性，它不只是一種生命，表現要充實自己，而是屬於精神的一種倫理道德，它要把自己整個的存在往上提升，從帶有物質的精神體走上純精神的精神體，也就是說它要超越所有物質層次的束縛，超越所有生命、意識層次的束縛，成為一個純精神的領域。

　　在哈特曼的哲學思想上，人的存在最主要的不是靜態的東西，而是動態的，這種動態的實在，關係到他自己內心往上的一種追求，他的內心利用自己的思言行為，把自己提升到倫理道德的境界中，如此哈特曼又把康德的哲學完全概括進來，把康德的知識論到本體論中間的一條通路打通，而且在這個本體之中，加上人性要達到神性的一個方向。我們可以這麼說，在近代哲學之中，笛卡兒是找到了主體我的存在，而哈特曼找到了整個外在世界的存在，這個外在世界的存在是屬於與主體一樣的走上精神的境界，而精神的主體和精神的行動成為整個宇宙核心的問題，也成為整個人生哲學所能夠探討的一個問題。

㈡狄里希

　　狄里希 (Hans Driesch, 1867–1941) 生於德國巴特克羅伊茨納赫城 (Bad Kreuznach)，1889 年畢業於耶拿大學，精通生物學與哲學，曾任海德堡大學講師，1921 年後為萊比錫的大學教授。

　　狄里希早年學習生物學，特別跟隨黑格而 (Haeckel) 學習動物學，可是當他發現機械唯物的觀點無法解釋人性問題的時候，就脫離了動物學的解釋，進入形而上的探討，在形而上的探討中，發現人性的高貴和人性的真象是精神，物質只是表象而已，甚至能夠跳過形而上的體認，到達倫理道德的問題。著作豐富，只列舉主要的幾部如下：

1. 《生命主義者歷史和學說》(*Der Vitalismus als Geschichte und als Lehre*, 1905)

2.《有機哲學》(*Philosophie des Organischen*, 1909)

3.《肉體與靈魂》(*Leib und Seele*, 1916)

4.《真實，一個形上學探討》(*Wirklichkeitslehre, ein metaphysischer Versuch*, 1917)

5.《形上學》(*Metaphysik*, 1924)

6.《心靈學》(*Parapsychologie*, 1932)

7.《唯物論之沒落》(*Die Überwindung des Materialismus*, 1935)

　　狄里希著作中最主要的思想，是澄清了機械唯物論的困難，幫助了生命哲學，他以生命哲學作為主題，指出人性在生命過程中所發展出來的現象，而這個現象和哈特曼所提出的精神生命有不謀而合之處，因為每一種新生命在繼續生存下去的過程中，不但要保存自己的生命，而且要發展、擴充、延續自己的生命，在這種發展、擴充與延續之中，是發展到精神的階段為滿足，可是機械唯物論的一種解釋，根本無法解決人性創造的能力，更無法解釋人性超脫物質而走上精神的一種傾向。

　　狄里希更進一層地注意到物理與心理學之間的關係，他以為如果心物是並行的話，在這並行的後面應該有一個整體，而這個整體又不只是完全外面存在的東西，它自己本身又應該是一個內在的存在，如此整個宇宙的整體不也就是一個有機的整體嗎？所以狄里希走出了唯物實證的束縛，而走上心靈的高層，以為生理和心理之間應該有一個和諧的整體，這整體應該是精神的存在。狄里希在這方面的努力，使得哈特曼的精神形上學有了一種更好的解釋，也就是說能夠在主體與客體之間找到一種聯繫，從知識論走上形而上的法則，也就是狄里希設法完成知識論的所有條件，這些條件是主體、客體、主客之間的關係，以為這三種都是真實的存在，可是這種真實是由於形而上的基礎。

　　狄里希在哲學上的貢獻，是因為他在知識論上的努力，而在知識論方面的努力發展上，他能夠以體驗的精神，為唯物論的沒落以及肉體與靈魂的關係上，找出了有機的哲學，找出宇宙整體的動態看法，同時把人的精

神放入宇宙之中，也使得宇宙屬於精神的、有內在於精神的一種存在。狄里希在哲學上的貢獻，是把近代哲學一開始就發生了主客之間的困難解決了，而且把現代的知識論導引到形而上的階段。

㈢白　謝

白謝 (Erich Becher, 1882–1929) 生於德國萊希哈根 (Reishagen) 城，1909 年為敏斯特大學教授，1916 年以後，受聘為慕尼黑大學教授。特別為唯實論辯護，自己構想了一套形上學的體系，希望能夠透過自然科學的成果來說明精神生活的可能性，說明形而上存在的可能性。

他的著作也是關於從自然科學的探討到精神哲學的道路，著作如下：

1. 《腦與靈魂》(*Gehirn und Seele*, 1911)
2. 《自然哲學》(*Naturphilosophie*, 1914)
3. 《植物之寄存目的性與超個體靈魂之假設》(*Die Fremddienliche Zweckmäsigkeit der Pflanzengallen und die Hypothese eines überindividuellen Seelischen*, 1916)

白謝再從狄里希停止的地方往上發展，他在尋求生命中的「目的」，他不但討論人性往上發展的傾向，而且特別地指出人類的精神可以看清目的，他不但只是看到了方法。等於我們說一列火車在行駛的時候，固然我們很清楚地看到它是機械的法則所推動，沿著鐵軌在走，如果我們更深一層地思考的話，知道火車行駛的時候固然沿著鐵軌，可是它有一個目的，鐵軌的鋪設是為了達到目的，而火車在鐵軌上行駛，也是為了走上一個目的。

火車在兩條鐵軌上行駛的時候，我們並分不清它的機械性與目的性，可是如果前頭路軌分歧的時候，我們馬上看出火車不只是循著鐵軌行駛，而且循著一定的目的，因為它並非走任何一條路軌都是價值中立的，而是有目的的選擇。所以這個目的的選擇，在表面上看來和機械式差不多，可是事實上當人類的思言行為遇上極限的時候，就需要一種選擇，而這種選擇是每一個人的內在目的性所控制的，機械的物質因——大腦固然可以變

成一種原因，而這種原因畢竟不是最主要的，等於火車沒有軌道不會行駛，人如果沒有大腦也不會思想，可是火車行駛軌道，並非火車行駛軌道而已，而是火車有了一個目的，以軌道作為方法，等於人思想有個目的，而大腦只是思想的一個工具而已。

因此人的思想之中，就白謝而言，有非常複雜的結構，也有無數的可能性，可是人的精神就在這種複雜和雜多的可能性之中選擇一種，因為這一種才是他真正的目的。白謝更深一層地看到昆蟲和植物之間的關係，他以為所有的昆蟲都能夠以植物或另一種蟲類繁殖自己的生命，而且有一種蜂生下來的時候就失去了母親，可是仍然能夠很準確地為下一代工作，準備其繁殖期所需要的一切，從來沒有誰教過牠，牠也沒和任何誰學過這些東西，這種完全是屬於自己內在的生命所含有的目的性，就白謝而言，它已經是超過了全部機械的東西。

從生命體的存在目的以及生命體的繼存目的，白謝再設想到宇宙可能就是一個整體的生命體，而所有的運行的秩序、相互的影響，顯然就有一個內在的目的，而這個內在的目的，不再可能是唯物的，不再可能是機械的，而應該是一個超越所有物理法則之上的精神。因此就白謝的哲學而言，從整體的唯物和機械的觀察所得出的最終目的性，而這個目的性的尋獲也就是從物質之中看到精神的光輝，正因為生命是整體的，是肉體和靈魂合成的一體，所以白謝以為從形上學還需要走到倫理道德之中。

因為在倫理道德方面，人要追尋自身的滿足，追尋自己的快樂與幸福，白謝以為要一個人身心都感覺到舒暢的時候，才是善的象徵，也只是在這裡證明真善美的世界確實是一個真實的境界，而這個真實的世界，並非由於物質的條件，而是由於精神的條件。

㈣文則爾

文則爾 (Aloys Wenzl, 1887-?) 是繼續白謝的教席在慕尼黑大學任教。他的哲學方法與白謝、狄里希有同樣的一條路線，希望能夠從自然科學的

探討之中，走上形上學的可能性，因此他特別注意物理學與哲學的關係，著作大多數是物理與心理的關係。幾部主要的代表作如下：

1. 《愛因斯坦相對論與現代哲學之關係》(*Das Verhältnis von Einsteinscher Relativitätstheorie zur Philosophie der Gegenwart*, 1923)
2. 《靈肉問題》(*Das Leib-Seele-Problem*, 1933)
3. 《物理學的形上學》(*Metaphysik der Physik von Heute*, 1935)
4. 《科學與宇宙觀》(*Wissenschaft und Weltanschauung*, 1936)
5. 《生物學的形上學》(*Metaphysik der Biologie von heute*, 1938)
6. 《自由哲學》(*Philosophie der Freiheit*, 1947–1949)
7. 《不死》(*Unsterblichkeit*, 1951)

　　在這些著作中，文則爾一開始就發現物理的量無法到達事物的質的層面，因此他從數學和自然科學出發，以實驗的科學找出停留在實驗後面的原理原則，所以他設法從量的方面再去考慮質的問題，並且在科學的質的問題後面加上人的心理層次以及精神層次的運用。

　　當然文則爾在開始的時候，跟隨著白謝的方式，找到了亞里斯多德的內在目的性，發現存在的每一個階層都有一定的目的性，這種目的性所導引出來的有自由的人類或沒有自由的動物世界同樣地可以適用，在我們表面上看來一切的東西都有其機械性、必然性，可是在當事人看來，它是一種選擇，一種目的，尤其是在整體的宇宙精神看來，它是一個整體設計好的目的性，因此文則爾回到了叔本華的學說，以為整個的世界就是我的意志和想像，可是這種意志和想像，表面上是主觀的，而實際上具有客觀的價值，因為所有的主觀都向著這種客觀的內在目的性去發展的話，就變成了一種客觀的東西。

　　文則爾以為宇宙的基礎，都在於這個目的性，因為內在目的性一方面是知的行為，要人去知道它，但是主要的是行的一種規範，要人去追求、實行。所以在人性為自己的存在或宇宙的存在設計的時候，他要把他的理想付諸實現，這個理想在文則爾看來是屬於精神的東西，這種精神的東西，

在開始的時候可以用物質的條件去支持它，可是最後物質的條件必然越來越減少，到達純精神的境界。

在這個純精神的境界之中，人與人之間，以及人與宇宙之間慢慢地趨向一種和諧，這種和諧就是人的幸福的表徵，也就是人追求到最後能夠使得自己的心靈滿足的時期，這段時期人的精神是幸福了，在精神的存在方面，以及在肉體的存在方面，都得到完滿和諧的地步。在這和諧的境界之中，人的心靈是完全平靜的，也就是說他真正地和宇宙的本體合成一個，當人性自身消失，而到達整個宇宙精神存在的時候，即人生的目的和宇宙的目的合一的時期，也就是人性的目的和宇宙的目的完滿的時期。

㈤蘇　班

蘇班 (Othmar Spann, 1878–1950) 是維也納大學的教授，特別主張「共相論」，這「共相論」主要的目的是提出人和宇宙是合一的，而人和宇宙合一的方式，是要透過人文世界，透過國家、社會的成立，而在這種國家、社會的創立之中，是透過人與人之間的仁愛，人與宇宙之間的和諧，因此他一開始的時候就反對馬克斯的唯物主義，反對馬克斯的共產學說，他提出特殊的歷史哲學來反對馬克斯的東西，在他很多很多的著作中，可以舉出幾部主要的作品，在消極方面有：《馬克斯主義之誤會》(*Irrungen des Marxismus*, 1929)。在積極方面，有許多建設性的著作：

1. 《社會哲學》(*Gesellschaftphilosophie*, 1928)
2. 《歷史哲學》(*Geschichtsphilosophie*, 1932)
3. 《自然哲學》(*Naturphilosophie*, 1937)
4. 《宗教哲學》(*Religionsphilosophie*, 1947)

蘇班的著作，可以說是從社會學的探討，漸漸地進入歷史哲學，再探討自然哲學，從自然哲學走進宗教的思想，而完成他的體系，顯然地是從物質走上精神的一條通路；也就因此，蘇班所發明的「共相論」，是要提出整體宇宙的存在以及這種動的宇宙整體發展的情形，以為人生存在宇宙之

中，是把握住了整個宇宙的核心，人的所有現象的發展，也就引導了整個宇宙發展的動向，而人因為是有靈魂與肉體的綜合體的存在，能夠在自然社會中發展出人文社會特殊的存在法則，而把自身的理想灌輸到具體的社會、國家中。而這種社會和國家，從它所有的政治、法律、經濟、社會的發展，發展到最後的精神境界，也就是精神的生命，宗教的範疇之中。

　　每一種生命，就蘇班而言，都是希望能夠走出自身的範圍，發展出一種更高的存在，而在人的生命之中，是精神控制了物質，也就是精神希望能夠一天天地脫離肉體的束縛，而走上純精神的境界，這個境界是人的理想，同時也是宇宙精神的一個理想。

二、英美方面

　　精神哲學的發展，也就是形而上的思考，在英美方面由於功利主義以及實用主義的發展，本來就很薄弱，可是在二十世紀之初，英美方面也出現了一些頗有名氣的形上學家，把人生平面的價值以及自然主義的價值觀重新推至宗教，倫理道德的層次上面。通常稱這種形上學為理想的實在論 (Idealrealismus)，可以舉出三個代表人物：懷德海、杜威和桑他耶拿。

㈠懷德海

　　懷德海 (Alfred North Whitehead, 1864–1947) 是數學家及哲學家，先在倫敦教數學，他之所以成名是後來為哈佛大學教授，是本世紀英語體系中最偉大的哲學家之一，他能夠從數學及自然科學的方法出發，經過歸納而到達形而上的地步，他的形上學不但是歸納的結果，而且與傳統有了銜接，因此是綜合了現代與古代的形上學思想。本來懷德海的原意，希望能夠用數理邏輯的方式從事哲學工作，所以曾經和羅素 (B. Russell) 合著《數學原理》(*Principia Mathematica*, 1910–1913)，此書可說變成了數理邏輯或科學哲學範圍內最有名的著作之一。懷德海的著作，列舉主要的如下：

1. 《自然之概念》(*The Concept of Nature*, 1920)

2. 《宗教形成》(*Religion in the Making*, 1926)

3. 《歷程與實在》(*Process and Reality*, 1929)

4. 《思想型態》(*Modes of Thought*, 1938)

　　在懷德海的心目中，這個世界不是「想像」，事實上是有單獨存在的事實，而且世界具有真實的本質，每一種存在都好像萊布尼茲的單子一般，是個別的、獨立的存在、有自己的本質，同時也有自己的實體，雖然每一種存在與存在之間等於有獨立的存在，可是卻不是沒有關係的，而每一個存在與存在之間都有一種關係。

　　懷德海指出目前科學對於哲學最壞的影響，是把個別的事物當做隔離的、獨立的來研究，而忽略事物與事物之間的統一性，以及宇宙的整體性。他以為整個的宇宙都是一個統一的，每一種存在都在這個統一之間，分受了整體的東西，因此在研究學問方面，不能夠完全站在自然科學的方式去研究個別的事物，而應該站在哲學的立場研究整體的東西。懷德海以為宇宙的整體這門學問，只可以以哲學去貫通。

　　因為要把整個宇宙之間所有個別的、不相同的東西要看成一個整體，屬於一個整體的生命，那麼人所需要的，不再是感官或普通一般的推理，而是需要直觀的方式；也就因為懷德海能夠在主體的意識上找到直觀，也因此他可以把這種直觀的態度灌輸到整個的宇宙之中，使精神能夠內在於物質，如果精神內在於物質的話，表示所有的物質世界，屬於一個存在，而這個存在的根本就是精神，就是形而上的，所以他整個理想的世界到最後的基礎是上帝。

　　在懷德海的哲學中，上帝的概念是他一切哲學的出發點，也是他整個體系的最終基礎，所有的現實都是因為分受了上帝的存在，所有的直觀可能性，也都是因為分受了上帝的能力。

㈡杜　威

　　關於杜威 (John Dewey, 1859–1952) 的學說，已經在本書的後半部第三

章第四節內提到，可是在那一節中我們所提到的杜威是屬於實用主義的杜威，而杜威後半期的思想，早就跳出了實用主義的範圍，也逃離了實用主義的束縛，而走進了形而上的一個階段。這個形而上領域的抵達，杜威以為需要透過教育，教育的意義表示每一個人都有學習的能力和模仿的能力，希望透過這學習與模仿的能力而發揮天生的創造能力，所以就杜威而言，整個的實用主義只是工具，因此杜威最大的貢獻，是因為他把實用主義帶到工具主義之中，在工具主義的運用之中，把人的精神提升，不以實用作為人的思言行為的目的，而是以完全客觀的真理作為我們認識的對象，以客觀的「真善美聖」作為人生的最終目的。

因此在杜威的哲學中，宗教、道德、上帝、藝術變成哲學很中心的思想，因為杜威認為自己的學說，根本上是「合」的學說，能夠把當時的屬於功利、實用的思想，超度到人性的基層，超度到人性的精神生活中。

當然把杜威作為實用主義的代表的時候，是說他前期的思想，確實是把一切都當做是相對的，沒有絕對的東西，可是杜威的後期思想卻發現人類的思言行為所針對的最終是以一個實在作為基礎，這種實在不能不是知識論上的真，倫理道德的善，以及藝術上的美，還有宗教的神聖；這麼一來，這個「真善美聖」的最後根源，杜威不能不把傳統哲學中的上帝搬出來，認為我們整個教育的東西，它一切的最終基礎，是正義的觀念的上帝，因為祂才是「真善美」的本身，而由於祂的分受，世界上一切相對的東西以及互相矛盾的東西都能夠得到一種和諧。

所以杜威整個哲學的設計，希望自己能夠到達黑格爾的「合」的地步，才是真正地完美他的哲學系統。

(三)桑他耶拿

桑他耶拿 (George Santayana, 1863–1952) 出生於西班牙馬德里，可是幼年時期已經跟隨父母移居美國波士頓，1886 年哈佛大學畢業，然後留學德國兩年，後回哈佛大學考得哲學博士學位，留校執教直至 1912 年，以後

周遊英國、法國，1925 年以後定居於羅馬，直到逝世為止。

桑他耶拿可以說是英語體系中二十世紀的大思想家之一，著作很多，列舉重要的如下：

1. 《美感》(*The Sense of Beauty*, 1896)
2. 《理性生命》(*The Life of Reason*, 1905–1906, 五巨冊)
3. 《懷疑論與動物信仰》(*Scepticism and Animal Faith*, 1923)
4. 《存有之領域》(*Realms of Being*, 1927–1940, 四冊)
5. 《統治與權力》(*Domination and Powers*, 1949)

顯然的，桑他耶拿在他的著作中的思想是屬於形而上的領域，他所討論的問題最主要的是討論「實在」的課題，以為「實在」有兩種表象，即本質與存在；本質是我們的觀念，我們觀念所討論的事物的意義，我們自己人類的感受以及一切理想的可能性都屬於本質，可是存在則是我們日常生活中所感受到的、所接觸到的事物；因此桑他耶拿認為所有世界上的存在都有本質，但是無法相反過來說一切的本質都有存在。

如此顯示出人的能力和人的極限，人的能力可以有一種理想，理想如果可以付諸實行的話就成為實在，可是人有很多理想無法付諸實行，這就是人的極限會成為歷史中的幻想。哲學中知識的目的，是要以本質去闡明存在，而且設法以理想來貫通自己的現實。

桑他耶拿同時以為存在是有層次的，從物質到精神的層次，而且精神的層次最高，因為它發展了宗教，是精神發展到最高峰，是生命意義的最終尋獲。在宗教的精神之中，桑他耶拿相信最高的上帝，是人性的合一的最終對象，也是人性安息的最終基礎，同時是人生意義的最終解釋。

當然桑他耶拿並不完全站在理性的立場，用西洋思辨的方式去解釋哲學的問題，而很大的一部分他設法以人的情感去解釋人對於藝術的一種情操以及解釋人性，同時解釋人性對於發展自己、超越自己的一種動向；所以桑他耶拿是一位很有美感、情感的哲學家，他特別注重人性中最美的一部分，也特別注重人生行為之中最有藝術的部分，所以他的思想不是死板

的，而是活潑的，表現出在哲學之中，也應該有藝術的才華表現自己的生命，因為生命不是一種平面的、呆板的東西，相反地，生命是活生生的、活潑的存在。

第二節　具體存在的體驗──存在主義

西洋哲學從柏拉圖開始，漸漸地以理想來界定現實，在柏拉圖的理想國之中，一切的措施都向著「真善美」發展，柏拉圖似乎遺忘了人世間的罪惡，忘記了真實世界中所有的痛苦，而只把冀望所能造成的理想國付諸實現到我們具體的世界上，柏拉圖的這種理想雖然後來有了基督宗教的陶冶，把人世間的罪惡赤裸裸地再一次表現出來，使得人的理想由於現實的束縛而無法在這個塵世間完全表達出來的時候，在教父哲學中曾經有奧古斯丁發展了一些個人內在的問題，可是西洋的哲學畢竟屬於理想的方面多於現實的探討，也就因此，西洋的哲學從柏拉圖開始一直到黑格爾死了為止，兩千多年的時間都沈浸在理想的層次中，漸漸地忽略了人性具體的生活，忽略了現實的生活。

可是這種現實的生活，尤其是在西方工業革命以後，個人在社會之中的尊嚴和價值慢慢地被忽視，工業社會中的價值觀念漸為產品與經濟所取代，生存在十九世紀以後的人類，發現個人究竟生存在這個世界上有什麼意義，個人在群體之中有什麼價值，個人的尊嚴和價值在整體的工業社會中究竟還能不能發生作用；因此西洋從齊克果開始，感覺到個人存在的問題應該是哲學探討的中心，哲學不應該再鎖在象牙塔中，不應該再在理想國之中打轉，而應落實在塵世間，面對人間的生老病死以及各種的煩惱，設法在現實之中謀求一條出路。

也就是說，西洋從十九世紀以後，哲學家已經慢慢地感覺到西洋依照柏拉圖的方式去生活已經成為不可能，可能的是在我們具體的現實生活中尋找一種理想，把理想落實到現實的生活層次。這種關於具體存在的體驗，

最主要的學派是西洋二十世紀的存在主義 (Existentialismus) 哲學。不過二十世紀的存在主義哲學，在歷史的發展過程中，應該淵源到十九世紀前半期的齊克果，在本書中〈宗教與反宗教〉的章節裡，把齊克果當做十九世紀哲學裡為宗教辯護的一位思想家，而事實上齊克果真正所代表的是個人存在的體驗與探討。

　　齊克果在這種探討中，所發現的竟然是人生中最主要的一項真理。就是個人生存在天地之間，生存在人與人之間，仍然有自己的尊嚴，仍然有自己獨立的人格，不應該隨波逐流，不應該完全受制於環境；當然齊克果也深深地感受到我們的真正存在，不但是由父母血統所決定，也不只是繫於民族文化的背景，不只是由於社會背景，尤其是工業社會所決定的，而主要的還是我們自己的心靈狀態，我們的心態是否同意於個人為社會所吞噬，還是說自己仍然保留有獨立的存在，在群體之中個人仍然保有自己的存在，這是存在主義最主要的一個課題。

　　齊克果在關於個人存在的課題方面，用了很多的力量，自己從感性的、倫理道德的，甚至從宗教的層次探討自身的存在，完成自身的存在；可是在理論方面，他最主要的一種貢獻，是提出了「存在先於本質」的原理。「存在先於本質」是指我們生下來是屬於完全命定的，你的家庭背景、社會背景、種族背景都是屬於命定；造物者並沒有問你要不要在這個時間或這個空間誕生，可是你已經來了，當你發現自己已經存在的時候，一定都已是命定的，可是在這一切的命定中，或感到不幸的、悲慘的命定中，你自己還是可以利用自己的自由去選擇自己的存在模式，去選擇自己的本質，可以隨波逐流，跟著社會的制度走，但是也可以保有自己獨立的存在，在所有的群體生活中，仍然有自己個人的看法，在現實中依然有自己的理想。

　　這種「存在先於本質」的原則，是往後的存在主義所必然走的一條路，這必然走的一條路，也就是說存在主義哲學不再關心整個宇宙架構的問題，不再關心人有什麼特殊的理想，這種理想國能否在世界上實現的問題，而是特別關心個人的存在，個人具體的生活究竟是什麼，然後我們如何在具

體的、已成的命定中，突破自己的困難，如何在現實中創造自己存在的一個基礎。

存在主義的整個歷史發展，如果我們在西洋歷史尋找淵源的話，可以說要回到希伯來的信仰中，希伯來的民族在整個思想的體系裡，從來不關心整個宇宙的架構問題，而是關心自己的民族以及個人生存的問題，因為希伯來民族是一個多災多難、時常流離失所的民族，他們所關心的是自己整個的民族不會被外族所消滅，而每一個個人可以憑著自己的努力，能夠創造事業，在這個世界上找到一塊地方立足，也就因此他們的哲學體系十分關心個人的存在，這種思想不但導引保羅在《聖經》中提出個人存在的問題，也影響後來最偉大的教父哲學家——奧古斯丁的思想。

奧古斯丁雖然本身接受柏拉圖主義的思想，同時也接受了希伯來民族的信仰，他一方面有柏拉圖系統的理想，另一方面卻有希伯來民族對於存在的感受，奧古斯丁自身所感受到的罪惡感，完全是由希伯來民族那裡得來的，可是他在自己內心的探討中，也發現自己的一番理想，自己對世界、對人類的熱情確實由柏拉圖的理想所推動，奧古斯丁的哲學可以說是最老的一種存在哲學的型態。

從奧古斯丁以後，就要到中世士林哲學的神秘主義時代，才又恢復到人開始回到自己的內心去關心自身存在的問題，關心自身與上帝之間的關係，關心自身來世是否有存在，是否獲得幸福快樂，是否可以回到天國享受上帝的問題。

西洋二十世紀的存在哲學思想，在歷史的發展上，我們以狹義的方式去看的話，它發源在丹麥，發展在德國，波及法國，可是這種思想到了美洲與亞洲以後，由於語言系統的分裂，也就多少產生了誤會，甚至產生很大的誤解。在丹麥的發源，當然是由於基督徒的齊克果本身有特殊罪惡的感受，使得他與希伯來民族有相同的感覺，覺得上帝遺棄他，覺得世界遺棄他，人類遺棄他，他努力設法找到自己存在的根基，不過他只能夠在宗教的情操中，發現上帝是大慈大悲的，上帝的慈悲才可以拯救他免於沈淪。

　　存在主義哲學的發展在德國，尤其是從雅士培開始，一直到海德格的深度，都是發展理論上談人的存在問題，可是這種理論涉及到的現實問題畢竟有一些隔膜，因為人的具體存在不一定可以完全以理論表現出來，所以德語區對於存在主義的探討固然有深度，可是無法大眾化，也不能夠使得個人自身存在的感受有很特殊的感受；但是這種思想波及法國的時候，法語體系對於人文的描述是比德國強，所以存在主義在法國的發展不但以哲學的方式表現出來，還特別以文學的姿態表達了存在主義的各種型態；如馬色爾和沙特的文學作品中，我們更容易看出西方人究竟對於存在的感受是如何，遠比他們兩位在哲學著作中所表現出來的更為清晰。

　　因為存在主義利用了許多文學的表達，所以當這種思想傳到美洲以後，以英語體系發跡的美國，漸漸地選擇了一些比較容易懂得的，而且屬於比較具體的文學作品，來介紹存在主義的根本，而事實上，文學所表現出來的有很大的彈性，是主觀的，見仁見智的，因此介紹存在主義思想的英語作品所遭遇的一個最大困難，是他們無法直接唸通沙特或馬色爾的哲學著作的思想，就等於他們無法把握德語區的雅士培或海德格的哲學作品的深度，所以只有在表面上介紹一些人性在自身極限上所發展的「荒謬」、「苦悶」、「矛盾」的概念，而抓到了這些零星的概念之後，以為人的存在是屬於悲觀的，沒有希望的；他們沒有注意到存在主義的積極一面，因為積極的一面通常很難在文學上表達，英美的文學系統可以說主要的來源是在莎士比亞的戲劇中，而莎士比亞的戲劇大部分是悲劇性的，用悲劇性的戲劇來表現人生，比較容易得到人類的同情，因為如果屬於完全理想性的結局，有點說教的味道。

　　所以以英語為中心的地區的存在主義，大都是把握了存在主義文學作品的形式，也就是屬於悲劇性的人生，而哲學性的積極一面，屬於創造性的人生也無法把握和發揮。因此我們就存在主義的歷史發展而言，存在主義是發源於丹麥，發展在德國和法國，誤會則產生在美洲和亞洲。

　　本來「存在」這個名詞出現於西洋早期的哲學著作中，甚至蘇格拉底

以前都已經運用了，不過當時所採用的「存在」一個字卻是我們思想的對象，而且在早期的思想家心目中，「存在」固然有外在具體的世界，可是還是我們思想的一個對象；也因此在傳統哲學而言，本質應該先於存在，因為無論什麼樣的一個存在，都需要先有一個本質，比如說桌子的存在，應該是創造桌子的這個人在心目中有了桌子的形相以後，才依照這種形相去創造桌子，所以西洋傳統哲學的想法，本質先於存在。

但是從西洋十九世紀所導引出來的存在主義，卻以為存在是具體的，是現實的，而本質才是我們的理想，才是我們奮鬥得出來的，應該是存在先於本質。齊克果在西洋十九世紀所發展的存在主義，是要指出在工業社會和群體生活中，個人如何意識到自己獨立的存在，所以齊克果首先注重到的問題，就是自己在內心中如何感受到自身存在的問題，當然不幸的是齊克果的感受，由於自身的家庭背景，使得他覺得自己是例外的，由於他是父親強暴下女所生，所以他認為別人都是父母愛情的結晶，自己則是暴力的產品，他認為自己是例外，這種自身例外的感受，使得他與其他人，尤其與他的父親沒有交往，他的母親早逝，所以他又覺得孤獨，這種例外與孤獨的感受，使得年幼的齊克果性情孤僻，可是又由於宗教信仰教義的陶冶，齊克果認為祖先所犯的罪會遺留到自己身上，如此他覺得自己有兩個原罪，一個是原祖亞當所犯的，另一個是爸爸犯的，認為自己死了以後非下地獄不可，所以他生活在絕望之中，以為自己整個的生活只不過是等待來世的受罰和將來的地獄。

但是齊克果雖然在這種苦惱與絕望之中，他在自殺與活下去之間，畢竟他選擇了活下去的這條路，他明明知道活下去沒有什麼意義，沒有什麼目的，可是他不肯去自殺。因此齊克果在個人存在的努力上，發展了很多努力的方向，首先設法找尋終生的伴侶，希望自己心靈內的苦悶能夠由自己的妻子來承擔、諒解，可是在這方面最後也失敗了，他的未婚妻蕾其娜終究無法瞭解他的心境，因為她當時才是少女夢見白馬王子的十七歲，蕾其娜無法接受齊克果對於她的傾談，所以齊克果還是毅然決然地解除婚約，

到柏林唸哲學，希望用內心的解釋困難的方法，以理知解決困難的方法，為自己找尋一條出路。

可是更不幸的是，齊克果在柏林遇到的是德國觀念論大師——謝林，謝林的哲學體系完全架構在理想上，與現實脫節；齊克果在日記中曾經特別記載：德國觀念論的哲學，等於建築工人建築高樓大廈，可是卻給別人住，自己永遠是住在高樓旁邊的工寮內，齊克果以為哲學應該是解決切身的問題，應該為自身的存在尋找一條出路，德國觀念論無法滿足他，所以齊克果只好又回到哥本哈根，過著憂鬱而悲痛的生活。雖然在悲痛中，齊克果仍然不肯絕望，繼續奮鬥，最後他在宗教之中，找到了上帝大慈大悲的特性，總覺得上帝會由於自身的善良來拯救人類，而且也會拯救他。

所以齊克果認為人如果要尋找自己的存在，就得在內心之中尋找上帝，他也在《舊約》之中找到信仰之父——亞伯拉罕，認為亞伯拉罕可以跳過感性的和倫理的層次，能夠殺兒獻主，一般說來，已經違反了倫理道德的層次，可是齊克果卻以為亞伯拉罕真正地超過倫理道德的層次，而到達宗教的層面，他能夠為了上帝的關心而停止了倫理道德的規範，可以殺子奉獻給主，因為人類的生命畢竟屬於上帝。

齊克果因為在自己的內心找到了上帝，也因此內心得到了平安，得到了宗教的情操，所以他以為真正的存在是在信仰之中，尤其相信上帝的降凡，上帝不但憐憫人類，賜給人恩寵，而且親自降凡而變成人，就是耶穌基督。所以在齊克果後期的思想，是要人如何變成一個基督徒；成為基督徒的意義，是人透過以耶穌基督作為模範，而變成神性。人性超越自己而達到神性的境界，就齊克果而言，才是真正地個人找尋到並且實現自己存在的最終道途。

從齊克果發展了「存在」以後，這種思想無法與當時丹麥工業社會的制度以及制度宗教得到共鳴，齊克果的思想至少被冷凍了半個世紀，直到二十世紀的初期，有德國的思想家看到他的日記以後，才真正地發展了存在哲學，我們現在分為兩段敘述二十世紀存在哲學的發展，一個是在德國

方面，另一個是在法國方面：

一、存在主義在德國的發展

　　丹麥齊克果的思想，由於社會的制度以及當地制度宗教的影響，使得他的思想無法發展，更無法受到當時工業社會的人們所接受，所以被擱置了半個世紀之久，個人的抉擇以及個人存在的想法，到了二十世紀在德國首先由雅士培 (Karl Jaspers, 1883–1969) 所發現而加以發揚光大。除了雅士培以外，還有一位二十世紀最有深度的思想家海德格 (Martin Heidegger, 1889–1976)，海德格發展了最有深度的存在哲學思想，我們現在分述於下：

㈠雅士培

　　雅士培 (Karl Jaspers, 1883–1969) 首先引用「存在」一辭加以成為存在哲學概念的思想家，是德國的醫生，也是著名的心理學家，在雅士培的生平中，由於自幼罹患小兒麻痺的病症，在德國的基本教育中，上午上理論方面，下午是體能運動，為弱小的雅士培而言，運動根本沒有作用，他只能夠在運動場旁邊看別的小朋友跑跑跳跳，因此雅士培深深地感受到自身的例外與孤獨，不過雅士培自小的這種例外與孤獨的感受卻不同於齊克果的例外與孤獨的感受，因為齊克果感受到自身的例外與孤獨之後，就設法為自己打算，突破自己的例外與孤獨，使得自己仍然可以過幸福的生活，所以他耗盡畢生的精力，好不容易找到自身的出路。

　　而雅士培則少年有大志，不是為自己著想，從小決定了做醫生，以便幫助那些患有小兒麻痺的人，果然在雅士培高中畢業以後，即進入醫學院，專攻小兒麻痺科，大學畢業以後，開始行醫，為小兒麻痺的病人診斷，不過不幸的是雅士培在行醫之中漸漸地發現所有罹患小兒麻痺病症的人，主要的病症並非由於他們的生理缺陷，而是由於心理的不正常，心理所遭受的打擊，使得他們不再有勇氣起來走路，雅士培認為要醫治小兒麻痺的病痛，主要的還是先要醫治他們心理的病，然後醫治他們生理的病，所以雅

士培又開始研究心理。

　　後來果然成為有名的心理治療醫生，幫助了許多小兒麻痺的患者，到
後來他又覺得只在門診部門幫助那些所接觸到的病人是不夠的，還應該把
自身的這種體驗，也就是忘記自己，想到別人的這種體驗告訴天下，於是
開始研究哲學，著書敘述自己對於存在的體驗，把自己超升的經驗告訴大
家，公諸於大眾，所以雅士培發明了「存在哲學」一辭。

　　這是他在 1919 年出版的《宇宙觀之心理學》所提的名詞，他在這裡提
出「存在哲學」，規劃出「存在主義」的思想，應該是特別注意完成自己的
思想，可是在完成自己的存在過程中，並不一定要直接地為自己著想，而
是可以跳出自己的圈子去想他人，雅士培有生活的體驗，認為只要一個人
肯犧牲自己去關心別人，自己所有的苦惱問題，自然都會得到解消，果然
雅士培不管自己小兒麻痺的病痛而一味地關心他人，在心理上、生理上幫
助他人，此時自己內心中得到很大的平安與快樂。所以雅士培體驗到「施
比受有福」的真理，雅士培因此設計了整個存在哲學的體系。

　　關於其生平，雅士培生於德國愛丁堡 (Oldenburg)，中學畢業後，先習
醫學與法律，大學畢業後開始攻讀心理、病理以及心理分析；首先做心理
學講師，在 1921 年以後就任海德堡大學哲學教授，可是，1937 年歐戰時
期被納粹免職，1945 年戰後復職，1948 年任教巴色大學，直到死為止。

　　雅士培在存在哲學而言，是一位多產的作家，他能夠站在心理分析方
面，站在自身的感受上，闡揚存在的意義，以及發展存在的價值。

　　而作品方面雅士培著作多產，最主要的代表作是：

1.《宇宙觀之心理學》(*Psychologie der Weltanschauung*, 1919)
2.《哲學》(*Philosophie*, 1932，三卷)

　　除了兩部代表作以外，還有其他比較主要的如下：

1.《理性和存在》(*Vernunft und Existenz*, 1935)
2.《存在哲學》(*Existenzphilosophie*, 1938)
3.《哲學的邏輯》(*Philosophische Logik*, 1947)

4. 《哲學的信仰》(*Philosophischer Glaube*, 1948)

5. 《論歷史之起源與目的》(*Von Ursprung und Ziel der Geschichte*, 1949)

6. 《哲學導論》(*Einführung in die Philosophie*, 1950)

　　雅士培的哲學思想，顯然地分為兩部分，一部分是「闡明存在」，另一部分是「實現存在」。他在闡明存在之中，指出存在的意義，尤其指出生命的意義，因為雅士培年幼之時孤獨與例外的感受，認為人與人之間的「交往」才是人生應該關心的事，存在主義在這方面的意義，在於「己之所欲，施之於人」，同時在這種實行之中，雅士培發現了實現存在的領域，用實現存在的方式來實現人生在這個世界上的目的。

　　「闡明存在」最主要的是用「交往」(Kommunikation)，這種「交往」，雅士培分為三方面去進行：人與世界的交往，人與人的交往以及人與神的交往；人與世界的交往是認識世界以及利用世界，但是也就在我們認識利用世界的時候，會覺得世界有很多的奧秘，在許多的事情上我們碰到了理知的極限，因此對世界的許多事情我們只能夠去猜，好像猜密碼一般，所以在我們的日常生活中，對於世界的看法，有時候猜對，有的時候猜錯了，人生就在這種對與錯的範圍之內走來走去；但是最主要的在人與世界的交往中，所發現的是人本身的一種極限，他生存在自然界中，發現自己有很多的能力，同時也發現自己的極限，知道自己的渺小，知道自己不是全能的，自己會受到生老病死各種困難的束縛。

　　所以雅士培說：我必須受苦，必須死亡，但是也必須奮鬥；雅士培認為個人生存在世界上，必須與世界交往，甚至與自然搏鬥，並且自身也要準備好受苦受難，也就因為個人在困難中所搏鬥的情形，雅士培有特別的感受，因為他自身生理上的缺陷，他的小兒麻痺病痛一生都在麻煩他，這種痛苦的威脅以及對於死亡的恐懼，使人感到遇上了極限，就在絕望來襲的時候，個人必須超越自己，他必須在自殺與活下去之中選擇其中的一種。個人也就在選擇之中，慢慢地體會到自身的存在，慢慢地覺得自身存在的意義，也就是說，個人唯有在奮鬥之中，才會發現自己存在的意義以及創

造出自己存在的價值。

　　雅士培的哲學主要的是要提出人生存在世界上，就要征服世界，利用世界極限的情況來認識自己和完成自己的本質，雖然個人在各種極限相遇的時候，會覺得頹喪，但是終究以持久之心完成自己的存在。

　　除了人與世界的交往之外，更顯然的是人與人之間的交往，雅士培在此特別提出人際關係的多元性，因為世界的極限人性已經不容易猜透，但是人與人之間的關係更為微妙，更不容易把握，人因為本身是命定的，可是他又擁有自由，所以個人在與他人交往之中反省自問，覺得自身的存在充滿了荒謬與矛盾，他要在命定之中選擇自己的自由，但是又在命定之中感受到命運的支配，所以個人的完成，在雅士培而言，事實上就是人際間的完成。雅士培在這裡不同意齊克果的想法，因為齊克果認為人與人之間無法交往，雅士培卻認為人與人之間是可以交往的，這種交往是人自己要犧牲自己，自己要忘卻自己的困難而想到他人。

　　雅士培最後提到人與神之間的關係，雅士培覺得宗教的情操仍然是人內心的存在問題，一個人如果要靜下心來回到自己的內心中看自己究竟有什麼情緒的時候，他會發現他是在追求真理、幸福、快樂。這種真理、幸福、快樂所要求的必定是最終存在的一個上帝，與康德的道德哲學一般，雅士培肯定了上帝的存在，可是這個上帝已經不是傳統思想中高高在上、超越的上帝，而是一個在自己內心存在，能夠引導自己的情緒，把握人生方向的上帝。

　　「闡明存在」最重要的是，經由自身與世界、他人與神的交往，在雅士培的解釋之下，真理是多方面的，它透過多彩多姿的歷史型態與人類的交往，因此雅士培在 1957 年發表了《偉大哲學家》一書，舉出中西方大哲如蘇格拉底、釋迦牟尼、孔子、柏拉圖、康德、老子……等等，都是可以在我們的生命過程中，給我們指點迷津的。

　　當然「闡明存在」之後，第二步的工作就是實現存在，雅士培覺得實現存在主要的，人與世界的交往中可以征服世界，這就是自然科學的產生

與發展，可是人與人之間的關係卻不可以用征服，因為人與人之間是平等的，因此人際間的關係要講仁愛；甚至人與神之間的關係更不可以用佔有或征服來形容，而是以宗教的情操去敬拜他，雅士培在這裡提出了用物、愛人、敬天不同的思想層次。

雅士培尤其是在與神的關係中，追隨了齊克果的思想，以為人的宗教情操，根本上無法透過理論的闡明，只能夠透過信仰走上神，在這裡雅士培相信齊克果的結論，神是崇拜的對象，不是批判的對象，也不是認識的對象，因此他與齊克果相同，我們是不能夠站著一條腿來討論上帝的本質，而是應該雙膝下跪，謝謝祂的恩惠。

如此在所有的交往之中而得出來的超越能力，人要超越自己，超越自己的私有偏情，超越自己個人的存在而走上別人的存在，甚至走上上帝的存在，才能夠存在的話，於是「交往」和「超越」就成為存在的重心，而所用的方法就是內心的抉擇，雅士培利用自己在心理學上以及醫學上的成就闡明與實現了存在。

在德國還有另一位的存在思想家，是用整個的存在哲學歷史演變，尤其是以本體論的方式討論個人存在的根本意義，他就是存在主義哲學中最深奧的海德格。

㈡海德格

海德格 (Martin Heidegger, 1889–1976) 的哲學淵源於胡塞爾的現象學，後者把一切的事物存在的法則，都歸諸於內心的意識，從意識出發一步步地建構存在的層次，海德格跟隨了老師胡塞爾現象學的方法，也漸漸地透過本體論的嘗試，指出個人存在的價值和意義。

海德格生於德國巴登省 (Baden)，年輕時曾經入過耶穌會，本來有意於成為教士，可是後來打消主意，在弗利堡跟隨胡塞爾讀哲學，求學期間對於新康德學派幾位大師十分崇拜，1916 年獲得哲學博士學位，1923 年之

後，先在馬堡大學任教，也就在這裡出版了他的代表作《存有與時間》，1929 年之後回到弗利堡繼胡塞爾的教席，並且後來擁護納粹做了校長，直至 1940 年盟軍攻陷德國，因納粹罪名被捕為止。

海德格是德國當代最深奧的哲學家，他在退休期間住於德國西南部黑森林的地區，世界上有名的學者到德國去的時候，都希望一睹風采，無論誰去按門鈴，總會有一位太太出來應門，不等你開口，她就會說：「請你不要吵我的先生，他在思想。」海德格也許在思想他哲學的出路，看看能否以一種很深的思考方式闡明人的存在。

2.海德格主要的著作如下：

1.《存有與時間》(*Sein und Zeit*, 1927)

2.《康德與形上學問題》(*Kant und das Problem der Metaphysik*, 1929)

3.《什麼是形上學》(*Was ist Metaphysik*, 1929)

4.《致人文主義的一封信》(*Brief über den Humanismus*, 1946)

5.《形上學導論》(*Einführung in die Metaphysik*, 1953)

6.《尼采》(*Nietzsche*, 1961) 二冊

而論及哲學思想，海德格不像雅士培，也不像齊克果那樣，有很深的自身存在的感受，所以他只能夠跟隨胡塞爾的現象學，說法以理論的方式探討個人存在的根本，海德格以為工業社會以及目前的社會現象，所導引出來的人性，已經帶有許多虛偽的面具，人在別人面前或在世界面前，已經要掩飾自己，甚至連在自己的反省生活之中也要欺騙自己，因此他設法在人性的原始情況中探討人性的根本。

海德格相信在最原始的文學作品中，人性仍然是赤裸的，人性所表示的、所追求的，在最原始的文學表象中，還是真心話，因此海德格在各種的語文系統中，甚至在中國的老子《道德經》中，都設法在尋找人的原始意義，海德格在語文的探討中，發現世界上所有的語文，無論是古老的或當代的，都有「人家」這個名詞，就海德格的研究而言，「人家」這個名詞所表示的意義，是指出每一個個人不負責任；一個人在自己的工作崗位上，

犯了錯，沒有盡職，良心受到了不平安的威脅，可是仍然說「『人家』還不是這麼做」。

　　所以在最簡單的邏輯推論中，「人家」都這麼做，我又何必不這麼做呢？我又為什麼不可以這麼做呢？因此每一個個人隨著大眾的潮流，隨著社會的風氣漸漸地墮落，喪失個人自身的存在；海德格的探討中，以為希伯來民族的《舊約》把人性描寫得最為透徹，他舉出了《創世記》那段事情：上帝到伊甸園尋找祂的傑作，即尋找人類的始祖亞當，可是上帝沒有找到他，祂叫：「亞當，你在那裡？」，亞當聽到了上帝的問話，他並沒有直接回答，只說：「上帝，我不好意思見祢」，上帝聽了這句話以後，覺得事情有點不平常，所以再問：「亞當，你不好意思見我，是否你吃了禁果呢？」，亞當心裡害怕，於是說出了一句很重的話：「上帝，是祢造的那個女人叫我吃的」。

　　亞當這句話的意義，顯然指上帝不能夠管他，因為如果上帝要追究吃禁果的罪的話，上帝自己也要負責任，因為是夏娃叫亞當吃的，而上帝創造了夏娃給亞當。照海德格的註解，亞當的這種行為，分明是出賣妻子的行為，也是不負責任的行為。《創世記》的記載到了人類的第二代仍然把這個主題作為重心，該隱殺了自己的弟弟亞伯，上帝找到了該隱，問：「該隱，你的弟弟呢？」，該隱很不高興地回答：「我又不是我弟弟的保鑣，我怎麼會知道呢？」。當然這種回答表示了人與人之間不關心，不只是不關心，而且互相出賣，甚至互相殘殺，亞當出賣自己的妻子，曾幾何時，亞當午睡醒來，看著身旁坐著的夏娃的時候，曾經對她呼喊著：「我的骨，我的肉」，這真是表示了相愛的許諾，過了不久竟然在上帝面前又把她出賣了。

　　人與人之間的關係在最原始的探討中，海德格找出「不負責任」，因此海德格的哲學在最有深度的地方以為我們如果要找回人性，如果每一個個人要在社會之中完成自己存在的存在的話，首先要做到的一點，就是每一個個人要負責任，尤其是不能夠出賣他人，要愛護他人。所以海德格從這

種「不負責任」的情形探討人性，也就因此從這種不負責任的困難之中設法解救人性的困難，海德格探討得出人的存在有兩種面向，一個是面對著大自然，叫做「在世存有」(In-der-Welt-Sein)，另一個是指人不是孤獨的，他與其他所有人共同生存在這個世界上，他們應該同舟共濟，這種存有，海德格稱之為「共同存有」(Mit-sein)。

人因為他生存在世界上，變成了一種命定，他得與自己的命運搏鬥，他生下來所有的脾氣，風俗習慣以及所有的生活背景都已經是命定的，不能夠做任何的修改，可是因為人不但是「在世存有」，同時也是「共同存有」，他可以在人與人之間的生活之中，修改自己自私的偏向，修改自己不負責任的劣根性。海德格以為就在「共同存有」中，一個人應該認清人際關係的密切性，人與人之間可以互相鼓勵，共同把自己的存在找回來。

可是就在人與世界以及人與他人的交往中，他仍然沒有喪失個人的孤獨性，每一個個人在單獨相處的時候，都會發現自身是自由的，就好像在神話世界的朦朧中，他有愛心，可是另一方面又有掛慮；他掛慮，因為他不知道自己能否勝過所有的掛慮而創造自己所有的本質，更不知道自己未來的命運。但是在個人探討自身的存在時，他卻能夠瞭解到自身的命運，最後還是操在自己手中，所以他覺得個人實現自己個人存在的責任，完全在於自己身上。

可是海德格在這方面，完全走進了西洋基督宗教的情操之中，以為一個人如果要完美自己，要實現自己個人的存在，就得犧牲自己，必須去愛他人，在這種愛他人的要求之下，架構了海德格的倫理道德，也就在這種倫理道德的行為中，海德格以為人才可以盡責任，人才可以很赤裸裸地站在世界面前，或站在人與人之間，所以海德格的哲學企圖從倫理學關於「責任」的探討，走上本體論，即從個人存在的實際情況走上人生存在的根本，因此海德格最關心的，還是我們內心中的掛念，從這個掛念出發才能夠消除內在的憂慮和不安，才可以壓抑住內心的荒謬以及空無感，消除空無之感，存在的意義才會更加明顯和明朗，個人得以依靠自己自由的抉擇，去

完成自身的存在意義。

　　所以在表面上看來，海德格的代表作《存有與時間》，主要的是說明人如何從存在走上存有的本體論問題，事實上，他整個的方法卻仍然是倫理學的，哲學所關心的仍然是人生的問題。他在著作中最深的部分仍然是人類存在最深層的憂慮、荒謬、掛念等等感情的因素；可是這些所有感情的因素，海德格都要把它們化為人生的責任，化為倫理規範中，個人如何能夠生存在群體之中、超度在群體的命定之中。

二、存在主義在法國的發展

　　德國的存在主義哲學太注重理性主義的表出，也就是太注重觀念思想的架構，關於情感方面的問題，不能夠表露出來，當存在主義波及法國之後，由於法文的方便，從純粹的哲學著作走上了文學作品表現的路線，尤其是小說與戲劇。法國存在主義文學的發展，至少在開始的時候，特別關心具體的個人，而這種具體個人的關心，顯然的是經由兩次世界大戰的經驗，使得人會直接感受到生命的悲哀，感受到人生的痛苦與荒謬的侵襲。

　　因此在法國的存在主義之中，我們特別舉出兩個大的思想家，他們是文學家，同時又是哲學家：

㈠馬色爾

　　馬色爾 (Gabricl Marcel, 1889–1973) 生於巴黎，四歲喪母，幼時受父親與姨母等過於疼愛，後來姨母為繼母，更是對於馬色爾照顧得無微不至，因為馬色爾四歲之時正好是反抗期，他的內心中，在幼小的記憶中總是認為有兩個不同的世界，一個是看不見的世界，代表了他去世的母親，在這個看不見的世界中，他可以隱約地回憶到所有快樂的生活以及所有美好的境界，在失去看不見的世界以後，後母對於他的關係，使得自己覺得失去了自由，如此後母所代表的是看得見的世界，因此馬色爾在他的戲劇與小說中，常常表現出看不見的世界比看得見的世界好，看不見的世界代表了

理想的境界，看得見的世界卻是所有具體世界的化身。

馬色爾天資聰穎，八歲開始寫戲劇，他在日記中，常常記載自己缺乏兄弟姊妹，所以把戲劇中的人物當做幼年時候的同伴；在二十歲時畢業於巴黎大學，可是在他的回憶中，大學生活十分乏味，所學習的東西都不是和自己的整個存在相關，大部分是理論性的東西，因為他在教育上得不到心靈的出路，故而投向熱情奔放的文學，對詩歌及音樂特別愛好。因為他在法國發展存在主義，所以頗有名聲，曾赴英國、美國和日本等地講學。

在開始的時候，對於存在的一種感受，是因為他在第二次世界大戰期間，擔任紅十字會的工作，調查失蹤者的下落，也就因此他在人際關係中，特別發展了我與你的直接關係，後來成為巴黎公學的教授，故作品比沙特較為嚴肅一點。

馬色爾的代表作是：

1. 《形上學日記》(*Journal Métaphysique*, 1927)
2. 《是與有》(*Être et avoir*, 1935)
3. 《逃避心聲》(*Du Refus à I'Invocation*, 1940)
4. 《旅途之人》(*Homo Viator*, 1944)
5. 《存有之奧秘》(*Le Mystére de I'être*, 1951)
6. 《人之尊嚴》(*La Dignitĕ Humain*, 1964)
7. 《問題人》(*Problematic Man*, 1967)

馬色爾的思想，在於指出個人的存在是「是」，而不是「有」，他與齊克果同樣的方式，把自身的感受寫在日記中；由於他發現個人的存在是「是」，是整個的，不是「有」，不是佔有，不是部分的，因此他以為人生在世界，都有存在本身的研究，就應該好像演員研究戲劇一樣，而不應該以觀眾的方式研究戲劇，我是我的存在，而不是我佔有的存在。因為每一個人在討論存在的時候，都會涉及主觀情緒的問題，所以每一個人自己的存在也會變成一種奧秘，我們無法完全站在客觀的立場來透視它。

馬色爾作品中所要顯示的最主要的原理，都是他在日常生活中的感受

所得出來的，他的感受從兩方面看：一個是「訂約」，一個是「信實」。「訂約」的意思是指人與神之間，人與人之間以及人與自己之間的訂約，因為馬色爾認為在工業社會之中，人與自己都已隔離了，人已經不再是很單純的、很寂寞的一種存在，他對自己都有一種掩飾，別人更談不上什麼了，成為人人出賣人人；在上帝方面，只是常常利用上帝，對祂漠不關心，就在這種人生的體驗中，他認為應該「訂約」，自己應該對自己的諾言「信實」。

而自己的諾言很顯然的，是自己對於自己未來生活的一種設計，人生存在現實之中，都會有理想，理想才是促使人繼續生活下去的動力，一個人失去理想之後，再也無法生活下去了，因此馬色爾以為人與自己的「訂約」，人對自己的「信實」是第一步，唯有做到這一步以後，人才可以對他人「訂約」，對他人「信實」，在對人信實以後，才可以提到上帝的問題，才能夠說：「我因為愛了人，所以才能夠愛上帝」。

馬色爾特別探討了人與人之間的關係，因為他在第二次世界大戰中做了通訊兵，也主管了調查失蹤者下落的工作，他在自己的崗位上，接到所有的明信片，無論是一個母親尋找失蹤的兒子，或妻子尋找下落不明的丈夫，對馬色爾而言，面對著他的這些明信片都是他的心聲，不能夠把這些信件當做「他」來處理，而只能夠把這些信件當做「你」來處理，當做交談、交往的對象。也就因為每一張明信片所代表的不是一些紙張或字體或一些普通的意義，而是充滿了某些媽媽對於孩子的希望，一些妻子對於自己丈夫的期望。

馬色爾深深地感覺到，他無可奈何地必須告訴寫這張明信片的人一些壞消息，她們的兒子或丈夫確實是陣亡了，這母親或妻子總是希望會有奇蹟的出現，希望有人按門鈴的時候，無論是三更半夜或清晨，當她開門一看，是自己的兒子或丈夫回來了，希望軍中寄送的消息有錯誤；這表示了人對於現實總是存有幻想，對現實存有一種奧秘感，人希望自己以一種理想來超度現實，也就因此馬色爾特別發展的思想，是希望的哲學。

　　他在「希望」的概念中，指出人是旅途中的人，這個世界不是我們的終站，而是我們的過往，人要透過自己的訂約和信實，與別人的訂約和信實，以及與上帝的訂約和信實，而且帶著希望，心懷著「絕對你」，而走上旅途的人，世界不是我們的本家，在世的一切都是那永恆奧秘的影像，我們在捕捉這些幻影中，個人可以在內心建立起一個「絕對你」來交往，因為人唯有有希望的時候才可以生活下去；而在內心中如果可以找到「絕對你」，也就是說有上帝的存在，人才能夠有活下去的動力。

　　在旅途之人的概念後面，反映出馬色爾虔誠的宗教生活，當然馬色爾由於幼年時候家庭生活背景對於宗教過於漠視，他幼小的心靈促成以後成為虔誠的教徒，馬色爾的爸爸是天主教徒，媽媽原本是虔誠的信徒，但是馬色爾4歲之時媽媽就去世了，姨母成為後來的繼母，開始的時候是嚴厲的猶太教徒，後來信奉基督新教，通常在西方混合宗教的家庭中，其後的宗教生活有三種可能性：一種是太太跟隨著丈夫到丈夫的教堂中做禮拜，另一種是丈夫跟隨太太到太太所信仰的教堂去崇拜，不然就是第三種，即夫妻從此再也不進教堂了；馬色爾的家庭很不幸的是屬於第三者，他們對宗教沒有好感；但是馬色爾幼小的心靈中，認為這批人老是批評宗教，也老欺負馬色爾，因此他認為自己與宗教應該是同病相憐，自小就決定長大以後要好好地研究宗教，所以後來成為虔誠的教徒。

　　馬色爾是法國有神的存在主義學者，可是在法國卻另外有一位著名的存在主義學者，同樣地以戲劇、小說表示個人存在的基礎，就是沙特。

㈢沙　特

　　沙特 (Jean-Paul Sartre, 1905–1980) 出生於巴黎，兩歲的時候父親過世，母親只有帶著他投靠外祖父母，但是外祖母生性吝嗇，使得沙特與母親無法繼續在外祖父家生活，所以當沙特八歲之時，母親改嫁，沙特只好當拖油瓶，使得沙特以後的生活和心靈狀態受到很大的打擊，沙特他沒有繼承媽媽這邊的血統生得高頭大馬，而是跟隨著父親那邊的傳統，生得其貌不

揚，在外祖父家和繼父家裡都遭受很大的打擊。

　　因為沙特的媽媽受到家庭的變故，顯然地成為虔誠的教徒，媽媽所有的朋友都是虔誠的婦女，對於沙特反抗的心態而言，這些宗教教義使他受不了，所以在沙特的心目中，恰好與馬色爾相反，沙特以為這批人和宗教那麼親近，又老欺負他，所以他以後一定要設法破壞和漫罵宗教，沙特長大以後，真的以字典裡所能找出的字眼去批判、謾罵宗教、信仰和倫理。

　　他反對倫理的方法，是終生不結婚而又與別人同居，同居的方法是兩個人訂合同，他反抗的心態尤其是表現在 1964 年的時候，諾貝爾文學獎頒給他，他卻不接受。沙特的思想，直到 1960 年以後，已經成為共產黨徒，在巴黎特別為毛共宣傳，直至 1980 年逝世為止。

　　沙特的代表作是：

1. 《存有與空無》(*L'étre et le Nêant*, 1943)
2. 《存在主義是一種人文主義》(*L'Existenlialisme est un humanisme*, 1946)
3. 《辨證理性批判》(*Critique de la raison dialectique*, 1960)

　　沙特的思想，一方面是老師胡塞爾現象學的思想，另一方面是老師也是前期的同學海德格的思想，所以他的哲學代表作《存有與空無》一書，其中大部分的思想是來自海德格的《存有與時間》那部著作，尤其是他學說重心的空無感，更是來自海德格的「空無」概念。

　　沙特的學說最主要的是起源於人意識的分析，本來意識的分析完全是現象學的方法，他以為人的存在，本來應該是「物在自己」，是「在己」的存有，這種「在己」的存有應該是完美的，沒有瑕疵的，與整體的存在聯在一起的；可是因為人在這整個的存有之中，自己有了意識，而且運用了這意識，所以這種「物在自己」，變成了一種「物為」自己；因為一個人要設計，要反對自己的命運，要為自己的未來打算，這樣的話，成為在人「為己」存有，而所有的「為己」存有，都是破壞了「在己」存有，如此人的設計豈不是很荒謬嗎？

　　就沙特而言，每一個人都在追求幸福，而幸福根本就不存在，如此人

的追求豈不成為荒謬和無意義的嗎？可是沙特認為不只是如此，一個人生存在人與人之間，生存在社會之間，不只是要為己存有，而且還要為他存有；所謂的「為他」存有，是一個人在他為自己的未來設計的時候，不只是看到自己，而且還要看別人的顏色，看整個社會的制度，希望自己能夠安安穩穩地生存在這個社會之間，也就因此，沙特以為如果「為己」存有已經把「在己」存有毀壞了，那麼「為他」存有根本上就是把個人消滅了。

這種為自己設計的情形，本來就現象學而言，是人完成自己的最主要途徑，但是站在沙特的立場看來，是人消滅自己的一條路程。沙特在這裡用了一個比喻，說明這種人為自己設計的一種空無，就越會把存在變為虛無的理論講出來；他叫我到酒店裡去找彼得，彼得因此也就是我尋找的對象，是我意識的焦點，在這焦點以外的酒店或高爾夫球場，我都不放在眼裡，之所以如此就是因為我要找彼得，所以我把酒店和酒店以內的所有環境空無化，不去理它，把它當做不存在。可是如果我到酒店的櫃檯一問，他們說彼得出去了，彼得不在，如此我心裡面原來的，唯一的這個焦點也空無、消滅了，所以在我的內心之中，馬上呈現掛慮、空無、失意和苦悶；如此沙特認為人生之所以苦悶、荒謬，就是因為人要去尋找自己的存在。

可是一個人都不能不去實現自己的存在，因為人是自由的，所以沙特講了一句人性最痛苦的一句話：人天生來被判為自由的；他再也不能夠不自由，他等於飛蛾撲火一般，每一個人的命運都是荒謬的，都要自尋死路，因此他覺得空無使人無法獲得自己的本質，已經足夠使人不安，但是更不幸的命運還在等著人，那就是人是絕對自由的，他無法不用「為他」存有去毀滅自己；也就是說人類無法不毀滅，無法不走上毀滅，這也就是沙特所謂的人生是荒謬的、無意義的。

這種荒謬的感受，是我們在生命中憂慮的原因，是我們在生命中感到恐懼的原因，甚至沙特以為我們整個的存在，就是荒謬，就是憂慮，我愈覺得自己是自由的，就愈覺得自己有很大的憂慮，因為愈自由就覺得更會毀滅，可是愈毀滅，人愈覺得需要更大的自由，如此在沙特的作品中所呈

現的，都是毀滅、荒謬和矛盾。

　　沙特以為人生無論從那一方面去看，都是矛盾的、荒謬的，所以他極力反對那些以為人生有目的，有意義的學者，他終於以反抗、批評、漫罵、鬥爭為能事，加入共產主義信徒，以鬥爭來解決沒有意義的人生。他一方面又覺察出宗教信仰最肯定人生和來世，因此他反對宗教不遺餘力。

　　存在主義在法國以文學與哲學的方式發展以後，就慢慢地傳揚開來，一方面傳到美洲，另一方面也傳到亞洲，以及世界各地，可是由於沙特加上共產主義的宣言，使得許多反共的國家都受到迷惑，以為存在主義的型態應該是消極的、應該是講荒謬、談矛盾的學說，而且反宗教，甚至是反對政府的一種主義，而沒有注意到存在主義學者之中，絕大部分都在肯定人生，為人生奮鬥，如沙特之流的思想家，只有沙特一個人；並且存在主義尤其在法國發展以後，跟隨而來的有結構主義的產生，結構主義利用考古以及心理分析的方式把沙特的哲學批評得體無完膚。

　　當結構主義在巴黎成立的時候，沙特的名聲就一落千丈了，因為依照結構主義的分析，沙特之所以反對宗教，沙特之所以覺得人生毫無意義，完全是他下意識的作為，而下意識的造成是因為他自小沒有得到足夠的家庭與社會的溫暖。

第七章

科學哲學的嘗試

　　哲學本來是以一切去衡量一切的學問，可是這一切的意義，由於人類歷史、文化的演變，每一個時代有那時學說的重心，也就因此討論哲學的問題，往往偏重於一方面的知識，如同希臘哲學的時代，特別著重人文，中世又特別重視神學，近代特別注重理性，到了當代，由於自然科學的成果，人類生活的需要，自然科學的發展形成我們這一個時代的特徵，因此有一些做學問的人，設法以科學探討哲學。

　　科學哲學的根本原理，是要以自然科學根本實驗的方法，用到哲學的層面，以科學的方式研究哲學，當然自然科學的根本在於數學以及物理的探討，如此數理的法則也就在哲學界興起了高潮，這種高潮意味著哲學在時代的考驗下，跟隨時代的潮流探討宇宙及人生的問題；本來在文藝復興時代，西洋哲學已經開始以數理的方式探討人生的問題，由於沒有成功，而且由於康德重新提出人類倫理道德的規範，把當時科學哲學的美夢推翻了。

　　西洋從十九世紀後半期開始，人性倫理道德的層次以及藝術宗教的層次又重新受到了懷疑，如此給予科學哲學的發展一個好的機會，所以許多科學家設法以他們本身的學識，來探討整個宇宙與人生的問題，也就因此這些科學家們稱自己為哲學家，稱自己所討論的以及所運用的一些學問的方法為最有效的哲學方法。

　　在科學哲學的嘗試之中，很清楚地可以分為兩種派系，一派是完全站在自然科學的立場，完全相信科學的方法，以為宇宙間一切的學問，都應該以科學的方法去探討；另一派卻認為自然科學固然非常可靠，但是它可靠的程度僅限於物質的世界，而人生除了物質的層次之外，還有精神的層

面，數理法則固然可以控制物質世界的種種，對於人類精神方面的探討顯有不足，因此以為如果要討論人生的問題，應該站在人生整體的立場去談，要談宇宙的問題，也應該站在宇宙本體的方面去談，不能夠只局限於數理的法則範圍以內。

所以有這兩種科學哲學的嘗試，一派是屬於封閉的系統，也就是說屬於科學的信徒，以為科學萬能，甚至以為除了數理的法則可以解釋的方式以外，其他一切的原理原則，無論是人類多少年來的傳統都無效，只有用最新的科學方法所得出的具體世界才是真實的，這種封閉體系的科學哲學完全否認神秘世界的存在，也否認人類有一種超越的可能性。至於開放性的體系，則以為自然科學應該探討，因為它所討論的物質層次，很可能也是人性的物質層次，即肉體層次的種種。

放眼觀看整個宇宙的生成變化，人的肉體很可能是從其他的禽獸所進化而來的，無論是站在地質學的立場，或動物學的立場，用進化的法則看的話，人類生存在這個地球上確實是一個奧秘；而且站在人類學的立場觀察人類起源的時候，很可能找到人與猿猴同宗，也就是說猿猴很可能是人的前身，人很可能以前是動物，也就因此到目前為止，人的肉體無論站在那一個角度去說，仍然是一個動物的肉體；可是人除了肉體之外，最主要的還有精神，真正創造人類歷史的，不是因為人的肉體，而是由於人的精神能力。所以在開放的科學哲學體系之中，承認具體的物質世界，而且也承認人性的神秘世界，承認人的倫理道德的價值、藝術以及宗教的價值。

顯然地在科學哲學的嘗試之中，屬於封閉體系的是當代的邏輯實證論，屬於開放性體系的是當代的神學家、哲學家、生物學家、地質學家的德日進，以下分兩節探討之。

第一節　封閉的科學哲學系統
——邏輯實證論

　　邏輯實證論的發源地是奧國首都維也納，它的起因是由於數學家漢因 (Hans Hahn)、經濟學家內拉 (Otto Neurath)、物理學家法蘭克 (Philipp Frank) 集會討論哲學的問題，特別著重哲學中知識論的問題，以為用數理的方法才能夠得到真理，而哲學的根本是真理，真理的獲得是依據數理的原理原則，也就因此他們以為要研究哲學，非要用自然科學的方法不可。在維也納的集會，首先是在 1907 年，他們開會的時候，所運用的主要方法是以潘加雷 (Poincaré) 的新實證論的科學方法，可是他們的先見認為應該以馬哈 (Mach) 學說反對形上學，以為形上學根本上無法以科學方法去證實，在學問上無意義，所以形上學不應該稱為哲學。

　　這種學派的新動向，也就稱為「維也納學派」(Wiener Kreis, Vienna Circle)，這次集會以後，一直等到 1922 年，史立克 (Moritz Schlick) 繼馬哈之後任教維也納大學，在他的領導之下，維也納學派發展非常迅速，可是在 1926 年，卡納普 (Rudolf Carnap) 加入學派以後，取代了史立克的領導地位，1928 年他們成立了「馬哈學會」(Verein Ernst Mach)，1929 年史立克、卡納普、漢因、內拉四個人共同發表宣言，題為「維也納學派、科學的宇宙觀」(Wissenschaftliche Weltauffassung, der Wiener Kreis)，這宣言回顧歷史中各種做學問的方法，以為科學方法最值得運用，而且唯有科學的方法才值得用來做學問。

　　他們在宣言之中，舉出做學問應該效法的學者如下：

1. 實證論者：休謨、馬哈。
2. 科學方法：黑烏荷茲 (Helmholtz)、潘加雷、都黑烏 (Duhem)、愛因斯坦。
3. 邏輯家：萊布尼茲、羅素。
4. 實用主義者：伊比鳩魯 (Epicurus)、彌爾 (Mill)。

5.社會主義者：費爾巴哈、馬克斯、斯賓塞 (Spencer)、孟格 (Menger)。

　　從他們宣言中所列舉的思想家看來，很容易知道邏輯實證論者的思想動向：他們對形上學沒有興趣，可是對於唯物以及實證有興趣，而且對於經驗論的方法和成果有很高的信心。雖然在宣言之中，他們舉出了上列的許多位思想家，可是真正影響維也納學派的，還有三位：維根斯坦 (Ludwig Wittgenstein)、波伯 (Karl Popper)、內拉 (Neurath)。

　　尤其是維根斯坦的《邏輯哲學論》(*Tractatus Logico-philosophicus*) 幾乎等於邏輯實證論的聖經，因為在維根斯坦的著作中，「可檢證性原則」(Verifiability Principle) 以及「套套邏輯」(Tautology) 等原則性的概念，都由邏輯實證論所接受而廣泛地採用。至於內拉則主張用社會間政黨的權力來推翻形上學，也是當前邏輯實證論者所慣用的一種手法。

　　在他們各方面的準備之下，終於在 1929 年在捷克首都布拉格召開第一屆維也納學派大會，本來他們的用意在於討論哲學，但是所參加的人只是數理家、物理學家，所以最後沒有討論哲學的問題，只討論了數學以及物理的問題。雖然如此，他們在 1930 年，接收 *Annalen der Philosophie* 雜誌，改名為《知識》(*Erkenntnis*)，作為集團之刊物；直到 1936 年以後，史立克被學生刺殺，兩年以後，即 1938 年馬哈學會解散，同時 *Erkenntnis* 雜誌改名 *Journel of Unified Science*，可是 1940 年該雜誌停刊。邏輯實證論在維也納因此無法繼續發展下去，所以一些弟子跑到美洲另謀發展，到目前為止，成為美國哲學界一種相當廣泛的勢力，這些勢力所討論的哲學問題，我們可以分為三節討論，但是在這裡要特別說明的，尤其是數理邏輯在歐洲大陸通常屬於數學系，不屬於文學院，而在我們中國如果把數理邏輯附屬於哲學系，也幾乎不可以發展，因為我們的教育制度在文學院所唸的數理基礎比較淺，不如把邏輯實證論，尤其是數理邏輯，附屬於理學院的數學系中。

　　關於邏輯實證論的發展，我們可以分為三個面向討論。

一、邏　輯

　　邏輯 (Logistik) 是二十世紀英美最盛行的學問之一，它的起源可以一直追溯到希臘的亞里斯多德，不過亞里斯多德所發明的邏輯是形式邏輯，而現在盛行於英美的邏輯是數理邏輯或符號邏輯。邏輯家以數學的符號作為做學問的工具，首先有懷德海和羅素合著的《數學原理》(*Principia Mathematica*, 1910–1913)，以後有丘崎 (A. Church) 創辦《符號邏輯雜誌》(*Journal of Symbolic Logic*, 1936)，然後西洋許多派系跟隨新的邏輯發展，數理邏輯直到目前發展了許多派系，它的公式也非常複雜，甚至有多種派別。

　　現代邏輯主要的是要把以前哲學中的本質除去，純粹以一種形式來表達一種意義，這種純粹的形式也就是討論「組合」的問題，「組合」本來在傳統哲學中，主要的是形式與質料，而當代的邏輯以為純粹是公式，而且應該是機械式的組合，在文法上應該和代數相同，完全可以換位，賓主在知識論上可以互換，所以邏輯的公式可以成為數學的公式。

　　因此就研究邏輯的人而言，我們所謂的真理並不會是客觀的真理，而是人主觀的發明，而且更是人和人之間約定俗成的一種東西，所謂約定俗成 (Convention)，是指每一個人都這麼想，並且以同樣的語言表達；和數學的公式一樣，它不代表什麼，每一個概念只代表它自己，因此所有的語言所代表的只是一堆印象，完全與休謨的學說相符。也就因此一切形上學的語句都成為無意義的，因為形上學要談事物的本質，形上學不只是談論事物的形式，而研究當代邏輯的人只管數理形式和運算的機械式的可能性，不管內容和本質。

二、新實證論

　　新實證論 (Neo-Positivismus) 最根本的來源還是來自休謨及孔德，認為感官經驗才是知識的唯一來源，所有的學問只是描述自己的經驗，也就因

此在經驗之中可以檢證的才是真理，因為形上學無法被檢證，所以形上學的命題沒有意義，又因為所有先天的知識無法被檢證，因此關於先天的一些語言也沒有意義。

在這種討論之中，唯有自然科學的命題，唯有用數理邏輯能夠表現出來的命題才有意義，否則是無意義，於是所有倫理道德的規範、藝術的情操、宗教的情操都成為無法證明而又無意義的。

新實證論者以為哲學最主要的任務，是要把經驗與件，用嚴格的邏輯形式去排列、組合和分析，然後才能夠得到一種意義，也就因此哲學應該完全自然科學化。檢證原則是新實證論者最相信的一種信條，所有的東西都應該拿到感官世界來檢證，因此他們只承認人性的模仿能力，否定人的創造能力。就如我們說貝多芬的第九交響曲，對於音樂是後知後覺的我們而言，當然第九交響曲先存在，然後我們才去認識它，對先知先覺的貝多芬而言，第九交響曲則是他創造的，他所發明的。

如此對於知識的問題是否可以檢證呢？如果貝多芬在腦中想到他的第九交響曲，可是在未寫出以前，就把這種思想作為虛幻的，當做是無意義的話，那麼世界上不可能有任何東西被發明。所以在新實證論中開始了一種辯論，一部分人士以為形上學仍然是可能的，因為它涉及人的創造能力問題，可是另一派卻堅持要排除形上學。

三、分析哲學

分析哲學 (Analytische Philosophie) 也是跟隨邏輯與新實證論的公式，認為如果要談分析，那就是分析我們的語言，因為語言是我們思想的表象；分析語言本來在維也納學派已經開始了，到了目前，可以說是在英語體系的國家中特別感興趣的一門學問，因為他們在分析語言之中，也特別強調檢證性的原理，對所有形上學的命題認為是無意義，所以努力取消形上學，不然的話，就是以語言分析的方式分析形上學的命題，把形上學中的語句，尤其是從形而上所導引出的倫理學的規範加以分析，分析到最後，以為所

有的倫理善惡都是無意義的。

　　因為在邏輯實證論的分析之中，比如「偷竊」，事實上是把某樣事物從甲地移到乙地，這麼一來，在物理學上，某一物體從甲地轉到乙地根本就是一種運動，沒有所謂的是非善惡；人偷東西，在語言的分析而言，只是某物從一個地方移到另一個地方去，因為這是最簡單的物理解釋，所以站在數理的立場看來，倫理道德根本毫無意義。

　　因為在封閉的科學哲學體系中，把人性立體的架構改變為平面的，數理的方式，人生哲學在這種學說之下已經變得毫無意義。

第二節　開放的科學哲學系統──德日進

　　德日進 (Pierre Teilhard de Chardin, 1881–1955) 的生平可以說是充滿了戲劇性，他出生於法國，受的教育也在法國，他工作的地方是在中國，退休的時候到了美國，所以德日進可以說單單在他所住過的地方，已經普及歐洲、亞洲和美洲；他所受的教育背景，首先讀哲學，然後唸神學，自然科學中的地質學，人類學以及考古學，所以德日進無論就宇宙觀和人生觀看來，可以代表我們這一個世紀。

　　德日進在求學時代，由於對地質頗感興趣，因此曾經到過埃及與北美洲研究當地的自然和化石，尤其在中國工作期間，曾經在大戈壁研究多種化石，我們現在所以為的在進化的問題上，十分主要的一種證物──北京人，也是由德日進等人所發現的，一齊證明那個化石確實曾經用過火。德日進在中國的工作除了在大戈壁以外，也特別到了中國的南部，尤其長江流域，甚至到了廣東、廣西，直至印度、爪哇、緬甸等地，遊歷各區，而且在遊歷途中，和赫胥黎深交，一齊討論進化的問題。

　　德日進最主要的著作有兩部：一部是在 1927 年脫稿的《神的氛圍》(*Divine Milieu*)，以及 1939 年到 1940 年完成初稿的《人的現象》(*Phenomen Humain*)。

在《人的現象》書中，特別討論了整個大自然進化的原則，畢竟希望能夠透過進化的現象，找到人生最終的目的，他相信人的肉體確實可以由猿猴變來，或者由其他的動物變來，可是人在整個的歷史所表現出來的，除了肉體之外，還有更主要的精神，而精神體所表現出來的各種發明與人類的歷史，需要很特殊的情況，才能夠保住它，使它發展與進步，而人的肉體生活固然可以由世界的物質所給予而得到滿足，但是人的精神生活必需要在他所有的精神享受之中一步步地往上，也就是說，他會到達一個神秘的世界，到達一個純精神的境界，在那兒人可以完全滿足，這也就是他的《神的氛圍》那部著作所特別重視的。

關於德日進的思想，我們把他的生平分為三期，第一期是準備期，也就是他在法國的時期，即從 1881 年出生到 1922 年獲得博士學位為止。在此期中，德日進不只是在歐洲大陸唸了哲學與神學的主要課程，而且對於生物學、地質學頗有心得，因此去過非洲、美洲，以古生物學家的姿態研究了很多的岩石與動物，他的博士論文為「始新世的哺乳動物」，在這個準備時期中，德日進獲取許多有關天文地理的常識，同時研究所有關於進化的歷史。

在第二期的生平與思想之中，是積極的工作期，也就是在中國的時期，從 1923 年到 1947 年，1923 年起，應天津北疆博物院長桑志華之聘，到中國參加蒙古考察工作，所以有機會遊歷戈壁沙漠，後來到了黃河流域，甚至長江流域以南，以及中國的西南部，在此期中，他完成了他最主要的代表作，直到 1947 年心臟病發以後，開始了第三期的休養期，即在美國時期。

第三期從 1948 年到 1955 年心臟病去世為止，他從 1948 年以後到美國治病，並且因為他對於人類學研究的成果，當選法國科學研究院的院士，在美國休養期中，也到南非考察，巴黎講學。

綜觀德日進生平的分期，可以知道他在學術上的成就，是從自然科學整體的發展開始，可是他並不停留在自然科學的層次上面，仍然要透過物

質與肉體的考察，走進精神的境界，也就是說他要以科學的方法研究人性科學所能抵達的物質層次，仍然以精神科學到達人類精神生活的層次。

　　就德日進看來，特別以《人的現象》和《神的氛圍》這兩部書看來，認為人性一方面有物性，另一方面有神性，人之所以為人當然他需要有物質的肉體，可是他應該有超物質的精神；宇宙的進化，最大的奧秘，就德日進看來，就是如何從物質的佔有到達精神的階層，如何能夠由於物質結構的複雜而證明出精神的存在，精神是否獨立於物質，以及是否精神不死是屬於整個人的不死，這本來是哲學上最大的問題，可是在德日進看來，人性是整體的，既有物質又有精神，那麼在整個人類歷史的演變看來，我們必須承認進化的事實，同時也不把進化只停留在人性的地步，人性依然只是進化階段中的一個階段，人仍然需要發展、再進化，進化到神性的階段。

　　當然站在神學的立場看德日進的話，覺得他太科學了，太注重人的進化了，可是如果站在自然科學的立場看的話，覺得德日進又太神學化了一點，如果站在哲學的立場看，覺得德日進一方面要把握神學的信仰，另一方面又要相信自然科學的成果，這麼豈不會使得一個人在內心產生荒謬與矛盾的感覺嗎？可是德日進以為進化是一種現實，而人的精神再進化，再進步也應該是一個形式，因此德日進以為達爾文、赫胥黎的進化講得還不夠，因為在他們進化的過程中，只提出了從物到獸，從獸到人的地步，而德日進再加上人還要再進化、再發展到神的地步，而整個進化的過程不是機械的，是有目的的，這個目的是進化的終極，是神或上帝，計劃這整個進化的也是神，如此神就是整體宇宙進化的起點，一切都由上帝開始，一切終止於上帝。

　　這是德日進最主要的學說，也是他整體的宇宙觀，人生在這個世界上，既然是站在進化的峰頂部分，那麼人就有一種責任，人有任務使得整個世界美化，因此人也能夠在自然世界中創造出人文世界，而人文世界所有的一切，畢竟應該再發展，再進化到達神性的地步，這個地步就是宗教所顯

示、所預許給人類的一種境界。

所以我們在德日進的學說裡，可以看出他固然相信了自然科學、地質學和進化論，可是他並不停留在進化論或機械唯物論的層次，而能夠跳躍這整個的進化，看到他最後的目的以及最初的原因，當這個目的與原因合一為絕對的上帝的時候，整個的宇宙論才算完成，人性的發展以及人性的進化也要到達神性的地步才算完成。

德日進是我們二十世紀真正思想的代表，因為他確實能夠以一切去衡量一切，用整體的宇宙原理去研究整體的宇宙，以人生整體的目的性來研究人生的意義，這也就是他要統一科學、哲學、神學，使它們能夠成為三位一體，使所有超越的東西能夠在內存之中找到，同時也在一個人的內心中找到超越的上帝，在人生活在人文世界中的時候，同時能夠在一個人的內心中找到物質的需要，同時也找到精神的必要，而在精神與肉體聯合的當時，就是人性的出現，這個人一方面有精神，另一方面又有物質，他有靈魂，又有肉體，而兩方面的需要都必須透過科學、哲學、宗教去解釋完美的人生，人生之所以能夠完美，也必須透過科學、哲學、神學。

第八章
當代哲學的三個取向

　　西洋哲學在二十世紀結束前，遺留給二十一世紀的遺產，可以說資產多於負債。理由就是，哲學的多元化已經深入到各階層知識和生活之中：政治哲學、法律哲學、社會哲學、歷史哲學，乃至於文學哲學、藝術哲學等等，都以「應用」的名義，融入到藝術的各個層面；哲學多元化的成果，雖未必給形上學奠立基礎，但對哲學的應用，則無疑地擴展了視野，而使人生更豐富、更有理性，生活更有智慧。

　　另一方面，由於實用哲學多方面的伸展觸角，也使原來冷門的哲學系所活躍起來，哲學系所畢業生的出路，也廣為增多；其中，尤以各大專院校的共同科目，更需要有以「旁通統貫」的哲學頭腦來坐鎮設計。哲學的「用」，在二十世紀走向二十一世紀時，頓時發出光輝。

　　不過，專業哲學在大學科系中的發展，則另有一番風貌。一般說來，歐陸的「詮釋學」(Hermeneutik)，英美的「分析哲學」(Analytical Philosophy)，以及早在十九世紀後半期已開始復興的「新士林哲學」(Neo-Scholasticism)大有成為三足鼎立的態勢。

　　新士林哲學承傳其「永恆哲學」(Philosophia perennis) 的自許，繼承從亞里斯多德開其端，而聖多瑪斯極其流的哲學思想進路；從「知識論」的入門，經「形上學」的體，到「倫理學」的用；並且界定哲學的知識目的是要「轉識成智」，知識乃為了知道真理，是人性頭腦銳敏的訴求；而知道真理之後要去服膺，此乃人性良知豐饒的表徵。因而，形上本體實為哲學的基本內涵。

　　歐陸的詮釋學，以及英美的分析哲學，兩者都對「語言」有濃厚的興趣。所不同者，乃是前者較重古典語文之觀瞻與冥想，而後者則以通俗英

語以及日常語言的分析解讀為主要對象。因此，兩者雖在起點上有許多雷同之處，但在過程和終點的內涵上，卻有天淵之別。詮釋學者希望藉由對古典語文之解讀，能揣摩出古聖先賢的靈性生命境界，因而有濃厚的「驚奇」與「感嘆」形上境界的美善；分析哲學則以科學機械的分析法，把語言的構成元素和組合規則，作為科學客觀的研究，使其不因語意影響人生；亦即是說，在研究語言時，不參與任何價值體系的融入，讓主體不因客觀的內涵而受到影響。

顯然地，以上三種取向，似乎還會維持一段時日，才會出現三合一融通的可能性。

第一節　歐陸詮釋學

詮釋學有很深遠的淵源：從遠古的希伯來民族對《舊約》的解讀，便蔚成了「解經學」(Exegesis)。在《舊約》時代的經師們，不但為了「安息日」要在教堂內為教民解釋經義，使上帝的語言更淺顯化，更能在信徒的日常生活中，作為實踐生活的指南；而且更為了學術高深的研究，使對宗教的學問，能凌駕諸學問之上，成為「知天」「敬天」的理論基礎。

基督宗教在羅馬的發展，從自由傳教到政教合一，解經學便成為神學的第一要務：《舊約》的各項預言，都實踐在耶穌基督身上，而《新約》，則是記載這些實現的案例。護教者和教父們，都能熟讀《聖經》；而經過「解經學」的薰陶，也就更能廣揚經義。

早期「解經學」負有雙重的任務：消極上要排除那些誤解經義的學說和具體的生活行為；積極上要導正教會中無論教義（當信之道）、教規（當守之誡）、教儀（當行之禮）各方面都依《聖經》的指示為典範。

十八世紀開始，由於宗教（教會）的多元化的推動，解經者的立場和教派的不同，都促成「經義」的多元化，相互間就難免有是非之爭，或是高下之別。有關這些相異，解經家導引各家，走向「大一統」的思維模式

中，那就是把《聖經》當作一部歷史書來看待；這樣，「以經解經」的方式就逐漸形成，撒洛滿 (J. S. Salomon)、埃奈斯地 (A. Ernesti) 等人，就是這方面的領導人物。

把《聖經》作為一部「史書」來看待時，其中所記載的事件，就有「歷史」史實的價值；原來，歷史研究固然首重「史實」(Historical facts)，但緊隨在史實之後而來的，則是史實所表現的意義 (Historical significance)。歷史意義的追尋，就靠「以經解經」的文本，以及文本相互間的連結，所指示的意義。吾人解讀古典作品，當然不可能有十足的把握，批判所載史實的真實性和準確性；但是，吾人則可斷言：歷史家在選擇事實的描繪，也必然有其用意，言簡意賅原就是史家的神聖使命。

著名的解經家史萊馬赫 (F. Schleiermacher)，承傳狄爾泰 (W. Dilthey) 的餘波，強調歷史經驗以及心理層面的反應，才在事件的選擇中，找出「意義」重於「事實」的面向；而且上溯口傳的歷史，一直貫穿到文字記載的歷史。此兩位大師級的人物，都能以將心比心的態度，去設想史家記載史實的心情。吾人讀歷史，如果無法與史家取得心靈的聯繫，便無法懂透歷史的意義。

因為歷史「史實」所彰顯的「意義」，才是吾人詮釋的核心課題；因而，在詮釋古典思想時，去掉「神話」部分也是必經之途。這點，由布特曼 (R. Bultmann) 首先提出，是為「去神話化」(Ent-mytholizierung)。把《舊約》中神話部分去掉，剩下的便是史實，而史實所彰顯的意義，也就是詮釋學所要探討的內容。

上世紀中期，詮釋學的運用優先，理論殿後，此二階段的代表人物，前者是海德格 (M. Heidegger)，後者是賈達姆 (H. G. Gadamer)。海德格在其代表作《存有與時間》(Sein und Zeit) 中，力闢眾議，強調希臘文「真理」(Aletheia) 概念，乃「揭開遮蔽」，是主體積極的作為，而非客體的自身彰顯，詮釋學主體性的地位因而提升。海氏對《舊約》的「現象學方法」(Phänomenologische Methode) 的解讀，開啟了現代解經學大門，並且對《創

世記》的理解，有突破性的進展。海氏學生，如柯勒 (E. Coreth)、拉內 (K. Rahner) 等人，都在哲學界、神學界發揮了前所未有的功能。就最淺近的貢獻來說：詮釋《創世記》上帝託付世界給人類一項，就看出上帝每創造一階段，都作自我評鑑：「好！」在造人之後，卻評鑑出「很好！」，這就意謂著：上帝把「好」的世界，託付給「很好」的人類去照顧，亦即是說，上帝意旨，是要人好好管理世界，而不是去「宰制」世界，這也正是「環保」的神學基礎。這種神學上的發現，也就形成哲學的理論基礎。

有關詮釋學的理論體系，是由賈達姆的《真理與方法》(*Wharheit und Methode*) 開其端。賈氏在其大作中，把詮釋的矛頭對準「真理」與「美」，兩者皆是人性的超越能力。吾人面對自然，或是面對前人用文字描繪的自然景象，有能力去評判其真假對錯，同時亦更有興致去欣賞其存在的美妙。賈氏的動向，是設法把這「認識」與「欣賞」的兩大功能，提升到形上本體的境界。

詮釋學因而規定了其進路軌跡：從人的「知性」和「感性」開始，透過對世事世物的把握，而提升自己以及所把握的對象，到形上本體的境界。

詮釋學的形上性格，因而被奠定。

從這形上本體的窺探，再落實下來，就是進入人文社會。這點由哈伯瑪斯 (J. Habermas) 來負責發起和推廣，後者的社會關懷，尤其是人際關係的交往 (Kommunikation)，對自己以及別人的靈性生命的探索，成為社會哲學最根本的基礎。

這種詮釋學的進程，基本上源自神學的解經學，後來影響到哲學；當哲學的理論體系完成之後，就又回過頭來，影響神學的研究和發展。海德格學生眾多，尤其神學家輩出，其中拉內 (K. Rahner) 是頂尖人物，其在當代神學上的貢獻和影響，無與倫比。當然，新的神學固然亦看重「主體性」的創造能力，但卻不會亦不能忽視客觀的存在，其中以「上帝」的既超越又內存的學說，最為傑出。

第二節　英美分析哲學

　　當代歐陸盛行詮釋學，是在為形上學的建立鋪路；英美的分析哲學，也是對語言加以詮釋，不過，不是在支持形上學，反倒是首先懷疑形上學奠立的可能性；透過對日常生活的語言分析（英文文法、修辭等的探究，分析出其實用的意義），希冀找出另一條通往哲學之路。因此，分析哲學在方法和內容上，都與傳統哲學對立，而其所依恃的思想運動，是維也納學派 (Wiener Kreis, Vienna Circle) 的「哲學科學化」，以及「哲學數理化」。

　　最先運用「分析哲學」作為哲學方法和內容的，是羅素 (B. Russell)，然後有摩爾 (G. E. Moore)，維根斯坦 (L. Wittgenstein)，布洛德 (C. D. Broad)，賴爾 (G. Ryle)，衛斯東 (J. Wisdom)，斯得賓 (S. Stebbin)，卡納普 (R. Carnap)，艾爾 (A. J. Ayer) 等人。

　　承傳維也納學派的餘蔭，羅素在宇宙和人生中採取了心物二元學說，不過，這心物已緊密相連成一體，吾人只能用「分析」的方法去解開這分合之謎。傳統的多元論和一元論都無法解決這課題。原來，人與事物間，事物與事物間，都有特殊的獨立性，以及關聯性，能分析出這兩種特性，才真正能把握住事物的真相。分析在這裡來說，就是關係的分析 (Relational Analysis)。

　　從「形式的分析」(Formal Analysis) 逐漸走向物質世界的邏輯原子論 (Logical atomism)。在語言的分析中，一方面有主體的邏輯思維，另方面有宇宙結構的原子對象，這種關係的正常與否，造就了判斷的真與假，對和錯。語言分析的細緻就得和物質結構的原子一般，由最原始、最簡單的文法結構開始，問及其實際的意義，而不是設法推論那複雜的、隱而未顯的玄學意義。

　　語言分析學對語句的意義分析，不能擺脫科學的、物理現象的根本。也就因此，不能像倫理學在規範層面所附加的「價值判斷」；像「偷東西」，

在原子論的見解能證實的，是一件事物有了方位的變動 (Local motion)，事物從此處被移到了別處，至於是否為「偷」，或是「搬動」，這在「人與物」的關係中，就不是分析哲學的任務。

也就因此，「描述」(Description)，尤其客觀的描述，才是語言分析的任務，它不涉及規範倫理學的「應然」(Sollen)，它只涉及事物的「實然」(Sein)。

語言的任務因而被界定在傳遞事實和事件 (facts and events)，而不涉及「價值」(Value)。因此，有關形上學的語言，或是倫理學的語言，都無意義 (Bedeutungslos)，因為兩者都無法檢證 (Verifiability)，尤其是無法提出事實的檢證。事實的檢證完全要合乎科學方法。

明顯地，分析哲學要與科學掛鉤，要以科學的方法和內容作為評鑑哲學的真偽。

在開始時，分析哲學只以分析吾人日常語言的文法、結構、意義，並從中抽離出邏輯結構的形式。可是，在形式化語言之後，逐漸發現日常語言無法滿足邏輯形式，因而進一層去創造邏輯語言，把原初開始的「通俗化」哲學的動機拋棄，不但不再依日常語言作為研究的對象，而是設法改造一般語言，使其符合邏輯法則；因而，設計了一套一般人無法理解的語言公式，變成越來越「專業」，外行人無法參與探討的「專門學問」；而其中一些日常生活完全不涉及的語言，像「若且唯若」(if and only if) 等意義不明的「虛字」竟出現在哲學語言中，以為既符合「形式」，當有其意義。甚至，發展到當前，其語言已經比任何傳統的「形上語言」，或是「道德語言」，更難使人瞭解。

第三節　新士林哲學的復興

聯結到近代哲學開始時的文藝復興哲學，其中小部分介紹了當時的「新士林哲學」之後，十九世紀末再次復興的學派中，新士林哲學又漸露頭角，

而在歐陸的詮釋學，以及英美的分析哲學夾縫中，大有鼎立之態勢。

　　此派主要的是天主教哲學的研究趨勢，即復興從亞里斯多德到聖多瑪斯的哲學傳統。

　　這傳統在形式上和方法上，一直廣受哲學界的運用。就是以「知識論」為哲學入門，「形上學」為哲學的體，「倫理學」為哲學的用。哲學的這三門順序的必修課，成為所有哲學系的基本課程。而在非哲學性濃厚的國度內（中學以下無哲學課程者），在大學初階時的「哲學概論」也是以這三門學科的簡述，以及它們相互間的關係，為基本內容。

　　原來，這種哲學思想進路，是亞里斯多德開其端，聖多瑪斯極其流，以後更成為士林哲學和新士林哲學繼承的遺產。

　　目前，士林哲學研究中心已經遍佈全球，在歐洲除了羅馬有多瑪斯學院之外，尚有比利時魯汶，奧地利銀色堡，德國慕尼黑；在美洲有紐約天主教大學，加拿大多倫多；在亞洲有臺北輔仁大學。

　　新士林哲學特別重視與當代思潮交談、交往、存異求同、融通。因而，除了回顧亞里斯多德和聖多瑪斯的專著之外，尚關懷目前各哲學派系的思想內容及動向。有專門研究科學哲學的學者，有專攻康德的教授，有語言哲學的專家，有專門研究知識論、形上學、倫理學、美學、政治哲學、社會哲學、環境哲學等的人才，設法從各個面向去重新定位哲學，安排人生。

　　十九世紀末，二十世紀初，首先有梅西埃 (Cardinal Mercier, 1851–1926) 樞機，於 1882 年在比利時魯汶大學，創設「哲學高級研究所」(Institut Supérieur de philosophie)，專門研究士林哲學，其後有諾厄爾 (León Noël, 1873–1953) 等人加入。研究風氣打開之後，名學者如替聯合國起草憲章的馬里旦 (Jacques Maritain, 1882–1973)，著作等身的中世研究大師吉而遜 (Etienne Gilson, 1884–1978)，研究並批判康德的專家馬雷夏 (Joseph Maréchal, 1878–1944)，知識論專家郎尼根 (B. J. F. Lonergan)，形上學家柯勒 (Emerich Coreth, 1919–2006)，神學家拉內 (Karl Rahner, 1904–1985) 等人，都在衛護「永恆哲學」(Philosophia perennis) 上有極大且深的貢獻。

　　目前，臺灣的新士林哲學以輔仁大學的士林哲學研究中心為主，早期的學者以葛慕藺、高思謙、袁廷棟、羅光、王秀谷、趙雅博、李貴良、曾仰如等人為主，當代有李震、張振東、王臣瑞、孫振青等人（李震乃多瑪斯學院唯一的有色人種院士）。臺灣新士林哲學的任務，一來是繼承古典哲學，從亞里斯多德到聖多瑪斯的研究，二來是與當代新儒家哲學交談、融通，也與佛教哲學、道教哲學取得共識，共同研究宇宙和人生的根本問題。

結　語

　　因為哲學是以一切去衡量一切的一門學問，因此在哲學的最早時期，無論是中西，哲學幾乎可以說是所有學問的總匯。在最早的經典之中，無論那一個民族都是哲學性的，後來才慢慢地分出技術性的東西，在西洋哲學而言，最先所有的著作都是討論整體宇宙與人生的問題，都是哲學的作品，然後慢慢地分出醫學，因為醫學是一門很實際的學問，它要替人治病，然後再分別出神學，因為神學特別討論信仰的問題，特別討論超人理性的問題，再後發展的自然科學從哲學之中分離出去，最後心理學也從哲學之中分離出去了，連邏輯，甚至宇宙論漸漸地也有脫離哲學的趨勢。

　　雖然如此，哲學仍然有它的對象、形式和內容，當然如果我們只是站在知識論的立場看哲學的話，很可能覺得哲學只是一種形式，只是一種純思考，而在這種純思考內，我們的精神可以得到一種滿足，可以感到一種非常的享受；可是哲學除了形式之外，還有其他的內容，內容是使其落實到我們的生活層面。人研究哲學的目的，不是為了哲學，而是為了人，為了自己能夠認識宇宙和人生，為了自己能夠在宇宙之中頂天立地，因為他要頂天立地，所以必須認清自己在宇宙之間的地位，他要肯定自己在宇宙之中的價值與尊嚴，所以他要實現這種價值與尊嚴，於是人從具體的生命中，保有權利與責任。

　　人如果有權利，也同樣地有責任，同樣地有責任的話，也應該有權利，權利與責任並重的時候，才是人組織社會，生存在人與人之間的保證，哲學也就因此不只是「知」而已，討論「知」固然是哲學的入門，也是非常主要的，等於學問；但是哲學不只是「知」，也是「行」，而且整個的「知」是為了「行」，一個人如何生存在這個世界上，如何頂天立地，如何為君子、聖人，都是「行」的問題，不只是「知」而已。「知」可以使人有精神

的享受，「行」才能夠使人知道自己的地位，知道人生存於世界上以及生存於人與人之間有那些使命。

固然我們生存於世界之上，易於感覺到自己受了命運的愚弄，易於感覺到自己在命定之中生活，可是縱使是在命定之中，我們總有某些地方自己認為是自由的，這種自由是以使得我們在哲學的研究上，不但只是做一種空想，不但只是特別討論完全抽象的一些問題，而且也能夠落實到具體的生活上，唸哲學可以是純學術的，不涉及任何政治、社會、經濟的問題，但是哲學也可以落實到我們的社會之中，要談政治、社會、經濟，因為社會、政治、經濟都是人性所發展出來的人文社會的產品，而在人文社會之中，哲學負責做橋的工作，它要把人從自然世界中拉出來送到人文世界裡，人一旦走出自然世界，走進人文世界，尤其是人與人之間開始成立社會，在社會當中，人不只有內涵，而且有了外延，也就是說人開始與別人拉上關係，人不再是孤獨的，他與別人同居共處，同舟共濟，也就因此他要認清自己的權利與義務。要認清權利與義務的必需條件是有智慧，利用自己的智慧去生活，利用自己的智慧去創造自己的物質需要，創造自己的精神需要。

西洋當代哲學所走的路線，尤其在開始的時候真的走偏了，他們太過於注重眼睛看得見的東西，過於注重現實，我們用一句話去形容的話，當代哲學的前半部幾乎可以說只有利害關係而沒有是非觀念；雖然西洋的二十世紀哲學慢慢地覺醒，覺得人不但有內涵的東西，在他孤獨的時候，是自己的主人，但是一個人要生存在世界上，生存於社會之間，就必須與別人作伴，有最基本的社會組織，在這個社會組織中，人固然是自由的，但是也有了自由的外延，他要對同時存在的人負責，他要對時代負責，他要對他的國家和民族負責。

因此哲學在開始的時候，可以把它當做孤立的、純理論性的研究，可是事實上，哲學是為了人，在人的社會中也有哲學的探討；如此我們讀哲學，可以把自己封鎖在象牙塔之中，把自己唸書的目的當做是為「知」而

追求「知」，而不是把自己所學的貢獻出來給社會大眾去愛世界、人類。

　　但是，一個士大夫的本色，都應該「以國家興亡為己任」，應該「置個人死生於度外」。如此，做任何一種學問，都應該與實際配合起來，都應該能夠把理論落實到具體生活的層次。

　　整個西洋哲學史的演變，無論那一個時代，凡是把哲學局限到知識論中，專門鑽研真假對錯的邏輯法則，而置宇宙和人生於不顧，都是哲學末流的時刻；或者，更可怕的，是利用知識的平面架構與價值的中立，企圖不透過形而上的原理原則，而直接導引出人生問題的答案；這種情形，更是會創造出只知利害關係，而沒有是非觀念的社會。希臘古代的詭辯學派如此，中世的唯名論如此，近代的理性主義以及經驗主義如此，當代的邏輯實證論也如此。而且，在西洋中世九、十、十一世紀期間，哲學亦曾一度誤入純邏輯的探討中，而被達米亞尼諷為「神學之婢」。

　　東方哲學在這方面的迷失比較少，無論是希伯來、印度、中國，在哲學一開始的時候，都注意到人生的根本問題：希伯來的救援哲學，印度的生老病死的觀察，中國的道德哲學，都在說明個人以及群體生存在世界上，應該如何透過自身的努力和修練，而達到「至善」的境界；無論是積極的修身，或是消極的出家修道，都有同一的目的，那就是使自己能頂天立地。

　　可是，因為人由靈魂與肉體構成，物質的條件永遠可以控制，至少影響精神的生命，在當代物質生活普遍高漲的時刻，西風東漸的影響，著實使經濟落後的國家，由於羨慕此世的榮華富貴，而走向物質建設的途徑，不幸的，物質固然需要，其本身亦是好事，可是，如果為了發展物質生活，而拋棄了精神生活的一面，則未免本末倒置，得不償失了。

　　近百年來，中國的西化固然很有成就，但是大部分的地區曾經生活在貧困中，並且，在精神生活上得不到滿足，就連根本的物質生活條件也付之闕如。這不能不說是由於拋棄了中國固有文化傳統，而在西化聲中，一味學習西洋的東西，而不加以選擇，在「打倒孔家店」之後，竟然尊馬恩列史為神明和祖宗。大陸的赤化不能不說是由於盲目地接受了西洋十九世

紀的唯物、共產、實用、實證、進化等末流思想。這些思想在西洋是十九世紀後半期的歧途，但在中國，則在二十世紀前期發酵。

可幸，大陸赤化，國民政府遷臺之後，痛定思痛，重新思考三民主義立國精神，政府領導的十大建設，引領臺澎金馬發展了經濟奇蹟，躋進東亞四小龍之中，民生樂利。接著來的政治開放，走向民主的措施，也獲得舉世的矚目。而中國大陸，在上世紀末也開始反省共產主義的得失，而採取了對內改革（把「共產主義」改革成比較緩和的「中國式社會主義」），對外開放（向資本主義經濟的「私有財產」和「市場經濟」開放）。這改革開放頓時消除了貧困，幾乎使十二億人民都有飯吃，有衣穿，待每位小孩都能受教育時（全世界都以「希望工程」協助大陸教育事業，尤其偏遠地區的小學教育），中國還是有光明的前途的。當然，其必需條件就是不能再走共產鬥爭之路。

附錄一：人名、地名索引

附錄二：學術名詞索引

十三

附錄三：中外人名、地名、學術名詞索引對照表

Q

R

S

柏拉圖（二版）

傅佩榮／著

柏拉圖哲學是所有哲學人不能逃避的一道高牆，想超越他，怎能不先面對他？本書乃傅佩榮教授精心力作，以最清晰淺白的文字，帶領您進入 2400 年前柏拉圖的世界，是掌握柏拉圖的最佳讀本！在本書作者的淺顯介紹中，柏拉圖《對話錄》之各類題旨愈發清晰，而文雅又精鍊的原文翻譯，也讓讀者得以欣賞柏拉圖行文風格與敏銳心智，並且跟隨柏拉圖的腳步，進入深刻的人生思辨。

國家圖書館出版品預行編目資料

西洋哲學史話／鄔昆如著.－－三版一刷.－－臺北
市：三民，2020
面；　公分.－－（哲學）

ISBN 978-957-14-6745-0　（一套：平裝）
1.西洋哲學史

140.9　　　　　　　　　　　　　108017817

👓 哲學

西洋哲學史話 (下)

作　　者	鄔昆如
發 行 人	劉振強
出 版 者	三民書局股份有限公司
地　　址	臺北市復興北路 386 號 (復北門市) 臺北市重慶南路一段 61 號 (重南門市)
電　　話	(02)25006600
網　　址	三民網路書店 https://www.sanmin.com.tw
出版日期	初版一刷 2008 年 4 月 二版三刷 2011 年 9 月 三版一刷 2020 年 1 月
書籍編號	S140050
Ｉ Ｓ Ｂ Ｎ	978-957-14-6745-0

三民書局